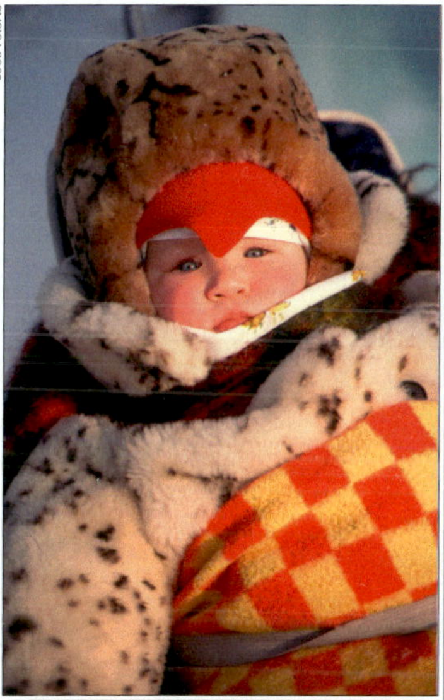

030tr Foto: tb

Doris Knop
Transsib

„Wenn ich an meine Fahrten durch Russland zurückdenke, erinnere ich mich vor allem der russischen Eisenbahnwagen ... In einem russischen Fernzug richtete sich sofort ein gemütliches Leben ein."

Fedor Stepun

Impressum

Doris Knop
Transsib

erschienen im
Reise Know-How Verlag Peter Rump GmbH
Osnabrücker Str. 79
33649 Bielefeld

4., neu gestaltete, neu bearbeitete und komplett aktualisierte Auflage 2011

Gestaltung
Umschlag: G. Pawlak, P. Rump (Layout);
C. Tiemann, M. Luck (Realisierung)
Inhalt: G. Pawlak (Layout);
A. Schneidewind, M. Luck (Realisierung)
Fotos: N. und A. Baumann (ba), H. Lange (hl), T. Babovic (tb), die Autorin (dk)
Titelfoto: die Autorin
Karten: Th. Buri, T. Knop (S. 121, 149, 156, 291, 331, 339, 348), der Verlag
Bildbearbeitung: U. Gröne, P. Rump

Lektorat: C. Tiemann
Lektorat (Aktualisierung): M. Luck

Druck und Bindung: Wilhelm & Adam, Heusenstamm

ISBN 978-3-8317-2011-8
Printed in Germany

Dieses Buch ist erhältlich in jeder Buchhandlung Deutschlands, der Schweiz, Österreichs, Belgiens und der Niederlande.
Bitte informieren Sie Ihren Buchhändler über folgende Bezugsadressen:

Deutschland
Prolit GmbH, Postfach 9,
D-35461 Fernwald (Annerod)
sowie alle Barsortimente

Schweiz
AVA Verlagsauslieferung AG
Postfach 27, CH-8910 Affoltern

Österreich
Mohr Morawa Buchvertrieb GmbH
Sulzengasse 2, A-1230 Wien

Niederlande, Belgien
Willems Adventure
www.willemsadventure.nl

Wer im Buchhandel trotzdem kein Glück hat, bekommt unsere Bücher auch über unseren **Büchershop im Internet: www.reise-know-how.de**

Wir freuen uns über Kritik, Kommentare und Verbesserungsvorschläge, gern per E-Mail an info@reise-know-how.de.

Alle Informationen in diesem Buch sind von der Autorin mit größter Sorgfalt gesammelt und vom Lektorat des Verlages gewissenhaft bearbeitet und überprüft worden.

Da inhaltliche und sachliche Fehler nicht ausgeschlossen werden können, erklärt der Verlag, dass alle Angaben im Sinne der Produkthaftung ohne Garantie erfolgen und dass Verlag wie Autorin keinerlei Verantwortung und Haftung für inhaltliche und sachliche Fehler übernehmen.

Die Nennung von Firmen und ihren Produkten und ihre Reihenfolge sind als Beispiel ohne Wertung gegenüber anderen anzusehen. Qualitäts- und Quantitätsangaben sind rein subjektive Einschätzungen der Autorin und dienen keinesfalls der Bewerbung von Firmen oder Produkten.

031tr Foto: hl

Doris Knop

Transsib

Widmen möchte ich dieses Buch meinem Vater, der mir mit seiner großen Reisebegeisterung immer ein Vorbild war und ist, sowie unseren frechen Kindern *Nora Dorothée* und *Savva Rudolfo,* die eine Folge meiner Transsib-Reisen sind: In Moskau lernte ich meinen Mann *Sergey* kennen.

Reise Know-How im Internet

Vorwort

Die legendäre Transsibirische Eisenbahn, die längste Eisenbahnstrecke der Welt, ist und bleibt für Reisende ein Dauerbrenner. Geradezu magisch zieht die Transsib Menschen aller Herren Länder in ihren Bann. Viele erfüllen sich einen Lebenstraum: einmal durch die unendliche Weite Russlands, durch das berühmt-berüchtigte Sibirien, die endlosen Wälder und Sümpfe des größten Landes der Welt mit dem Transsib-Express fahren, womöglich die Zugfahrt vor der Haustür beginnen und in Peking oder Wladiwostok am Pazifischen Ozean wieder aussteigen.

Die Transsib-Route beginnt in Moskau und führt durch Sibirien, um sich hinter dem Baikalsee in drei Teilstrecken aufzuteilen: durch die Mongolei, durch die chinesische Mandschurei (beide führen bis Peking) und durch Ostsibirien nach Wladiwostok. Damit eine solche Reise zum unvergesslichen Erlebnis werden kann, muss sie gut vorbereitet sein: von der Routenplanung und der Wahl der geeigneten Reisezeit über die zeitraubende Einholung der Visa, die rechtzeitige Reservierung von eventuellen Flügen und Zugfahrkarten bis hin zur Planung lohnender Fahrtunterbrechungen und Buchung von Unterkünften.

Dieser Reiseführer bietet eine Fülle von praktischen Tipps, die bei der Planung und Durchführung einer Transsibreise helfen, sei sie pauschal gebucht – als Gruppenreise oder individuelle Packagetour – oder selbst organisiert. Die Beschreibung aller wichtigen Orte entlang der Route sowohl in Sibirien wie auch in der Mongolei und China mit Stadtplänen, nützlichen Adressen vor Ort und der Erläuterung der Sehenswürdigkeiten ermöglichen die problemlose Gestaltung der Reise auch auf eigene Faust. Moskau ist ein eigenes Kapitel gewidmet, da ein Besuch der russischen Hauptstadt Teil praktisch jeder Transsibreise ist. Auch die Anreise über St. Petersburg und Weißrussland sowie die Grenzformalitäten für Russland, China und die Mongolei werden ausführlich behandelt.

Dieser Reiseführer beinhaltet die Erfahrungen meiner unzähligen Transsibreisen, die seit 1983 zu den verschiedenen Jahreszeiten stattfanden. Das Buch ist eine Weiterentwicklung meines bereits in zehn Auflagen im Knop-Verlag erschienenen Standardwerkes „Reisen mit der Transsib“. Ich hoffe, dass Sie von meinen Erfahrungen profitieren können, und wünsche Ihnen, dass auch Ihre Reise zu einem unvergesslichen Erlebnis wird. Viel Spaß auf der Transsib!

Doris Knop

P.S.: Sie können Ihre Transsibreise bei uns buchen: Knop-Reisen GmbH, Hollerlander Weg 77, 28355 Bremen, www.knop-reisen.de;
in der Schweiz vertreten durch Gusreisen, www.gusreisen.ch

Gute Reise!
Charóschewo putí! (russisch)
Táff tä eilaré! (mongolisch)
I lu ping án! (chinesisch)

Inhalt

Die Transsib-Route

Transsib-Route durch die Mongolei und China

Transmongolische Route

Transmandschurische Route

Peking

Anhang

Abkürzungen

EZ: Einzelzimmer
DZ: Doppelzimmer
MBZ: Mehrbettzimmer
Zi: Zimmer
F: Frühstück
p.P.: pro Person
ul.: *uliza* (Straße)

Schreibweise russischer Namen

Im Text sind russische Namen und Bezeichnungen mit einem **Betonungsakzent** versehen, damit man sie bei Bedarf richtig aussprechen kann.

Die kyrillische Schrift wird in einer für Deutsch Sprechende leicht zu lesenden **lateinischen Umschrift** wiedergegeben, die teilweise von der im Englischen üblichen Schreibweise abweicht. Der Vorteil ist, dass alles so ausgesprochen wird, wie man es im Deutschen liest.

Das Wichtigste in Kürze

Alle Transsibländer sind **visumpflichtig:** Russland (man braucht eine Einladung vom Reiseveranstalter, den Nachweis einer in Russland gültigen Reisekrankenversicherung und einen Gehaltsnachweis), die Mongolei und China; für Russland und China muss man die Visa-Unterlagen persönlich abgeben und wieder abholen, der Post- bzw. Kurierweg ist ausgeschlossen. Auch für das Transitland Weißrussland braucht man ein Visum (Transitvisum wird erst erteilt, wenn das russische Visum bereits im Pass ist). Man muss alle Visa frühzeitig einholen – dafür mind. acht bis zehn Wochen einplanen. Der **Pass** muss bei der Ausreise noch mind. sechs Monate gültig sein – dies gilt für alle drei Transsibländer (⇗ „Vor der Reise: Visa").

Die **Visaregistrierung** in Russland muss man sofort nach Ankunft in einer Stadt in einem Postamt vornehmen, da es sonst mit der Polizei kostspielige und unangenehme Probleme geben kann (⇗ „Praktische Reisetipps A–Z: Registrierung").

Was die **Sicherheit** angeht, gilt grundsätzlich, dass man beim Reisen in den Transsibländern genauso vorsichtig wie beim Reisen in Europa sein muss. Als Frau allein zu reisen ist kein Problem. Es gelten dieselben Vorsichtsmaßnahmen und Warnungen wie weltweit (⇗ „Praktische Reisetipps A–Z: Sicherheit").

Auf Bahnsteigen beim Aussteigen zum Fußevertreten Pass und Geld einstecken für den Fall, dass einem der Zug davonfährt. Die **Aufenthaltsdauer in den Bahnhöfen** großer Städte liegt etwa zwischen 20 und 40 Minuten und in den kleineren Stationen zwischen ein und fünf Minuten. Wenn ein Zug Verspätung hat, werden die geplanten Stopps mitunter verkürzt, also Vorsicht beim kurzzeitigen Verlassen des Zuges! (⇗ „Im Zug unterwegs: Ausstieg bei längerem Halt")

Bis zu 30 Minuten, meistens 15–20 Minuten vor, während und nach dem Halt auf größeren Bahnhöfen werden die **Zugtoiletten** in Russland abgeschlossen (⇗ „Im Zug unterwegs: Sanitäre Anlagen"). Die Raucherecken in den Waggons wurden abgeschafft.

Die Zugbegleiter sorgen immer dafür, dass Reisende am richtigen Bahnhof **aussteigen,** auch wenn es mitten in der Nacht ist!

Um das Verpassen des Zuges zu verhindern, beachte man, dass Abfahrts- und Ankunftszeiten in Russland auf Bahnfahrkarten und Fahrplänen immer in **Moskauer Zeit** (MZ) angegeben werden. Man muss sich die entsprechende Ortszeit (OZ) selbst ausrechnen (⇗ „Praktische Reisetipps A–Z: Zeitverschiebung"). Bei Verabredungen mit russischen Freunden stets angeben, ob Moskauer Zeit oder Ortszeit gemeint ist.

Man kann während der Fahrt gegen Aufpreis von einem Vierbettabteil in ein Zweibettabteil umziehen, wenn es Platz gibt (⇗ „Im Zug unterwegs: Zugklassen").

Fahrtunterbrechungen sind nicht spontan möglich! Für alle Teilstrecken müssen eigene Fahrkarten ausgestellt

Exkurse

und Bettplatze reserviert werden (⇗ „Vor der Reise: Reiserouten").

Die **Sibirien-Expresszüge** ab Moskau fahren nicht täglich, sondern in der Regel jeden zweiten Tag. Es gibt zweimal wöchentlich einen Direktzug Moskau – Peking (⇗ „Moskau").

Bei der Einreise nach Russland eine **Immigration Card** ausfüllen und **abstempeln** lassen (!) und für die Ausreise gut aufbewahren (⇗ „Vor der Reise: Einreisebestimmungen").

Fotokopien von allen wichtigen Dokumenten mitführen; alternativ kann man diese auch zu Hause einscannen und als Dateien auf einem geeigneten Datenträger mitführen (Pass, Visa, Kreditkarten, Flugticket etc., ⇗ „Vor der Reise: Ausrüstung").

Aus Sicherheitsgründen ist vom **Zelten** in Russland und der Mongolei (außer auf der Baikalseeinsel Olchon oder bei organisierten Touren) abzuraten. In China ist Zelten grundsätzlich verboten.

Es sind für alle drei Transsibländer **keine Impfungen vorgeschrieben.** Einige werden von der WHO dennoch empfohlen (⇗ „Reisegesundheitsinformation" im Anhang).

Häufig gestellte Fragen

Wie viele Wochen im Voraus muss eine Transsib-Reise gebucht werden?

Wegen der Fahrkartenbuchung und der Visaeinholung nach Möglichkeit spätestens drei Monate vor der gewünschten Abreise.

Welche Länder sind visumpflichtig?

Alle drei Transsibländer und auch das Transitland Weißrussland sind visumpflichtig. Für das russische Visum benötigt man eine offizielle Einladung. Im Falle einer Nonstop-Reise von Deutschland nach Moskau benötigt man ein Transitvisum für Weißrussland und für die Nonstop-Fahrt von Moskau nach Peking über die Mongolei ein Transitvisum für Russland und die Mongolei. Für den Nonstop-Zug Moskau – Peking via Mandschurei benötigt man für Russland ein Touristenvisum.

Wieviel Zeit muss man für die Beantragung der Visa einrechnen?

Für ein Russlandvisum zwei Wochen, für drei Visa (Russland, Mongolei und China) mindestens vier Wochen. Gegen hohe Expressgebühren geht es auch innerhalb weniger Tage. Für ein Weißrusslandvisum rechne man ein bis zwei Wochen. An Feiertagen sind die Konsulate geschlossen! Visa können je nach Land erst 50 bis 60 Tage vor der Einreise beantragt werden.

Wie erledigt man die Visaregistrierung in Russland?

Man muss sein Visum innerhalb von 72 Stunden nach der Einreise im Hotel, bei der einladenden Institution oder in einem Postamt registrieren lassen. Hierfür muss man zwischen 5 und 25 Euro bezahlen. Außerdem muss man sich in allen Städten, in denen man einen Stopp einlegt, registrieren lassen.

Wie sieht es in den Transsibländern mit der Sicherheit aus?

Reisen ist in allen Transsibländern so sicher wie in Westeuropa. Man sollte keine Privateinladungen annehmen, da man sein Gegenüber nicht gut genug einschätzen kann. Außerdem sei von Fahrten mit „inoffiziellen" Taxis abgeraten. Betrunkenen gehe man stets aus dem Weg.

Welche Währungen muss man auf die Reise mitnehmen?

Euro werden in allen Banken und Wechselstuben der drei Transsibländer akzeptiert. Gezahlt wird immer und überall in der jeweiligen Landeswährung, auch in den Zügen.

Mit welchen Reisekosten ist unterwegs zu rechnen?

Bei gebuchten Zugtickets und Unterkünften gehe man pro Person pro Tag von Nebenkosten in Höhe von 15 bis 20 Euro aus, für öffentliche Verkehrsmittel, Museumseintritt und einfache Verpflegung.

Gibt es ausreichend Verpflegung in den Zügen?

Die Speisewagen haben immer genug Vorrat an Bord, zusätzlich findet man auf den Bahnsteigen der größeren Bahnhöfe ein umfangreiches Lebensmittelangebot.

Fahren die Züge täglich?

Direktzüge zwischen Moskau und Peking fahren zweimal pro Woche: Einer fährt via Ulan Bator (Mongolei) und einer über die Mandschurei. Direktzüge Ulan Bator – Peking gibt es einmal wöchentlich, in den Sommermonaten wird meistens ein zusätzlicher Direktzug eingesetzt. Ulan Bator – Peking mit Umsteigen in Jining (China) wird zweimal wöchentlich angeboten. Eine frühzeitige Buchung ist für alle o.g. Züge unbedingt empfehlenswert.

Gibt es ein Zugticket, das Fahrtunterbrechungen erlaubt?

Nein, man muss für jede Teilstrecke Einzelfahrscheine haben. Verlässt man den Zug unplanmäßig, verfallen alle weiteren Fahrscheine.

Was tun, wenn man unterwegs den Zug verpasst?

Man wende sich an den Bahnhofsvorsteher *(Administrator)*, der das Zugpersonal verständigt und einen in den nächsten Zug setzt.

Wenn man zu zweit oder dritt ein Vierbettabteil bucht, muss man seine zusätzlichen Plätze verteidigen?

Nein, das Zugpersonal hat keine Einwände, solange für jedes Bett ein Fahrschein vorgelegt wird.

Müssen Rückflüge bestätigt werden?

Es besteht keine Rückbestätigungspflicht.

Wie früh muss man am Flughafen sein?

Bei internationalen Flügen sollte man mindestens zwei Stunden vor dem Abflug am Flughafen sein, Ausnahme Peking, wo man spätestens drei Stunden vorher da sein sollte. Bei Inlandsflügen reichen 1½ Stunden. Genau 40 Minuten vor Abflug schließen die Check-in-Schalter.

Kann man von Frankfurt nach Irkutsk das Gepäck durchchecken?

Nur Siberian Airlines und die Aeroflot bieten diesen Service an.

Wie sieht es unterwegs mit der Verständigung aus?

In allen Transsibländern sprechen nur wenige Menschen bzw. Schaffner und Offizielle englisch oder deutsch. Ein Grundwortschatz vor allem in Russisch ist sehr nützlich!

Ist es notwendig, einen Schlafsack mitzunehmen?

Nur wer einen Campingaufenthalt auf Olchon oder eine Mongolei-Rundreise plant, sollte einen warmen Schlafsack dabei haben oder einen in Irkutsk bzw. in Ulan Bator kaufen. In allen Zügen bekommt man frische Bettwäsche, für die man in russischen Zügen je nach Fahrschein umgerechnet rund 2 Euro bezahlen muss.

Soll man ein Handy mitnehmen?

Ja, es ist ein Stück Sicherheit und so gut wie überall einsatzbereit.

Kann ich mein Fahrrad im Zug mitnehmen?

Ja, aber nur, wenn dafür ein Bett gebucht wird, was sich bei zwei Fahrrädern am ehesten lohnt.

Was sollte man sonst noch wissen?

↗ „Tipps und Hinweise“.

127tr Foto: dk

035tr Foto: dk

Vor der Reise

036tr Foto: dk

037tr Foto: dk

Die unendliche Weite der sibirischen Landschaft

Gesellige Stunden auf der langen Fahrt

Typische Holzhäuser

Informationsstellen

Fremdenverkehrsämter

Russland

Das größte Land der Welt hat **kein Fremdenverkehrsamt!** Informationen bekommt man in den größeren Hotels vor Ort und bei Reiseveranstaltern sowie im Netz, z.B. unter **www.trans sib.de** oder **www.russland.org.** Interessantes findet man in der Internet-Zeitung **www.aktuell.ru** mit Nachrichten und aktuellen Informationen über Land und Leute.

Mongolei

Auch die Mongolei hat hierzulande **kein Fremdenverkehrsamt;** auf der englischsprachigen Website des mongolischen Tourismus-Ministeriums findet man aber alle wichtigen Informationen: **www.mongoliatourism.gov.mn.** Eine deutschsprachige Alternative ist **www.mongolei.de.**

China

Die Volksrepublik hat ein Fremdenverkehrsamt in Deutschland und in der Schweiz, die auch für Österreich zuständig sind. Anfragen sollte man per Post oder E-Mail schicken, da es sehr schwierig ist, telefonisch Kontakt aufzunehmen.

- **Fremdenverkehrsamt der Volksrepublik China**
  - Ilkenhansstr. 6, D-60433 **Frankfurt a.M.,** Fax (069) 52 84 90, www.fac.de
  - Genfer Str. 21, CH-8002 **Zürich,** Fax (044) 201 88 78, zurich@cnta.gov.cn

Reiseinfos

Aktuelle Reisehinweise zu allen Transitländern neben Hinweisen zur allgemeinen Sicherheitslage erteilen:

- **Deutschland:** www.auswaertiges-amt.de und www.diplo.de/sicherreisen (Länder- und Reiseinformationen), Tel. (030) 500 00, Fax 50 00 34 02
- **Österreich:** www.bmaa.gv.at (Bürgerservice), Tel. (05) 01150-44 11, Fax (05) 01 15 90
- **Schweiz:** www.eda.admin.ch (Reisehinweise), Tel. (031) 323 30 99

An- und Rückreise

Flüge

Um zum Ausgangspunkt einer Transsibreise zu gelangen, bieten sich **je nach gewünschtem Abfahrtsort** bestimmte Flüge an, z.B. nach Moskau, St. Petersburg, Irkutsk, Wladiwostok, Hongkong, Shanghai, Peking oder Ulan Bator.

Nonstop-Linienverbindungen sind mitunter teurer als Umsteigeverbindungen. In Moskau und St. Petersburg gibt es **mehrere Flughäfen** und man sollte rechtzeitig fragen, welchen Terminal die gebuchte Fluglinie nutzt, da diese nicht nebeneinander liegen. Die Flughäfen in Moskau sind so weit voneinander entfernt, dass kombinierte Flüge mit verschiedenen Airlines, falls diese unterschiedliche Flughäfen anfliegen, oft zeitlich nicht zu schaffen sind. **Wichtig zu wissen:** Bucht man einen Umsteigeflug bei einer Fluggesellschaft und man verpasst den Anschlussflug wegen einer Verspätung, kümmert sich die Airline um den Weiterflug bzw. Übernachtung und Verpflegung. Bucht man jedoch bei zwei verschiedenen Fluglinien und verpasst den Anschlussflug, so verfällt das Ticket und man muss darüber hinaus noch einen neuen Flug bezahlen.

Flüge nach und in Russland

Günstige **Nonstop-Flüge** nach Moskau oder St. Petersburg gibt es z.B. mit Air Berlin oder German Wings ab 50 Euro zzgl. Steuern. Die Flugdauer beträgt 2½–3 Stunden. Mit einem Zwischenstopp fliegt günstig u.a. Air Baltic via Riga. Flüge zwischen Irkutsk und Moskau findet man z.B. bei Siberian Airlines, Aeroflot, Ural Airlines ab 250 Euro, Flugdauer rund 5½ Stunden bzw. nach Wladiwostok ab 200 Euro, Flugdauer 8 Stunden.

Flüge in die Mongolei und zurück

Direktflüge **von Berlin nach Ulan Bator** bietet je nach Jahreszeit zwei- bis dreimal pro Woche die mongolische MIAT (einfacher Flug MIAT ab etwa 700 Euro inkl. Steuer). **Von Moskau** kann man im Winterhalbjahr drei- bis viermal wöchentlich und in den Sommermonaten fünf- bis sechsmal wöchentlich mit der Aeroflot zum Preis von rund 700 Euro inkl. Steuer für einen einfachen Flug nach Ulan Bator fliegen. Zwischen Peking und Ulan Bator verkehren täglich abwechselnd Flugzeuge der MIAT und der chinesischen Air China (ca. 250 Euro inkl. Steuer pro Strecke). Die Strecke Ulan-Ude – Ulan Bator wird mindestens dreimal wöchentlich bedient (einfacher Flug ca. 230 Euro inkl. Steuer).

Die **Dauer** eines Direktfluges von Berlin nach Ulan Bator liegt bei etwa zehn Stunden, von Moskau bei sechs Stunden, von Peking bei 2½ Stunden und von Ulan-Ude bei 1½ Stunden.

Flüge nach China und zurück

Nonstop-Verbindungen aus dem deutschsprachigen Raum **nach Peking, Shanghai oder Hongkong** bestehen mit Air China, Austrian Airlines, Cathay Pacific Airways, China Eastern Airlines, Lufthansa und Swiss.

Ein Economy-Ticket nach Peking oder Shanghai bekommt man je nach Jahreszeit ab 400 Euro zzgl. Steuern. Günstige Flüge mit Umsteigen in Dubai gibt es z.B. bei Emirates.

Buchungstipps

Je früher man bucht, umso günstiger die Flüge! Teuer wird es in den Sommerferien im Juni, Juli und August.

- **Air Baltic,** www.airbaltic.com
- **Air Berlin,** www.airberlin.com
- **Germanwings,** www.germanwings.com
- **www.idealo.de**
- **www.opodo.de**
- **www.billigflieger.de**

Buchtipps – Praxis-Ratgeber:
- Frank Littek
Fliegen ohne Angst
- Erich Witschi
Clever buchen, besser fliegen
(beide Bände Reise Know-How Verlag)

Check-in

Nicht vergessen: Ohne einen gültigen Reisepass und ein Visum kommt man nicht an Bord eines Flugzeuges nach Russland, in die Mongolei oder nach China.

Bei den meisten internationalen Flügen öffnet der Abfertigungsschalter 2 Std. vor Abflug mit dem Check-in und schließt 40 bis 45 Min. vor dem Abflug.

Das Gepäck

Das erlaubte **Höchstgewicht** des Gepäcks steht auf dem Flugticket und beträgt in der Regel 20 kg, seltener 30 kg inkl. (!) Handgepäck. In Russland wird sehr genau aufgepasst und jedes Übergewichts-Kilogramm extra berechnet.

Aus Sicherheitsgründen dürfen **Taschenmesser, Nagelfeilen, Scheren** u.Ä. nicht im Handgepäck untergebracht werden; hat man sie doch dabei, werden sie bei Kontrollen einfach weggeworfen. Auch **leicht entzündliche Stoffe** (z.B. Gas in Sprühdosen, Feuerzeugen) etc. haben nichts im Passagiergepäck zu suchen.

Flüssigkeiten oder vergleichbare Stoffe ähnlicher Konsistenz (z.B. Getränke, Gels, Sprays, Cremes, Shampoos, Zahnpasta, Suppen) dürfen nur in der Höchstmenge von jeweils 0,1 l als Handgepäck mitgeführt werden; sie müssen in einem durchsichtigen, wiederverschließbaren Plastikbeutel transportiert werden, der maximal 1 l Fassungsvermögen hat. Größere Flüssigkeitsmengen müssen in das aufgegebene Gepäck.

Rückbestätigung

Eine Rückbestätigung *(reconfirmation)* ist nicht mehr notwendig.

Jet Lag

Beginnt die Reise mit einem langen Flug, sollte man vor Ort auf keinen Fall einen Mittagsschlaf machen, sondern den Tag durchhalten und erst zur gewohnten Zeit ins Bett gehen. Auf diese Weise passt man sich am schnellsten in den neuen Zeitrhythmus ein.

Anreise per Zug

Zugverbindungen

Eine Zugfahrt nach Russland lohnt sich nur bedingt, weil die Landschaft zwischen Westeuropa und Moskau wenig abwechslungsreich ist. Außerdem benötigt man ein **Transitvisum für Weißrussland.** Wer allerdings einmal im Leben vor der Haustür in den Zug einsteigen und in Wladiwostok bzw. Peking wieder aussteigen will, fährt trotz der eintönigen Landschaft.

Direkte und tägliche verkehrende Schlafwagen nach **Moskau** gibt es von **Basel** (über Freiburg, Karlsruhe, Frankfurt), **München** (über Nürnberg und Fulda), **Amsterdam** (über Köln, Dortmund und Hannover) und **Wien** (über Prag). Die Züge fahren abends ab und erreichen Moskau am übernächsten Vormittag. Die Rückreise startet in Moskau am Abend, die Zielorte sind am übernächsten Morgen oder Vormittag erreicht.

Saisonal unterschiedlich fährt mehrmals pro Woche nachmittags ein Direktzug auch ab **Berlin** mit Ankunft in

Moskau am nächsten Abend. Die Fahrt von Ost nach West beginnt am Morgen in Moskau und endet am nächsten Vormittag in Berlin. Ziel- und Startbahnhof für die internationalen Züge ist in Moskau der Weißrussische Bahnhof *(Belarússki waksál)*.

Mehrmals pro Woche fährt nachmittags ein Zug von Berlin nach **St. Petersburg,** Ankunft ist am übernächsten Morgen. Für Verbindungen von St. Petersburg nach Moskau und Jekaterinburg ⇗ „St. Petersburg".

Wer gleich zu Beginn der Reise möglichst weit an einem Stück in den Osten vordringen möchte, steigt am Samstagnachmittag in Berlin in den Schlafwagen und erreicht nach ca. 96 Stunden bzw. am sechsten Reisetag, d.h. Mittwoch gegen Mittag **Nowosibirsk.**

Gepäck

Offiziell darf man in allen Transsibländern max. **35 kg Gepäck** mitführen, entscheidend ist hier jedoch, dass alles in die Gepäckablage passt. Bei der **Abreise in Peking** wird das Gepäck genau gewogen. Überschreitet man das Gesamtgewicht von 35 kg, so muss man jedes überschüssige Kilogramm teuer bezahlen bzw., wenn es zu viel wird, das Gepäck spätestens am Vortag am Hauptbahnhof aufgeben. Das Büro für Übergepäck befindet sich am Hauptbahnhof (Tel. 51 83 14 79).

Man kann ein **Fahrrad** nur zerlegt mitnehmen, wenn es in eine Reisetasche oder einen Koffer passt, oder man muss ein Extrabett für das Rad bezahlen.

An jedem Bahnhof gibt es mindestens eine **Gepäckaufbewahrung,** bei der alle Habseligkeiten sicher aufgehoben sind. Berechnet werden jeweils bis Mitternacht für große Gepäckstücke 100 Rubel und für kleinere 80 Rubel. Man beachte die Pausenzeiten, die nicht in die Abfahrtszeit des Zuges fallen sollten!

Abteile

Die internationalen Züge zwischen Westeuropa und Russland verfügen über **relativ enge Dreibettabteile.** Reist man in der 2. Klasse, werden die anderen beiden Betten – nach Geschlechtern getrennt – an andere Fahr-

088tr Foto: dk

Verkauf von Lebensmitteln auf dem Bahnsteig

gäste verkauft. Bucht man für mehr Privatsphäre die 1. Klasse, bekommt man das Dreibettabteil als Zweibettabteil („double") und das dritte Bett bleibt frei. Bezahlt man für ein Bett, wird nach Geschlechtern getrennt (das wird nicht immer streng eingehalten), bucht man beide Betten, kann man „gemischt" reisen. Großraumwaggons gibt es nicht.

Buchung

Fahrkarten gibt es an jedem Bahnhof, aber es empfiehlt sich im Falle von Reisen mit Fahrtunterbrechung, den Service eines Bahnreise-Spezialisten in Anspruch zu nehmen (⇗ „Buchung der Reise").

Reservierungen für die Züge von Deutschland nach Russland sind frühestens drei Monate vor der Abreise möglich. Die internationalen Züge von Russland nach Westen lassen sich 60 Tage vor dem Reisetermin buchen. Diese unterschiedlichen Fristen sollten einen keinesfalls hindern, schon früher in die Planungsphase zu gehen und dann dem Bahnreise-Spezialisten das Termin-Management zu überlassen. Mit dessen Hilfe ist es kein Problem, als Alternative zu einer durchgehenden Zugfahrt eine **Reise mit Zwischenstopps** zu machen. Spontanes Reisen ist nicht möglich, da alle Züge ausschließlich reservierungspflichtige Schlafwagen führen, für die man kurzfristig kaum einen Platz bekommt.

Preise

Die einfache Fahrt inkl. Bett von Berlin nach Moskau oder St. Petersburg kostet in der 2. Klasse (Dreibettabteil) um 170 Euro und im Zweibettabteil um 230 Euro (⇗ „Buchung der Reise").

Anreise per Bus

Busreisen sind die anstrengendste Variante. Von mehreren deutschen Städten bieten z.B. die Firmen Eurolines und Reichert Fahrten von und nach Moskau und St. Petersburg an. Da die Fahrt durch **Weißrussland** geht, ist hierfür ein **Transitvisum** erforderlich.

Bei Eurolines dauert eine solche Fahrt von z.B. Köln bis Moskau zwei Tage (man fährt Mo oder Mi um 11 Uhr los und kommt Mi oder Fr um 18 Uhr in Moskau an). Ein solches Busticket kostet ca. 100 Euro.

- **Deutsche Touring GmbH, Eurolines**
Tel. (069) 790 35 01, www.touring.de,
Tel. in Moskau (007-495) 781 96 65
- **Reichert**
Tel. (02254) 942 80,
Tel. in Moskau 721 91 22, www.reichert.ru

An-/Rückreise per Fähre

Lübeck – St. Petersburg

- Die Fährschiffe der Reederei **Finnlines** fahren einmal wöchentlich als Trans Russia Express auf der Strecke Lübeck – St. Petersburg. Abfahrt in Lübeck Sa um 19 Uhr, Ankunft in St. Petersburg Di 8 Uhr, Rückfahrt ab St. Petersburg Mi 19 Uhr, in Lübeck Sa 7 Uhr. Die einfache Fahrt kostet pro Person in der Nebensaison (Einzel-/Zweibettkajüte) ab 545/348 Euro, in der Hauptsaison (Mitte Juni bis Ende August) ab 658/420 Euro plus jeweils 15 Euro Hafengebühr p.P.
- **Reederei:** Finnlines, Tel. (0451) 150 70 bzw. www.tre.de (TransRussianExpress).
- Für **Informationen und Buchungen** stehen die Spezialisten von Richtig Schiffen unter

www.richtig-schiffen.de oder Tel. (01805) 54 64 63 (14 Cent/Min.) zur Verfügung.

Südkorea – Wladiwostok

- Die **Dongchun Ferry Company,** www.dongchunferry.co.kr, fährt Mi und So von Sokcho nach Sarubino. Weiterfahrt nach Wladiwostok mit dem öffentlichen Bus bzw. so vorhanden mit dem Shuttlebus. Außerdem fährt die Fähre Sa **von Sokcho nach Wladiwostok** (s.a. Wladiwostok Fährverbindungen).
- Die **DBS Cruise Ferry Company** (www.dbsferry.com) fährt Mo ab Donghe und erreicht Wladiwostok Di um 14 Uhr.

Japan – Wladiwostok

- Die **DBS Cruise Ferry Company** (www.dbsferry.com) fährt Sa um 19 Uhr **von Sakeiminato** (rund 250 km südlich von Kyoto) via Donghe (Ankunft So 15 Uhr; Weiterfahrt Mo 15 Uhr) nach Wladiwostok, Ankunft Di 14 Uhr.

Reiserouten

Wichtig für das Gelingen einer Transsibreise ist eine gute Vorbereitung und Routenplanung. Entlang der Bahnstrecke Moskau – Wladiwostok waren bis 1994 von den insgesamt 23 größeren und großen Städten nur drei offen für Touristen: Nowosibirsk, Irkutsk und Chabarowsk. Alle anderen Städte und Regionen waren gesperrt, und man konnte das traditionelle Endziel der Transsibirischen Eisenbahn, Wladiwostok, nicht besuchen. Heute ist **jeder Ort für Touristen zugänglich.** Da die meisten Städte jedoch während der Sowjetzeit ihr „Gesicht" verloren haben, sind sie touristisch uninteressant geworden, sodass sich ein Halt nicht lohnt.

Die Reise in **St. Petersburg** zu beginnen/beenden, ist eine interessante Variante. Allerdings sollte man, statt viel Zeit in Europa zu verbringen, welches „vor der Haustür" liegt, bei einer Transsibreise lieber mehr Zeit für Sibirien, die Mongolei und China reservieren und z.B. die wunderschönen altrussischen Städte am sogenannten „Goldenen Ring" in der Umgebung Moskaus gesondert bereisen.

Wer in der **dunklen Jahreszeit** zwischen Oktober und Februar reist, sollte besser „rückwärts" fahren, d.h. **von Ost nach West.** Auf der Strecke Wladiwostok – Moskau gewinnt man auf diese Weise pro Tag eine Stunde und hat damit mehr Tageslicht bei den ohnehin kurzen Tagen. Ein weiterer Vorteil dieser Reiserichtung besteht darin, dass man zu Beginn den großen Zeitunterschied (Wladiwostok neun Stunden, Irkutsk und Peking sieben Stunden) auf sich nimmt und nicht am Ende der Reise, wenn man bald wieder arbeiten muss. Der Nachteil sind die höheren Fahrtkosten.

Die Transsib-Strecken

Klassische Route Moskau – Wladiwostok

Die landschaftliche sehr schöne Strecke Moskau – Wladiwostok wird oft als klassische Transsib-Route bezeichnet. Sie ist mit China kombinierbar: Zweimal wöchentlich fährt ein Bummelzug von Wladiwostok nach Harbin, wo man umsteigen muss nach Peking. Außerdem kann man die Reise mit der Mongolei und China verbinden, indem man von Wladiwostok zurückfliegt nach Irkutsk und von dort via Ulan Bator nach Peking weiterfährt.

Die **interessantesten Städte** in Russland sind (in Klammern empfohlene Aufenthaltsdauer in vollen Tagen): St. Petersburg (3–4 Tage), Moskau (1–2 Tage), Nischnij Nowgorod (1–2 Tage), Krasnojarsk (1 Tag; mit einem Schiffsausflug auf dem Jenissej nach Jenissejsk 2 Tage), Irkutsk (1–2 Tage), Baikalsee (2–5 Tage oder viel mehr!), Ulan-Ude (1–2 Tage), Chabarowsk (1–2 Tage), Wladiwostok (1 Tag).

Weniger interessant sind Jekaterinburg und Nowosibirsk. Keinen Stopp lohnen u.a. Perm, Omsk, Tschita und Birobidschan, auch wenn sie auf jeder Landkarte verzeichnet sind und viele Einwohner haben.

Von Moskau bis zum Ural geht die Fahrt durch leicht hügelige, liebliche Landschaft mit Dörfern, Wäldern und Wiesen. Der Ural selbst zeigt sich entlang der Eisenbahnlinie als sanfte Hügellandschaft mit Birkenwäldern.

Von Jekaterinburg bis nach Nowosibirsk geht es dann durch die flache Westsibirische Tiefebene; Sümpfe, Felder und Wiesen reichen bis zum Horizont links und rechts der Bahngleise. Der Reisende fühlt hier deutlich die unendliche Weite und Ausdehnung Russlands bzw. Sibiriens.

Ab Nowosibirsk ändert sich die Landschaft schlagartig: Der Zug müht sich zunächst durch hügelige und dann bergige Landschaft – immer höher in die bergigen Wälder. Besonders viel zu beobachten gibt es vor und hinter **Krasnojarsk,** wo zu beiden Seiten viele bunte, liebevoll geschnitzte Datschen mit ihren gepflegten Gemüsegärten und Kartoffeläckern stehen. Da sich die hübschen Häuschen am Hang hochziehen, kann man sie besonders gut sehen. Immer höher steigt der Zug, und immer häufiger öffnet sich der Blick von oben auf Wälder und Dörfer.

Landschaftlich ebenfalls schön ist der Streckenabschnitt **von Irkutsk nach Tschita.** Der Zug windet sich durch die Berge und über pittoreske Flüsse. Die Strecke **von Tschita nach Chabarowsk** gehört ebenfalls zu den besonders schönen. Die Bahnlinie verfolgt stundenlang die Schilka und führt durch endlose, fast menschenleere Wiesen, auf denen im Sommer herrliche bunte Blumen blühen. Die Strecke **Chabarowsk – Wladiwostok** ist nicht aufregend.

Transmongolische Route
Moskau – Ulan Bator – Peking

Bei Ulan-Ude hinter dem Baikalsee zweigt die Strecke in die Mongolei ab. Dieses ist die schönste und sowohl kulturell als auch landschaftlich abwechslungsreichste Strecke. Man plane nach Möglichkeit einen längeren Aufenthalt in der faszinierenden und noch relativ unentdeckten Mongolei ein! Von der Hauptstadt Ulan Bator (1 Tag) aus kann man einen Ausflug ins Naturschutzgebiet Tereldsch machen (1–2 Tage), mehrtägige Exkursionen z.B. in die Wüste Gobi (5–6 Tage) oder in die Zentralmongolei, kombiniert mit der Gobi (10–12 Tage).

Transmandschurische Route Moskau – Mandschurei – Peking

Diese Route, die in Tschita nach China abzweigt, ist landschaftlich weniger interessant und dauert einen Tag länger nach Peking als der Weg über die Mongolei. Die Mandschurei ist kein eigener Staat, sondern ein Teil Chinas, es bedarf somit keines zusätzlichen Visums.

Routenvorschläge

Die im Folgenden vorgeschlagenen Routen mit **lohnenden Unterbrechungen** berücksichtigen jeweils die Mindestdauer; ausbauen und erweitern kann man nach Belieben. Wer mehr Zeit hat, kann einige Tage in einem sibirischen Dorf verbringen oder in den Sommermonaten einen (mindestens fünftägigen) Ausflug auf die Baikalsee-insel Olchon machen oder auf dem Weg nach Wladiwostok zwei Tage in Ulan-Ude bleiben oder in der Mongolei im Naturschutzgebiet Tereldsch in einer Jurte übernachten oder ... Individualreisende können alle hier genannten Reiserouten miteinander verbinden, die Richtung umdrehen und in China bzw. Wladiwostok beginnen, eine Chinareise anschließen oder mit St. Petersburg anfangen bzw. die Reise beenden. Auch kann man von Peking aus einen Direktzug nach Hongkong oder Hanoi (Vietnam) nehmen, mit der Fähre nach Japan oder Korea weiterreisen ... Der Möglichkeiten sind viele – man lasse sich am besten vom Fachmann beraten (↗ „Buchung der Reise“)!

Kurzreisen

8 Tage: Moskau – Baikalsee
1. Tag: Flug nach Moskau,
am späten Abend Abfahrt nach Irkutsk
2./3./4. Tag: im Zug
5. Tag: morgens Ankunft in Irkutsk
6. Tag: Fahrt an den Baikalsee
7. Tag: UNESCO-Bahnstrecke
8. Tag: Rückflug via Moskau
(z.B. bei Knop Reisen p.P. im DZ ab 930 Euro)

13 Tage: Moskau – Baikalsee – Wladiwostok
1. Tag: Flug nach Moskau,
am späten Abend Abfahrt nach Irkutsk
2./3./4. Tag: im Zug
5. Tag: morgens Ankunft in Irkutsk
6. Tag: Fahrt an den Baikalsee
7. Tag: UNESCO Bahnstrecke
8. Tag: morgens Abfahrt nach Wladiwostok
9./10. Tag: im Zug
11. Tag: morgens Ankunft in Wladiwostok
12. Tag: Flug nach Moskau
13. Tag: Rückflug
(z.B. bei Knop Reisen ab 1695 Euro)

13 Tage: Moskau – Ulan Bator – Peking
1. Tag: Flug nach Moskau,
am späten Abend Abfahrt nach Irkutsk
2./3./4. Tag: im Zug
5. Tag: morgens Ankunft in Irkutsk
6. Tag: UNESCO-Bahnstrecke
7. Tag: Abfahrt nach Ulan Bator
8. Tag: morgens Ankunft in Ulan Bator
9. Tag: Naturschutzgebiet Tereldsch,
Übernachtung in einer Jurte
10. Tag: Rückkehr nach Ulan Bator
11. Tag: morgens Abfahrt nach Peking
12. Tag: mittags Ankunft in Peking
13. Tag: Rückflug
(z.B. bei Knop Reisen ab 1570 Euro)

Längere Reisen

16 Tage: Moskau – Baikalsee – Wladiwostok
1. Tag: Flug nach Moskau
2. Tag: Moskau,
am späten Abend Abfahrt nach Sibirien
3./4. Tag: im Zug
5. Tag: abends Ankunft und Fahrt in ein sibirisches Dorf

6. Tag: Einblick in das Dorfleben und begleitete Taigawanderung, spät abends Abfahrt nach Irkutsk
7. Tag: morgens Ankunft in Irkutsk
8. Tag: Fahrt an den Baikalsee
9. Tag: am Spätnachmittag Rückfahrt nach Irkutsk, abends Abfahrt nach Ulan-Ude
10. Tag: morgens Ankunft in Ulan-Ude, Ausflug zum Lamakloster
11. Tag: mittags Abfahrt nach Wladiwostok
12./13. Tag: im Zug
14. Tag: morgens Ankunft in Wladiwostok
15. Tag: Rückflug nach Moskau
16. Tag: Rückflug
(z.B. bei Knop Reisen ab 2260 Euro)

21 Tage: Moskau – Ulan Bator – Peking
1. Tag: Flug nach Moskau
2. Tag: Moskau, spät abends Abfahrt nach Sibirien
3./4. Tag: im Zug
5. Tag: abends Ankunft und Fahrt in ein sibirisches Dorf
6. Tag: Einblick ins Dorfleben und begleitete Taigawanderung, spät abends Abfahrt nach Irkutsk
7. Tag: morgens Ankunft in Irkutsk
8. Tag: UNESCO-Bahnstrecke
9. Tag: Fahrt auf die Baikalseeinsel Olchon, Privatunterkunft inkl. Vollpension
10./11. Tag: Olchon
12. Tag: Rückfahrt nach Irkutsk
13. Tag: morgens Abfahrt nach Ulan Bator
14. Tag: morgens Ankunft in Ulan Bator, Fahrt in das Naturschutzgebiet Tereldsch, Übernachtung in einer Jurte
15. Tag: Rückfahrt nach Ulan Bator
16. Tag: morgens Abfahrt nach Peking
17. Tag: mittags Ankunft in Peking
18./19./20. Tag: Peking
21. Tag: Rückflug
(z.B. bei Knop Reisen ab 2390 Euro)

22 Tage: Moskau – Baikalsee – Wladiwostok – Ulan Bator – Peking
1. Tag: Flug nach Moskau

041tr Foto: tb

2. Tag: Moskau,
am späten Abend Abfahrt nach Sibirien
3./4. Tag: im Zug
5. Tag: abends Ankunft und Fahrt in ein sibirisches Dorf
6. Tag: Einblick in das Dorfleben und begleitete Taigawanderung, spät abends Abfahrt nach Irkutsk
7. Tag: morgens Ankunft in Irkutsk
8. Tag: UNESCO-Bahnstrecke
9. Tag: morgens Abfahrt nach Wladiwostok
10./11. Tag: im Zug
12. Tag: morgens Ankunft in Wladiwostok
13. Tag: Flug nach Irkutsk und abends Abfahrt nach Ulan Bator
14. Tag: im Zug
15. Tag: Ankunft in Ulan Bator
16. Tag: Fahrt in das Naturschutzgebiet Tereldsch, Übernachtung in einer Jurte
17. Tag: Rückfahrt nach Ulan Bator, Abfahrt nach Peking
18. Tag: im Zug
19. Tag: Ankunft in Peking
20./21. Tag: Peking
22. Tag: Rückflug
(z.B. bei Knop Reisen ab 2635 Euro)

28 Tage: Moskau – Ulan Bator – Peking
1. Tag: Flug nach Moskau
2. Tag: Moskau,
spät abends Abfahrt nach Sibirien
3./4. Tag: im Zug
5. Tag: abends Ankunft und Fahrt in ein sibirisches Dorf
6. Tag: Einblick ins Dorfleben und begleitete Taigawanderung, spät abends Abfahrt nach Irkutsk
7. Tag: Morgens Ankunft in Irkutsk
8. Tag: Fahrt zur Baikalseeinsel Olchon, Privatunterkunft inkl. Vollpension
9./10. Tag: Olchon, Privatunterkunft inkl. Vollpension
11. Tag: Rückfahrt via Irkutsk nach Listwjanka
12. Tag: UNESCO-Bahnstrecke
13. Tag: morgens Abfahrt nach Ulan Bator
14. Tag: morgens Ankunft in Ulan Bator

Die Basilius-Kathedrale – das Wahrzeichen von Moskau ist eine der schönsten Kirchen der Welt

15. Tag: Beginn einer 8-Tagestour durch die Wüste Gobi im Geländewagen inkl. Fahrer, Dolmetscher und Vollpension
16./17./18./19./20./21. Tag: Gobi
22. Tag: Rückfahrt nach Ulan Bator
23. Tag: morgens Abfahrt nach Peking
24. Tag: mittags Ankunft in Peking
25./26./27. Tag: Peking
28. Tag: Rückflug
(z.B. bei Knop Reisen ab 3135 Euro)

Anschlussreisen ab Peking

Wer nach der Transsibreise noch Zeit für eine Rundreise in China hat, dem seien folgende Städte und Routen empfohlen. Individual- und Gruppenreisen organisiert u.a. die Knop-Reisen GmbH (⇗ „Buchung der Reise").

Kurzreise
1. Tag: Ankunft in Peking
2./3. Tag: Peking
4. Tag: Peking, abends Abfahrt per Zug nach Xian
5. Tag: Ankunft in Xian gegen Mittag
6. Tag: Xian
7. Tag: Xian, Flug nach Peking oder Shanghai
8. Tag: Shanghai
9. Tag: Rückflug

Reise mit Highlights in China
1. Tag: Ankunft in Peking
2./3./4. Tag: Peking, abends nach Xian
5. Tag: Xian
6. Tag: Xian – Shanghai
7. Tag: Shanghai
8. Tag: Shanghai – Hangzhou
9. Tag: Hangzhou
10. Tag: Hangzhou – Guilin
11. Tag: Fahrt auf dem Li-Fluss nach Yangshuo
12. Tag: Yangshuo
13. Tag: Yangshuo – Guilin – Hongkong
14./15./16. Tag: Hongkong, abends Rückflug
17. Tag: Ankunft

Von Peking auf das Dach der Welt zum Everest Base Camp und/oder Kailash
1. Tag: Peking – Lhasa
2. Tag: im Zug

3. Tag: Abends Ankunft in Lhasa
4./5./6. Tag: Akklimatisieren in Lhasa
7. Tag: Lhasa – Gyangze
8. Tag: Gyangze – Kloster Sakya
9. Tag: Gyangze – Shigatse
10. Tag: Shigatse – Sakya Kloster
11. Tag: Sakya Kloster – Shigar
12. Tag: Shigar – Everest Base Camp – Old Tingri
13. Tag: Old Tingri in Richtung Kathmandu oder in Richtung Kailash

Von Peking nach Vietnam

Direktzug von Peking nach Hanoi oder ab Guilin.

Von Peking nach Hongkong

Direktzug von Peking nach Hongkong.

Reisekosten

Zusätzlich zu den Kosten für Flüge (⇗ „An- und Rückreise"), Übernachtungen (⇗ „Praktische Reisetipps A–Z: Unterkunft") und Bahntickets muss man bei einer Transsib-Reise mit **Nebenkosten** von durchschnittlich **15 bis 20** Euro **p.P. und Reisetag** rechnen. Dieser Betrag schließt Eintrittsgebühren, Verpflegung und Taxifahrten bzw. öffentliche Transportmittel ein. Die Preise für Visa (plus Einladungsgebühr) sind noch hinzuzurechnen (⇗ „Visa").

Im Falle einer gebuchten Packagetour (⇗ „Buchung der Reise") sind alle wesentlichen Dinge wie Flüge, Übernachtungen und Bahntickets bereits bezahlt und man muss nur noch mit Nebenkosten von 15 bis 20 Euro pro Person und Tag rechnen.

Die **Bezahlung** mit Kreditkarten (American Express, MasterCard, VISA) sowie mit Maestro-/EC-Karte ist in allen Transsibländern mittlerweile fast ausnahmslos in Hotels, Restaurants, an Fahrkartenschaltern und bei Reiseagenturen vor Ort möglich. Sollte ein Hotel oder Restaurant nur Bargeld akzeptieren, wird es im Text erwähnt.

Fahrpreise Transsib

Vorweg eine Faustregel: **Je öfter man eine Reise mit der Transsibirischen Eisenbahn unterbricht, desto teurer wird es.** Nonstop-Tarife kosten weniger als aneinandergehängte Einzelstrecken.

Die hier genannten Bahnpreise gelten für **Nonstop-Fahrten,** die man am Bahnhof von Moskau bezahlt. Je nach Anzahl der Unterbrechungen gelten für dieselben Distanzen doppelte bis dreifache Preise.

Die **Bezahlung** mit American-Express-, MasterCard- und VISA-Kreditkarte sowie mit Maestro-/EC-Karte ist in allen Transsibländern mittlerweile fast ausnahmslos an den Fahrkartenschaltern möglich.

Nonstop-Preise (1./2. Klasse):

- Moskau – Mongolei – Peking: 580/380 Euro
- Moskau – Mandschurei – Peking: 680/460 Euro
- Moskau – Ulan Bator: 550/380 Euro
- Moskau – Wladiwostok: 810/530 Euro
- Moskau – Irkutsk: 480/300 Euro
- Großraumwaggon 180 Euro

Fährpreise

Die Fährüberfahrt von Wladiwostok nach Sakaiminato in **Japan** kostet je nach Komfort 220–670 US$ zzgl. 560 Rubel Hafengebühr.

042tr Foto: hl

Nach Donghe in **Südkorea** sind es je nach Komfort 180–480 US$, nach Sokcho in Südkorea ab Wladiwostok 174–270 US$ bzw. ab Sarubino (rund 250 km südlich von Wladiwostok, Anfahrt per Bus) 138–234 US$.

Mongolei-Rundreisen

Eine mehrtägige Rundreise in der Mongolei kostet je nach Anzahl der Teilnehmer und Komfort ab 25 Euro pro Tag, vorausgesetzt, man teilt sich ein Geländefahrzeug mit Fahrer zu sechst, zeltet und verpflegt sich auf eigene Kosten und bezahlt das Benzin und Eintrittsgelder vor Ort selber. Ab rund 100 Euro pro Tag reist man zu zweit im Geländewagen mit Dolmetscher, Koch, Verpflegung, Eintrittsgeldern und Übernachtungen.

Eintrittsgebühren

Die Eintrittsgebühren liegen in allen Transsibländern bei 3–5 Euro pro Person, große Sehenswürdigkeiten wie der Kreml oder die Verbotene Stadt kosten 7–13 Euro. Ausländer zahlen oft mehr als Einheimische.

Spätestens ab November liegt am Baikalsee Schnee

Reisezeit

Es ist nicht einfach, eine Reisezeit die beste zu nennen, da die Transsibirische Eisenbahn mit Russland, der Mongolei und China Länder mit stark voneinander abweichenden klimatischen Bedingungen berührt. Dabei kommt es darauf an, was man in den einzelnen Ländern vorhat: nur kurze Stopps in Städten oder z.B. eine Mongolei-Rundreise, Wanderungen, einen längeren Aufenthalt in der Baikalregion etc. Möchte man in allen drei Ländern angenehme Temperaturen vorfinden, so sollte eine Reise etwa Anfang Mai oder Anfang September beginnen.

Eine aktuelle Wettervorhersage erhält man unter www.wetteronline.de.

Russland

Angenehm warm bis heiß sind die Monate Mai bis September. Der Oktober kann in Sibirien schon kühl bis kalt werden, gehört aber zu den klaren Monaten, sodass mit entsprechender Kleidung der Oktober unbedingt zu den bevorzugten Reisemonaten gehört. Wer echten Winter erleben möchte und Bilderbuchlandschaften liebt, sollte zwischen Anfang Dezember und Ende Februar reisen.

Mongolei

In der Mongolei fällt die warme Jahreszeit in die Monate Juni bis Mitte September. Dies ist daher speziell für diejenigen, die eine Rundreise planen, die beste Reisezeit. Davor und danach ist es kalt bis bitterkalt.

China

In China muss man Nord- und Südchina klimatisch getrennt betrachten, wobei als Grenze der Yangtsekiang gilt. Nur in den Monaten April, Mai, September und Oktober findet man in ganz China ideale Wetterbedingungen. Juni, Juli und August sind in Ost- und Südchina heiß mit hoher bis extrem hoher Luftfeuchtigkeit. Trocken und heiß ist es in diesen Monaten in Nordwestchina entlang des chinesischen Abschnitts der Seidenstraße.

Ausrüstung

Für das Hauptgepäck eignet sich am besten ein Gepäckstück, das man auf dem Rücken tragen kann, weil es in Bahnhöfen oft treppauf und treppab geht (⇗ „Im Zug unterwegs: Gepäck"). Für das griffbereite Handgepäck sollte man einen kleinen Rucksack oder eine kleine Tasche mitnehmen.

Kleidung

So wenig wie möglich, aber unbedingt: wind- und regenfeste Kleidung, warmer Pullover, warme Unterwäsche, zwei Hosen, wobei sich dunkle und damit unempfindliche Jeans bestens eignen, Wanderschuhe und ein paar leichte Halbschuhe, rutschfeste Badesandalen (⇗ Dusch-Anleitung im Kap. „Im Zug unterwegs: Sanitäre Anlagen"). Handtücher nicht vergessen, die im Zug verteilten ähneln unseren dünnen Geschirrtüchern. Für einen Theaterbesuch ist formelle Kleidung nicht nötig – nur sauber sollte sie sein.

Mittlere tägliche Maximum- und Minimumtemperaturen in °C

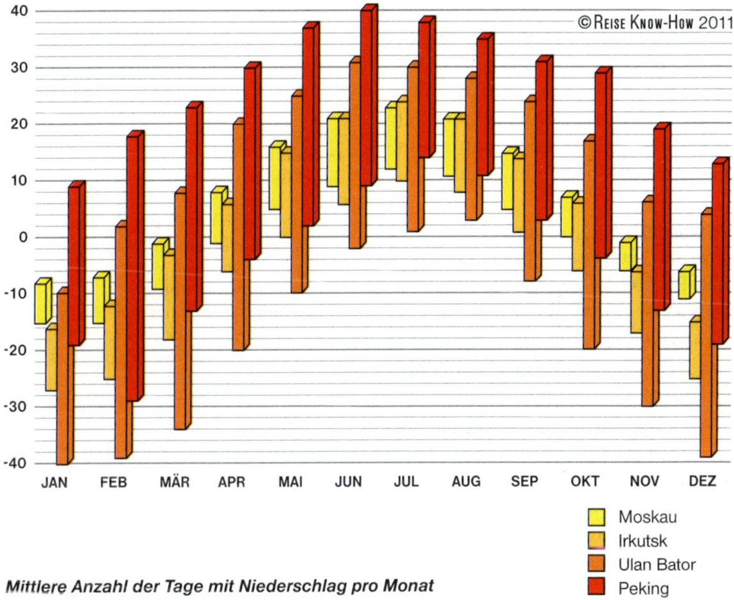

Mittlere Anzahl der Tage mit Niederschlag pro Monat

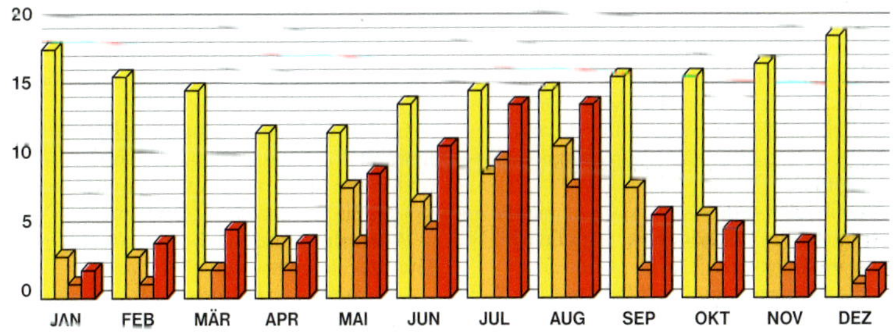

Toilettenartikel und Medikamente

Ganz besonders wichtig ist die Mitnahme eines wirkungsvollen **Mückenmittels** (z.B. Anit Brumm Forte, Autan Protection Plus Insektenschutz oder No Bite Spray für die Kleidung; ⇗ „Gesundheitsvorsorge“). Ebenfalls nützlich sind Papiertaschentücher – auch als WC-Papier und Servietten geeignet –, Feuchttücher (je größer, desto besser), Lippenpflegestift, Mittel gegen Reise- und Seekrankheit, Antibiotikum, Erkältungsmittel, Abführmittel und das Gegenteil, Schmerztabletten, Ohropax, Alka-Seltzer, Nasentropfen, Hustensaft, Halstabletten, Fenistil gegen Insektenstiche, Sonnencreme und -brille sowie ausreichend ständig benötigte Medikamente (die sollte man griffbereit im Handgepäck mitführen).

Dokumente

Neben **Reisepass mit Visa** sollte man **Passbilder** und **Kopien** des Passes inklusive der Seiten mit den Visa mitnehmen bzw. diese einscannen und an sich selber mailen, damit man sie notfalls unterwegs abrufen und ausdrucken kann.

Nützliche Dinge

Wasserhahn-Drahtkonstruktion, ⇗ „Im Zug unterwegs: Sanitäre Anlagen".

Toilettenauflage, wer sich während der Fahrt nicht auf die WC-Brille setzen mag, sollte ausreichend wasserundurchlässige Auflagen einpacken, idealerweise zugeschnitten aus umweltfreundlichem Material.

Fensterputzgerät mit ausziehbarem Griff, besonders für Fotofans ein Muss. Die meisten Bahnsteige liegen so tief und damit die Zugfenster so hoch, dass man sie nur so putzen kann.

Antibeschlagtücher für klare Aussicht u.a. bei Fahrten im Bus oder Pkw, auch beliebt als Gastgeschenk bzw. zum Dank für Fahrer.

Plastiktüten in großen Mengen (den Rest kann man verschenken), z.B. Gefriertüten von der Rolle, sind für Einkäufe auf Bahnsteigen nützlich. Plastiktüten mit Griffen kann man als leicht erreichbares Abfallsäckchen an den Türgriff im Abteil hängen.

Proviant braucht man eigentlich nicht mitzunehmen, da man im Speisewagen und auf den Bahnsteigen ausreichend Reiseproviant bekommt. Wer gern Wurst isst, sollte die russische Hartwurst probieren und in Moskau *swinína* kaufen – eine Delikatesse! Mitnehmen sollte man aber Kaffee- und Teezubehör sowie Trockenmilch und Zucker.

Geschirr und Haushaltsgegenstände: Trinkbecher aus unzerbrechlichem Material, Wodkatrinkgefäß, Tauchsieder mit Eurostecker, Besteck, Korkenzieher, Taschenmesser, Schere, Flaschen- und Dosenöffner sollten im Gepäck nicht fehlen. Wenn sich eine Thermoskanne unterbringen lässt – mitnehmen!

Kopfkissen. Die Kissen in den Transsibzügen sind hart bis sehr hart. Vorsichtshalber ein kleines, weiches Kissen mitnehmen.

Schlafsack. Für längere Mongolei-Rundreisen sollte man einen warmen Schlafsack sowie eine Isomatte haben.

Ersatzbrille, sofern man Brillenträger ist.

Reisewecker, falls der Weckdienst einmal nicht funktioniert und für doppelte Uhrzeiten: Während die Armbanduhr die jeweilige Ortszeit zeigt, stellt man den Wecker auf Moskauer Zeit ein.

Textilklebeband, möglichst breit, z.B. für Reparaturen von Gepäckstücken, zum Fixieren störender Gardinen und zum Ankleben von Landkarten im Abteil. Fensterklebeband zum Abkleben der Fensterritzen bei Zugluft.

Marker und wasserfeste Filzstifte sind z.B. zum Markieren der Route auf der Landkarte oder von Textstellen im Reiseführer hilfreich.

Thermometer für die Außentemperaturen – am besten mit Klebestreifen, sodass man es am Fenster von außen anbringen kann (beim Aussteigen nicht vergessen!).

Teelichter sollte man für alle Fälle (z.B. Unterkunft in einer Blockhütte ohne Strom) oder für romatische Stunden mitnehmen. Ihr Vorteil: Sie können nicht umfallen.

Wörterbuch Russisch – Deutsch sowie **Literatur** für unterwegs (⇗ Anhang).

Leselampe, am besten eine Stirnlampe mit energiesparendem LED-Diodenlicht.

Mp3-Player, z.B. um schlaflose Nächte zu überbrücken oder um Aufzeichnungen zu machen. Tipp: Wenn man nie vorher gehörte Musik mitnimmt und diese viele Male anhört, so werden die Melodien ein Leben lang Erinnerungen an die Reise wachhalten!

Zwischensteckerset, kommt zwar nur selten zum Einsatz, aber besser haben als hätten!

Fernglas, besonders empfehlenswert für Tierbeobachtungen am Baikalsee und

Schiffsreisen nach Japan oder Korea sowie für Rundreisen in der Mongolei.

Feldflasche aus Metall, erstens für Trinkwasser und zweitens als Wärmflasche, z.B. in kalten Nächten.

Aufladekabel für Foto, Notebook, Telefon etc. (bei Flügen besser ins Handgepäck).

Verlängerungskabel, ca. 7 m, zum Aufladen im Zugabteil (ggf. in Russland kaufen, damit der Stecker passt).

Wärmflasche für Fröstler.

Reise-WC für diejenigen, die auf Bahnhöfen und an der Grenze mit dem „kleinen Geschäft" nicht warten können.

Gastgeschenke

Die Zeiten der Perlonstrumpfhosen, Kugelschreiber und Kaugummis ist lange vorbei, da man heutzutage auch alles in **Russland** kaufen kann. Gastfamilien in Russland freuen sich über ein Zeichen der Zufriedenheit. Früher waren das kleine Mitbringsel, heute ist Geld besser; am besten mit den Worten „Kaufen Sie sich bitte eine Blume nach Ihrem Geschmack" oder „Kaufen Sie bitte ein kleines Geschenk für Ihr Enkelkind" überreichen.

Das Zugpersonal nimmt ebenfalls gern Bargeld.

In der **Mongolei** sind u.a. Parfüm, Bodylotion und Aspirin beliebt. Besonders auf dem Land sind Grillanzünder (z.B. Paraffinwürfel) und Zigaretten aus Russland sehr begehrt, und alle freuen sich, wenn die Kinder Lutschstangen, Gummibärchen oder Malutensilien geschenkt bekommen (gibt es im Kaufhaus in Ulan Bator).

Landkarten und Stadtpläne

Eine gute **Karte zum europäischen Teil Russlands** (Maßstab 1:2 Mio.) ist im world mapping project bei Reise Know-How erschienen. Sie ist GPS-tauglich, hat farbige Höhenlinien und -schichten sowie einen Ortsindex; Sehenswürdigkeiten sind eingezeichnet. Entsprechende Karten gibt es zur zur **Baikalseeregion** (1:550.000), zur **Mongolei** (1:1,6 Mio.) sowie zu **Ostchina** (1:2,7 Mio).

Sollten die **Stadtpläne** des vorliegenden Reiseführers nicht ausreichen, so kann man in allen Transsibländern problemlos welche kaufen. In Russland findet man Pläne, z.T. in lateinischer Schrift, in Buchhandlungen *(dom knígi)* und in Hotelkiosks. In der Mongolei kann man nur in Ulan Bator in den größeren Hotels und in Souvenirshops Pläne kaufen. In China werden Karten mit lateinischer Schrift in Hotels und Souvenirgeschäften angeboten. Außerdem findet man in besseren Hotels kostenlose Stadtpläne im Zimmer. In Peking und Shanghai liegen kostenlose Touristeninformationsbroschüren mit Stadtplänen aus.

Fotozubehör

☞ „Praktische Reisetipps A–Z, Fotografieren".

Buchtipp – Praxis-Ratgeber:
- Wolfram Schwieder

Richtig Kartenlesen
(Reise Know-How Verlag)

Buchung der Reise

Buchung vor Ort auf eigene Faust

Reisen auf eigene Faust ist mittlerweile möglich, vorausgesetzt man hat ein **gültiges Visum** und **gebuchte Unterkünfte** für jeden Tag der Reise. Günstige Hostels gibt es fast in allen Städten und täglich kommen neue hinzu, sodass man so gut wie immer ein freies Bett finden kann. Die wenigen günstigen Hotels hingegen sind meistens ausgebucht und die besseren Hotels teuer. Am interessantesten sind Übernachtungen bei Gastfamilien, die einen Einblick hinter die Kulissen erlauben. Sie sind nur über Reiseveranstalter im Voraus zu buchen.

Wer seine Reise auf eigene Faust macht und nicht im Voraus bucht, kauft seine Fahrkarten an den Bahnhöfen oder bucht bei Agenturen vor Ort. Einige Bahnhöfe haben Schalter für Ausländer – angenehmerweise meistens ohne Warteschlange. Es kann vor allem während der russischen Sommerferien von Anfang Juni bis Ende August zu **Engpässen** kommen, da die Züge meist lange im Voraus ausgebucht sind. Dies gilt auch für die Züge nach und ab Ulan Bator.

Ähnlich wie bei uns Flugtickets werden in Russland **Fahrkarten mit Name und Passnummer** versehen, daher beim Ticketkauf unbedingt den Pass dabeihaben!

Die **Bezahlung** mit Kreditkarten (American Express, MasterCard, VISA) sowie mit Maestro-/EC-Karte ist in allen Transsibländern mittlerweile fast ausnahmslos in Hotels, Restaurants, an Fahrkartenschaltern und bei Reiseagenturen vor Ort möglich. Sollte ein Hotel oder Restaurant nur Bargeld akzeptieren, wird es im Text erwähnt.

Organisierte Transsibreisen

Grundsätzlich gibt es zwei Formen einer organisierten Reise mit der Transsibirischen Eisenbahn: **Gruppenpauschalreisen** mit festgelegtem Programm und **Packagereisen,** die ganz nach individuellen Wünschen zusammengestellt werden.

Die **Kosten** für Pauschalreisen einschließlich An- und Abreise, Unterkunft, Vollpension, Besichtigungsprogramm mit deutschsprachiger Führung inklusive aller Eintrittsgebühren, Transfers und Visabeschaffung richten sich nach Reiseroute und Reisedauer.

Reiseveranstalter Gruppenreisen

- **DERTOUR**
Emil-von-Behring-Str. 6,
D-60439 Frankfurt a.M., Tel. (069) 95 88 00,
Fax 95 88 10 10, www.dertour.de
- **Eurasia Tours**
Schwarzwaldstr. 101, D-77933 Lahr,
Tel. (07821) 95 59 70, Fax 95 59 72,
www.eurasiaexpress.de
- **Knop-Reisen GmbH**
Hollerlander Weg 77, D-28355 Bremen,
Tel. (0421) 988 50 30, Fax 988 50 33,
www.knop-reisen.de.

Gruppenreisen mit acht bis sechzehn Teilnehmern. Inhaberin dieser auf Russland, die Mongolei und China spezialisierten Firma ist *Doris Knop,* Autorin dieses Reiseführers.
- **Lernidee Erlebnisreisen**
Eisenacher Str. 11, D-10777 Berlin, Tel. (030) 786 00 00, Fax 786 55 96, www.lernidee.de

Reiseveranstalter Individualreisen

- **Gleisnost**
Bertoldstr. 44, D-79098 Freiburg,
Tel. (0761) 38 30 20, www.gleisnost.de
- **Globotrain**
Neuengasse 30, CH-3001 Bern,
www.globotrain.ch, oder eine der Filialen der Globetrotter Travel Service AG,
www.globetrotter.ch
- **Go East**
Bahrenfelder Chaussee 53,
D-22761 Hamburg, Tel. (040) 896 90 90,
Fax 89 49 40, www.go-east.de
- **GUS Reisen**
Stephan Zurfluh, Altenburgstr. 5,
CH-5430 Wettingen,
Tel. (056) 426 54 30, Fax 427 05 77,
mobil: 079-320 57 91, www.gusreisen.ch
- **Knop-Reisen GmbH**
Hollerlander Weg 77, D-28355 Bremen,
Tel. (0421) 988 50 30, Fax 988 50 33,
www.knop-reisen.de.
Inhaberin dieser auf Russland, die Mongolei und China spezialisierten Firma ist *Doris Knop,* Autorin dieses Reiseführers.
- **TSA Travel Service Asia Reisen e.K.**
Nelkenweg 5, D-91993 Hessdorf-Niederlindach, Tel. (09135) 73 60 78,
www.tsa-reisen.de
- **Ventus Reisen**
Krefelder Straße 8, D-10555 Berlin,
Tel. (030) 39 10 03 32, Fax 399 55 87,
www.ventus.com
- **Vostok Reisen**
Weinbergsweg 2, D-10119 Berlin,
Tel. (030) 30 87 10 20, Fax 30 87 10 28,
www.vostok.de

Ein- und Ausreisebestimmungen

Alle Transsibländer sind **visumpflichtig.** In Russland muss man sofort bzw. spätestens 72 Stunden nach der Einreise das Visum **registrieren lassen** (☞ „Reisetipps A–Z: Registrierung in Russland“). Bei der Einreise muss man ein **Einreiseformular** (in Russland „Migration Card“, in der Mongolei sowie in China eine „Arrival Card“) ausfüllen. Wer mit dem Zug über Weißrussland einreist, bekommt die für Russland gültige **Migration Card** im Zug und muss sie unbedingt (!) **von den weißrussischen Beamten abstempeln lassen!** Wenn man die auf den folgenden Seiten abgebildeten Vordrucke als Muster nimmt, sollte es beim Ausfüllen keine Probleme geben.

Außerdem müssen bei der Einreise nach Russland und in die Mongolei **Zolldeklarationen** ausgefüllt werden.

Es gibt keine Grenzkontrollen zwischen Weißrussland und Russland. Wer mit dem Zug via Weißrussland einreist, bekommt an der polnisch-weißrussischen Grenze von den weißrussischen Zöllnern die für Russland gültige Zolldeklaration – und das, obgleich es für die beiden Länder getrennte Visa gibt. Das russische Einreisevisum wird von den weißrussischen Zöllnern abgestempelt.

Zollbestimmungen

Für alle Transsibländer gilt für die Ein- und Ausreise das Übliche: keine Drogen, keine Waffen, keine Antiquitäten

Hinweis: Da sich die **Einreisebedingungen kurzfristig ändern** können, raten wir, sich kurz vor der Abreise beim Auswärtigen Amt (www.auswaertiges-amt.de bzw. www.bmaa.gv.at oder www.dfae.admin.ch) oder der jeweiligen Botschaft zu informieren.

"A" (Въезд/Arrival)

Российская Федерация Russian Federation	Республика Беларусь Republic of Belarus

Миграционная карта Migration Card	Серия/ Serial	4607
	№	9232558

Фамилия/Surname (Family name)	MEYER
Имя/Given name(s)	HANS
Отчество/Patronymic	–

Дата рождения/Date of birth			Пол/Sex
День/ Day	Месяц/ Month	Год/ Year	Муж/Male ☒ Жен./Female ☐
			Гражданство/Nationality
XX	XX	19XX	DEUTSCH

Документ, удостоверяющий личность/ Passport or other ID	Номер визы/Visa number:
XXXXXXXXXX	VISANUMMER

Цель визита (нужное подчеркнуть)/ Purpose of travel (to be underlined): Служебный/Official, Туризм/Tourism, Коммерческий/Business, Учеба/Education, Работа/Employment, Частный/Private, Транзит/Transit	Сведения о приглашающей стороне (наименование юридического лица, фамилия, имя, (отчество) физического лица), населенный пункт/Name of host person or company, locality.

Срок пребывания/Duration of stay: С/From: XX.XX.20XX До/To: XX.XX	Подпись/Signature: Meyer

Служебные отметки/For official use only

Въезд в Российскую Федерацию /Республику Беларусь/ Date of arrival in the Russian Federation/Republic of Belarus	Выезд из Российской Федерации /Республики Беларусь/ Date of departure from the Russian Federation/Republic of Belarus

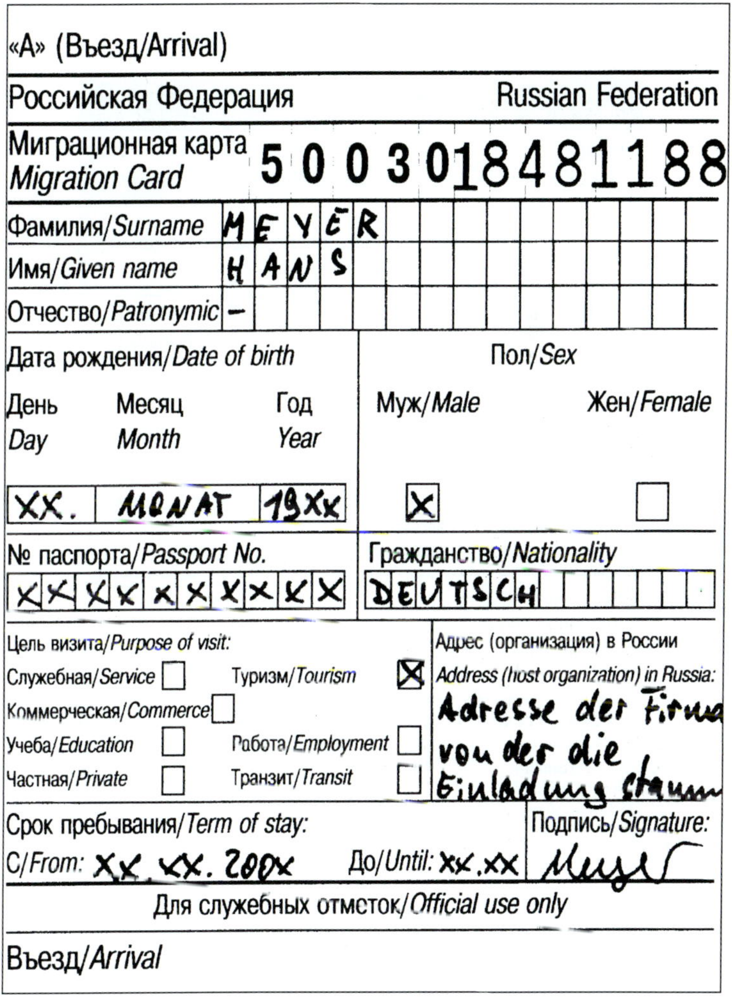
«A» (Въезд/Arrival)

Российская Федерация — Russian Federation

Миграционная карта / *Migration Card* 5003018481188

Фамилия/*Surname* MEYER

Имя/*Given name* HANS

Отчество/*Patronymic* –

Дата рождения/*Date of birth*

День *Day*: XX. — Месяц *Month*: MONAT — Год *Year*: 19XX

Пол/*Sex*: Муж/*Male* [X] — Жен/*Female* [ ]

№ паспорта/*Passport No.* XXXXXXXXXX

Гражданство/*Nationality* DEUTSCH

Цель визита/*Purpose of visit:*

Служебная/*Service* [ ] — Туризм/*Tourism* [X]

Коммерческая/*Commerce* [ ]

Учеба/*Education* [ ] — Работа/*Employment* [ ]

Частная/*Private* [ ] — Транзит/*Transit* [ ]

Адрес (организация) в России / *Address (host organization) in Russia:* Adresse der Firma von der die Einladung stammt

Срок пребывания/*Term of stay:*

С/*From:* XX.XX.200X — До/*Until:* XX.XX

Подпись/*Signature:* Meyer

Для служебных отметок/*Official use only*

Въезд/*Arrival*

Seite 34–37: Die Einreisecards für Weißrussland, Russland, die Mongolei und China müssen jeweils bei der Einreise ausgefüllt werden; die abgebildeten Muster sollen dabei helfen

Seite 38–41: Ohne die bei der Einreise ausgefüllten und abgestempelten Zolldeklarationen kann man keine Restdevisen ausführen

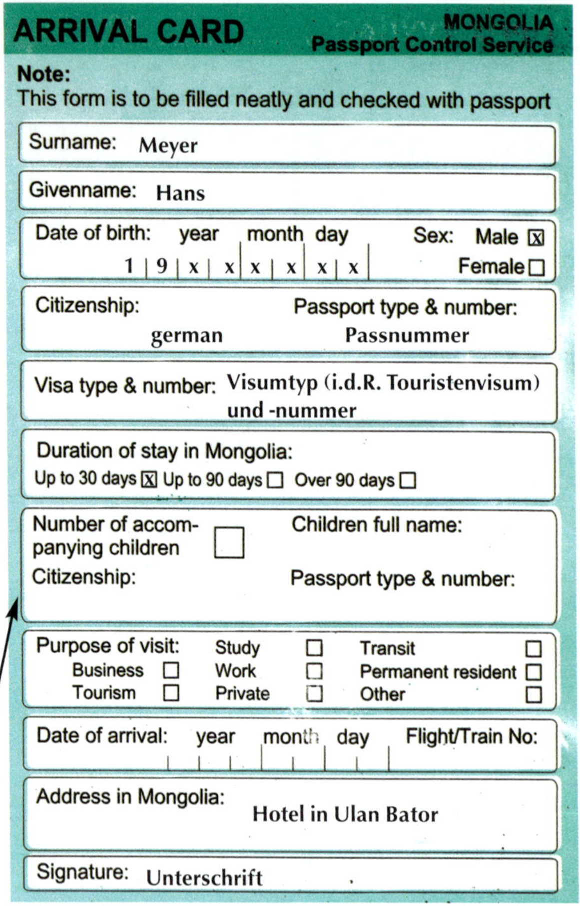

ARRIVAL CARD — MONGOLIA Passport Control Service

Note:
This form is to be filled neatly and checked with passport

Surname: Meyer

Givenname: Hans

Date of birth: year month day — 1 9 x x x x x x — Sex: Male ☒ Female ☐

Citizenship: german — Passport type & number: Passnummer

Visa type & number: Visumtyp (i.d.R. Touristenvisum) und -nummer

Duration of stay in Mongolia:
Up to 30 days ☒ Up to 90 days ☐ Over 90 days ☐

Number of accompanying children ☐ — Children full name:
Citizenship: — Passport type & number:

Purpose of visit: Business ☐ Tourism ☐ Study ☐ Work ☐ Private ☐ Transit ☐ Permanent resident ☐ Other ☐

Date of arrival: year month day — Flight/Train No:

Address in Mongolia: Hotel in Ulan Bator

Signature: Unterschrift

Zweck der Reise

Ankunfts-
datum ur
Flug-
nummer

Zahl der begleitenden Kinder / Name
Nationalität / Passnummer

外国人入境卡
ARRIVAL CARD

请交边防检查官员查验
For Immigration clearance

姓 Family name	**Meyer**	名 Given names	**Hans**
国籍 Nationality	**german**	护照号码 Passport No.	**Passnummer**
在华住址 Intended Address in China	**Hotel in Peking**	男 Male [x]	女 Female [ ]
出生日期 Date of birth	年Year 月Month 日Day: 1 9 x x x x x x		

Grund des Besuchs
入境事由（只能填写一项）Purpose of visit (one only)

会议/商务 Conference/Business [ ]	访问 Visit [ ]	观光/休闲 Sightseeing/in leisure [ ]
探亲访友 Visiting friends or relatives [ ]	就业 Employment [ ]	学习 Study [ ]
返回常住地 Return home [ ]	定居 Settle down [ ]	其他 others [ ]

签证号码 Visa No. **Visumnummer**

签证签发地 Place of Visa Issuance **Ort der Visumerteilung**

航班号/船名/车次 Flight No./Ship's name/Train No **Flugnummer**

以上申明真实准确。
I hereby declare that the statement given above is true and accurate.

签名 Signature **Unterschrift**

CUSTOMS DECLARATION

If you hesitate what must be reported or declared please address any of Customs officers for helf

1. a. Surname.. MEYER ...... 2. Passport № ... XXXX ....
   b. Given name ... HANS .....
3. Citizenship . GERMAN ... 4. a. Country of destination (ZIELLAND)
5. Purpose of trip ☐ Business ☒ Pleasure b. Country of destination

6. Any items prohibited for exportation ftom or importation to Mongolia
   ☐ Yes ☒ No
   If yes, list them ....
   ...... (WAREN, DEREN IM- ODER EXPORT IN DER
   .... MONGOLEI VERBOTEN IST) ....
7. Any items subject to veterinary, phytosanitary regulations
   ☐ Yes ☒ No
   If yes, list them ....
   .... (PFLANZEN, TIERE) ....
   ....
8. I have following Mongolian national or foreign currencies and other monetary insruments; (GELD)

Description	Quantity		Custom remarks
	In figures	In word	
EURO	500,–	FÜNFHUNDERT	

9. I have in my possision or purchased abroad in Mongolia the following precious stones, metals and articles made there of; (WERTSACHEN)

Description	Quantity	Custom remarks
GOLDRINGE	2	

(GEPÄCKSTÜCKE)
10. My luggage including hand baggage consists of . . 3 . . . pieces.
11. I have the following dutiable goods; (ZOLLPFLICHTIGE WAREN)

Description	Quantity in figures	Price
/	/	/
Total value		

12. Calculation of duties and taxes (should be done be a passenger him/ himself)

Duties and taxes	Rate	Duty amount
Customs Duty		
Excise tax		
Sales tax		
Total amount		

For official use ONLY
Bill of Payment №
State Customs Inspector Signature and stamp

14. Further more . ./. . units of cargo, containers have been sent separately

FOR TRAVELLER'S ATTENTION

1. The passenger must keep this declaration form to present to Customs together with newly completed one at his / her / return.
2. The Customs declaration form is required for receiving cargo or containers sent separately.
3. Persons giving false information in Customs declaration form to Customs inspectors shall render themselves liable under Customs law of Mongolia.
4. Smuggling of narcotic drugs, psychotropic substances and raw materials there of through customs border is subject to penalty under the relevant legislation.

I have read the above statement and have made a truthful declaration

SIGNATURE OF DECLARENT . . Hans Meyer . . DATA . . XX.XX.20XX . .

PASSENGER CUSTOMS DECLARATION

- **To be filled in by every person aged 16 or more.**
- **Use the 'x' symbol to specify your choice. ☒**
- **The customs declaration shall be kept at hand during the whole temporary stay within / outside the country and presented to customs authorities on return. No renewal on loss is provided.**

1. Personal information: ☐ **arrival** ☐ **departure** ☐ **transit**

family name | first name | patronymic

country of residence | nationality / citizenship | **batch** **no.** passport

country of departure | country of destination

I have underage children accompanying me ☐ Yes ☐ No Quantity ______

2. Luggage information:

2.1. Accompanied luggage, including hand luggage ☐ Yes ☐ No

No. of packages ______

2.2. Unaccompanied luggage (as per shipping documents) ☐ Yes ☐ No

No. of packages ______

3. Information about specific goods:

My accompanied luggage contains goods subject to obligatory written declaration and may be transported over the border under certificates of approval issues by the correspondent duly authorized bodies:

3.1. National currency and other cash money, valuables, articles made of precious metals and precious stones in whatever state or form, except for those carried inwards for a temporary period of time ☐ Yes ☐ No

Item currency, valuables or precious stones	Amount / Quantity	
	in figures	in words

3.2. Miscellaneous weapons, ammunition supplies ☐ Yes ☐ No

3.3. Drugs and psychotropic substances ☐ Yes ☐ No

3.4. Cultural values ☐ Yes ☐ No

3.5. Printed editions and other media ☐ Yes ☐ No

3.6. Toxic and poisonous substances and medicines ☐ Yes ☐ No

3.7. Radioactive materials ☐ Yes ☐ No

3.8. Flora and fauna items, segments and goods produced from them ☐ Yes ☐ No

3.9. Radio electronic appliances, high frequency devices ☐ Yes ☐ No

3.10. Goods subject to customs duties ☐ Yes ☐ No

3.11. Goods carried inwards (outwards) temporarily ☐ Yes ☐ No

3.12. Transport vehicle ☐ Yes ☐ No

- To provide better customs control details relating to articles specified under items 3.2 – 3.12, if any, please specify such detailed information on the back side of the declaration form under item 4.

4. Information about goods:

4.1. Information about specific goods as per items 3.2 – 3.11

Item	Name and other characteristic features of the goods, number and date of issue of the certificate of approval and the issued body	Quantity		Value in national currency, US dollars or Euros
		in numbers	in words	
			Total value :	

4.2. Information about a transport vehicle

Make ____________ Model year ______ body no. or ID number ____________

Engine volume (cm^3) ______ Chassis no. ____________ Engine no. ____________

Direction of transportation: inwards ☐ inwards temporarily ☐ inwards as return ☐
outwards ☐ outwards temporarily ☐ outwards as return ☐

I am aware of liability I shall incur as per the effective legislation in case the information specified in the declaration submitted by me is incorrect.

____________ «____» 20____. Personal signature ____________

Service notes: ____________

L. S.

ООО «Типография «Еврокопия-2 СПб» СПб. 2009 г.

und keine Kunst, es sei denn mit offiziellem Ausfuhrzertifikat.

In allen Transsibländern ist die **Einfuhr von Devisen unbegrenzt.** Im Falle von Russland können Rubel oder ausländische Währungen bis zu einem Wert von umgerechnet 10.000 US$ ohne Deklaration eingeführt werden, man kann jedoch nur maximal 3000 US$ ohne Deklaration ausführen! Wer also mehr als 3000 US$ wieder ausführen möchte, muss bei der Einreise eine Zolldeklaration ausfüllen und diese dann abstempeln (!) lassen. Reiseschecks müssen wie Bargeld angegeben werden.

Rückreise

Auch auf europäischer Seite gibt es **Freigrenzen, Verbote und Einschränkungen,** die man beachten sollte, um böse Überraschungen am Zoll zu vermeiden. Folgende Freimengen darf man zollfrei einführen:

- **Tabakwaren** (über 17-Jährige in EU-Länder und in die Schweiz): 200 Zigaretten oder 100 Zigarillos oder 50 Zigarren oder 250 g Tabak.
- **Alkohol** (über 17-Jährige in EU-Länder): 1 l über 22 Vol.-% oder 2 l bis 22 Vol.-% und zusätzlich 2 l nicht-schäumende Weine; in die Schweiz: 2 l bis 15 Vol.-% und 1 l über 15 Vol.-%.
- **Andere Waren für den persönlichen Gebrauch** (über 15-Jährige): nach Deutschland 500 g Kaffee, nach Österreich zusätzlich 100 g Tee (ohne Altersbeschränkung): 50 g Parfüm und 0,25 l Eau de Toilette sowie Waren im Wert von bis zu 175 Euro. In die Schweiz Waren bis zu einem Gesamtwert von 300 SFr. pro Person.

Nähere Informationen:

- **Deutschland:** www.zoll.de oder beim Zoll-Infocenter, Tel. (0351) 44834 510
- **Österreich:** www.bmf.gv.at oder beim Zollamt Villach, Tel. (0151) 433 564053
- **Schweiz:** www.ezv.admin.ch oder bei der Zollkreisdirektion in Basel, Tel. (061) 2871287

Visa

Die Visa-Beschaffung ist der **schwierigste Teil der Reise,** da alle Transsibländer sowie Weißrussland als Transitland visumpflichtig sind und ihre eigenen, z.T. kniffligen Bedingungen stellen. Daher sollte die Visa-Einholung von einem Profi übernommen werden – auch wenn es teurer ist.

Deutsche können sich ihr Touristen- oder Businessvisum z.B. über die **Visum Centrale** beschaffen (die neuesten Visumsantragsbedingungen findet man unter www.visum-centrale.de), Mo bis Fr 8–19 Uhr, kostenpflichtiges Tel. 0180 124 28 33. Österreicher finden Firmen, die sich mit der Einholung von Visa befassen, unter www.visa-service.at, Schweizer unter www.visa-service.ch, oder sie wenden sich an die Firma GUSReisen, Tel. (056) 426 54 30, www.visa.gusreisen.ch.

Grundsätzliches

Alle Visa müssen mit dem **Originalpass** beantragt werden, Passkopien werden nicht akzeptiert. Die Visa werden in den Pass geklebt. Voraussetzung sind biometrische Passfotos.

Kinder bis zum 15. Lebensjahr, die im Pass ihrer Eltern eingetragen sind (mit Passfoto!), brauchen für das russische Visum nicht zu bezahlen, für das

043tr Foto: dk

mongolische, weißrussische und chinesische Visum jedoch schon.

Die Konsulate aller Transsibländer nehmen nur **komplette Unterlagen** entgegen. Fehlt etwas, wird bei persönlicher Einreichung die Annahme verweigert, bei postalischer Zustellung werden die Unterlagen unbearbeitet zurückgeschickt.

Viele Konsulate und Visastellen sind entweder **telefonisch** nicht erreichbar (d.h. es ist immer besetzt), oder sie haben Visainformationen auf Anrufbeantwortern bzw. bieten nur zu festen Zeiten Info-Telefondienste an.

Es kommt vor, dass es von der Laune der Konsularmitarbeiter abhängt, ob sie trotz fehlender Details in den Unterlagen ein Visum erteilen, ob sie es schneller oder langsamer ausstellen etc. Der Vorteil liegt ganz klar auf Seiten der „Profis", die in der Regel aufgrund ihres regelmäßigen Erscheinens bei den Konsulaten gute Beziehungen zu diesen haben.

Für die **Beantragung der Visa** sollte man **sechs bis acht Wochen** für drei Visa (Russland, Mongolei, China) und **neun bis elf Wochen** für vier Visa (Russland, Mongolei, China, Weißrussland) einplanen. Je eiliger man es mit der Erteilung hat, desto teurer wird es, da hohe Expressgebühren berechnet werden.

Matroschkas – das russische Souvenir schlechthin

Visa kann man **nicht beliebig früh beantragen:** Für Russland gilt frühestens drei Monate und spätestens zehn Tage (in Ausnahmefällen 48 Stunden) vor Einreise, für China frühestens 50 Tage vor Einreise. Mongolei-Visa können frühestens drei Monate vor der Einreise beantragt werden und sind ab dem Ausstellungsdatum drei Monate gültig für eine Einreise und eine Ausreise.

Visa kann man nicht an beliebigen **Konsulaten** beantragen, sondern bundeslandabhängig: Die Konsulate verlangen eine Konsularbezirksbindung, wobei mal der Wohnort des Antragstellers gemäß Eintrag im Pass und mal der aktuelle Wohnort ausschlaggebend für die Zuständigkeit des Konsulats ist. Russland hat in Deutschland fünf Konsulate (Berlin, Bonn, Frankfurt, Hamburg und München), China vier (Berlin, Hamburg, Frankfurt und München), Weißrussland zwei (Berlin und Frankfurt) und die Mongolei eins (Berlin) (⇗ „Diplomatische Vertretungen").

Russische Touristenvisa kann man in Hongkong, Peking, Shanghai und Ulan Bator beantragen, aber manchmal nur als Geschäftsmann unter Vorlage aller erforderlichen Papiere sowie einer entsprechenden Geschäftseinladung im Original *(business visa support)*. Diese kostet weit mehr als Touristeneinladungen *(tourist visa support)*.

Man beachte die **Feiertage,** an denen auch Visastellen geschlossen bleiben. Die meisten Konsulate schließen sowohl an den Feiertagen des eigenen Landes als auch an denen des Gastgeberlandes.

Visaunterlagen für **Russland** müssen in Deutschland, Österreich und der Schweiz **persönlich eingereicht** werden, Postweg und Kurierdienst sind ausgeschlossen. In Österreich kann der Pass anschließend per Post zurückgeschickt werden (den Unterlagen einen frankierten Umschlag für ein Einschreiben beilegen), Deutsche und Schweizer müssen ihre Unterlagen persönlich wieder abholen. Deutsche und Österreicher müssen bei der Visabeantragung eine in Russland **gültige Kranken- bzw. Reisekrankenversicherung** nachweisen (⇗ „Krankenversicherungsnachweis für Russland").

Visaunterlagen für **China** müssen in Deutschland, Österreich und der Schweiz **persönlich eingereicht** werden. Mit der Post oder per Kurier geschickte Unterlagen werden nicht angenommen! Der Pass muss persönlich wieder abgeholt werden.

Visaunterlagen für die **Mongolei** können in Deutschland, Österreich und der Schweiz per Post geschickt werden. Für die Rücksendung legt man den Unterlagen einen frankierten Umschlag (Einschreiben!) bei.

Pässe sollten stets als **Einschreiben mit Rückschein** verschickt werden. Am sichersten ist es, einen Kurierdienst zu beauftragen (z.B. UPS, Federal Express oder in allen Poststellen DHL). Ganz besonders bitter ist der Verlust eines Passes, wenn schon einige Visa erteilt waren! Notfalls kann man in Österreich und Deutschland den Verlust der zuständigen Meldebehörde mitteilen und sofort einen innerhalb von Minuten ausgestellten Ersatzpass bekommen. In der Schweiz bekommt man einen neuen Pass innerhalb von zehn Tagen und im Notfall innerhalb von zwei Stunden am kantonalen Passamt.

Ausländer ohne offizielle Aufenthaltsgenehmigung für Deutschland, Österreich oder die Schweiz, z.B. weil sie in diesen Ländern Touristen sind, können ihre Visa nur in ihrem Heimatland beantragen. Ausländer mit einer Aufenthaltsgenehmigung, die noch mindestens drei Monate nach der Ausreise aus dem Land, für welches das Visum beantragt wird, gültig ist, können gegen Aufpreis Visa beantragen. Eine einfache Fotokopie der Aufenthaltsgenehmigung der Meldebehörde muss dem Konsulat vorgelegt werden.

Der **Reisepass** muss mindestens noch sechs Monate (im Falle der Einholung eines Visums für die Mongolei gelten in Österreich mind. zwei Monate) gültig sein, gerechnet ab der Ausreise aus dem Land, für welches man ein Visum beantragt. Es müssen neben den eingeklebten ganzseitigen Visa noch leere Seiten im Pass sein. Der Grund: Ein- und Ausreisestempel dürfen nicht auf das Visum gestempelt werden, sondern auf die dem Visum gegenüberliegende Seite.

Visa-Informationen im Internet

Visaanträge können aus dem Internet kopiert werden.

Russland:
- www.russische-botschaft.de
- www.rusemb.at
- www.consulrussia.ch
- www.switzerland.mid.ru

Mongolei:
- www.botschaft-mongolei.de
- www.embassymon.at

China:
- www.china-botschaft.de
- www.chinaembassy.at
- www.china-embassy.ch

Weißrussland:
- www.belarus-botschaft.de
- www.byembassy.at
- www.swiss.belembassy.org
- www.germany.belembassy.org
- www.austria.belembassy.org

Visatypen

Man unterscheidet generell drei Visatypen: **Transitvisum, Touristenvisum und Geschäftsvisum.** Man beachte: Für Russland ist eine Einladung *(tourist visa support)* Voraussetzung für die Beantragung eines Visums. Die kostenpflichtigen Einladungen nach Russland (siehe unten) sind nicht gleichzusetzen mit dem russischen Visum!

Transitvisum

Transitvisa können nur dann beantragt werden, wenn das Visum für das Zielland bereits im Pass ist. Ein Transitvisum berechtigt **nur** zur **Durchreise,** nicht zu einem Aufenthalt. In Russland ist es fünf Tage gültig und kann nur für die Zugreise von Moskau nach Ulan Bator benutzt werden. Für die Zugdurchreise von Moskau über die Mandschurei nach China ist wegen der Fahrtdauer von sechs Tagen ein Touristenvisum erforderlich! Ein mon-

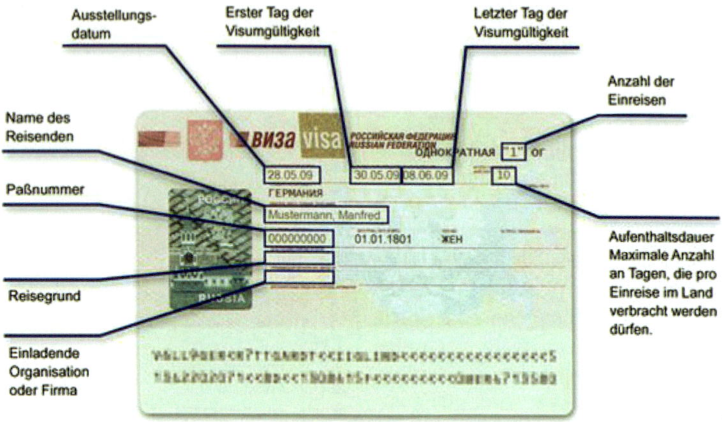

Ein Aufenthalt über das Ende der Visumgültigkeit hinaus ist nicht möglich.

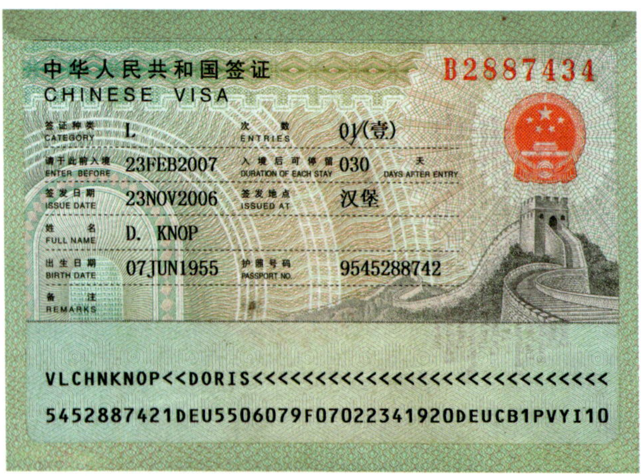

Die eingeklebten Visa im Reisepass: das russische (oben links) und chinesische (unten links), das mongolische (o. r.) und weißrussische (u. r.)

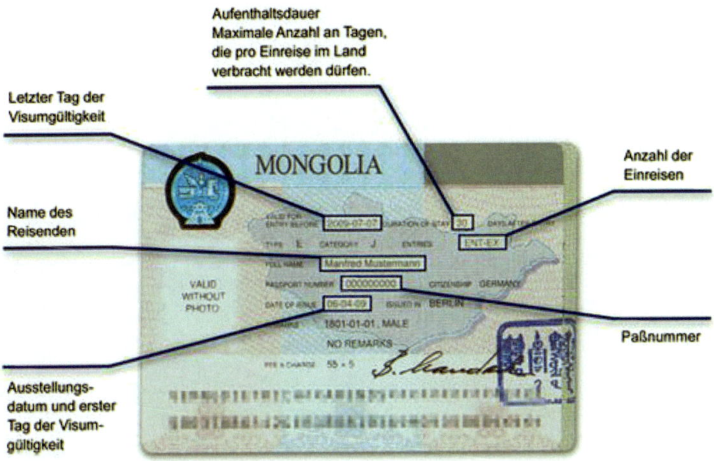

Die Einreise kann bis zum letzten Tag der Visumgültigkeit erfolgen und ein Aufenthalt entsprechend der gewährten Dauer ist darüber hinaus möglich.

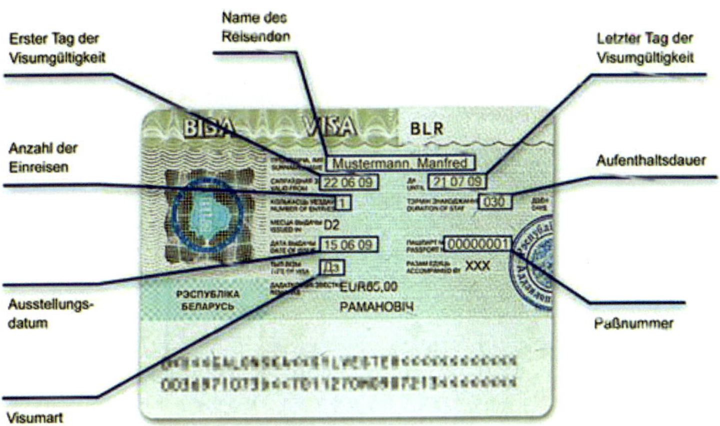

Ein Aufenthalt über das Ende der Visumgültigkeit hinaus ist nicht möglich.

golisches Transitvisum ist sieben Tage gültig, ein weißrussisches 48 Stunden. Transitvisa sind nicht verlängerbar.

Wer mit dem Zug nach Moskau reist, benötigt ein **Transitvisum für Weißrussland.** Dieses ist 48 Stunden gültig und kann erst beantragt werden, wenn das russische Visum bereits im Pass ist. Auch wer in der umgekehrten Richtung reist, also von Russland durch Weißrussland, muss erst das russische Visum einholen.

Typisch sibirisches Dorf

Wer nach Moskau fliegt und am selben Tag mit der Transsib ohne Zwischenstopp in die Mongolei bzw. über die Mongolei nach China fährt, kann **Transitvisa für Russland und die Mongolei** beantragen. Wer mit dem Direktzug Moskau – Peking über die Mandschurei nach China reist, braucht für Russland ein Touristenvisum!

Touristenvisum

In **Russland** berechtigt ein Touristenvisum je nach Beantragung zu einer einmaligen oder zu einer doppelten Einreise und ist insgesamt maximal 28 bis 30 Tage gültig. Die Dauer ist auf den Tag genau angegeben mit Ein- und Ausreisedatum. Innerhalb dieses Zeitraums kann die Ein- und Ausreise bzw. können die Ein- und Ausreisen frei erfolgen.

In der **Mongolei** ist ein Touristenvisum drei Monate gültig für eine einmalige Einreise. Die Gültigkeit beginnt am Tag der Ausstellung des Visums und berechtigt zu einem Aufenthalt von maximal 30 Tagen. Ein Touristenvisum kann verlängert werden.

Für **China** gibt es Touristenvisa mit einmaliger und mit zweifacher Einreise. Die Aufenthaltsberechtigung eines chinesischen Touristenvisums beläuft sich auf 30 Tage. Nicht immer wird ein Aufenthalt von mehr als 30 Tagen bewilligt. Man kann aber in China in der Regel problemlos das Visum einmalig um 30 Tage verlängern. Wenn die **Aufenthaltsdauer** nicht reicht, kann man nach Hongkong ausreisen (obwohl zu China gehörig!) und dort binnen kürzester Zeit ein frisches Einreisevisum beantragen. Die Gültigkeit des Visums beginnt am Tag der Ausstellung, wobei die Einreise innerhalb von drei Monaten ab Ausstellungsdatum erfolgen muss. Wer am letzten Gültigkeitstag einreist, kann trotzdem die gesamte beantragte Aufenthaltsdauer in Anspruch nehmen.

Geschäftsvisum

Für einen **Aufenthalt von mehr als 30 Tagen** braucht man für Russland ein Geschäftsvisum.

Visagebühren

Die Visagebühren (Konsulargebühren) werden von den Visastellen der Konsulate berechnet und richten sich danach, **innerhalb welcher Frist man sein Visum benötigt.** Je eiliger es ist, desto höher sind die Bearbeitungsgebühren. Im Folgenden findet man Angaben darüber, wie viele Tage man im Normalfall warten muss und wie schnell man ein Expressvisum gegen entsprechenden Expresszuschlag bekommen kann.

Deutsche, die es bei der Visaeinholung eilig haben und hohe Expresskosten vermeiden möchten, können unter Umständen einen Zweitpass beantragen. Dazu bedarf es meistens der Unterstützung durch den Reiseveranstalter, bei dem man die Reise gebucht hat. Im Moment der Beantragung wird entweder ein grüner, sog. **„vorläufiger Reisepass"** oder ein fünf Jahre gültiger Zweitpass ausgestellt. Hat der Antragsteller 26 Euro und ein biometrisches Passfoto dabei, dauert die Ausstellung eines grünen Passes mitunter nur wenige Minuten. Mit zwei Pässen kann man bei zwei Konsulaten gleichzeitig Visa beantragen.

Zusätzlich zu der Bearbeitungszeit muss der **Postweg** eingerechnet werden. Kurierdienste liefern stets am folgenden Tag aus. Dabei ist zu beachten, dass die Auslieferung an Feiertagen sowie Samstagen und Sonntagen deutlich teurer ist als an Arbeitstagen. Wenn im folgenden Text die Rede von Tagen ist, darf man weder Feiertage noch Wochenenden mit einrechnen, gemeint sind Arbeitstage.

Wenn man seine Visa nicht selbst einholt, sondern durch einen Reiseveranstalter oder eine **Visaservicefirma** einholen lässt, fallen zusätzliche Servicegebühren an. Die Kosten richten sich dabei u.a. danach, wie viele und welche Visa man braucht und wie schnell sie besorgt werden müssen (Expressgebühren).

Deutschland

Russische Gebührenordnung:
www.russische-botschaft.de, Stichwort „Konsularfragen". Man kann nicht bar bezahlen, sondern per Maestro-/EC-Karte, MasterCard und VISA oder (gilt nicht für alle Konsulate!) Banküberweisung.

•Touristenvisum
innerhalb von 10 Kalendertagen: 35 Euro
bei weniger Zeit (in Ausnahmefällen): 70 Euro

•Einmaliges Transit-, einmaliges Geschäfts- oder einmaliges Privatvisum
innerhalb von 10 Kalendertagen: 35 Euro
bei weniger Zeit (in Ausnahmefällen): 70 Euro

•Zweimaliges Transit- oder zweimaliges Privatvisum
innerhalb von 10 Kalendertagen: 40 Euro
bei weniger Zeit (in Ausnahmefällen): 80 Euro

•Mehrfaches Geschäftsvisum, bis zu drei Monate gültig
innerhalb von 10 Kalendertagen: 80 Euro
bei weniger Zeit (in Ausnahmefällen): 160 Euro

Mongolische Gebührenordnung:
www.botschaft-mongolei.de, Stichwort „Visum"

•Einmaliges Transitvisum (7 Tage gültig)
7–10 Tage: 55 Euro
Express nach tel. Vereinbarung: 95 Euro
zweimaliges Transitvisum: 60 Euro, Express: 100 Euro

•Einmaliges Touristenvisum
7–10 Tage: 60 Euro
Express nach tel. Vereinbarung: 100 Euro

Chinesische Gebührenordnung:
www.china-botschaft.de

•Einmaliges Touristenvisum
4 Tage: 30 Euro
2 Tage: 50 Euro
am selben Tag: 60 Euro

•Zweimaliges Touristenvisum
1 Woche: 45 Euro
2 Tage: 65 Euro
am selben Tag: 75 Euro

Weißrussische Gebührenordnung:
www.germany.belembassy.org/de

•Einmaliges Transitvisum
(Kinder unter 16 Jahren: kostenlos)
5–7 Tage: 20 Euro
bis 2 Tage: 40 Euro

•Zweimaliges Transitvisum
5–7 Tage: 30 Euro
bis 2 Tage: 60 Euro

Österreich

Russische Gebührenordnung:
www.rusemb.at

•Touristenvisum
7–10 Tage: 35 Euro
2 Tage: 75 Euro

•Transitvisum
7–10 Tage: 40 Euro
2 Tage: 80 Euro

Mongolische Gebührenordnung:
www.embassymon.at

•Einmaliges Touristenvisum
7 Tage: 60 Euro
Express: 120 Euro

•Zweimaliges Touristenvisum
7 Tage: 90 Euro
Express: 180 Euro

•Einmaliges Transitvisum
7 Tage: 55 Euro
Express: 110 Euro

•Zweimaliges Transitvisum
7 Tage: 60 Euro
Express: 120 Euro

Chinesische Gebührenordnung:
www.chinaembassy.at

•Einmaliges Touristenvisum
7 Tage: 30 Euro
3 Tage: 53 Euro
am selben Tag: 63 Euro

•Zweimaliges Touristenvisum
7 Tage: 45 Euro

3 Tage: 68 Euro
am selben Tag: 78 Euro

Weißrussische Gebührenordnung:
www.austria.belembassy.org/de
- **Einmaliges Transitvisum**
5 Tage: 20 Euro
2 Tage: 40 Euro
- **Zweimaliges Transitvisum**
5 Tage: 30 Euro
2 Tage: 60 Euro

Schweiz

Russische Gebührenordnung:
www.consulrussia.ch
www.switzerland.mid.ru
1. Unterlagen abgeben
2. Visapreis erfahren und Geld überweisen
3. abgestempeltes Überweisungsformular einreichen
- **Touristenvisum/Transitvisum einmalige Einreise**
4–20 Arbeitstage: 140 SFr.
1–3 Arbeitstage: 240 SFr.
- **Touristenvisum/Transitvisum zweimalige Einreise**
4–20 Arbeitstage: 200 SFr.
1–3 Arbeitstage: 250 SFr.

Mongolische Gebührenordnung:
- **Touristenvisum einmalige Einreise**
3–4 Arbeitstage: 60 SFr.
Express: 110 SFr.
- **Touristenvisum zweimalige Einreise**
3–4 Arbeitstage: 110 SFr.
Express: 210 SFr.
- **Transitvisum einmalige Durchreise**
gültig 72 Stunden
3–4 Arbeitstage: 50 SFr.
Express: 90 SFr.
- **Transitvisum zweimalige Durchreise**
gültig je 72 Stunden
3–4 Arbeitstage: 85 SFr.
Express: 160 SFr.

Chinesische Gebührenordnung:
www.china-embassy.ch
- **Einmaliges Touristenvisum**
Bezahlung nur mit Bargeld
5 Arbeitstage: 80 SFr.
2 Arbeitstage: 115 SFr.
am selben Tag: 130 SFr.

Weißrussische Gebührenordnung:
www.swiss.belembassy.org
- **Einmaliges Transitvisum**
5 Tage: 20 Euro
2 Tage: 40 Euro
- **Zweimaliges Transitvisum**
5 Tage: 30 Euro
2 Tage: 60 Euro
- **Touristenvisum**
5 Tage: 60 Euro
2 Tage: 120 Euro
Anmerkung: bis zum 16 Lebensjahr kostenlos

Bezahlung

Die meisten Konsulate akzeptieren **kein Bargeld** und verlangen die Bezahlung per Maestro /EC-Karte, Kreditkarte (MasterCard oder VISA) und in einigen Fällen per Banküberweisung. Weißrussische Visastellen verlangen die Gebühren per vorheriger Überweisung. Die von der Bank abgestempelte Überweisungsquittung im Original muss den Antragsunterlagen beigelegt werden.

Wird ein **Visaservice** in Anspruch genommen, fallen **Bearbeitungsgebühren** an:
- Weißrussland: 15–30 Euro
- Russland: 15–35 Euro
- China: 15–55 Euro
- Mongolei: 15–35 Euro

Leistungen des Visaservice:
- Beratung bei Visafragen
- Beschaffung von Visaanträgen
- Hilfestellung beim Ausfüllen
- Sicherer Versand der Unterlagen bzw. Entsendung einer Person, wenn per Post oder Kurier geschickte Unterlagen nicht akzeptiert werden
- Fristgerechte Abholung der mit Visa versehenen Reisepässe
- Sichere Zustellung der Reisepässe an den Kunden

Visaverlängerung

Eine Visaverlängerung ist in Russland so gut wie unmöglich und wenn, dann bei der „OVIR", der Meldestelle, die es in jeder Stadt gibt. Mongolei-Visa kann man nur in Ulan Bator verlängern lassen. Das Außenministerium braucht mindestens zwei Tage. Chinesische Visa mit einer Aufenthaltsdauer von 30 Tagen können in der Regel (es gibt immer wieder Ausnahmen!) in jeder Stadt bei der Ausländerpolizei einmal um maximal 30 Tage verlängert werden.

Einladungen für Russland

Voraussetzung für die Beantragung eines russischen Touristenvisums (für Transitvisa mit einer Gültigkeit von maximal fünf Tagen ersetzt die Vorlage der Zugfahrkarten die Einladung) ist eine offizielle Einladung aus Russland *(tourist visa support)*. Diese gibt es entweder vom Reiseveranstalter oder von Firmen, die auf den Verkauf von Einladungen spezialisiert sind. Privateinladungen werden von Privatpersonen in Russland beantragt und bedeuten für den, der einlädt, sehr viel Aufwand und Lauferei.

Auf der Website der russischen Botschaft **www.russianembassy.net** werden spezielle, von den russischen Behörden autorisierte Firmen und deren Preise genannt.

Sehr wichtig ist es, sich bei der die Einladung ausstellenden Firma danach zu erkundigen, wo das Visum in Russland registriert werden kann und was die **Registrierung** kostet. Es gibt Einladungen, die nur in einer bestimmten Stadt registriert werden können, und wenn diese Stadt nicht als erste in Russland besucht wird oder überhaupt nicht auf der geplanten Reiseroute liegt, kann es große Probleme geben (⇗ „Registrierung in Russland" im Kapitel „Reisetipps A–Z"). Je billiger eine Einladung ist, desto komplizierter und teurer ist meist die Registrierung in Russland. Eine Einladung aus Moskau kann z.B. nicht in jedem Fall bei der Einreise in St. Petersburg registriert werden bzw. nur, wenn man eine Hotelnacht in St. Petersburg bucht - und die ist teuer. Außerdem kann es vorkommen, dass die Registrierung nur an Arbeitstagen und nicht an Wochenenden und Feiertagen vorgenommen werden kann. Wer aber ohne Registrierung erwischt wird, läuft Gefahr, bei einer Kontrolle großen Ärger mit der Polizei zu bekommen oder mit „Glück" nur eine Geldstrafe bis zu 1000 Euro zahlen zu „dürfen".

Es gibt drei Typen von Einladungen: Privat-, Geschäfts- und Touristeneinladungen. Die **Einladungsgebühren** betragen für ein 14-Tage-Touristenvisum 40–120 Euro, für ein 30-Tage-Geschäftsvisum 50–200 Euro und für ein 90-Tage-Geschäftsvisum 80–200 Euro.

Touristeneinladung

Für die Beantragung eines Touristenvisums braucht der Antragsteller eine Touristeneinladung **(tourist visa support).** In der Regel erteilen Reiseunternehmen eine Einladung nur im Zusammenhang mit einer Reisebuchung oder einer Mindestbuchung z.B. von

Flug und Übernachtungen oder Zugfahrten. Das hat damit zu tun, dass die die Einladung ausstellende Firma die Verantwortung für den Antragsteller während der gesamten Aufenthaltsdauer in Russland übernimmt.

Touristeneinladungen gelten **maximal 30 Tage** und nur für eine ganz bestimmte Dauer, sodass die genauen Ein- und Ausreisetage angegeben werden müssen. Die Ausstellung einer Einladung erfolgt innerhalb weniger Stunden bzw. eines Tages, die Zustellung per E-Mail oder als Fax.

Geschäftseinladung

Geschäftseinladungen **(business visa support)** können ebenfalls von Reiseunternehmen beantragt werden. Die Ausstellung einer Geschäftseinladung dauert mehrere Tage bis zu zwei Wochen, je nachdem, ob man Expressgebühren bezahlt oder nicht. Da die Einladung im Original vorliegen muss, erfolgt die Zustellung per Post. Geschäftseinladungen mit mehrfacher Einreise können für 30 Tage, drei Monate, sechs Monate oder ein ganzes Jahr beantragt werden. Der Prozess der Beantragung läuft über das russische Innenministerium und ist daher zeitaufwendig und kostspielig.

Privateinladung

Privateinladungen sind „kostenlos", d.h. derjenige, der sie an der zuständigen Meldestelle (OVIR) in Russland beantragt, entrichtet die Gebühren. Eine Privateinladung berechtigt zu einem Aufenthalt von **maximal drei Monaten.** Leider ist es häufig so, dass die Antragsteller in ihrem Amt stundenlang anstehen müssen, immer wieder vertröstet werden und es am Ende nicht schaffen, die Einladung im Original termingerecht dem Eingeladenen zukommen zu lassen. Und wenn die Einladung zu spät kommt, muss man bei der Visabeantragung Expresszuschlag bezahlen und verliert am Ende mehr Geld als man durch die kostenlose Einladung sparen wollte.

Die **Registrierung** der Privateinladung muss innerhalb von sieben Tagen nach der Einreise in Russland bei dem Meldeamt OVIR erfolgen, welches sie ausgestellt hat.

Angaben zur Beantragung einer Einladung

- Vor- und Nachname laut Reisepass
- Geburtsdatum
- Nationalität
- Passnummer
- Ausstellungsort des Passes
- Ausstellungsdatum des Passes
- Ablaufdatum des Passes
- Angabe darüber, in welcher Stadt man das Visum beantragen wird
- Ein- und Ausreisedaten

Visabeantragung

Weißrussland

Wer mit dem Zug nach Moskau reist, benötigt ein **Transitvisum** für Weißrussland. Dieses ist 48 Stunden gültig und kann erst beantragt werden, wenn das russische Visum bereits im Pass ist. Auch wer in der umgekehrten Richtung reist, also von Russland durch Weißrussland, muss erst das russische Visum einholen.

Berechnung des Ein- und Ausreisedatums: Zwischen der weißrussischen Grenze in Orscha und Moskau fährt man etwa sieben Stunden, und zwischen Orscha und der weißrussisch-polnischen Grenze in Brest sind es etwa acht Zugstunden – in beiden Fällen plus Zoll- und Passkontrolle, sodass man noch mindestens zwei Stunden hinzu addieren muss.

Russland

Visa können frühestens drei Monate vor der Einreise beantragt werden. Die Unterlagen müssen in Deutschland, Österreich und der Schweiz **persönlich** eingereicht werden. Mit der Post oder per Kurier geschickte Unterlagen werden nicht angenommen! Der Grund hierfür liegt in den vielen Anträgen, die nicht komplett oder nicht korrekt ausgefüllt wurden und die die Konsulate zurückschicken mussten. Bei der Abgabe in persona können die Konsularmitarbeiter im Zweifelsfall Rückfragen stellen und die fehlerhaften Angaben vor Ort korrigieren oder nachtragen.

Die die Unterlagen einreichende Person muss nicht selbst Antragsteller sein und kann die Unterlagen mehrerer Reisender abgeben, sollte aber bei eventuellen Rückfragen Rede und Antwort stehen können. Man stelle sich auf lange Warteschlangen vor den Konsulaten ein.

Deutsche und Schweizer müssen ihre Unterlagen auch **persönlich wieder abholen,** während Österreicher sie sich per Post zurückschicken lassen können, vorausgesetzt, sie geben bei der Visa-Beantragung einen frankierten Umschlag ab.

Berechnung des Ein- und Ausreisedatums: Erfolgt die Einreise nach Russland per Zug über Weißrussland, so ist der Ankunftstag in Moskau auch der Tag der Einreise nach Russland. Dies gilt bei Ankunft in Moskau ab etwa 9 Uhr morgens, da der Zug von der weißrussisch-russischen Grenze bis nach Moskau noch etwa sechs Stunden unterwegs ist.

Die Dauer der Zugfahrt zwischen Irkutsk bzw. Ulan-Ude und der mongolischen bzw. russisch-chinesischen Grenze (Sabaikalsk) ist der zweite Reisetag.

Mongolei

Der einfachste Weg ist die Beantragung **per Post.** Man kann die Unterlagen aber auch persönlich abgeben. In Österreich und in der Schweiz wird die Reisebestätigung oder Einladung eines mongolischen Reiseveranstalters verlangt.

Berechnung des Ein- und Ausreisedatums: Die Dauer der Zugfahrt zwischen Irkutsk bzw. Ulan-Ude und Ulan Bator sowie zwischen Ulan Bator und der chinesischen Grenze hängt davon ab, mit welchem Zug man fährt. Man rechne sicherheitshalber zwei Datumstage ein: 1. Reisetag Abfahrt, 2. Reisetag Einreise in die Mongolei bzw. Ausreise aus der Mongolei.

China

Visa können frühestens 50 Tage vor der geplanten Einreise beantragt werden. Visaunterlagen in Deutschland, Österreich und der Schweiz müssen **persönlich** eingereicht und auch persönlich wieder abgeholt werden. Mit der Post oder per Kurier geschickte Unterlagen werden nicht angenommen! Der Grund hierfür liegt in den vielen nicht komplett oder nicht korrekt ausgefüllten Anträgen, die die Konsulate zurückschicken mussten.

Bei der Abgabe in persona können die Konsularmitarbeiter im Zweifelsfall Rückfragen stellen und die fehlerhaften Angaben vor Ort korrigieren oder nachtragen.

Die die Unterlagen einreichende Person muss nicht selbst Antragsteller sein und kann die Unterlagen mehrerer Reisender abgeben, sollte aber bei eventuellen Rückfragen Rede und Antwort stehen können.

Berechnung des Ein- und Ausreisedatums: Die Dauer der Zugfahrt von Peking nach Ulan Bator hängt davon ab, mit welchem Zug man fährt. Man rechne sicherheitshalber zwei Datumstage ein: 1. Reisetag Abfahrt, 2. Reisetag Einreise nach China bzw. Ausreise aus China.

Antragsunterlagen

Visumantragsformulare bekommt man entweder **vom Reiseveranstalter oder aus dem Internet** (⇗ Info-Kasten „Visa-Informationen im Internet" eingangs des Abschnitts „Visa"). Schweizer und Österreicher müssen bei der Beantragung eines Visums für China und für die Mongolei die Reisebestätigung eines Reiseveranstalters in Kopie einreichen.

Im Folgenden wird bei der Aufzählung der Antragsunterlagen davon ausgegangen, dass:

1. der Reisepass nach der geplanten Ausreise noch mindestens sechs Monate gültig ist;

2. das Visumantragsformular korrekt in Druck- bzw. Blockschrift ausgefüllt und unterschrieben ist;

3. das Passfoto (biometrisch, farbig, Maße 3,5 x 4,5 cm) auf den Antrag geklebt ist;

4. deutsche Staatsbürger ihre Rückkehrwilligkeit dokumentieren (siehe unten unter „Russisches Touristenvisum" Punkt 6);

5. eine Einladung vorhanden ist (Russland: die Kopie einer Touristeneinladung eines russischen Reiseveranstalters bzw. eine geschäftliche Einladung

046r Foto: dk

Vor der Reise

VISUMANTRAG

ACHTUNG! Bitte mit Kugelschreiber in Blockschrift oder am PC ausfüllen

Bitte mit Kugelschreiber in Blockschrift oder am PC ausfüllen Ich bestätige, daß meine Angaben richtig und vollständig sind. Im Übrigen nehme ich zur Kenntnis, daß jegliche unrichtige oder irreführende Angaben zur Verzicht auf die Ausstellung des Visums sowie anderen in der russischen Gesetzgebung verankerten Maßnahmen führen können. Ich verpflichte mich während der Gültigkeitdauer des Visums die Russische Föderation zu verlassen. Mir ist bekannt, daß der Besitz des Visums unmittelbar die Einreise in die Russische Föderation noch nicht gewährleistet. Falls mir die Einreise verweigert wird, wird meinerseits die Frage über die möglichen Entschädigungen nicht gestellt.

1. Staatsangehörigkeit (Im Falle eines vorherigen Besitzes der Staatsangehörigkeit der UdSSR oder Russlands sind Gründe und Datum für deren Abgabe anzugeben)

7. Zweck der Reise

8. Kategorie, Art des Visums

2. Familienname (gemäß dem Reisepass)

9. Anzahl der Einreisen

1 ☐ 2 ☐ Mehrmalig ☐

3. Vorname (Vornamen) (gemäß dem Reisepass)

10. Datum der Einreise in Russland (TT/MM/JJ)

11. Datum der Ausreise aus Russland (TT/MM/JJ)

4. Geburtsdatum (TT/MM/JJ)

5. Geschlecht M ☐ W ☐

6. Passnummer

Ausgestellt am (TT/MM/JJ) **Gültig bis** (TT/MM/JJ)

12. Wie oft waren Sie in Russland?

Datum Ihrer letzten Reise nach Russland? (TT/MM/JJ)

Von bis

13. Zu welcher Dienststelle? (für Touristen – Benennung und Referenznummer des einladenden Reisebüros), für Geschäftsvisa – Benennung der einladenden Dienststelle, Stadt, für einen privaten Aufenthalt – Name, Vorname sowie Adresse der einladenden Person)

14. Reiseroute (Ortschaften)

15. Besitzen Sie den Nachweis über die in Russland gültige Krankenversicherung?

ja ☐ Art des Nachweises nein ☐

16. Mitreisende Kinder unter 16 Jahren sowie andere in Ihren Reisepass eingetragenen Verwandte, die Sie begleiten : nein ☐ ja ☐

Familienname, Vorname, Geburtsdatum (TT/MM/JJ), **ständiger Wohnort**

Foto

(35x45mm)

Ich bin einverstanden, daß meine persönliche Angaben zwecks Beschlußfassung über die Ausstellung des Visums elektronisch bearbeitet und übertragen werden.

Datum (TT/MM/JJ), **Eigenhändige Unterschrift**

17. Andere Namen, Vornamen (vor der Eheschließung, Decknamen, Ordens – und Künstlernamen)

18. Adresse Ihres ständigen Wohnsitzes, Telefonnummer, Faxnummer, E-Mail

19. Geburtsort (falls in Russland geboren, bitte angeben wann und in welches Land ausgewandert)

20. Ort Ihrer beruflichen Tätigkeit oder Studiums, Dienststelle (Benennung, Adresse, Telefon – und Faxnummer, E-Mail)

21. Ihre Verwandte zur Zeit in Russland? (Name, Vorname, Verwandtschaftsgrad, Geburtsdatum ständiger Wohnsitz)

Antrag auf Erteilung eines Aufenthaltsvisums für die Mongolei *Visa application form for foreign citizens wishing to enter Mongolia* /Gültig seit 1.Mai 1997, Valid from May 1,1997/	FOTO

1.	**Name und Vorname, Geschlecht** *Full name, sex*	
2.	**Staatsbürgerschaft, Geburtsdatum** *Citizenship, date of birth*	
3.	**Bezeichnung,- Nr. und Gültigkeitsdauer des Reisedokuments** *Type, Nr., validity of passport*	
4.	**Anschrift des ständigen Wohnsitzes, Telefonnummer (Handy)** *Permanent address,phone Nr.*	
5.	**Transportmittel und Datum der Einreise in die Mongolei** *Means of Transport, date of arrival in Mongolia*	
6.	**Ziel und Dauer des Aufenthaltes in der Mongolei** *Purpose and duration of stay in Mongolia*	
7.	**Empfangende und/oder zuständige Einrichtung/falls privat, Name, Anschrift der/des Einladenen** *Receiving and/or responsible authority during the stay (if an individual, full name and address)*	
8.	**Angaben zu mitreisenden Kindern** *Details of accompanying children*	

Unterschrift .... **Ort, Datum** ....
Signature **Place, date**

Виз олгосон үндэслэл	
Ямар визийг хэдий хугацаагаар	
Визийн дугаар, ангилал	
Хураамж	
Монгол хүлээн авагч	

Botschaft der Mongolei
Dietzgenstrasse 31
13156 Berlin
Telefon: 030 447 351 22
Fax: 030 446 93 21

Bankverbindung: **DRESDNER BANK**
BLZ: 120 800 00
Konto-Nr. 40 516 843 00

Seite 56–61:
Visaantragsformulare für Russland, die Mongolei, China und Weißrussland

Form V.2011A

中华人民共和国签证申请表

Antrag auf Erteilung eines Visums zurEinreise in die Vdksrepublik China

申请人必须如实、完整地填写本表格。请逐项在空白处用中文或外文大写字母打印填写，或在□打×选择。如有更多需要声明事项，请附另纸说明。Der Antragsteller/ Die Antragstellerin ist verpflichtet, alle Angaben nach bestem Wissen und Gewissen zu machen. Bitte füllen Sie das Formular auf Chinesisch, Deutsch oder Englisch in Blockschrift aus, oder kreuzen Sie bei □ das Zutreffende an. Wenn Sie weitere Angaben machen möchten, schreiben Sie bitte auf gesondertes Blatt.

如申请到中国工作、留学，或与护照偕行人同行，或不在国籍国申请签证，你还需填写签证申请表附表（Form V.2011B）。Wenn Sie in China arbeiten, studieren oder von in Ihrem Reisepass eingetragener/n Person/en begleitet werden, oder Sie stellen den Visumantrag in einem anderen Land als dem, dessen Staatsangehörige/r Sie gegenwärtig sind, müssen Sie das zusätzliche Antragsformular (Form V.2011B) noch ausfüllen.

一、个人信息 Teil 1: Persönliche Daten

1.1 外文姓名 Name wie im Pass angegeben	姓 Familienname:	1.2 性别 Geschlecht	□ 男 M □ 女 F	照片 / Foto 请将 1 张近期正面免冠、浅色背景的彩色护照照片粘贴于此。 Bitte kleben Sie hier ein aktuelles Passbild mit hellem Hintergrund auf!
	名 Vorname:			
1.3 中文姓名（如有，请用汉字） Chinesischer Name (falls zutreffend)				
1.4 别名或曾用名 Sonstiger bzw. früherer Name				
1.5 用本国语言书写名字 Name in originaler Schrift falls abweichend von der deutschen Schrift				
1.6 现有国籍 Jetzige Staatsangehörigkeit		1.7 曾有国籍 Frühere Staatsangehörigkeit		
1.8 同时具有的国籍 Weitere Staatsangehörigkeit/en		1.9 出生日期 Geburtsdatum (Jahr-Monat-Tag)		
1.10 出生地点(国、省/市) Geburtsort (Land, Provinz/Bundesland, Stadt)		1.11 当地身份证号码 Personalausweisnummer		
1.12 婚姻状况 Familienstand	□已婚 Verheiratet □未婚 Ledig □离婚 Geschieden □丧偶 Verwitwet □其他（请说明）Sonstiges (bitte nähere Angaben):			
1.13 当前职业（可选多项） Jetzige berufliche Tätigkeit/en	□商人 Geschäftsmann □政府官员 Beamter □公司职员 Angestellter □新闻从业人员 Journalist od. Redakteur □教师 Lehrkraft □宗教人士 Geistlicher □学生 Schüler / Student □现役军人 Aktive Militärperson □家庭主妇 Hausfrau □退休 Pensionär/ Rentner □无业 Arbeitslos □乘务人员 Crew-Mitglied (Flugzeug, Zug od. Schiff) □国会议员 Parlamentarier, Abgeordneter od. Senator □其他(请说明) Sonstiges(bitte nähere Angaben):			
1.14 护照种类 Art des Passes	□外交 Diplomatenpass □公务、官员 Dienstpass / Offizieller Pass □普通 Reisepass □其他证件(请说明) Sonstiges (bitte nähere Angaben):			
1.15 护照号码 Passnummer		1.16 签发日期 Datum der Pass-Ausstellung (Jahr-Monat-Tag)		
1.17 签发地点(省/市及国家) Pass-Ausstellungsort (Land, Provinz/Bundesland, Stadt)		1.18 失效日期 Pass-Gültigkeit bis (Jahr-Monat-Tag)		
1.19 办理签证通常需要 4 个工作日，如需加急，请注明,但须另外缴费。Die normale Bearbeitung dauert 4 Arbeitstage. Für die Express-Bearbeitung muss Zuschlag bezahlt werden.	□普通(4 个工作日) Normal (Abholung in 4 Werktagen) □加急(2-3 个工作日) Abholung in 2-3 Werktagen (plus 20 €) □特急 Abholung am gleichen Tag (plus 30 €)			

二、赴华旅行信息 Teil 2: Reiseinformationen in China

2.1 赴中国主要事由（可选多项） Reisezweck/e	□旅游 Tourismus □探亲 Besuch von Familienangehörigen □访友 Besuch von Freunden □商务 Geschäftsreise □会议 Konferenz □过境 Transit □任职就业 Arbeitsaufnahme □其他（请说明） Sonstiges (bitte nähere Angaben):	□记者常驻 als Journalist mit langfristiger Akkreditierung □记者临时采访 als Journalist mit kurzfristiger Akkreditierung □常驻外交、领事官员 Akkr. Diplomat od. Konsul in China □商业演出 Kommerzielle Aufführung (Orchester, Theater...) □执行乘务 als Crew-Mitglied □留学 Studium □官方访问 Offizieller Besuch	
2.2 计划入境次数 Anzahl der geplanten Einreisen	□一次入境（自申请日起 3 个月内有效）Einmalige Einreise (ab Ausstellung gültig für 3 Monate) □二次入境（自申请日起 3-6 个月内有效）Zweimalige Einreise (ab Ausstellung gültig für 3- 6 Monate) □半年多次入境（自申请日起半年内有效）Mehrfache Einreise (ab Ausstellung gültig für 6 Monate) □一年多次入境（自申请日起一年内有效）Mehrfache Einreise (ab Ausstellung gültig für 12 Monate) □其他（请说明）Sonstiges (bitte nähere Angaben):		
2.3 首次行程抵达中国的日期 Voraussichtl. Ankunftsdatum in China (Jahr-Monat-Tag)			
2.4 预计行程中单次在华停留的最长天数 Voraussichtl. Aufenthaltsdauer (Max./Pro Aufenthalt)			Tage
2.5 在中国逗留期间的住址及电话（按时间顺序） Adresse und Telefonnummer während Ihres Aufenthalts in China (nach der zeitlichen Reihenfolge)		详细邮政地址 Vollständige Anschrift	电话 Telefonnummer
		1.	
		2.	
		3.	
		4.	
2.6 谁将承担往返中国及在中国的费用？ Wer übernimmt die Kosten für Ihre Reise und Aufenthalt in China?	□ 你本人 Antragsteller/in selbst □ 邀请单位或个人 Einladende Person(en) □ 父母或法定监护 Eltern oder Vormund □ 其他（请说明）Sonstiges (bitte nähere Angaben):		
2.7 在华期间有无医疗保险?如有，请填写保险公司名称及保险账号。 Haben Sie eine Krankenversicherung während des Aufenthalts in China? Wenn "ja", geben Sie bitte den Namen der Versicherungsgesellschaft und die Versicherungsnummer an.			
2.8 在华邀请、联系的单位名称、地址及电话 Name, Adresse und Telefonnummer der einladenden Institution in China			
2.9 在华亲友、联系人的姓名、地址、电话 Name, Adresse und Telefonnummer der einladenden Person/en in China			

三、家庭、工作或学习信息 Teil 3: Informationen über Ihre Familie, Arbeit oder Ihr Studium

3.1 详细家庭邮政住址 Vollständige Privatanschrift			
3.2 家庭电话 Private Telefonnummer		3.3 手机号码 Mobiltelefonnummer	
3.4 电子信箱 E-Mail Adresse			

3.5 工作单位或学校 Arbeitgeber, Schule oder Universität	名称 Name	
	邮政地址 Anschrift	
	电话 Telefonnummer	

3.6 主要家庭成员 Engste Familien-angehörige	姓名 Name	国籍 Staatsangehörigkeit	职业 berufliche Tätigkeit	关系 Beziehung

3.7 紧急情况下的联系人 Ansprechpartner im Notfall		3.8 电话号码 Telefonnummer des Ansprechpartners	

四、其他情况 Teil 4: Andere Informationen

4.1 是否曾经访问过中国？如果是，请说明最近一次情况。 Waren Sie schon einmal in China? Wenn "ja", bitte geben Sie eine nähere Beschreibung über Ihren letzten Besuch in China an.		
4.2 在过去的12个月里是否访问过其他国家或地区。如果是，请说明。 Waren Sie in den vergangenen 12 Monaten in einem anderen Land oder Region? Wenn "ja", bitte geben Sie nähere Informationen an.		
4.3 是否曾在中国超过签证或居留许可允许的期限停留？Haben Sie bei Ihrem früheren Aufenthalt in China die Gültigkeit Ihres Visums oder Ihrer Aufenthaltsgenehmigung überzogen?	□是 Ja	□否 Nein
4.4 是否曾经被拒绝颁发中国签证，或被拒绝进入中国？Wurde Ihnen der Antrag auf ein chinesisches Visum abgelehnt oder die Einreise nach China verweigert?	□是 Ja	□否 Nein
4.5 是否在中国或其他国家有违法记录？ Sind Sie in China oder in einem anderen Land vorbestraft?	□是 Ja	□否 Nein
4.6 是否患有以下任一种疾病 Leiden Sie an einer der folgenden Krankheiten? ①严重精神疾病 Schwere Geisteskrankheit ②传染性肺结核病 Infektionstuberkulose ③可能对公共卫生造成危害的其他传染病 Andere Infectionskrankheit, die der Volksgesundheit schaden könnte	□是 Ja	□否 Nein
4.7 近30日内是否前往过流行性疾病传染的国家或地区？Waren Sie in den vergangenen 30 Tagen in irgendeinem/einer von Infektionskrankheit heimgesuchten Land / Region?	□是 Ja	□否 Nein

4.8 如果对4.3到4.7的任何一个问题选择“是”，请在下面详细说明。 Wenn Sie irgendeine der Fragen von 4.3 bis 4.7 mit "ja" beantwortet haben, geben Sie bitte hier eine nähere Beschreibung an.

五、有关声明 Teil 5: Zuständige Angaben

5.1 如计划赴中国工作、留学，或使用的护照上有一同旅行的携行人，或是在非国籍国申请签证，请填写签证申请表附表(Form V.2011B)，与本表一同递交。Wenn Sie in China arbeiten, studieren oder von in Ihrem Reisepass eingetragener/n Person/en begleitet werden, oder Sie stellen den Visumantrag in einem anderen Land als dem, dessen Staatsangehörige/r Sie gegenwärtig sind, füllen Sie bitte das zusätzliche Antragsformular (Form V.2011B) aus und geben Sie es zusammen mit diesem Antragsformular ab.
5.2 如果有本表未涉及而需专门陈述的其他与签证申请相关的事项，请在此说明。Wenn Sie weitere Angaben zur Erklärung haben, die mit dem Antrag relevant sind und nicht im Formular vorkommen, geben Sie bitte hier eine nähere Beschreibung an.

六、签名 Teil 6: Unterschrift

6.1 我已阅读并理解此表所有内容要求，并对照片及填报情况的真实性和准确性负责。Ich habe sämtliche Fragen dieses Antragsformulars durchgelesen und verstanden, das Foto überprüft und meine Angaben nach bestem Wissen und Gewissen richtig und wahrheitsgemäß gemacht.

6.2 我理解，能否获得签证、获得何种签证、入境次数以及有效期、停留期等将由领事官员决定，任何不实、误导或填写不完整均可能导致签证申请被拒绝或被拒绝进入中国。Ich nehme zur Kenntnis, dass die Entscheidung über Erteilung des Visums, Art des Visums, Anzahl der Einreisen und Dauer des Aufenthalts bei dem Konsul liegt und eine falsche, irreführende oder unvollständige Angabe die Ablehnung eines Visums bzw. der Einreise zur Folge haben könnte.

申请人签名 Unterschrift: ______________ 日期 Datum(Jahr-Monat-Tag)______________

注：未满18周岁的未成年人可由父母或监护人代签。

Note: Bei Minderjährigen unter 18 Jahren darf der Vater, die Mutter oder der gesetzliche Vormund im Auftrag unterschreiben.

七、他人代填申请表时填写以下内容 Teil 7: dieses Antragsformular für Visumantragsteller/in ausfüllende Person

7.1 代填申请表人的姓名 Name der Person, die das Formular ausgefüllt hat:		7.2 与申请人关系 Beziehung zum/r Antragsteller/in:	
7.3 地址 Anschrift:		7.4 电话 Telefonnummer	
7.5 所持身份证件种类 Art des Ausweises		7.6 证件号码 Ausweisnummer	

7.7 声明 Erklärung 我声明本人是根据申请人要求而协助填表，并证明申请人理解并确认表中所填写内容准确无误。Hiermit erkläre ich, dass ich auf Anforderung des Antragstellers Beihilfe zur Ausfüllung dieses Antragsformulars leiste, und bestätige, dass der Antragsteller den Inhalt dieses Formulars verstanden und die Richtigkeit aller Angaben überprüft hat.

代填人签名 / Unterschrift: ______________ 日期/ Datum (Jahr-Monat-Tag):______________

以下仅供领事官员填写 der Botschaft/ dem Konsulat vorbehalten

签证种类		有效期		停留期	
审核人		日期		备注	

РЭСПУБЛІКА БЕЛАРУСЬ
ВІЗАВАЯ АНКЕТА

DIE REPUBLIK BELARUS
VISUMANTRAG

Фотаздымак/ Foto

1. Прозвішча/ Name (n)

2. Імя/ Vorname (n)

3. Іншыя імёны, прозвішчы, у тым ліку дзявочае/ Familienname bei der Geburt / frühere Familienname (n)

4. Пол/ Geschlecht

☐ мужчынскі/ männlich

☐ жаночы/ weiblich

5. Дата нараджэння/ Geburtsdatum

Tag	Monat	Jahr

6. Месца нараджэння/ Geburtsort

краіна/ Staat .... горад/ Ort ....

вобласць(раён)/ Bundesland ....

7. Цяперашняе Грамадзянства(ы)/ Derzeitige Staatsangehörigkeit (en)

Калі Вы мянялі грамадзянства(ы), назавіце грамадзянства(ы), якія былі ў Вас раней, і вызначце дату(ы) яго(іх) змены / Bei Wechsel der Staatsangehörigkeit ursprüngliche Staatsangehörigkeit und das Datum des Erhalts der neuen Staatsangehörigkeit bitte angeben

8. Тып пашпарта/ Art des Passes

☐ звычайны/ Normaler Reisepaß

☐ дыпламатычны/ Diplomatenpaß

☐ службовы/ Dienstpaß

☐ іншы дакумент/ Anderes Reisedokument:

9. Нумар пашпарта/ Passnummer

10. Кім выдадзены/ Ausgestellt durch

11. Дзе выдадзены/ Ausstellungsort

12. Дата выдачы/ Ausstellungsdatum

Tag	Monat	Jahr

13. Тэрмін дзеяння/ Gültig bis

Tag	Monat	Jahr

14. Адрас сталага месца жыхарства/ Ständiger Wohnort

краіна/ Staat .... вобласць(раён)/ Bundesland ....

горад/ Ort .... вуліца/ Straße ....

нумар дома/ Hausnummer .... нумар кватэры/ Wohnungsnummer ....

нумар тэлефона/ Telefonnummer .... e-mail ....

15. Месца працы і службовы адрас/ Arbeitsstelle und Anschrift des Arbeitgebers

прадпрыемства/ Arbeitgeber .... пасада/ Dienststellung ....

краіна/ Staat .... вобласць(раён)/ Bundesland ....

горад/ Ort .... вуліца/ Straße ....

нумар дома/ Hausnummer .... нумар тэлефона/ Telefonnummer ....

16. Тып візы/ Art des Visums

☐ індывідуальная/ Einzelvisum

☐ групавая/ Gruppenvisum

17. Катэгорыя візы/ Kategorie des Visums

☐ транзітная/ Transitvisum

☐ кароткачасовая/ Kurzaufenthalt

☐ доўгатэрміновая/ längerer Aufenthalt

18. Колькасць уездаў/ Anzahl der Einreisen

☐ аднаразовая/ einmalige Einreise

☐ двухразовая/ zweimalige Einreise

☐ шматразовая/ mehrfache Einreise

19. Тэрмін дзеяння візы/ Dauer des geplantes Aufenthalts

з/ von

Tag	Monat	Jahr

па/ bis

Tag	Monat	Jahr

на тэрмін знаходжання/ Anzahl der Tage

сутак/ Tage

20. Назва запрашаючай арганізацыі або імя запрашаючай асобы/ Name der einladenden Organisation oder Person

21. Адрас запрашаючай арганізацыі або асобы/ Adresse der einladenden Organisation oder Person

вобласць/ Gebiet .... горад/ Ort ....

вуліца/ Straße .... нумар дома/ Hausnummer ....

нумар кватэры/ Wohnungnummer .... нумар тэлефона/ Telefonnummer ....

нумар факса/ Faxnummer .... e-mail ....

22. Адрас знаходжання ў Беларусі/ Anschrift während des Aufenthalts in Belarus

вобласць(раён)/ Gebiet .... горад/ Ort ....

вуліца/ Straße .... нумар дома/ Hausnummer ....

нумар кватэры/ Wohnungnummer .... гасцініца/ Hotel ....

23. Падрабязнае тлумачэнне мэты візіту/ Hauptzweck(e) der Reise (ausführlich)

Службовыя адзнакі/ Für dienstliche Vermerke

Дата звароту:

....

Падставы:

☐ сапраўдны пашпарт
☐ візавая падтрымка
☐ фінансавыя сродкі
☐ страхоўка
☐ інтэрв'ю

Рашэнне по звароту:

ад ....
☐ станоўчае
☐ адмоўнае

Тып візы:

☐ B
☐ C
☐ D

Кратнасць візы:

☐ 1
☐ 2
☐ шм

Мэта візіту:

☐ транзіт
☐ дзелавыя стасункі
☐ удзел у спартыўных/ культурных мерапрыемствах
☐ прэса
☐ гуманітарная
☐ рэлігійныя стасункі
☐ з правам працы па найму
☐ турызм
☐ на вучобу
☐ прыватная
☐ наведванне месцаў пахавання
☐ на сталае жыхарства
☐ службовая
☐ дыпламатычная

Віза:

№ ....

Сапраўдная:

з ....

па ....

Глядзі на адвароце ↓ Bitte wenden

24. Ці былі Вы раней у Рэспубліцы Беларусь/ Waren Sie schon einmal in Belarus?

☐ так/ ja ☐ не/ nein

калі так, вызначце тэрмін, месцы і мэту апошняга візіту/ Wenn ja, bitte angeben wann, wo und mit welchem Zweck

з/ von .... па/ bis .... дзе/ wo .... мэта візіту/ Zweck des Besuchs ....

25. Папярэднія візіты ў Рэспубліку Беларусь на працягу бягучага году/ Vorige Aufenthalte in Belarus im laufenden Jahr

1) з/ von .... па/ bis .... 4) з/ von .... па/ bis ....
2) з/ von .... па/ bis .... 5) з/ von .... па/ bis ....
3) з/ von .... па/ bis .... 6) з/ von .... па/ bis ....

26. Ці было Вам калі-небудзь адмоўлена ў беларускай візе альбо віза была анулявана / Wurde Ihr Antrag auf belarussisches Visum schon einmal abgelehnt bzw. Ihr Visum storniert?

☐ так/ ja ☐ не/ nein

калі так, вызначце дату/ Wenn ja, bitte Datum angeben ....

27. Ці падпадалі Вы падчас ранейшага знаходжання на тэрыторыі Рэспублікі Беларусь пад адказнасць за парушэнне беларускага заканадаўства/ Sind Sie bei früheren Aufenthalten in Belarus mit dem Gesetz in Konflikt geraten?

☐ так/ ja ☐ не/ nein

калі так, вызначце калі/ wenn ja, bitte angeben wann .... і дзе/ und wo ....

Станоўчы адказ на пытанне не вядзе да абавязковай адмовы ў выдачы візы, аднак у гэтым выпадку пажадана Ваша асабістая прысутнасць з мэтай правядзення інтэрв'ю з консульскім работнікам / Eine positive Antwort hat nicht automatisch die Verweigerung des Visums zur Folge, Sie müssen jedoch ein persönliches Gespräch mit einem Konsularbeamten führen

28. Ці былі Вы калі-небудзь дэпартаваны з якой-небудзь краіны/ Wurden Sie schon einmal aus irgendeinem Staat deportiert?

☐ так/ ja ☐ не/ nein

калі так, вызначце калі/ wenn ja, bitte angeben wann .... і з якой краіны / und aus welchem Land ....

29. Транспартныя сродак, які прадугледжаны для ўезду ў Рэспубліку Беларусь/ Transportmittel, das zur Einreise in Belarus benutzt wird

30. Маршрут руху/ Reiseroute

31. Сродкі да існавання падчас знаходжання ў Рэспубліцы Беларусь/ Mittel zur Bestreitung des Lebensunterhalts in Belarus

☐ наяўныя сродкі/ Bargeld ☐ банкаўскія чэкі/ Bankschecks
☐ крэдытныя карткі/ Kreditkarten ☐ зваротны білет/ Rückfahrkarte
☐ дарожныя чэкі/ Reiseschecks ☐ пражыванне/ Unterkunft

32. Звесткі аб медыцынскай страхоўцы/ Information über die Krankenversicherung

страхавая арганізацыя/ Versicherungsgesellschaft ....
страхавы поліс/ Police: нумар/ Nummer ....
сапраўдны з/ gültig von .... па/ bis ....

33. Сямейнае становішча/ Familienstand

☐ знаходжуся ў шлюбе/ verheiratet ☐ не знаходжуся ў шлюбе/ ledig ☐ разведзены(а)/ geschieden ☐ удавец (удава)/ verwitwet

34. Прозвішча мужа(жонкі)/ Familienname des Ehepartners

35. Прозвішча мужа(жонкі) пры нараджэнні/ Familienname des Ehepartners bei der Geburt

36. Імя і іншыя імёны мужа (жонкі)/ andere Namen des Ehepartners

37. Грамадзянства(ы) мужа(жонкі)/ Staatsangehörigkeit des Ehepartners

38. Дата нараджэння мужа(жонкі)/ Geburtsdatum des Ehepartners

Tag		Monat		Jahr			

39. Месца нараджэння мужа (жонкі)/ Geburtsort des Ehepartners

краіна/ Staat .... горад/ Ort ....

вобласць(раён)/ Bundesland ....

40. Калі Вас суправаджаюць дзеці і яны ўпісаны ў Ваш пашпарт, запоўніце табліцу/Im Paß eingetragene mitreisende Kinder, bitte, in die Tabelle eintragen

Прозвішча / Name	Імя / Vorname	Дата і месца нараджэння / Geburtsdatum und -ort

41. Дэкларацыя/ Erklärung

я заяўляю, што інфармацыя, якая змешчана ў гэтай анкеце, з'яўляецца дакладнай і праўдзівай. Я ведаю, што паведамленне непраўдзівых звестак альбо адмаўленне ад прадстаўлення неабходных дакументаў можа служыць падставай для адмовы ва ўездзе ў Рэспубліку Беларусь. Я таксама папярэджаны, што, калі гэтая інфармацыя будзе прызнана недакладнай, віза можа быць анулявана ў любы момант. Я абавязуюся па прыбыцці ў Рэспубліку Беларусь ва ўстаноўленым парадку аформіць рэгістрацыю і пакінуць яе тэрыторыю да заканчэння тэрміну дзеяння візы./

Ich erkläre, daß die Information im Antragsformular wahr und korrekt ist . Mir ist bewußt, daß falsche Angaben oder die Zurückhaltung bei Vorweisung der erforderlichen Dokumente zum Visumantrag zur Verweigerung der Einreise nach Belarus führen können. Ich bin gewarnt, daß falsche Angaben zu jeder Zeit die Annulierung des Visums zur Folge haben können. Ich verpflichte mich, mich nach meiner Ankunft in Belarus vorschriftsmäßig anzumelden und das Hoheitsgebiet von Belarus vor Ablauf des Visums zu verlassen.

42. Асабісты подпіс/ Unterschrift

43. Дата падпісання/ Datum

Tag		Monat		Jahr			

oder die Privateinladung im Original – gilt für Deutschland, Österreich und die Schweiz; China: Reisebestätigung eines hiesigen Reiseveranstalters – Schweiz; Mongolei: Reisebestätigung eines hiesigen Reiseveranstalters – Schweiz – und Einladung eines mongolischen Veranstalters – Österreich);
6. eine Fotokopie der Krankenversicherung beigelegt ist nebst einem ausgefüllten und unterschriebenen Versicherungskartenformular (gilt nur für Russland);
7. Visagebühren bezahlt wurden (Gebührenliste beachten! Falls die Gebühren falsch berechnet wurden, werden dem Antragsteller alle Unterlagen unbearbeitet zurückgeschickt);
8. im Falle eines russischen Transitvisums das Visum des Ziellandes (Mongolei oder China) bereits im Pass ist. Unlogischerweise gilt dies nur für die Fahrtrichtung West – Ost, für die Fahrtrichtung Ost – West wird das Visum des Ziellandes Weißrussland nicht verlangt, da Weißrussland ein Transitvisum immer erst dann erteilt, wenn das russische Visum bereits im Pass ist.

Tipp: Unbedingt den **Pass kopieren,** bevor man ihn zur Visabeantragung verschickt, da man für verschiedene Zwecke Angaben aus selbigem benötigt.

Russisches Transitvisum:
1. Pass
2. Visumantrag
3. Ein Passfoto
4. Buchungsbestätigung des Fluges und Kopie der Nonstop-Zugfahrkarte zwischen Moskau und Ulan Bator bzw. einer Fahrkarte nach Nauschki, Warschau oder Berlin
5. Kopie der Krankenversicherungspolice
6. Visum des Ziellandes
7. Einige Konsulate verlangen ein Zusatzformular „Transiterklärung"
8. Bezahlung per Maestro-/EC-Karte, MasterCard oder VISA (in einigen Fällen abgestempelte Banküberweisungsquittung im Original)

Russisches Touristen-, Privat- oder Geschäftsvisum:
1. Pass
2. Visumantrag
3. Ein Passfoto
4. Einladung (im Falle einer Privat- bzw. Geschäftseinladung: im Original)
5. Kopie der Krankenversicherungspolice
6. Dieser Punkt gilt nur für deutsche Staatsbürger: Antragsteller müssen ihre **Rückkehrwilligkeit** nach Deutschland belegen, und zwar wie folgt: Arbeitnehmer: Nachweis eines regelmäßigen Einkommens durch einen Kontoauszug oder eine Arbeitsbescheinigung oder durch eine Verdienstbescheinigung (z.T. der letzten drei Monate) oder Nachweis von Wohneigentum (Grundbuchauszug) im Original (einige Konsulate akzeptieren auch Fotokopien); selbstständig Erwerbstätige: Registrierung der eigenen Firma im Original plus Kopie; Schüler und Studenten: Eltern können mit den o.g. Papieren für ihre Kinder „garantieren"; Geschäftsvisum: Arbeitnehmer: Bestätigung des Arbeitgebers über das Beschäftigungsverhältnis auf Firmenpapier mit Angabe von Stellung des Arbeitnehmers, Monatsgehalt und Entsendung zur Dienstreise nach Russland; selbstständig Erwerbstätige: Original und Kopie der Registrierung der eigenen Firma
7. Bezahlung per Maestro-/EC-Karte, MasterCard oder VISA (in einigen Fällen abgestempelte Banküberweisungsquittung im Original)

Mongolisches Transitvisum:
1. Pass
2. Visumantrag
3. Ein Passfoto
4. Rückumschlag
5. Visagebühren bar oder abgestempelte Banküberweisungsquittung im Original
6. Visum des Ziellandes

Mongolisches Touristenvisum:
1. Pass
2. Visumantrag
3. Ein Passfoto
4. Rückumschlag
5. Visagebühren bar oder abgestempelte Banküberweisungsquittung im Original
6. In Österreich und der Schweiz: Einladung eines mongolischen Reiseveranstalters

Chinesisches Visum:
1. Pass
2. Visumantrag
3. Ein Passfoto
4. Der Pass muss persönlich wieder abgeholt werden, der Postweg ist ausgeschlossen
5. Visagebühren
6. Reisebestätigung des Reiseveranstalters (gilt nur für Schweizer)

Weißrussisches Transitvisum:
1. Pass
2. Visumantrag
3. Ein Passfoto
4. Das russische Visum muss bereits im Pass sein
5. ggf. Rückumschlag
6. Fotokopie des Visums für das Zielland
7. Frankierter Einschreibebrief für Rücksendung des Passes
8. Bankquittung der Überweisung, abgestempelt im Original

Krankenversicherungsnachweis für Russland

Im Gegensatz zu den Schweizern gilt für alle Staatsbürger der Schengener Staaten, also auch für Deutsche und Österreicher, eine **Krankenversicherungspflicht** für die Reise nach Russland. Bei der Beantragung von Transit-, Touristen- oder Geschäftsvisa muss die Kopie (Fotokopie reicht) einer in Russland gültigen **Reisekrankenversicherung** vorgelegt werden. **Die Liste der akzeptierten Versicherungen ändert sich relativ häufig:** Firmen, die gestern eingeschlossen waren, können morgen nicht mehr erscheinen und übermorgen wieder. Am besten, man konsultiert die folgende Website (doch selbst diese weicht oft von der Praxis ab): www.bonn.russische-botschaft. de/visa_d.htm. Informationen und Angebote erteilen alle Reiseveranstalter.

Akzeptierte Versicherungsfirmen für Deutsche (Stand Juni 2011)

Siehe auch **www.russische-botschaft.de.**

- ACE Insurance S.A.-N.V.
- ADAC-Schutzbrief Versicherungs AG
- Allianz Private Krankenversicherungs AG
- Allianz Worldwide Care Ltd. – AWC Ltd.
- ALTE OLDENBURGER Krankenversicherung V.V.a.G
- ARAG Allgemeine Rechtsschutz-Versicherungs AG
- ARAG Krankenversicherung AG
- ASSTEL Krankenversicherung AG
- AXA Colonia ZN Berlin
- AXA-Colonia ZN Hamburg
- AXA-Colonia ZN Munchen
- AXA-Krankenversicherung/ Shasskiye Vorota
- Barmenia Krankenversicherung AG
- BKK Bayerische Beamtenkrankenkasse AG
- Central Krankenversicherung AG
- CIGNA Life Insurance Company of Europe S.A.-N.V.
- CONCORDIA Krankenversicherungs AG
- Continentale Krankenversicherung a.G
- Debeka Krankenversicherungsverein a.G
- DEVK Krankenversicherungs AG
- Deutscher Ring Krankenversicherungsverein AG
- DKV Deutsche Krankenversicherung AG
- ELVIA Mondial Assistance Reiseversicherungs-Gesellschaft AG
- ENVIVAS Krankenversicherung AG
- Europ Assistance Versicherungs AG

- Europa Krankenversicherung AG
- Europäische Reiseversicherung AG
- Generali Versicherung AG
- Gerling Lebensversicherungs AG
- Global Voyager Assistance (Cyprus) GVA
- Globale Krankenversicherung AG
- Gothaer Krankenversicherung AG
- Gouda Versicherungs AG (ISA)
- Hallesche Krankenversicherung AG
- Hallesche-Nationale Krankenversicherung AG
- Hanse-Merkur Krankenversicherung AG
- Hanse-Merkur Reiseversicherung AG
- HUK-Coburg Krankenversicherung AG
- INTER Krankenversicherung AG
- International SOS
- Interunfall Versicherung AG
- KarstadtQuelle Versicherung AG
- LVM Krankenversicherungs AG
- Mannheimer Krankenversicherung AG
- Munich Reinsurance Company
- Neckermann Versicherung AG
- Nürnberger Krankenversicherung AG
- PBEAKK Postbeamtenkrankenkasse
- PVAG Polizeiversicherungs AG
- R+V Krankenversicherung AG
- ROLAND Schutzbrief-Versicherung AG
- Schwarzmeer und Ostsee Versicherungs AG SOVAG
- SIGNAL Krankenversicherung AG
- SIGNAL IDUNA Allgemeine Versicherung AG
- Süddeutsche Krankenversicherung AG
- Universa Krankenversicherung AG
- Union Krankenversicherung AG
- VAV
- Victoria Krankenversicherung
- Württembergische Krankenversicherung AG
- Würzburger Versicherungs AG

Akzeptierte Versicherungsfirmen für Österreicher

- AXA Colonia Österreich AG
- Coris Vienna (Customer Care Solutions)
- ELVIA Mondial Assistance Reiseversicherungs-Gesellschaft AG
- Europäische Assistance
- Europäische Reiseversicherung AG
- Generali Versicherung AG
- Gerling Lebensversicherungs AG
- Global Voyager Assistance
- International SOS Assist 24 Delta Consulting Group
- Interunfall AG
- OAFA Versicherung
- SOVAG Schwarzmeer und Ostsee Versicherungs AG
- UNIQA
- Wiener Städtische Versicherung AG

Diplomatische Vertretungen

Vertretungen Russlands

- **www.russianembassy.net**

In Deutschland

- **Botschaft der Russischen Föderation**
Unter den Linden 63–65, 10117 Berlin
Tel. (030) 229 11 10 29, Fax 229 93 97
www.russische-botschaft.de
Visastelle: zuständig für Berlin, Brandenburg, Sachsen-Anhalt, Mecklenburg-Vorpommern
Tel. Auskunft: Mo bis Fr 8.30–18 Uhr
Behrenstr. 66, 10117 Berlin
Tel. (030) 22 65 11 84
Abgabe der Unterlagen: Mo bis Fr 9–12 Uhr
Abholung: Mo bis Fr 12–13 Uhr, wobei Einlass bis 12.30 Uhr ist
- **Generalkonsulat der Russischen Föderation**
Waldstr. 42, 53177 Bonn
Tel. (0228) 386 79 30/31, Fax 31 21 64
www.ruskonsulatbonn.de
Visastelle: zuständig für Nordrhein-Westfalen, Rheinland-Pfalz, Saarland
Abgabe der Unterlagen: 8.30–12.30 Uhr
Abholung: 12.30–13.30 Uhr
- **Generalkonsulat der Russischen Föderation**
Am Feenteich 20, 22085 Hamburg
Tel. (040) 229 52 01, 229 53 01
Fax 229 77 27
www.generalkonsulat-rus-hamburg.de

Visastelle: zuständig für Hamburg, Bremen, Niedersachsen, Schleswig-Holstein
Sprechstunden: Mo bis Fr 9–12 Uhr

- **Generalkonsulat der Russischen Föderation**
Turmgutstr. 1, 04155 Leipzig
Tel. (0341) 585 18 76, Fax 564 95 89
www.ruskonsulatleipzig.de
Visastelle: zuständig für Sachsen und Thüringen
Sprechstunden: Mo, Di, Do und Fr 9–12 Uhr

- **Generalkonsulat der Russischen Föderation**
Maria-Theresia-Str. 17, 81675 München
Tel. (089) 59 25 03 (9–13 Uhr)
Fax 55 038 28
www.ruskonsmchn.mid.ru
Visastelle: zuständig für Bayern
Abgabe der Unterlagen: Mo bis Fr 9–12 Uhr
Abholung: Mo bis Fr 12–13 Uhr

- **Generalkonsulat der Russischen Föderation**
Öderweg 16–18, 60318 Frankfurt am Main
Tel. (069) 596 745 03 Fax 596 745 05
www.ruskonsulatfrankfurt.de
Visastelle: zuständig für Hessen und Baden-Württemberg
Sprechstunden: Mo bis Fr 9–13 Uhr, wobei Einlass bis 12.30 Uhr ist

In Österreich

- **Botschaftskanzlei der Russischen Föderation**
Reisnerstr. 45–47, 1030 Wien
Tel. (01) 712 12 29, 713 86 22
Fax 712 33 88, www.rusemb.at
Visastelle: zuständig für Wien, Niederösterreich, Burgenland, Steiermark
Tel. (01) 712 32 33, Fax 714 76 12
Unterlagen abgeben: Mo, Mi, Fr 9–12 Uhr
Unterlagen abholen: Mo, Mi, Fr 14–15 Uhr

- **Konsulat der Russischen Föderation**
Burgelsteinstr. 2, 5020 Salzburg
Tel. (0662) 62 41 84, Fax 62 17 43
www.rusemb.at/salzburg
Visastelle: zuständig für Salzburg, Tirol, Oberösterreich, Kärnten, Vorarlberg
Mo, Mi, Fr 9–12 Uhr

In der Schweiz

- **Botschaft der Russischen Föderation**
Brunnadernstr. 53, 3006 Bern
Tel. (031) 352 05 67, Fax 352 64 60
www.consulrussia.ch
Visastelle: zuständig für Bern, Solothurn, Basel-Stadt und Basel-Landschaft, Aargau, Schaffhausen, Thurgau, Zürich, Appenzell Ausserrhoden und Appenzell Innerrhoden,

082tr Foto: dk

Glarus, Schwyz, Zug, Obwalden und Nidwalden, Uri, Graubünden, Tessin, Jura, St. Gallen und Luzern
Tel. (031) 352 05 67, Fax 352 64 60
Sprechstunden: Mo, Di, Mi, Fr 9–12 Uhr

- **Generalkonsulat der Russischen Föderation**
24, rue Schaub, 1202 Genf
Tel. (022) 734 79 55, Fax 740 34 70
Zuständig für Wallis, Genf, Waadt, Freiburg, Neuenburg
Bürozeiten: Mo, Mi, Fr 9–12 Uhr

In China

- **Botschaft der Russischen Föderation**
Dongzhimennei Beizhongjie 4
100600 Peking
Tel. (010) 6532 2051, 6532 1381
Fax 6532 4851
Visastelle:
Tel. 6532 1267, 6532 1991, Fax 6532 4853
Öffnungszeiten: Mo bis Fr 9–12 Uhr
- **Generalkonsulat der Russischen Föderation**
Huangpu Road 20, 200080 Shanghai
Tel. (021) 6324 8383, 6324 2684
Fax 6306 9982
Bürozeiten: Mo, Mi und Fr 9.15–12.15 Uhr
Abholung der Unterlagen: 14–14.30 Uhr
- **Generalkonsulat der Russischen Föderation**
Nan Shisanvailu 31, 110031 Shenyang
Tel. (024) 2322 3927, Fax 2322 3907
Bürozeiten: Mo bis Fr 9–13 Uhr
- **Generalkonsulat der Russischen Föderation**
2106, 21. Stock, Sun Hung Kai Centre
30 Harbour Road, Wanchai, Hongkong
Tel. (00852) 2877 7188, Fax 2877 7166
Visaerteilung möglich
Öffnungszeiten: Mo bis Fr 9–12 Uhr

In der Mongolei

- **Botschaft der Russischen Föderation**
Enkhtayvany gudamzh, A-6
Ulan Bator,
Tel. (00976-11) 32 78 51, 32 61 83
Konsularabteilung: Tel. 326 037
Bürozeiten: Mo bis Fr 14–15 Uhr

Vertretungen Weißrusslands

In Deutschland

- **Botschaft der Republik Belarus**
Am Treptower Park 32/33, 12435 Berlin
Tel. (030) 53 63 590, Fax 53 63 59 23
www.germany.belembassy.org
Visastelle:
Tel. (030) 53 63 59 36, Fax 53 63 59 24
Bürozeiten: Mo, Di, Do, Fr 9–12 Uhr
Tel. Auskunft: Mo bis Fr 14–17 Uhr
- **Außenstelle der Botschaft der Republik Belarus**
Fritz-Schäffer-Str. 20, 53113 Bonn
Tel. (0228) 201 13 10, Fax 201 13 19
Visastelle:
Tel. (0228) 201 13 31, Fax 20 113 39
Bürozeiten: Mo, Di, Do, Fr 9–12 Uhr
Tel. Auskunft: Mo bis Fr 14–17 Uhr

In Österreich

- **Botschaft der Republik Belarus**
Hüttelbergerstr. 6, 1140 Wien
Tel. (01) 419 96 30, Fax 419 96 30 30
www.austria.belembassy.org
Visastelle: Tel. (01) 419 96 30 21
Bürozeiten: Di, Do, Fr 9–12 Uhr
Tel. Auskunft: Mo, Mi 8–12.30 und 13.30–17 Uhr, Di, Do, Fr 13.30–17 Uhr

In der Schweiz

- **Botschaft der Republik Belarus**
Quartierweg 9, 3074 Muri (bei Bern)
Tel. (031) 952 79 14, Fax 952 76 16
www.swiss.belembassy.org
Visastelle:
Tel. (031) 952 76 81, Fax 952 76 16
Bürozeiten: Mo, Di, Do 9–12 und 14–17 Uhr
Tel. Auskunft: Mo, Di, Do 14–17.30 Uhr, Mi, Fr 9–12 Uhr

In Russland

- **Botschaft der Republik Belarus**
ul. Marosejka 17/6, Moskau
Tel. (495) 777 66 44, Fax 628 78 13
www.embassybel.ru
Visastelle:
Tel. (495) 624 70 95 (Mo, Di, Do, Fr 12–13 und 14–15 Uhr)

048tr Foto: hl

Bürozeiten: Mo, Di, Do, Fr 10–12 Uhr
Beantragung, Mo, Di, Do, Fr 16–16.30 Uhr
Abholung des Passes

• Generalkonsulat der Republik Belarus
Bontsch-Bruewitscha Str. 3a
St. Petersburg
Tel. (0812) 274 72 12, 275 81 30
Bürozeiten: Mo, Di, Do, Fr
10–12 und 14–16 Uhr

In China

• Botschaft der Republik Belarus
Dong Yi Jie, Ri Tan Lu, 1
Peking, Tel. (8610) 65 32 16 91
www.china.belembassy.org
Visaabteilung: Tel. 65 32 64 26
Bürozeiten: Mo, Mi und Fr 9–12 Uhr
Tel. Auskunft: 15–19 Uhr

Eng, aber gemütlich:
Abteil in einem chinesischen Zug

Vertretungen Chinas

In Deutschland

• Botschaft der VR China
Konsularabteilung, Brückenstr. 10,
10179 Berlin, Tel. (030) 27 588 572
Fax 27 58 85 20, www.china-botschaft.de
zuständig für Mecklenburg-Vorpommern, Brandenburg, Berlin, Sachsen-Anhalt, Sachsen und Thüringen
Bürozeiten: Mo bis Fr 9–12 Uhr
Tel. Auskunft: Di, Do 15–17 Uhr

• Generalkonsulat der VR China
Elbchaussee 268, 22605 Hamburg
Tel. (040) 82 27 60 13, Fax 82 26 231
zuständig für Hamburg, Bremen, Niedersachsen, Schleswig-Holstein
Bürozeiten: Mo bis Fr 9–12 Uhr
Tel. Beratung Di, Do 15–17 Uhr

• Generalkonsulat der VR China
Mainzer Landstr. 175, 60326 Frankfurt a. M.
Visaabteilung: Tel. (069) 75 08 55 34
Fax 75 08 55 40

Die Transsibländer – Zahlen und Daten

Russland

•Staatsname: Russische Föderation *(Rossíjskaja Federázija)*
•Fläche: 17.075.400 km² (flächengrößter Staat der Erde)
•Geografie: Nord-Süd-Ausdehnung ca. 4000 km, West-Ost-Ausdehnung ca. 9000 km. Das europäische Russland erstreckt sich vom Nordpolarmeer über Zentralrussland zum Schwarzen Meer, dem Kaukasus und dem Kaspischen Meer. Der größte Teil der Russischen Föderation liegt in Asien. Sibirien reicht von der Westsibirischen Steppe und dem Zentralsibirischen Plateau bis zu den Ostsibirischen Bergen zwischen der Lena und der Pazifikküste, einschließlich der Halbinseln Chukot und Kamtschatka
•Hauptstadt: Moskau (10,4 Mio. Einw. = 10% der im europäischen Landesteil lebenden Bevölkerung)
•Regierungsform: Präsidialrepublik seit 1991, Verfassung von 1993. Parlament mit 450 Mitgliedern im Unterhaus (Duma) und 178 im Oberhaus (Föderationsrat). Seit 1991 unabhängiger Teilstaat der GUS
•Mitgliedschaften: G8, GUS, OSZE, UNO
•Staatsoberhaupt: *Dmitri Medwedjew*
•Regierungschef: *Wladimir Putin*
•Nationalfeiertag: 12. Juni
•Verwaltung: 21 Republiken, 49 Gebiete *(Oblast)* mit gewählten Gouverneuren und 6 Bezirke *(Krai)*
•Bevölkerung: 142 Mio., davon 104 Mio. im europäischen Landesteil; der Anteil der männlichen Bevölkerung beträgt 46,6%, der der weiblichen 53,4%.
•In Städten: 73%
•Bevölkerungsdichte: 8,3/km²
•Bevölkerungswachstum: nahe 0%, Russland hat die höchste Sterberate in Europa und eine niedrige Geburtenrate
•Sprachen: Amtssprache ist Russisch, daneben Sprachen der autonomen Republiken und ethnischer Minderheiten
•Religion: christliche Religionen, die russisch-orthodoxe Kirche ist die größte Glaubensgemeinschaft, zudem muslimische, buddhistische und jüdische Minderheiten
•Währung: 1 Rubel = 100 Kopeken
•Wirtschaft: Große Bedeutung haben Schwerindustrie sowie Erdöl- und Erdgas-Förderung. Das Land ist außerordentlich reich an Bodenschätzen und besitzt fruchtbare Böden und ausgedehnte Wälder.
•Telefon-Vorwahl: +7
•BIP: 1229 Mrd. US$ (2009) bzw. pro Einwohner 8694 US$
•Arbeitslosigkeit: 7% (2010, offiziell)
•Medizinische Versorgung: 4,9 Ärzte auf 1000 Einwohner bzw. gut 200 Einwohner pro Arzt
•Lebenserwartung: im Durchschnitt 67,5 Jahre bzw. Männer 61,4 Jahre und Frauen 73,9 Jahre
•Alphabetisierung: 99%

Mongolei

•Staatsname: Mongolei *(Mongol Uls)*
•Fläche: 1.566.500 km²
•Geografie: Die Mongolei grenzt im Norden an die Russische Föderation und im Süden an China. Von Nord nach Süd kann das Land in vier Regionen aufgeteilt werden: Berg- und Waldsteppe, Bergsteppe sowie Halbwüste und Wüste. Das Land liegt verhältnismäßig hoch, die Hauptgebirgszüge befinden sich im Westen.
•Hauptstadt: Ulan Bator (1.044.500 Einw. = 30% der Gesamtbevölkerung)
•Regierungsform: Republik seit 1992, Verfassung von 1992, Parlament mit 76

Mitgliedern. Unabhängig von China seit 1921
- **Mitgliedschaft:** UNO
- **Staatsoberhaupt:** *Tsachiagiin Elbegdordsch*
- **Regierungschef:** *Süchbaataryn Batbold*
- **Nationalfeiertag:** 11. Juli (Naadam-Fest)
- **Bevölkerung:** 3,04 Mio.
- **In Städten:** 57%
- **Bevölkerungsdichte:** 1,9/km²
- **Bevölkerungswachstum:** 1,6%; ein Drittel der Bevölkerung ist jünger als 30 Jahre, 36% sind unter 14 Jahren
- **Sprachen:** Amtssprache ist Mongolisch, Kasachisch wird von etwa 5% der Bevölkerung gesprochen, außerdem verschiedene mongolische Dialekte
- **Religion:** 90% Lamaistische Buddhisten, 4% Muslime
- **Währung:** Tögrög bzw. Tugrik
- **Wirtschaft:** 28% Industrie, 40% Dienstleistungen, 32% Landwirtschaft
- **Telefon-Vorwahl:** +976
- **BIP:** 4,2 Mrd. US$ (2009)
- **Medizinische Versorgung:** 389 Einwohner pro Arzt
- **Lebenserwartung:** Männer knapp 69 und Frauen knapp 70 Jahre
- **Alphabetisierung:** 62,3%

China

- **Staatsname:** Volksrepublik China *(Zhonghua Renmin Gongheguo)*
- **Fläche:** 9.571.302 km² (drittgrößtes Land der Welt)
- **Geografie:** Die Landschaft reicht vom Hochland im Westen mit über 8000 m hohen Bergen bis zu den Tiefebenen an der Pazifikküste im Osten. Ein Drittel des Landes ist Gebirge. Die Tibet-Hochebene (über 4000 m hoch, das „Dach der Welt") grenzt im Süden an den Himalaya. An der Grenze zu Nepal liegt der 8848 m hohe Mount Everest. Der Yangtsekiang ist der drittlängste Fluss der Erde (6300 km)
- **Hauptstadt:** Peking *(Beijing)* 17,5 Mio. Einw. im Großraum bzw. 924 Einw. pro km²
- **Regierungsform:** Sozialistische Volksrepublik, Verfassung von 1982
- **Mitgliedschaft:** UNO
- **Staatsoberhaupt:** *Hu Jintao* (seit 2003)
- **Regierungschef:** *Wen Jiabao* (seit 2003)
- **Nationalfeiertag:** 1. Oktober
- **Verwaltung:** China besteht aus 22 Provinzen, 5 autonomen Gebieten (Guangxi, Innere Mongolei, Ningxia, Tibet, Xinjiang) und 4 regierungsunmittelbaren Städten (Chongking, Peking, Shanghai, Tianjin)
- **Bevölkerung:** 1,33 Mrd.; 91,6% sind Han-Chinesen, der Rest verteilt sich auf 55 anerkannte und nicht anerkannte Volksgruppen
- **In Städten:** 39%
- **Bevölkerungsdichte:** 137,6/km²
- **Bevölkerungswachstum:** 0,5%
- **Sprachen:** Amtssprache ist Hochchinesisch (Mandarin). Neben zahlreichen regionalen Dialekten sprechen größere Gruppen Kantonesisch, Fukienesisch, Xiamenhua und Hakka, daneben haben die autonomen Regionen ihre eigenen Sprachen, z.B. Tibetisch und Mongolisch
- **Religion:** Buddhisten, Taoisten, Konfuzianisten, Muslime sowie christliche, hinduistische und lamaistische Minderheiten
- **Währung:** 1 Renminbi Yuan = 10 Jiao = 100 Fen
- **Telefon-Vorwahl:** +86
- **BIP:** 7916 Mrd. US$ bzw. pro Einwohner 5963 US$ (2010)
- **Arbeitslosigkeit:** bis zu 20% (geschätzt)
- **Medizinische Versorgung:** 3446 Einwohner pro Arzt
- **Lebenserwartung:** Männer 69 Jahre, Frauen 71 Jahre
- **Alphabetisierung:** 90,1%

Tel. Beratung: Mo, Mi 14–16 Uhr
zuständig für Hessen, Baden-Württemberg, Nordrhein-Westfalen, Rheinland-Pfalz und Saarland

- **Generalkonsulat der VR China**
Romanstr. 107, 80639 München
Tel. (089) 17 30 16 12, Fax 17 30 16 19
zuständig für Bayern
Bürozeiten: Mo bis Fr 9–12 Uhr
Tel. Auskunft: Mo, Mi 15–17 Uhr

In Österreich

- **Botschaftskanzlei der VR China**
Konsularabteilung, Neulinggasse 29/1/11
1030 Wien, Tel. (01) 710 36 48
Fax (01) 710 37 70, www.chinaembassy.at
Bürozeiten: Mo, Mi 8.30–11
und 14–16 Uhr, Fr 8.30–11 Uhr
Tel. Auskunft: 710 364 816, Di, Do 9–11 Uhr

In der Schweiz

- **Botschaft der VR China**
Kalcheggweg 10, 3006 Bern
Tel. (031) 352 73 33, Fax 351 45 73
www.china-embassy.ch
Visastelle: Tel. (031) 351 45 93,
Mo bis Fr 16.30–17.30 Uhr
Bürozeiten: Mo bis Fr 9–12 Uhr
- **Generalkonsulat der VR China**
Bellariastr. 20, 8002 Zürich
Tel. (044) 201 10 05, Fax 201 77 12
http://zurich.china-consulate.org
Bürozeiten: Mo bis Fr 9–12 Uhr

In Russland

- **Botschaft der VR China**
ul. Druschby 6, 117330 Moskau
Tel. (495) 93 82 006, Fax 956 11 69
- **Konsulat der VR China**
Lenin-Stadion, Chabarowsk
Tel. (4212) 30 25 90, Fax 31 17 59

In der Mongolei

- **Botschaft der VR China**
Zaluuchuudyn Orgon Chuluu 5, Ulan Bator
Tel. (00976-11) 32 09 55, Fax 31 19 43
Bürozeiten: Mo bis Fr 9–13 Uhr (Abgabe von Pässen) und 13.30–17.30 Uhr
Abholung von Pässen: Mo bis Fr 16–17 Uhr

Vertretungen der Mongolei

In Deutschland

- **Botschaft der Mongolei**
Dietzgenstr. 31, 13156 Berlin
Tel. (030) 474 80 60, Fax 474 80 616
www.botschaft-mongolei.de
Bürozeiten: Mo, Di, Do 8.30–12 Uhr
und Mi 13.30–17 Uhr

In Österreich

- **Botschaft der Mongolei**
Fasangartengasse 45, 1130 Wien
Tel. (01) 535 28 0712, Fax 535 28 07 20
www.embassymon.at
Bürozeiten der Visastelle:
Mo, Di und Do 9–12 Uhr

In der Schweiz

- **Mongolische Ständige Mission**
4, Chemin des Mollies
1293 Bellevue Geneve
Tel. (022) 774 19 74, Fax 77 43 201

In Russland

- **Botschaft der Mongolei**
Borisoglebskij Per. 11, 121069 Moskau
Tel. (495) 290 67 92, Fax 291 46 36
Visastelle: Spasopeskovskiy Per. 7/1
Tel. (499) 241 15 48, Fax 241 15 48
- **Konsulat der Mongolei**
ul. Lapina 11, Irkutsk
Tel. (03952) 34 21 45, Fax 34 21 43
- **Konsulat der Mongolei**
ul. Erbanova 12, Hotel Baikal
Ulan-Ude, Tel. (03012) 21 52 75

In China

- **Botschaft der Mongolei**
Jianguomenwai, Xiushuibeijie 2
100600 Beijing (Peking)
Tel. (010) 6532 1203, 6532 1810
Fax 6532 5045
www.mongolembassychina.org

Vertretungen Deutschlands

- **www.auswaertiges-amt.de**

In China

- **Deutsche Botschaft**
17, Dong Zhi Men Wai Da Jie
Chaoyang District, Peking
Tel. (010) 85 32 9000 und in dringenden Notfällen außerhalb der Öffnungszeiten Tel. (010) 8532 9200; hier kann man sich auch nach den Adressen der Konsulate in Chengdu, Hongkong, Guangzhou und Shanghai erkundigen

In der Mongolei

- **Deutsche Botschaft**
Negdsen Undestenii Gudamj, Ulan Bator
Tel. (011) 32 33 25, 32 39 15, 32 09 08 und in Notfällen (außerhalb der Dienstzeiten) mobil: 9911 4665

In Russland

- **Deutsche Botschaft**
Leninski Prospekt 95 a (die Eingänge befinden sich in der Seitenstraße ul. Akademika Piljugina), Moskau, Tel. (+7-495) 933 43 11 oder in Notfällen außerhalb der Bürozeiten Tel. (+7-913) 985 99 76; weitere deutsche Konsulate in Jekaterinburg, Kaliningrad, Nowosibirsk, St. Petersburg und Saratow

In Weißrussland

- **Deutsche Botschaft**
ul. Sacharowa 26, Minsk, Tel. (00375-17) 217 59 00, 217 59 50, außerhalb der Dienstzeiten kann man in dringenden Notfällen unter Tel. (00375-17) 217 59 00 eine Nachricht hinterlassen

Vertretungen Österreichs

- **www.aussenministerium.at**

In China

- **Österreichische Botschaft**
Jian Guo Men Wai, Xiu Shui Nan Jie 5
100600 Beijing (Peking)
Tel. (010) 65 32 20 61/62; hier kann man sich im Bedarfsfall nach den Adressen der Konsulate in Hongkong und Shanghai erkundigen

In Russland

- **Österreichische Botschaft**
Starokonjuschennyi Per. 1, Moskau
Tel. (495) 780 60 66, 956 16 60
in dringenden Fällen außerhalb der Dienstzeiten Tel. (495) 780 60 66
- **Honorarkonsulat von Österreich**
ul. Furschtadtskaja 43, App. 1
191123 St. Petersburg
Tel. (812) 275 04 96 und 275 05 02
Fax 275 11 70
- **Honorarkonsulat von Österreich**
ul. Turgenjewa 16 u. ul. Pjerwomaiskaja 213
620075 Jekaterinburg
Tel. (343) 350 05 03, Fax 358 99 01

In der Mongolei

Die nächste Botschaft ist in Peking. In Notfällen wende man sich an das

- **Österreichische Honorarkonsulat**
Enkhtaivany Urgun Chuluu 7, Ulan Bator
Tel. (011) 324 298

In Weißrussland

Die nächste Botschaft ist in Moskau, siehe dort. Es gibt in Weißrussland keine diplomatischen Vertretungen von Österreich.

Vertretungen der Schweiz

In China

- **Schweizerische Botschaft**
Sanlitun Dongwujie 3, Beijing (Peking)
Tel. (010) 8532 8888; hier kann man sich im Bedarfsfall nach den Adressen der Konsulate in Hongkong, Guangzhou und Shanghai erkundigen

In der Mongolei

Die nächste Botschaft ist in Peking, es gibt aber ein Kooperationsbüro, das in Notfällen weiterhelfen kann:

- **Swiss Cooperation Office of the Swiss Embassy**
„Tengeriin Tsag" Centre, Olympic Street 12
Khoroo 1, Sukhbaatar District, Ulan Bator
Tel. (011) 331422

In Russland

- **Schweizerische Botschaft**
Ogorodnaia Sloboda (Stopany Per.) 2/5
101000 Moskau, Tel. (495) 258 38 30; hier kann man sich im Bedarfsfall auch nach der Adresse des Konsulats in St. Petersburg erkundigen

Gesundheitsvorsorge

Je länger eine Reise dauert, desto höher ist auch das Gesundheitsrisiko. Die meisten Krankheiten können vor allem durch Vorsorge gegen Mücken, Vorsicht vor Tierbissen, Vermeidung von sexuellen Kontakten und durch Hygienemaßnahmen vermieden werden. AIDS ist besonders in Russland stark auf dem Vormarsch.

Man findet spezielle reisemedizinische Informationen zu den Transsibländern im **Anhang** („Reise-Gesundheits-Informationen") sowie im Internet unter **www.crm.de** (u.a. individuelle reisemedizinische Beratung, sog. Reise-Gesundheits-Brief, der ausführlich informiert über aktuelle Gesundheitsrisiken in den Reiseländern, Impf- und Malariaschutz für die Reise, Hygieneverhältnisse in den Reiseländern und über die Ausstattung der Reiseapotheke inklusive der Adressen von empfohlenen Apotheken und Beratungsstellen im Wohnort des Kunden).

Medikamente, die auf die Reise mitgenommen werden sollten, sind unter „Ausrüstung" im Kapitel „Vor der Reise" aufgeführt.

- **Centrum für Reisemedizin**
Hansaallee 321, 40549 Düsseldorf,
Tel. (0211) 90 42 90, www.crm.de

Trinkwasser

Am besten Leitungswasser in allen Transsibländern meiden und nur **Mineralwasser aus Flaschen** trinken.

Wodka

Vorsicht! Keinesfalls auf Bahnsteigen oder in Kiosken kaufen und auch besser keinen selbst gebrannten „Stoff" von Fremden akzeptieren. In großen Geschäften oder im Speisewagen gekauft ist er sicher.

Impfungen

In allen Transsibländern bestehen derzeit **keine Impfvorschriften, jedoch dringende Impfempfehlungen,** die am besten mit einem Arzt besprochen werden sollten.

Über verschmutzte Wunden können Sporen **Tetanus** (Wundstarrkrampf) auslösen, während **Diphterie** durch Tröpfchenübertragung eine bakterielle Infektion mit Gefahr von Herz- und Nervenschäden verursachen kann. Ein Kombinationsimpfstoff gegen Tetanus und Diphterie schützt zehn Jahre.

Schamanenpfahl am Kap Choboy, dem nördlichsten Punkt der Insel Olchon im Baikalsee

003tr11 Foto: dk

Kinderlähmung gefährdet Erwachsene und Kinder! Die Infektion erfolgt vorwiegend über Nahrungsmittel und Trinkwasser. Der Impfstoff wird nur noch gespritzt, nicht mehr geschluckt.

Hepatitis A oder infektiöse Gelbsucht ist eine Viruskrankheit der Leber, übertragen durch Nahrung und Trinkwasser. Der Schutz der Impfung beginnt nach ein bis zwei Wochen und hält nach einer Auffrischung (sechs bis zwölf Monate später) für mehr als zehn Jahre.

Hepatitis B bzw. infektiöse Gelbsucht ist eine Viruskrankheit der Leber, übertragen durch Tröpfchenübertragung sowie durch sexuellen Kontakt und Blut von Virusträgern. Zwei Injektionen im Abstand von vier Wochen mit einer Auffrischung nach sechs Monaten wirken etwa zehn Jahre.

Typhus ist eine mit Fieber einhergehende Krankheit, die durch Nahrung und Trinkwasser übertragen wird. Schluckimpfung oder Injektionsimpfung stehen zur Wahl und wirken ca. zwei Jahre.

Tollwut wird durch den Biss eines erkrankten Tieres übertragen. Bei drei Injektionen innerhalb von drei Wochen und einer Auffrischung nach einem Jahr wirkt der Schutz zwei bis fünf Jahre.

FSME ist eine durch Zeckenbiss übertragene Viruskrankheit, die zu einer Hirnhautentzündung führen kann. Die Wirkung der aus drei Injektionen bestehenden Impfung beginnt zwei Wochen nach der zweiten Teilimpfung und hält nach Komplettierung mindestens drei Jahre.

Japanische Enzephalitis ist eine von Stechmücken übertragene Viruskrankheit, die zu Hirnhautentzündung führen kann. Die aus drei Injektionen im Abstand von ein bis vier Wochen durchgeführten Impfungen wirken bei Auffrischung nach einem Jahr für weitere vier Jahre.

Versicherungen

Krankenversicherung

Unverzichtbar ist der Abschluss einer **Auslandsreise-Krankenversicherung** (⇗ „Visa: Krankenversicherungsnachweis für Russland“).

Bei Abschluss der Versicherung – die es mit bis zu einem Jahr Gültigkeit gibt – sollte auf einige Punkte geachtet werden. Es sollte ein **Vollschutz ohne Summenbeschränkung** bestehen und im Fall einer schweren Krankheit oder eines Unfalls auch der **Rücktransport** übernommen werden. Wichtig ist, dass im Krankheitsfall der **Versicherungsschutz über die vorher festgelegte Zeit hinaus** automatisch verlängert wird, wenn die Rückreise nicht möglich ist.

Zur Erstattung der Kosten benötigt man grundsätzlich ausführliche **Quittungen** (mit Datum, Namen, Bericht über Art und Umfang der Behandlung, Kosten der Behandlung und Medikamente).

Der Abschluss einer **Jahresversicherung** ist in der Regel kostengünstiger als mehrere Einzelversicherungen.

Günstiger ist auch die **Versicherung als Familie** statt als Einzelpersonen.

Andere Versicherungen

Für alle abgeschlossenen Versicherungen sollte man die **Notfallnummern notieren** und mit der Policenummer gut aufheben! Bei Eintreten eines Notfalles sollte die Versicherungsgesellschaft unverzüglich telefonisch verständigt werden!

Eine **Reiserücktritts- inkl. Reiseabbruchkostenversicherung** ist empfehlenswert. Sie lohnt sich immer bei teuren Reisen und für den Fall, dass man vor der Abreise einen schweren Unfall hat, schwer erkrankt, schwanger wird, gekündigt wird oder nach Arbeitslosigkeit einen neuen Arbeitsplatz bekommt, die Wohnung abgebrannt ist u.Ä. Nicht gelten hingegen: Terroranschlag, Streik, Naturkatastrophe etc.

Ob es sich lohnt, **weitere Versicherungen** abzuschließen, ist **individuell abzuklären.** Eine Reisegepäckversicherung lohnt sich seltener, da z.B. bei Flugreisen verlorenes Gepäck oft nur nach Kilopreis ersetzt wird. Wurde eine Wertsache nicht im Safe aufbewahrt, gibt es bei Diebstahl keinen Ersatz. Kameraausrüstung und Laptop dürfen beim Flug nicht als Gepäck aufgegeben worden sein. Überdies deckt häufig auch die Hausratsversicherung schon Einbruch, Raub und Beschädigung von Eigentum auch im Ausland. Für den Fall, dass etwas passiert ist, muss der Versicherung als Schadensnachweis ein Polizeiprotokoll vorgelegt werden.

Eine private Haftpflichtversicherung hat man in der Regel schon. Hat man eine Unfallversicherung, sollte man prüfen, ob diese im Falle plötzlicher Arbeitsunfähigkeit aufgrund eines Unfalls im Urlaub zahlt. Auch durch manche Kreditkarten oder Automobilclubmitgliedschaft ist man für bestimmte Fälle schon versichert. Die Versicherung über die Kreditkarte gilt jedoch immer nur für den Karteninhaber!

CO-tr11 Foto: dk

049tr Foto: tb

Praktische Reisetipps von A bis Z

050tr Foto: dk

051tr Foto: hl

Stilechtes russisches Teegeschirr – man kann sich den Tee im Abteil servieren lassen

Aus dem Samowar, am Ende des Waggons, bekommt man jederzeit heißes Wasser

Wurstverkauf auf einem Markt

Einkaufen und Souvenirs

Lebensmittel

In großen **Lebensmittelgeschäften** in Russland und China ist die Auswahl an inländischen und ausländischen Lebensmitteln so groß wie in einem europäischen Supermarkt. Auf den **Bauernmärkten** findet man neben importierten auch viele Obst- und Gemüsesorten der Region.

Auf allen mongolischen Märkten und in allen Lebensmittelgeschäften in Ulan Bator und auf dem Lande findet man Waren sowohl aus Europa als auch aus China. Ob deutsche Marmelade und Butter, Süßigkeiten oder diverse Kaffee- und Teesorten sowie Obst und Gemüse aus China, man findet alles, was das Herz begehrt.

Die **Bezahlung** mit Kreditkarten von American Express, VISA und MasterCard sowie mit Maestro-/EC-Karte ist in den Supermärkten (und Souvenirshops) in allen Transsibländern fast ausnahmslos möglich.

Souvenirs

Lackmalereien

Begehrte Geschenkartikel sind Erzeugnisse der Lackmalerei, Miniaturgemälde auf Dosen, Schatullen, Broschen und Gebrauchsgegenständen. Die Geschichte dieses Volkskunstgewerbes reicht bis in die Mitte des 17. Jahrhunderts zurück, als die Bau-

052tr Foto: hl

ern der Dörfer Palech, Fedoskino und Mstjara in der weiteren Umgebung von Moskau mit der Ikonenmalerei begannen, aus der sich im Laufe der Zeit die Miniaturmalerei auf Pappmaschee-Gegenständen entwickelte.

Zu den häufigsten Themen der Palech-Malerei gehören Darstellungen von Märchenfiguren und Volksliedern. Die Malerei aus Mstjara behandelt Themen der klassischen sowie der zeitgenössischen russischen Literatur, die Fedoskino-Malerei moderne Themen wie z.B. die Erschließung des Kosmos.

Matroschkas

Die bekanntesten und wohl auch beliebtesten Souvenirs sind die bunt bemalten **Puppen in der Puppe:** Matroschkas, von denen die berühmtesten von den Spielzeugmachern aus Sagorsk stammen.

Holzgegenstände aus Chochlama

Bereits im 16. Jahrhundert war das Gebiet von Chochlama an der mittleren Wolga für seine Holzmalerei bekannt. Löffel und Kellen, Suppentöpfe, Becher und anderes Küchengeschirr werden aus Linden-, Espen- und Erlenholz geschnitzt und anschließend mit einem Metallpulver bestreut, bemalt und zuletzt in einem Ofen gehärtet. Die schönsten Beispiele goldglänzenden Küchengeschirrs findet man u.a. im Russischen Museum in St. Petersburg. Diese beliebten russischen Souvenirs sind aber nicht nur Ausstellungsstücke, sie können auch benutzt werden. In den Bechern kann man heiße oder kalte Getränke servieren und mit den Löffeln Suppe essen.

Gegenstände aus Birkenrinde

Beliebt sind Andenken wie z.B. Gefäße, Haarspangen und Bilder aus Birkenrinde, die vor allem **in Sibirien** häufig angeboten werden.

Spielsachen aus Dymkowo

Die Tradition der Herstellung bunt bemalter **Tonfiguren** entstand in der Mitte des 19. Jahrhunderts in dem kleinen Dorf Dymkowo in der Nähe von Kirow. Dargestellt werden neben rotbäckigen Schönheiten u.a. Kinder, Tiere, Musikanten und Balalaika-Spieler.

Die Heimarbeiter von Dymkowo zeigen in ihren Spielsachen u.a. die Ausgelassenheit bei Volksfesten, den Spaß am Beisammensein und die Lust zum Tanzen. Die schönsten Werke der Meister aus Dymkowo können in Museen bewundert werden.

Bemalte Tabletts

Vor mehr als 150 Jahren entstand in dem kleinen Dorf Schostowo, in der Gegend von Moskau, das Kunsthandwerk der Tablettmalerei. Auf meist schwarzen, polierten Lackoberflächen werden Blumen- und Blütenmotive gemalt. In vielen Haushalten, ob auf dem Lande oder in der Stadt, findet man die bunten Tabletts aus Schostowo. Meistens stehen darauf das Teegeschirr und der Samowar.

Russisches Lebensmittelgeschäft

Porzellan aus Gschel

Rund 60 km von Moskau entfernt liegt die kleine Stadt Gschel, die im 18. und 19. Jahrhundert das Zentrum des russischen Keramikhandwerks war. Hier wurden Töpfergeschirr und Spielwaren gefertigt. Heute stellt man aus der weißen Tonerde der Gegend russisches Volksporzellan her, welches mit blauen Motiven dekoriert wird.

Tücher und Schals

Immer schon sind bei Frauen in Russland große, wärmende Tücher beliebt gewesen. Berühmt sind vor allem die meist weißen oder schwarzen Tücher mit Blumenmotiven aus der kleinen Stadt Pawlow-Possad in der weiteren Umgebung von Moskau.

Chinesische Souvenirs

Zu den beliebtesten Mitbringseln aus China zählen u.a. Kleidungsstücke aus Seide, Kaschmirpullover, Papierschnitte, Süßwasserperlenketten, Rollbilder mit chinesischer Tuschemalerei, Schnitzereien und Porzellan. Antiquitäten mit Ausfuhrzertifikat sind teuer, billig dagegen sind gute Kopien. Heutzutage findet man so gut wie alle diese Dinge auch in Europa (teurer!).

Mongolische Souvenirs

Wie der Tourismus befindet sich die Souvenirproduktion in der Mongolei erst in der Entwicklung. Neben Kaschmirpullovern und Kamelhaardecken sind bei Touristen Antiquitäten (nur in autorisierten Geschäften und mit Zertifikat für die Ausfuhr kaufen!) und kleine Jurtenmodelle beliebt.

Essen und Trinken

Russland

Russlands Angebot an **Restaurants, Bistros und Kneipen** wächst täglich. Für jeden Geschmack und jedes Budget ist etwas Passendes dabei. Viele Lokalitäten haben 24 Stunden geöffnet und sehr freundliches Personal, meistens Studenten oder junge Leute. Einige Restaurants in Moskau, Jekaterinburg, Nowosibirsk und Krasnojarsk bieten mittags ein „Business Lunch" an (200–500 Rubel). Englische Speisekarten gibt es (meistens) auf Anfrage.

Was das **Rauchen** anbelangt, geht Russland den entgegengesetzten Weg wie das restliche Europa: Ehemals sehr streng im Umgang mit Rauchern, die oft nur bei den Toiletten oder unter freiem Himmel geduldet wurden, ist das Land heute ein Raucherparadies. Wenn in Lokalen überhaupt nach Rauchern und Nichtrauchern getrennt wird, dann derart, dass Nichtraucher an den weniger schönen Tischen im Hinterzimmer sitzen müssen ...

Was eventuell auch stören kann: Ständig flimmern **Fernsehschirme,** die an allen Wänden und in allen Ecken angebracht sind, sodass man ihnen gar nicht ausweichen kann.

Freitag- und samstagabends kann man in den meisten Hotelrestaurants und in größeren Restaurants wegen ohrenbetäubender **Tanzmusik** sein eigenes Wort nicht verstehen.

Die **russische Küche** ist durch das Zusammenleben vieler Völker in einem Staat überaus vielseitig und bietet neben einfacher Hausmannskost viele Spezialitäten.

Das **Frühstück** ist in der Regel ausgiebiger als bei uns und besteht gewöhnlich aus zwei Gängen: Zunächst gibt es eine Eierspeise oder Milchprodukte wie *kascha* (Gries- oder Buchweizenbrei oder Milchreis) und *ssirnikis* mit *ssmetana* (süße, gebratene Quarkkuchen mit saurer Sahne), als zweiten Gang dann Kaffee oder Tee sowie Brot, Butter, Käse und Wurst.

Das **Mittagessen** besteht aus drei bis vier Gängen und beginnt mit einer Vorspeise *(sakúska),* z.B. Salat, Fisch, kalter Aufschnitt oder Kaviar. Dann gibt es als sog. „Erstes Gericht" *(pjérwoje bljúdo)* Suppe, z.B. Kohlsuppe, Borschtsch, Bouillon oder russische Fischsuppe, oder auch *Blini* (russische Pfannkuchen, z.B. mit Kaviar, Lachs oder saurer Sahne). Die Hauptspeise *(ftarója bljúdo)* besteht aus Geflügel, Fisch oder Fleisch, z.B. Kotelett, Schnitzel oder Beefsteak. Zu den beliebtesten Fleischgerichten gehören das kaukasische Schaschlik und die orientalische Hähnchenspezialität *zypljáta tabaká.* Als Beilage zu jeder Mahlzeit wird schwarzes oder weißes Brot gereicht, das sehr schmackhaft ist.

So gut wie jeder mag **Borschtsch,** eine Suppenspezialität aus Rindfleisch und Gemüse, **Pelmeni** (russ. Ravioli) und **Piroggen** (frittierte oder im Ofen gebackene Teigtaschen mit einer Füllung aus Kohl oder Kartoffeln oder Fleisch etc.), alles sättigende, schmackhafte und dabei erschwingliche Gerichte, die man so gut wie überall und auch abends bekommt.

Anders als bei uns ...

Das aus dem Deutschen übernommene Wort **buterbrót** bezeichnet in Russland ein belegtes Brot ohne Butter. Mit **kafè** ist in Russland kein Café im europäischen Sinne gemeint, sondern ein einfaches Restaurant. Ein **bistrò** ist ebenfalls ein einfaches Restaurant. Übrigens kommt das Wort aus dem Russischen und nicht aus dem Französischen: Paris war 1816–18 von russischen Soldaten besetzt, die in den Schenken immer alles „schnell" (russ. *bìstro*) serviert haben wollten.

Wenn in Russland jemand mit seiner Hand eine bestimmte Bewegung in Richtung Hals bzw. Unterkiefer macht, dann bedeutet das „trinken". Die Geste sieht folgendermaßen aus: Die Spitze des Zeigefingers berührt den Daumen und man tut so, als ob man mit dem Mittelfinger etwas von der inneren Daumenspitze wegschnipsen würde. Führt man diese Bewegung am Hals etwa unter dem Ohr aus, so ist „Alkohol trinken" gemeint.

Der **Nachtisch** *(dessért)* besteht meistens aus Eis, Kuchen oder Obst, gefolgt von Kaffee oder Tee.

Das **Abendessen** entspricht ungefähr dem Mittagessen, ist nur etwas kleiner und ohne Suppe.

Borschtsch

Borschtsch ist das **ukrainische Nationalgericht.** Es gibt sehr viele verschiedene Zubereitungsformen. Zu den Zutaten gehören Rinderbrühe, Blumenkohl, rote und weiße Rüben, Karotten, Lauch, Zwiebeln, Kartoffeln, Sellerie, Tomaten, Salz, Pfeffer, Lorbeerblätter, Petersilie, Zucker, Zitronensaft und Sauerrahm. Ursprünglich war Borschtsch ein Gericht der Armen. Wenn die Suppe mit Piroggen,

053tr Foto: tb

gefüllt mit Fleisch, Kohl oder einer anderen Zutat, gereicht wird, ergibt das durchaus eine sättigende Mahlzeit.

Schtschi

Diese **Suppe** stammt ursprünglich aus Nordrussland und ist dort oft die Hauptmahlzeit. Die Zutaten sind u.a. Rinderbrühe, Weißkohl, Zwiebeln, Karotten, Lauch, weiße Rüben, Sellerie, Kartoffeln, Salz, Pfeffer, Lorbeerblätter und Petersilie. Man isst dazu Roggenbrot und gesalzene Gurken.

Vorsicht!

In der Mongolei und China ist vom Verzehr ungeschälter Früchte und rohen Gemüses absolut abzuraten! Salate sollte man ausschließlich in Fünf-Sterne-Hotels international bekannter Hotelketten bestellen!

Auch sollte man in allen Transsibländern Leitungswasser meiden und am besten **nur Mineralwasser aus Flaschen** trinken.

Soljanka

Soljanka findet sich auf fast jeder Speisekarte. Es handelt sich um eine säuerlich-scharfe **Suppe** aus Kraut, saurer Sahne, Salzgurken und Gurkenbrühe mit Wurst- und Speckstücken.

Getränke

Das beliebteste Heißgetränk ist **Tee.** In der Regel wird zunächst ein sehr starker Tee aufgegossen. Ein wenig des entstehenden Teekonzentrates wird in ein Glas gegeben und mit kochend heißem Wasser aufgefüllt. Häufig beobachtet man, wie Russen anstelle von Zucker ihren Tee mit *warénje* süßen. Dies ist eine Art Konfitüre aus Kirschen, Erdbeeren oder anderen Beeren, die mit sehr viel Zucker relativ flüssig eingekocht werden. *Warénje* wird teelöffelweise in den Mund gegeben, der heiße Tee dazu getrunken.

Besonders in der warmen Jahreszeit beliebt ist **Kwass,** ein aus Schwarzbrot gegorenes, leicht alkoholisches Erfrischungsgetränk. Im Sommer wird es aus großen Tanks auf der Straße ausgeschenkt.

Berühmt-berüchtigt ist der russische Nationalschnaps **Wodka** (russisch für „Wässerchen"), ein etwa 40-prozentiger, aus Kartoffeln gebrannter klarer Schnaps. Großer Beliebtheit erfreut sich auch **Cognac,** wobei die besten Sorten aus Armenien und Georgien kommen. **Wein** und **Bier** werden ebenfalls gern getrunken, bei feierlichen Anlässen auch **Sekt,** *schampanskoje*.

Mongolei

In der Mongolei haben es Vegetarier nicht gerade leicht, da Fleisch, in erster Linie **Hammel,** Grundnahrungsmittel ist. In Ulan Bator gibt es eine Riesenauswahl an Bars, Bistros und Restaurants jeder Preisklasse von Mongolian BBQ über Pizzas und Hamburger bis zu europäischer und asiatischer Küche. Englische Speisekarten gibt es (meistens) auf Anfrage.

Honigwaben – eine Delikatesse

Das mongolische Bier heißt „Khan Bräu"

China

In China findet man **Restaurants** jeder Art und Größe auf Schritt und Tritt. Mit der eigenen Reisschale aus Plastik und den in den meisten Lokalen vorhandenen Einmalstäbchen kann man äußerst

Verpflegung unterwegs

- Wer **Kaffeepulver** bzw. **Teebeutel** dabeihat, kann allerorts nach kostenlosem, kochend heißem Wasser (russisch: *kipetóck*, chin.: *kei schwäi*) fragen.
- Vielerorts werden in Russland **Tee und Kaffee mit Zucker** angeboten. Man frage ggf. nach Kaffee ohne Zucker (*bjäs sáchara*) bzw. Tee ohne Zucker (*tschei bjäs sáchera*).
- Man sollte stets eine **Proviantration** bei sich haben und etwas zum Trinken.
- Wer in Russland in Hotel, Restaurant oder Bar **Probleme mit dem Personal** hat, verlange den Chef (*administrátor*).

Reisetipps A–Z

055tr Foto: hl

Das Essen in den chinesischen Speisewagen schmeckt meist am besten

preiswert und hervorragend in den kleinen, von Einheimischen besuchten Lokalen speisen. Von **Garküchen,** die ihr Geschirr auf der Straße waschen, sei aus hygienischen Gründen unbedingt abgeraten. Man esse stets nur Gekochtes bzw. Gebratenes, d.h. keine kalten Speisen und Salat.

Zu Hause sind die bekanntesten chinesischen Küchen die eher süßliche kantonesische und die scharf-würzige sichuanesische. Häufig werden beide frei interpretiert und eingedeutscht. In China nun hat man die Möglichkeit, die reine und unverfälschte chinesische Kochkunst kennen und schätzen zu lernen. Man unterscheidet vier Stilrichtungen.

Nordchinesische Küche

Charakteristisch für die **Pekingküche** ist eine exquisite Auswahl der Zutaten und die Verwendung sehr vieler erlesener Gewürze. Die Speisen sind reichhaltig, aber nicht fett, leicht, aber nicht dürftig. Bei der Zubereitung unterscheidet man rund 30 Kochmethoden wie z.B. Rösten, Kurzbraten, Schmoren, Rührbraten oder Dünsten. Zu den bekannten Gerichten der nördlichen Küche gehören die Pekingente, Hammelfleisch im mongolischen Feuertopf, Mongolischer Grill und die kaiserliche Palastküche.

Südchinesische Küche

Die **Kantonküche** verwendet eine Vielzahl von Gemüsesorten, zubereitet mit einer minimalen Garzeit und einer genauen Abstimmung der Hitze, sodass ihr frischer, zarter Geschmack sowie alle Vitamine erhalten bleiben. Das reichhaltige Angebot an landwirtschaftlichen Erzeugnissen der sehr fruchtbaren Region ermöglicht eine Vielzahl von Stilrichtungen, sodass die Kantonküche die meisten Variationen bietet. Die Speisen sind erfrischend leicht, knusprig und farbenprächtig arrangiert. Zu den bekanntesten Spezialitäten gehören geröstete Spanferkel, Dim Sum, eine Auswahl an gefüllten Teigtaschen, kleine Fleischgerichte und gedämpfte Knödel, die man entweder am frühen Morgen oder zu Mittag isst.

Ostchinesische Küche

Die **Shanghaier Küche** ist reichhaltig, süß und farbenprächtig. Aufgrund der Lage in Meeresnähe und umgeben von Flüssen und Seen, kennt die Küche der Region eine vielseitige Verwendung von Fisch und Schalentieren. Die bevorzugte Geschmacksrichtung lässt sich mit salzig, süß und sauer charakterisieren. Neben den hervorragenden Fischgerichten zählen geschmortes Huhn nach Hangzhouer Art und Hühnersuppe nach Shaoxinger Art zu den bekanntesten Speisen.

Westchinesische Küche

Die **Sichuanküche** zeichnet sich durch scharfe Gewürze aus. Sie ist sauer, süß, pfeffrig, würzig, bitter, duftend und salzig. Zu den Spezialitäten der Region gehören junges Huhn mit scharfem Pfeffer, Fisch in würziger Sojasoße und gewürfeltes Hühnerfleisch mit Erdnüssen und rotem, scharfem Paprika.

Reis und Nudeln

Die „Reis-Nudel-Grenze" verläuft genau wie die traditionelle Aufteilung Chinas in einen nördlichen und einen südlichen Teil entlang dem Yangtsekiang: Nördlich des Flusses herrscht Weizenanbau vor, südlich Reisanbau. So findet man im Norden Chinas mehr gedämpfte Weizenbrötchen, *mantou* (eine Art Dampfnudel) und Nudeln als Grundlage jeder Mahlzeit, während im Süden kein Gericht ohne Reis vollständig ist.

Verpflegungskosten

In allen Transsibländern bieten immer mehr Restaurants mittags ein **„Business Lunch"** an (5–12 Euro).

Zur **Begleichung der Rechnung** werden in fast allen Restaurants Kreditkarten (American Express, MasterCard, VISA) und Maestro-/EC-Karten akzeptiert.

Russland

In einfachen Selbstbedienungslokalen wird man für 5 Euro satt. Im Speisewagen und in einfachen, aber passablen Restaurants muss man mit **10–15 Euro** ohne alkoholische Getränke rechnen.

Warnung: In manchen Restaurants in Moskau werden auf der gedruckten

Rechnung handschriftlich 10% addiert mit dem Hinweis, es gäbe Kassenprobleme - nicht bezahlen!

Mongolei

In kleineren Restaurants rechne man ab 5 Euro, in besseren mit mindestens **10–15 Euro** (ohne Getränke).

China

Kaum ein Land bietet so **erstklassiges Essen zu** so **niedrigen Preisen** wie China. Isst man aus hygienischen Gründen stets mit Einmalstäbchen, trinkt aus dem mitgebrachten Blechbecher und hat möglichst noch seine eigene Reisschüssel aus Plastik dabei, kann man problemlos in den „echten" Chinesenlokalen wunderbar speisen! Für ein einfaches Gericht inkl. Reis bezahlt man ab 3 Euro, in besseren Restaurants sollten **5–10 Euro** reichen.

Feiertage

Russland

Fällt in Russland einer der offiziellen Feiertage auf einen Samstag oder Sonntag, so wird er auf den folgenden Arbeitstag verlegt (außer Neujahr).

- 1.–5.1.: Neujahr (Ferien)
- 7.1.: Russisch-orthodoxes Weihnachtsfest
- 23.2.: Tag der Vaterlandsverteidiger
- 8.3.: Internationaler Frauentag
- 1.5.: Tag des Frühlings und der Arbeit
- 9.5.: Tag des Sieges (Zweiter Weltkrieg)
- 12.6.: Unabhängigkeitstag
- 4.11.: Tag der Aussöhnung

Weißrussland

- 1.1.: Neujahr
- 7.1.: Russisch-orthodoxes Weihnachtsfest
- 8.3.: Internationaler Frauentag
- 15.3.: Verfassungstag
- Ostern von Karfreitag bis inkl. Ostermontag
- 1.5.: Tag der Arbeit
- 9.5.: Tag des Sieges (Zweiter Weltkrieg)
- 3.7.: Unabhängigkeitstag
- 2.11.: Dzyady
- 25.12.: Katholisches Weihnachten

Mongolei

- 1.1.: Neujahrstag
- Weißmondfest/buddhistisches Neujahr – die genauen Daten werden alljährlich im Herbst vom sog. Astrologiekomittee der Mongolei für das folgende Jahr festgelegt und sind ähnlich der in China geltenden Daten, siehe unten
- 8.3.: Internationaler Frauentag
- 1.6.: Internationaler Kindertag, auch Muttertag
- 11.-13.7.: Nationalfeiertag (Naadam-Fest)
- 26.11.: Tag der Ausrufung der Republik
- 29.12.: Unabhängigkeitstag

China

- 1.1.: Neujahr
- Frühlings- bzw. Neujahrsfest (23. bis 29.1.2012, 10. bis 16.2.2013, 31.1. bis 6.2.2014), besondere Festlichkeiten finden im Iwolginski Dazan (Ulan-Ude) statt
- 8.3.: Internationaler Frauentag
- 5.4.: Qingming-Fest (Totengedenktag)
- 1.5.: Tag der Arbeit
- 4.5.: Tag der Jugend
- 1.6.: Internationaler Kindertag
- 1.7.: Gründungstag der KPCh
- 1.8.: Tag der Volksarmee
- 1.10.: Nationalfeiertag (zwei Tage Urlaub im ganzen Land)

Fotografieren

Es gibt viel zu fotografieren und im Gegensatz zu früher ist heute **während der Zugfahrt** Fotografieren überall erlaubt (eine Ausnahme bilden, wie

international üblich, militärische Anlagen). Da in den russischen Zügen Klimaanlagen die Innentemperatur regeln, kann man die Fenster der meisten Züge nicht öffnen. Fotofans sollten es am Ende des Speisewagens hinter der Küche versuchen, wo oft eine Tür offen steht. Ein Fensterputzgerät mit ausziehbarem Griff lohnt sich mitzunehmen, da die meisten Bahnsteige so tief und damit die Zugfenster so hoch liegen, dass man sie nur so putzen kann. Mit etwas Überredungskunst erhält mancher Reisende vom Lokführer auch die Erlaubnis, eine Teilstrecke neben ihm stehen und fotografieren zu dürfen.

In **Museen, Ausstellungen und Kirchen** ist Fotografieren entweder ganz verboten oder nur gegen eine Gebühr erlaubt, wobei Blitzlicht nicht immer zugelassen ist. Chinesen wehren oft vehement ab, wenn man sie fotografieren möchte, doch geschieht das meistens aus Bescheidenheit – man hält sich nicht für fotowürdig. Mit

Buchtipps – Praxis-Ratgeber:
- Helmut Hermann **Reisefotografie**
- Volker Heinrich **Reisefotografie digital**

(beide Bände Reise Know-How Verlag)

Die meisten Chinesen lassen sich nach anfänglichem Zögern gern fotografieren

Lächeln und Bitten kommt es zwar so gut wie immer zum gewünschten Foto, allerdings meistens zu einem recht gestellten.

Fotozubehör

Für die Digitalkamera sollte man mehrere kleinere **Speicherkarten** mitnehmen und diese regelmäßig wechseln; so sind im Falle eines Kameraverlustes oder Chipdefektes nicht alle Bilder perdü. **Batterien** nicht vergessen, ebenso schwarzen Stoff (etwa 3 x 3 m), mit dem man bei bestimmtem Sonneneinfall alles im Abteil abdecken kann, weil es sonst im Zugfenster und damit auf den Landschaftsaufnahmen zu Spiegelungen kommt. Da nur die neuesten Waggons in jedem Abteil eine Steckdose haben, sollte man ein sieben Meter langes **Verlängerungskabel** mitführen, um seine Akkus im Abteil aufladen zu können. Steckdosen mit 220 V gibt es in der Waggonmitte und an den beiden Waggonenden, einen über dem Abfallbehälter und einen gegenüber dem Samowar. Man legt das Kabel unter den Teppich bis ins Abteil. Wer eine Rundreise in der Mongolei plant, braucht einen Staubschutz für die Fotoausrüstung!

Geldfragen

Die **russische Währung** ist der **Rubel** (Abk.: Rbl.). Ein Rubel sind **100 Kopeken.** Banknoten sind im Wert von 1000, 500, 100, 50 und 10 Rubel im Umlauf. Münzen gibt es zu 5, 2 und 1 Rubel.

Die **chinesische Währung** ist der **Renminbi.** Seine Einheiten sind **Yuan,** Jiao und Fen: 1 Yuan (¥) = 10 Jiao = 100 Fen. Banknoten gibt es im Wert von 100, 50, 10, 5, 2 und 1 ¥ sowie 5, 2 und 1 Jiao. Münzen sind in Nennbeträgen von 1 ¥ und 1,5 Jiao sowie 5, 2 und 1 Fen im Umlauf.

Die **Währung der Mongolei** heißt **Tugrik** (Abk.: Tug). Banknoten sind im Wert von 10.000, 5000, 1000, 500, 100, 50, 20 und 10 Tug im Umlauf, Münzen zu 200, 100, 50 und 20 Tug.

In allen Transsibländern wird der **Euro** problemlos gewechselt, sodass die Mitnahme von US-Dollar nicht nötig ist.

Grundsätzlich kann man **im Zug** nur mit der jeweiligen Landeswährung bezahlen, in der Mongolei und in China (dies gilt nur für die internationalen Züge) auch mit US-Dollars. Für die Reise in Russland habe man daher ausreichend Rubel dabei.

Restbeträge können im Falle der Fahrtrichtung West – Ost in Ulan Bator in die mongolische oder chinesische Währung umgetauscht werden. Da es vorkommt, dass die Wechselstuben an den chinesischen Grenzbahnhöfen geschlossen sind, sollte man bereits in Ulan Bator chinesische Yuan eintauschen. Wer mit dem zwischen Moskau und Peking verkehrenden Transmandschurien-Express nach Peking fährt, sollte für die Fahrt von der chinesischen Grenzstadt Manzhouli bis nach Peking Dollars in kleinen Nominierungen mitnehmen, um ggf. im Speisewagen oder auf den Bahnsteigen bezahlen zu können.

Die **Einfuhr von Devisen** nach Russland, China und in die Mongolei ist unbegrenzt. Bei der Einreise nach Russland unbedingt eine Zolldeklaration ausfüllen und abstempeln lassen, um Devisen auch wieder ausführen zu dürfen (↗ „Vor der Reise: Einreisebestimmungen“).

Tipp: Man wechselt zu Beginn der Reise eine größere Summe in Rubel bzw. Yuan, falls die Reise in Peking beginnt. Reste tauscht man fast ohne Verlust in Ulan Bator in Tugrik. Immer nach der Devise: Besser zu viel als zu wenig! Man gehe von einem Betrag von 15 Euro pro Tag und Person aus.

Geldwechsel

Wechselstuben wurden im Oktober 2010 in **Russland** offiziell verboten, doch noch findet man sie in größeren Städten so gut wie an jeder Straßenecke. Auch in einigen Hotels werden Euro und US-Dollar gegen Vorlage des Reisepasses getauscht. Die Geldscheine müssen makellos sein, d.h. weder eingerissen noch beschrieben oder bedruckt. Dollarscheine dürfen außerdem nicht älter als von 1993 sein! Schweizer Franken kann man nicht überall wechseln.

Hinweis: Seit 2006 ist der Rubel weltweit frei konvertierbar.

In **China** wird beim Geldwechseln in Hotels immer nach der Zimmernummer gefragt. Wohnt man nicht in dem Hotel, in dem man gerade Geld tauschen möchte, sollte man sich lieber schnell eine Zimmernummer ausdenken, als nach einer anderen Wechselstelle suchen.

In der **Mongolei** (Ulan Bator) kann man alle Währungen in alle Währungen wechseln und sollte sich für die Weiterreise unbedingt Yuan bzw. Rubel besorgen. **Die einheimische Währung Tugrik kann man ausschließlich in der Mongolei wechseln!**

Wechselkurse (Stand Mai 2011):

- 1 Euro = 40 Rubel,
  100 Rubel = 2,50 Euro
- 1 Euro = 1680 Tugrik,
  10.000 Tugrik = 5,95 Euro
- 1 Euro = 9,30 Yuan,
  10 Yuan = 1,07 Euro
- 1 SFr = 30,60 Rubel/1286 Tugrik/7,08 Yuan

Aktuelle Wechselkurse findet man z.B. auf **www.oanda.com** oder **www.de.exchange-rates.org**.

Geldkarten und Schecks

Die **Bezahlung mit Kreditkarten** (American Express, MasterCard, VISA) **und/oder Maestro-/EC-Karte** ist in allen Transsibländern fast ausnahmslos in Hotels, Restaurants, an Fahrkartenschaltern, in Souvenirläden und Supermärkten möglich.

Geldautomaten (ATM) gibt es in allen Transsibländern in den meisten großen Hotels und bei den Banken. Es gibt zwar viele ATM-Geräte, doch nicht alle „spucken“ Geld aus, sodass man evtl. lange suchen muss, bis man Erfolg hat. In China bekommt man in den Filialen der Bank of China Bargeld gegen Vorlage der Kreditkarte.

Bankomaten in **Russland** zahlen pro Abhebevorgang 5000 bis 9000 Rubel (umgerechnet 125 bis 225 Euro) aus. Man kann innerhalb von 24 Stunden zweimal Geld abheben, d.h. maximal

480 Euro pro Tag. In der **Mongolei** gibt es nur in der Hauptstadt Ulan Bator Bankomaten und die geben pro Abhebevorgang 100.000 Tugrik, umgerechnet knapp 60 Euro. In **China** kann man pro Kalendertag höchstens zweimal maximal 2500 Yuan abheben, das sind rund 550 Euro.

Bedienungsanleitung für russische, mongolische und chinesische Bankomaten:
1. Man führe die EC-Karte ein.
2. Man wähle als Sprache Englisch.
3. Man drücke „Cash" (*Return Card* = Kartenrückgabe, *Cancel* = Storno)
4. Man wähle den Betrag (*other amount:* ggf. Wunschsumme eingeben). Falls abgelehnt wird, „Continue" (= weitermachen) drücken und neue Wunschsumne eingeben.
5. Wenn der Wunschbetrag möglich ist: PIN-Code eingeben und „Enter" drücken.
6. „Print Receit" = Quittung drucken.
7. „Return Card" = Kartenrückgabe

Bargeld bereithalten, Restgeld spenden

Man sollte immer ein wenig Geld in der Landeswährung übrig behalten und nicht alles vor Verlassen eines Landes umtauschen. Gerade bei Grenzüberquerungen können unvorhergesehene Dinge in Landeswährung zu bezahlen sein. Es ist auch immer sinnvoll, etwas Kleingeld für die Bezahlung auf Bahnhöfen, für Museumseintrittsgelder und sonstige Eventualitäten bereitzuhalten (ca. 10 Euro p.P.).

Sollte man am Ende der Reise auf Restgeld sitzen bleiben, weil man keine Zeit oder Gelegenheit mehr zum Wechseln hatte, kann man die Restbestände aller Währungen als Spende für ein sibirisches Kinderheim bzw. an ein Kinderheim in Ulan Bator an *Doris Knop* in Bremen schicken (Knop-Reisen GmbH, Hollerlander Weg 77, 28355 Bremen).

Für die **Barabhebung** vom Geldautomaten mit der Maestro-/EC-Karte wird dem Konto je nach Hausbank pro Abhebung eine Gebühr von bis zu 5 Euro bzw. 4–6 SFr. berechnet. Für Barabhebungen per Kreditkarte kann das Kreditkartenkonto je nach ausstellender Bank mit einer Gebühr von bis zu 5,5% belastet werden, für das bargeldlose Zahlen werden hingegen nur ca. 1–2% für den Auslandseinsatz berechnet. Also am besten viel bargeldlos bezahlen bzw. gleich größere Summen mit der Maestro-Karte abheben.

Reiseschecks sind sicher und können im Prinzip in allen Transsibländern eingetauscht werden, aber sie sind so sehr aus der Mode gekommen, dass es besonders in Russland schwierig geworden ist, eine Bank zu finden, die sie akzeptiert. In China nehmen die Wechselstuben der größeren Hotels Reiseschecks an.

Sicherheit

Bei **Verlust oder Diebstahl** von Geldkarte oder Reiseschecks sollte man diese umgehend **sperren lassen.** Für deutsche Kreditkarten gibt es die einheitliche **Sperrnummer 0049 116 116,** im Ausland zusätzlich 0049 30 4050 4050. Für österreicherische und schweizerische Karten gelten:

- **Maestro-/EC-Karte:** (A) Tel. 0043 1 204 8800; (CH) Tel. 0041 44 2712230, UBS: 0041 800 888601, Credit Suisse: 0041 800 800488
- **MasterCard/VISA:** (A) Tel. 0043 1 71701 4500 (MasterCard) bzw. Tel. 0043 1 7111 1770 (VISA); (CH) Tel. 0041 58 9588383 für alle Banken außer Credit Suisse, Corner Bank Lugano und UBS

- **American Express:** (A) Tel. 0049 69 9797 1000; (CH) Tel. 0041 44 6596333

Für den **Verlust von Reiseschecks** gilt: Nur wenn man den Kaufbeleg mit den Seriennummern der Reiseschecks sowie den Polizeibericht vorlegen kann, wird der Geldbetrag von einer größeren Bank vor Ort binnen 24 Stunden zurückerstattet. Also muss der Verlust oder Diebstahl umgehend bei der örtlichen Polizei und auch bei American Express bzw. Travelex/Thomas Cook gemeldet werden. Die Rufnummer für das jeweilige Reiseland steht auf der Notrufkarte, die man mit den Reiseschecks bekommen hat.

Bargeldtransfer im Notfall

Im Notfall kann man mit Hilfe von **Western Union** innerhalb kürzester Zeit Geld bekommen. Alle mit Western Union kooperierenden Banken bzw. Poststellen weltweit (zum Einzahlen und zum Empfangen von Geld) findet man im Internet unter www.westernunion.com.

1. Man ruft eine vertraute Person an und bittet um Überweisung einer bestimmten Summe und nennt das Land und ggt. die Stadt, wo das Geld abgeholt werden soll.
2. Die angerufene Person zahlt das Geld inklusive der Bearbeitungsgebühr bar oder per Karte bei einer Bank ein, die mit Western Union zusammenarbeitet (unter Angabe des Landes, in welches das Geld gehen soll). Außerdem teilt sie den Namen des Empfängers mit und bekommt eine sog. *Money Transfer Control Number,* MTCN. Der Einzahlende muss seinen Pass oder Personalausweis beim Einzahlen vorlegen.
3. Die einzahlende Person fragt beim Einzahlen nach einer Bank inkl. Adresse in der Stadt, wo das Geld abgeholt werden soll.
4. Die einzahlende Person teilt der das Geld erwartenden Person die MTCN mit und den Namen einer auszahlenden Bank inkl. Adresse (auch unter www.westernunion.com zu finden).
5. Die das Geld erwartende Person geht zur Bank, gibt die MTCN an, nennt den erwarteten Geldbetrag und die Stadt, in der das Geld eingezahlt wurde, füllt ein Formular aus, legt ihren Pass vor und bekommt das Geld in der Landeswährung ausgehändigt.

Internet(cafés)

Die meisten Hotels und Hostels, Cafés und Restaurants bieten – z.T. kostenlos – **Wifi** (schnurlosen Internetzugang) an; mal überall, mal nur in bestimmten Räumen.

E-Mails können außer von Hotels (sog. Business Centre gibt es heutzutage in fast allen Hotels) und Hostels (alle haben Internetzugang) auch von Postämtern, größeren Bahnhöfen und Flughäfen sowie aus Internetcafés verschickt werden. In den Ortsbeschreibungen wird in jeder Stadt mindestens ein zentral gelegenes Internetcafé mit Adresse und Öffnungszeiten genannt.

Nachtleben

Sowohl in Russland als auch in der Mongolei und in China findet man in allen größeren Städten **Bars, Discos und Nachtclubs.** Besonders vielseitig ist die Szene in Moskau und Peking.

Öffnungszeiten

Möchte man sich die einzelnen Zeiten nicht alle merken, so kann man davon ausgehen, dass die Öffnungszeiten für Banken und Behörden 10–12 und 14–17 Uhr sind. Museumskassen schließen stets eine halbe oder volle Stunde vor Schließung.

Russland

- **Bahnhofskassen:** täglich 24 Stunden
- **Banken:** Mo–Fr 10–17 Uhr
- **Behörden:** Mo–Fr 10–12 Uhr, 14–18 Uhr
- **Lebensmittelgeschäfte:** Mo–Sa 9–13/14 und 14/15–20/21 Uhr, So 8/9–13/14 und 14/15–18/19 Uhr
- **Sonstige Geschäfte:** Mo–Fr 9/10–14 und 15–19 Uhr, Sa bis 18/19 Uhr
- **Märkte:** täglich 8/9–17/18/19 Uhr
- **Museen:** täglich außer Mo oder Di 10/11–17/18/19 Uhr

Mongolei

- **Bahnhofskassen:** täglich 24 Stunden
- **Banken:** Mo–Fr 10–17 Uhr
- **Behörden:** Mo–Fr 9–13 und 14–17 Uhr
- **Geschäfte aller Art:** täglich ca. 9–18 Uhr
- **Märkte:** täglich 10–18/19 Uhr
- **Museen:** tägl. 9.30–17 Uhr

China

- **Bahnhofskassen:** täglich 24 Stunden
- **Banken:** Mo–Fr 9–17 Uhr, Sa 9–12 Uhr
- **Behörden:** Mo–Fr 9–11.30 und 14–17 Uhr, Sa 9–12 Uhr
- **Kaufhäuser:** 9–21 Uhr
- **Märkte:** täglich 6/7–18/19 Uhr
- **Museen:** täglich 8.30–17/18 Uhr

Post und Kurierdienste

Der Postweg von Moskau, Peking und Shanghai nach Westeuropa dauert drei bis fünf Tage, von Sibirien, aus der Mongolei und aus anderen Städten Chinas können es bis zu drei Wochen sein. Ansichtskarten und Briefmarken werden in den meisten größeren Hotels, an Zeitungskiosken und in Souvenirläden sowie in den Postämtern verkauft.

Porto

- **aus Russland:**
Brief 59 Rubel, Postkarte 24 Rubel
Beschriftung der Sendung:
„Deutschland“: Германия
„Schweiz“: Швейцария
„Österreich“: Австрия
- **aus China:**
Brief 6 Yuan, Postkarte 4,50 Yuan
- **aus der Mongolei:** Briefe und Postkarten 500 Tugrik

Kurierdienste

Die weltweit operierenden Kurierdienste DHL und UPS sowie Federal Express liefern auch in die Transsibländer. Dabei gilt die Firma DHL als sehr erfahren, sie kann die Zollformalitäten relativ schnell abwickeln. An Wochenenden und Feiertagen arbeiten sowohl DHL als auch der Zoll nicht. Medikamente werden grundsätzlich nicht akzeptiert! DHL-Sendungen nach Russland brauchen in der Regel bei der Verzollung eine Woche. Kurierdienste nach Peking brauchen z.B. für ein Schriftstück zwei bis vier Tage.

Registrierung in Russland

Jeder Ausländer muss sich am besten **sofort bzw. innerhalb von sieben Tagen nach Ankunft** in Russland registrieren lassen. Man bekommt entweder einen Stempel auf die *Migration Card* (diese immer im Pass aufbewahren!) oder auf ein kleines Papier, welches in den Pass geheftet wird. Die Polizei kontrolliert bisweilen und freut sich, wenn sie Reisenden Angst einund Geld abjagen kann.

Außerdem muss sich jeder Ausländer **an jedem Ort und in jeder Stadt,** wo er sich länger als 72 Stunden aufhält, registrieren lassen. Wer im Hotel wohnt, wird z.T. kostenlos, z.T. gegen eine Gebühr in Höhe von derzeit 500 Rubel vom Hotel registriert. Bekommt man seinen Pass nach der Registrierung im Hotel zurück – immer sofort kontrollieren, ob es auch der richtige ist! Wer in einer Gastfamilie wohnt, muss die zuständige Agentur, über die die Privatunterkunft gebucht wurde, um Registrierung bitten.

Man muss zu allen Zeiten seinen **Pass bei sich tragen.** Wer den original Pass im Hotel lässt, muss eine Fotokopie mit sich führen. Wird man ohne erwischt, verliert man viel Geld und Zeit!

Buchtipp – Praxis-Ratgeber:
- Matthias Faermann
Schutz vor Gewalt und Kriminalität unterwegs
(Reise Know-How Verlag)

Sicherheit und Kriminalität

Die Sicherheit beim Reisen in Russland, der Mongolei und China entspricht der in Europa. In Russland und in der Mongolei sollte man besser keine **Privateinladungen** annehmen, da man sein Gegenüber nicht einschätzen kann. Auch sollte man dort als allein reisender Mann und als Frau allein oder zu zweit **keine inoffiziellen Taxis** (d.h. ohne Taxischild auf dem Dach) benutzen. Ganz speziell die Strecke zwischen Irkutsk und dem Baikalsee, die über 60 Kilometer durch einsames Waldgebiet führt, sollte auf keinen Fall mit einem unbekannten Privatfahrer zurückgelegt werden!

Nachts sollten Spätheimkehrer vorsichtig sein und ein Taxi nehmen.

Betrunkenen Mongolen sollte man unbedingt immer so schnell wie möglich aus dem Wege gehen, denn sie wissen oft nicht, was sie tun!

Diebstahl

Taschendiebe treiben ihr Unwesen überall dort, wo es eng wird, am liebsten in vollen Bussen, auf geschäftigen Märkten, in Kaufhäusern (Ulan Bator!) und in der Metro. Speziell in Ulan Bator gibt es viele Taschendiebe – auch Kinder und alte Frauen! Diebstahl auf Bahnhöfen ist generell und speziell in Ulan Bator ein Problem. Daher besser immer alle Gepäckstücke mit einem Tau so verbinden, dass ein Einzelstück nicht mal eben mitgenommen werden kann.

In St. Petersburg gibt es Diebesbanden, z.B. auf dem Newski Prospekt am hellichten Tage Roma-Kinder, die ihr Opfer umringen und festhalten, während andere die Taschen bis hin zu Brustbeuteln durchsuchen. In der Metro drängen junge Männer ihre Opfer in die Ecke, um alle Taschen zu durchwühlen.

Tipp: Pass und Geld möglichst körpernah aufbewahren. Bei Verlust diesen der Polizei melden und eine Bestätigung verlangen, damit die Versicherung für den Schaden aufkommt.

Im Zug

Vorsicht mit Helfenden, z.B. beim Einsteigen in den Zug, wenn jemand beim Gepäcktragen und -verstauen mit zupackt – es kann passieren, dass hinterher der Fotoapparat oder sonst etwas fehlt!

Auf der Straße

Für alle Transsibländer gilt: **Man traue keinem Zebrastreifen!** Vorbildliche Ausnahme ist seit dem 1. September 2010 die Stadt Ulan-Ude, wo Fußgänger, die nicht den Zebrastreifen benutzen, und Autofahrer, die nicht anhalten, zur Kasse gebeten werden. Grundsätzlich aber nehmen Autofahrer keine Rücksicht auf Fußgänger, auch bei Ampeln muss man stets aufpassen! Im Winter Vorsicht vor Eiszapfen, die an allen Gebäuden direkt über den Gehwegen hängen. Lieber (mit Umsicht!) auf der Straße laufen!

059tr Foto: dk

Dokumente kopieren

Vor der Abreise Sicherheitskopien bzw. Scans des **Flugtickets** und des **Passes** inklusive der Seiten mit den Visa und sonstiger Dokumente machen und diese zu Hause aufbewahren bzw. an seine eigene E-Mail-Adresse schicken, sodass man sie weltweit abrufen und ggf. ausdrucken kann. Zusätzlich eine Kopie mitnehmen.

Sprache und Verständigung

Für alle Transsibländer gilt: Mit Englisch und Deutsch kommt man kaum weiter, auch wenn die Kenntnisse je nach Stadt, Land, Bildung und Beschäftigung sehr unterschiedlich ausfallen. In der Mongolei trifft man wahrscheinlich nur in der Hauptstadt Ulan Bator auf Menschen, die Englisch können. Hilfreich ist die Mitnahme eines Bilderwörterbuches („OhneWörter-Buch", Langenscheidt), in dem man auf Bilder zeigt, um sich verständlich zu machen.

Buchtipps

Wer die Sprachen der Transsibländer auf leicht verständliche Art lernen möchte, sei auf die **Sprachführer der Reihe Kauderwelsch** verwiesen, erschienen im REISE KNOW-HOW Verlag. Sie sind speziell auf den Reisealltag zugeschnitten (Audiomaterial erhältlich, siehe auch Anhang).

- **Russisch – Wort für Wort**
- **Mongolisch – Wort für Wort**
- **Hochchinesisch – Wort für Wort**
- **Chinesisch kulinarisch – Wort für Wort**

Menschenandrang – hier muss man mit Taschendieben rechnen

Russland

Die Amtssprache der Russischen Föderation ist **Russisch,** daneben werden viele Minderheitensprachen und Dialekte gesprochen. Im Russischen wird die **kyrillische Schrift** verwendet, die 33 Zeichen umfasst und in ihrer Urform im 10. Jahrhundert eingeführt wurde. Im Text findet man alle Namen von Sehenswürdigkeiten in einer (frei erfundenen) und für Deutsch Sprechende leicht zu lesenden **lateinischen Umschrift** mit Akzenten für die richtige Betonung.

Im **Anhang** findet sich ein kleines Reisewörterbuch Deutsch – Russisch.

Buchstabieren auf Russisch

Wenn man ein Hotel reservieren möchte, muss man seinen Namen buchstabieren. Nur wie, wenn das Personal nicht Deutsch oder Englisch versteht? Hier das „Anton, Berta, Cäsar" auf Russisch, mit Betonungsanleitung (Akzente):

A: Andréi
B: Barís
C: gibt es nicht (k oder s, ch: wie Chabárowsk)
D: Dóra
E: Jekaterína
F: Fjódor
G: Galína
H: gibt es nicht (man nehme g)
I: Irína

RUSSISCHES ALPHABET									
Druckschrift		Schreibschrift		Aussprache	Druckschrift		Schreibschrift		Aussprache
А	а	А	а	A	Р	р	Р	р	R
Б	б	Б	б	B	С	с	С	с	S
В	в	В	в	W	Т	т	Т	т	T
Г	г	Г	г	G	У	у	У	у	U
Д	д	Д	д	D	Ф	ф	Ф	ф	F
Е	е	Е	е	JE	Х	х	Х	х	CH
Ё	ё	Ё	ё	JO	Ц	ц	Ц	ц	Z
Ж	ж	Ж	ж	SCH stimmhaft	Ч	ч	Ч	ч	TSCH
З	з	З	з	S stimmhaft	Ш	ш	Ш	ш	SCH
И	и	И	и	I	Щ	щ	Щ	щ	SCHTSCH
Й	й	-	й	I	Ъ	ъ	-	ъ	STUMM
К	к	К	к	K	Ы	ы	-	ы	Y
Л	л	Л	л	L	Ь	ь	-	ь	STUMM
М	м	М	м	M	Э	э	Э	э	Ä
Н	н	Н	н	N	Ю	ю	Ю	ю	JU
О	о	О	о	O	Я	я	Я	я	JA
П	п	П	п	P					

J: Jákow
K: Konstantín
L: Ljéna
M: Máscha
N: Nikolái
O: Olga
P: Pjótr
R: Raíssa
S: Sergéi
T: Tamára
U: Uragán
V: gibt es nicht (f oder w)
W: Wladimir
X : gibt es nicht (k und s)
Y: gibt es nicht (i)
Z: gibt es nicht (t und s)

Mongolei

Das **Mongolische** gehört zu den Altaischen Sprachen und ist mit dem Türkischen, dem Jakutischen und dem Tungusischen verwandt. Eine Verwandtschaft mit dem Russischen besteht nicht, obwohl die russische Schrift verwendet wird. Das Mongolische ist so **schwer zu erlernen,** dass man sich entweder nur mit Händen und Füßen oder mit der Hilfe eines Dolmetschers verständigen kann. Ein paar wichtige Worte, die einfach zu lernen sind, seien hier aufgeführt. Ob sie allerdings für eine Reise ausreichen?!?

Guten Tag	*sanbeinó*
Auf Wiedersehen	*bajirtei*
ja	*dsa*
nein	*ugui*
danke	*bajirlá*
gut	*san*
Auto	*maschín*
Bus	*aftóbus*
Bier	*píwo*
Tee	*tsä*
Kaffee	*kóffi*

Deutschland	*germán*
Österreich	*áfstr*
Schweiz	*schwezár*

China

Das Chinesische ist die meistgesprochene Sprache der Welt. Der nördliche Dialekt **Mandarin,** der in Peking gesprochen wird, hat sich zur chinesischen Hoch- und Amtssprache entwickelt. Chinesisch zu lernen ist **sehr schwierig.** Dabei ist die Aussprache weniger das Problem, auf die **Tonhöhe** kommt es an! Ein berühmtes Beispiel ist der Satz *„ma ma ma ma"* (auf Deutsch: „Die Mutter beschimpft das Pferd"), wobei jedes „ma" einen anderen Ton hat: gleichbleibend, von oben nach unten, tief sowie von unten nach oben.

Während Chinesisch ursprünglich eine einsilbige Sprache war, ist sie im Laufe ihrer Entwicklung zunehmend zu einer mehrsilbigen Sprache geworden. Zwar gibt es immer noch viele einsilbige Wörter, doch sind die meisten zwei-, drei- und z.T. sogar viersilbig.

Für die **Verständigung** ist die Mitnahme eines Bilderwörterbuches oder einer den eigenen Bedürfnissen entsprechenden, selbst angefertigten Liste mit den wichtigsten Ausdrücken in chinesischer Schrift sehr hilfreich. Man zeigt dann auf das jeweilige Wort und kann so z.B. dem Taxifahrer angeben, wohin man fahren möchte, dem Kellner, was man bestellen möchte. Vegetarier setzen am besten an die erste Stelle den Hinweis, dass sie kein Fleisch und auch keine in tierischem Fett gebratene Speisen essen.

Hier ein paar wichtige Worte:

Guten Tag	*nihau*
Auf Wiedersehen	*dsei dschjan*
ja	*duä*
nein	*bu*

Zahlen von eins bis zehn

In China werden einstellige Zahlen nicht mit beiden Händen angezeigt, sondern nur mit einer Hand. Die Abbildung zeigt, wie man's macht.

danke	*schjä schjä*
gut	*hau*
schlecht	*bu hau*
Auto	*schti tsche*
Bus	*gung gung tschi tsche*
Bier	*pídschou*
Prost	*gánbäií*
ohne	*bu jau*
Tee	*tscha*
Kaffee	*káfäi*
Deutschland	*de guo*
Österreich	*audili*
Schweiz	*rissi*

Die chinesische Schrift

Die Anfänge der chinesischen Schrift liegen 4000 bis 5000 Jahre zurück, als man begann, auf Schildkrötenpanzern und Tierknochen Orakelinschriften zu ritzen. Beispiele erster Zeugnisse chi-

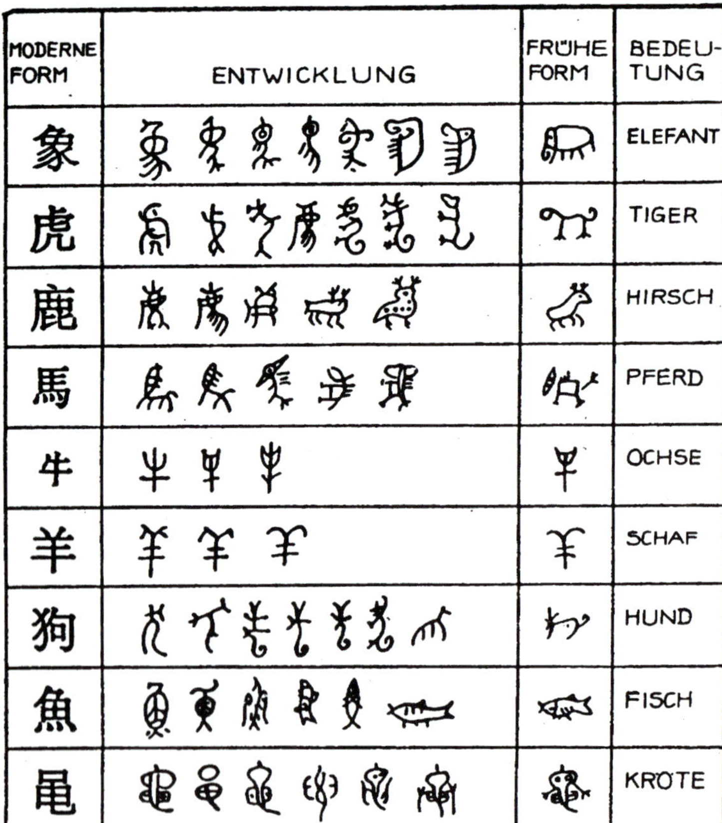

nesischer Schriftzeichen fand man 1899 in der Nähe von Anyang in der Provinz Henan. 1923 fand man in der Provinz Gans Gefäße aus dem 3. bis 2. Jahrtausend v. Chr. mit Ornamenten, die Gestalten von Menschen und Tieren sowie Elemente der Bilderschrift aufweisen.

Im Wesentlichen hat die chinesische Schrift vier Entwicklungsstadien durchgemacht:

1. Bilderschrift, die schematische Darstellung konkreter Gegenstände wie Werkzeuge, Tiere etc.
2. Ideografisches Stadium: das Auswerten der Abbildungen von Gegenständen oder Tätigkeiten als Symbole für Abstrakta wie z.B. Eigenschaften oder psychologische Prozesse.
3. Phonetische Entlehnung, d.h. schon existierende Schriftzeichen wurden für die Schreibung gleichlautender Wörter, deren Bedeutungen nicht bildlich ausgedrückt oder symbolisiert werden konnten, ausgenutzt – z.B. Zahlwörter.
4. Schaffung einer komplexen Methode zur Bildung von Schriftzeichen: Ein Strukturbestandteil, der sogenannte Klassifikator, reiht das Schriftzeichen nach seiner Bedeutung ein, während der andere Bestandteil, das phonetische Element, die Aussprache des Schriftzeichens angibt.

Heute kennt man in der chinesischen Schrift 214 Klassifikatoren. 90% aller insgesamt etwa 60.000 Schriftzeichen sind Phonoideogramme, d.h. sie geben die Aussprache an.

Stromspannung

In Russland, der Mongolei und China beträgt die Spannung wie bei uns 220 Volt. Die meisten Steckdosen sind für Eurostecker (wie die eines Handyaufladegerätes) geeignet. Ohne Adapter kann man unsere runden Stecker nicht benutzen.

Telefonieren

In allen Transsibländern sind Telefonate ins Ausland am günstigsten vom Postamt aus, denn Hotels berechnen Servicegebühren.

Mobil telefonieren

Wer ein **Handy** dabeihat (und man sollte eines mitnehmen, es ist ein Stück Sicherheit), bekommt je nach Provider fast überall in Russland Netzzugang, mit Funklöchern auch vom Zug aus und z.T. in der Wüste Gobi. Aufladen ist nur in einigen Zügen im Abteil möglich, gegen Bakschisch mitunter im Schaffnerabteil, oder man hat ein etwa sieben Meter langes Verlängerungskabel mit Eurostecker dabei.

Wegen hoher Gebühren sollte man bei seinem Anbieter nachfragen oder auf der Website nachschauen, welcher

Buchtipp – Praxis-Ratgeber:
- Volker Heinrich
Handy global – mit dem Handy im Ausland
(Reise Know-How Verlag)

Vorwahlnummern

- **Russland:** 007
- **Mongolei:** 00976
- **China:** 0086

Nach Russland:

- **Moskau:** 007 - 495 und z.T. 499
- **St. Petersburg:** 007 - 812
- **Irkutsk:** 007 - 3952

Innerhalb Russlands:

- **Ortsgespräch:** Rufnummer
- **Von Stadt zu Stadt:** 8 - Vorwahl ohne 0 - Rufnummer
- **Moskau:** 8 - 495 und z.T. 499 - Rufnummer
- **St. Petersburg:** 8 - 812 - Rufnummer

Aus Russland nach:

- **Deutschland** vom Festnetz ins Festnetz: 8 (Ton abwarten) - 10 - 49 - Stadtvorwahl ohne 0 - Rufnummer. Vom Handy an ein Handy: 0049 und die Handynummer ohne 0
- **Österreich** (43) und **Schweiz** (41) entsprechend

In die Mongolei:

- **Ulan Bator:** 00976 - 11 - Rufnummer
- **Handy** in der Mongolei: 00976 - Handynummer

Aus der Mongolei nach:

- **Deutschland:** 00149, **Schweiz:** 00141, **Österreich:** 00143 - dann jeweils Vorwahl ohne 0 - Rufnummer

Nach China:

Peking: 0086 - 10
Shanghai: 0086 - 21

Aus China:

- Vom Hotel aus für ein Auslandsgespräch - *international call* im Gegensatz zu Ortsgespräch *local call* - wählt man je nach Hotel entweder eine 9 oder eine 0 vor.
- **Deutschland:** 9 oder 0 - 0049 - Vorwahl ohne 0 - Rufnummer. Vom Handy an ein Handy: 0049 - Stadt- bzw. Handyvorwahl ohne 0 - Rufnummer
- **Österreich** (0043) und **Schweiz** (0041) entsprechend

der Roamingpartner günstig ist und diesen per **manueller Netzauswahl** voreinstellen (auch für alle anderen Länder, durch die man reist). Nicht zu vergessen sind die **passiven Kosten,** wenn man von zu Hause angerufen wird (Mailbox abstellen!). Der Anrufer zahlt nur die Gebühr ins heimische Mobilnetz, die teure Rufweiterleitung ins Ausland zahlt der Empfänger. Wesentlich preiswerter ist es, sich von vornherein auf **SMS** zu beschränken, der Empfang ist dabei in der Regel kostenfrei.

In Russland

Öffentliche Fernsprecher und Russen ohne **Handy** gibt es kaum noch. Ortsgespräche am besten entweder von der Unterkunft aus führen oder notfalls einen Passanten um dessen Handy bitten. Mitunter hört man zunächst ein Signal (drei aufeinanderfolgende, höher werdende Töne, die an die Melodie von „Kein Anschluss unter dieser Nummer“ erinnern) - nicht auflegen, warten!

Um mit einem (ausländischen) Handy innerhalb einer russischen Stadt zu telefonieren, wählt man ohne jede Vorwahl nur die Rufnummer des Anzurufenden.

In der Mongolei

Telefonieren ist rund um die Uhr möglich im **Telefonamt der Hauptpost von Ulan Bator.** Man legt vorher die Gesprächsdauer fest und bezahlt pro Minute ca. 1300 Tugrik nach Deutsch-

land, Österreich und in die Schweiz. Sobald die Leitung freigeschaltet ist, wird man aufgerufen.

In China

Außer in Post- und Telefonämtern kann man In- und Auslandsgespräche auch auf der Straße an Kiosks führen. Telefonieren nach Europa kostet 10 Yuan pro Minute.

Trinkgeld

In allen Transsibländern ist Trinkgeld – jeweils in der Landeswährung! – **beliebt.** In China ist die Bedienung in einfachen Lokalen oft noch überrascht und lehnt zunächst ab, wie es sich anstandshalber gehört: Eine chinesische Tradition beim Erhalten von Geschenken lautet, zweimal vehement abzulehnen und beim dritten Mal gern anzunehmen!

Über Trinkgeld freuen sich auch Transferfahrer, Stadtführer, Reiseleiter sowie Gastfamilien. Zugschaffnern rundet man am besten großzügig den zu zahlenden Betrag z.B. für eine Tasse Tee oder Kaffee, für Kekse oder Instantsuppe ab.

Russischer Speisewagen

Die folgenden Zahlen dienen nur zur Orientierung. Man gebe stets den Betrag, der einem der geleistete Service wert ist - mal mehr, mal viel mehr, mal weniger und mal gar nichts.

- **Transferfahrer** (pro Wagen!): Bahnhof - Hotel umgerechnet 2–3 Euro, Flughafen - Hotel 5 Euro, für den ganze Tag 10 Euro
- **Stadtführung** (pro Person!): halber Tag 3–5 Euro, ganzer Tag 5–8 Euro
- **Reiseleitung** für Tagestouren oder Exkursionen (pro Person!): pro Tag 8–10 Euro

Unterkunft

Hotels

Gleich vorweg: Die **Bezahlung** mit Kreditkarten (American Express, MasterCard, VISA) und mit Maestro-/EC-Karte ist in allen Hotels der Transsibländer fast ausnahmslos möglich. Auf Ausnahmen wird im Text hingewiesen.

Beim Einchecken in Hotels muss man manchmal ein **Check-in-Formular** ausfüllen (oder die Rezeption übernimmt den Job). In Russland und China akzeptieren nicht alle Hotels Ausländer; dies gilt in erster Linie für die billigen Unterkünfte.

Hotels aller Preisklassen sollte man unbedingt **rechtzeitig reservieren.**

In **Ulan Bator** gibt es kurz vor, während und kurz nach dem Naadam-Fest Mitte Juli meist keine freien Betten, daher unbedingt frühzeitig reservieren!

In **China** wird beim Einchecken meist eine Anzahlung (engl. *deposit*) für den Schlüssel (200 Yuan) und ggf. die Freischaltung des Telefons (200–300 Yuan) für internationale Gespräche verlangt. Beim Auschecken wird unter Vorlage der Einzahlungsquittung der volle Betrag zurückerstattet und die Telefongespräche mit der Anzahlung verrechnet.

Hotelpreisangaben im Buch

Bei den Angaben für Einzelzimmer (EZ) und Einzelzimmer mit Frühstück (EZ/F) in den Ortsbeschreibungen wird stets der **günstigste Tarif** angegeben. Das Gleiche gilt für Doppelzimmer (DZ) und Doppelzimmer mit Frühstück (DZ/F).

Die Preise sind meist in der **Landeswährung** angegeben. Nur wo die Hotels selbst ihre Preise in **US-Dollar** nennen, werden auch im Buch die Dollar-Preise angegeben.

Ausstattung

Die meisten **größeren Hotels** verfügen über eine Wechselstube, ein Touristen- bzw. Exkursionsbüro, welches Transfers und Ausflüge organisiert und Flug- sowie Bahntickets reserviert, ein oder mehrere Restaurants und eine Bar, Shops und Kiosks mit Zeitungen, Toilettenartikeln, Postkarten und Briefmarken, Souvenirs, Getränken und Snacks. Fast jedes Hotel hat ein **Business Centre** mit Fax und Internetzugang (in der Regel teurer als in Internetcafés). Die meisten Hotels bieten - z.T. kostenlos - WiFi an, entweder in allen Zimmern oder im Foyer bzw. in einer bestimmten Etage.

Macht man ein- oder mehrtägige Ausflüge, so ist es möglich, überflüssiges **Gepäck** im einem Aufbewahrungsraum zu deponieren. In China

und der Mongolei ist dieser Service kostenlos oder gegen eine kleine Gebühr möglich. In Russland hingegen werden je nach Hotel z.T. unverschämte 50–100 Rubel pro Gepäckstück verlangt, wobei bisweilen auch Plastiktüten als Gepäckstück gelten (!). Leider ist das Deponieren auf Bahnhöfen auch nicht billiger.

In den Zimmern der meisten Hotels findet man ein **Telefon** auch für Auslandsgespräche – man erkundige sich zur Benutzung an der Rezeption oder lese die Infos in der Mappe auf dem Schreibtisch im Zimmer. In China hinterlegt man beim Einchecken eine bestimmte Summe (s.o.).

Die meisten **Hotelzimmer** verfügen über ein Fernsehgerät und einen Kühlschrank. In Russland handelt es sich oft um riesige Exemplare.

Falls in Hotels kein **Wäscheservice** (*laundry service*) angeboten wird, wende man sich an die Etagen- oder Zimmerfrau, die sich mit Waschen und Bügeln gern ein Zubrot verdient. Man sollte unbedingt darauf bestehen, dass Jeans keine Bügelfalten bekommen (!).

Am besten bei der Reservierung angeben, ob man ein französisches **Bett** (*king size* oder *queen size bed*) oder zwei getrennte Betten (*two separate beds*) haben möchte.

Unterkunft in der Gastfamilie – in Russland sehr verbreitet

062tr Foto: dk

In allen drei Transsibländern gilt: Mit „1. Etage“ ist das Erdgeschoss gemeint, die „2. Etage“ bezeichnet unseren 1. Stock usw.

Bahnhofshotels

In Russland bieten größere Bahnhöfe Reisenden mit einer gültigen Fahrkarte sog. **Ruhezimmer** *(kómnata ótdicha)* an. Die Preise gelten meistens pro Stunde und variieren von Bahnhof zu Bahnhof.

Gastfamilien

Gastfamilien bzw. **Privatunterkünfte** bzw. **Bed & Breakfast/B&B** (in Russland „Home Stay“) werden in allen Transsibländern angeboten und sind eine interessante Option, da man einen Einblick „hinter die Kulissen“ in das alltägliche Leben gewinnt. Will man allerdings z.B. in Moskau das umfangreiche Nightlife-Angebot in Anspruch nehmen, ist es sinnvoller, in ein Hotel bzw. Hostel zu gehen, um seine Gastfamilie nicht spät in der Nacht bzw. frühmorgens zu wecken. Gastfamilien müssen **durch einen Reiseveranstalter im Voraus gebucht** werden. In Russland gibt es mehr und mehr B&Bs, die z.T. auf großen Plakaten vor den Bahnhöfen angepriesen werden. Wer Russisch versteht, bemerkt den Zusatzhinweis „auch stundenweise“. Solche Etablissements sollte man tunlichst meiden.

In Russland und Ulan Bator wohnen die meisten Gastfamilien in **mehrstöckigen Wohnhäusern** im oder nahe dem Stadtzentrum. Die Eingänge liegen oft in ungepflegten Hinterhöfen, die Treppenhäuser sind nur unzureichend oder gänzlich unbeleuchtet (Taschenlampe!). Das kann schon einen kleinen Schock auslösen. Hat man allerdings die vielfach verschlossene Eisentür (in Russland) einer Wohnung geöffnet und tritt ein, so ändert sich der Eindruck schlagartig und man fühlt sich wohl!

- Infos zum Wohnen bei Privatleuten siehe unter **www.couchserfing.org.**

Hostels

In allen Transsibländern gibt es eine stetig wachsende Anzahl an Hostels, die neben Mehrbettzimmern mit vier bis acht Betten z.T. auch einfache Einzel- und Doppelzimmer anbieten. Eine rechtzeitige Reservierung ist ratsam.

Die meisten Hostels bieten – z.T. kostenlos – **WiFi** an, entweder in allen Zimmern oder im Foyer bzw. in einer bestimmten Etage. Auch gibt es in allen Hostels Internet.

- **www.hostel.com**
- **www.hostelbookers.com**

Jugendherbergen

In Russland und China gibt es Jugendherbergen der **International Youth Hostel Federation** (IYHF). Es kommen ständig neue Häuser hinzu.

- **www.hostelworld.com**

Übernachtungskosten

Russland

Günstige Hotels sind rar, sodass man im Voraus buchen sollte. Luxushotels sind fast oft Hotels mit ausländischem Management, die zu großen internationalen Hotelketten wie Kempinski, Marriott, Hilton, Sheraton, Holiday Inn etc. gehören.

Wer im Voraus bucht, bezahlt für die erste Nacht in den meisten russischen Hotels 25% mehr. Frühstück ist meistens nicht im Übernachtungspreis eingeschlossen und es gibt auch Hotels, die gar keinen Frühstücksraum haben, sondern ein kleines Café (auf Russisch *bufjétt*).

Viele ältere Hotels machen einen Preisunterschied zwischen Zimmern mit und ohne *jeworemónt,* ein in Russland geläufiger Begriff, der „Renovierung auf europäischem Niveau" bedeutet. Das heißt, dass in erster Linie das alte Bad gegen ein „europäischeres" ausgewechselt und vielleicht der Teppichboden neu gelegt wurde.

- **Günstige Hotels und Hostels:** 15–20 Euro
- **Gastfamilien:** DZ/F p.P. 15–40 Euro
- **Mittelklassehotels:** DZ p.P. 50–90 Euro
- **Bessere Hotels:** DZ p.P. 100–120 Euro
- **Luxushotels:** DZ p.P. 160–300 Euro

Mongolei

Günstige und gleichzeitig gute Hotels sind rar und die günstigen oft sehr einfach.

- **Günstige Hotels:** mit Frühstück im Mehrbettzimmer p.P. ab 6 Euro, im DZ p.P. 7–20 Euro
- **Gastfamilien:** DZ/F p.P. 10–15 Euro

Wichtige Tipps/Hinweise

Im Straßenverkehr

- In ausnahmslos allen Städten entlang der Transsibroute ist das **Verkehrsaufkommen** in den letzten Jahren derart **explodiert,** dass man außer an Wochenenden derart langsam vorankommt, dass es besser ist, zu Fuß zu gehen! Wer eine Stadtrundfahrt plant, sollte diese daher unbedingt auf einen Samstag oder Sonntag legen!
- In Russland kommt **Zebrastreifen** für Fußgänger eher „Deko-Charakter" zu (löbliche Ausnahme ist Ulan-Ude) – kein Autofahrer hält fürs „Fußvolk" an!
- Vorsicht im Winter vor Mammut-Eiszapfen, die an allen Gebäuden direkt über den Gehsteigen hängen. Jedes Jahr verlieren zahlreiche Menschen durch **Eiszapfenschlag** ihr Leben.
- **Anti-Eisspray** hilft im Winter gegen vereiste Fenster z.B. im Bus oder Pkw.

Bei der Zugfahrt

- Es kommt vor, dass Reisende auf einem Bahnhof aussteigen, sich zu weit vom Zug entfernen und der Zug plötzlich davonfährt. Die russischen Züge geben **kein Abfahrtssignal** und halten sich nicht immer an die Fahrpläne. Daher sei empfohlen, stets warme Kleidung sowie Pass und Geld bei sich zu haben. Notfalls an den Bahnhofsvorsteher (*natschálnik waksála* bzw. *administrátor*) wenden, der zum einen für die Weiterreise sorgt und zum anderen den davongefahrenen Zug informiert, sodass das Gepäck an der richtigen Stelle ausgeladen und dem Direktor des Zielbahnhofs übergeben wird.
- **Vorsicht in den Übergängen zwischen den Waggons:** Die Metallplatten sind gewölbt und oft glitschig!
- Auf dem Weg ins Zugrestaurant muss man u.U. zahlreiche **Waggontüren öffnen** und schließen, sodass die Hände bei Ankunft im Speisewagen grau bis schwarz sind. Da es im Restaurant keine Waschmöglichkeit gibt, schütze man die Hände mit Handschuhen oder einer Plastiktüte.
- Sollte das **Fenster im Zugabteil** defekt und/oder komplett verdreckt sein, am besten sofort beim Zugpersonal um ein anderes Abteil bitten, in dem die Aussicht ungetrübt ist.
- Jeweils 10, 20 oder 30 Minuten vor Erreichen eines Bahnhofs werden die **Zugtoiletten** abgeschlossen und die WCs an Grenzbahnhöfen oft mehrere Stunden. Erst nach Beendigung der Zoll- und Passformalitäten kann man den Zug verlassen und die Bahnhofstoiletten aufsuchen.
- Im Falle einer **Umbuchung** von der 2. Klasse Vierbettabteil in die 1. Klasse Zweibettabteil wende man sich an den Waggonschaffner bzw. den Zugchef *(natschálnik pójesda)*. Die Bezahlung der Differenz erfolgt jeweils in der Landeswährung.
- Im Falle von **Gruppenreisen** wird das **Gepäck** am Zielbahnhof oft separat zum Hotel transportiert. Meist kommen die Reisenden lange vor dem Gepäck dort an und können sich nicht frisch machen, weil die Koffer auf sich warten lassen. Es ist daher ratsam, Waschutensilien und frische Kleidung im Handgepäck mitzuführen.
- Wer ein **Fahrrad im Zug** transportieren möchte, kann dies nur, wenn es sich in so kleine Teile zerlegen lässt, dass es in die Gepäckablage passt. Oder man bucht ein eigenes Bett für den Drahtesel.
- Beim **Fahrkartenkauf** stets beide **Uhrzeiten,** die Moskauer Zeit *(masskówskoje wrämja)* plus Ortszeit *(mjéstnoje wrämja),* notieren.
- Viele **Bahnhöfe in Russland** haben kostenpflichtige Hotel- bzw. **Ausruhzimmer** *(kómnata ótdycha),* die man auch stundenweise buchen kann. Voraussetzung ist der Besitz einer gültigen Fahrkarte. Duschen kostet extra.
- Wenn man einen **Tagesstopp** macht, kann man seine Habseligkeiten sicher in der **Bahnhofsgepäckaufbewahrung** ver-

stauen (50–80 Rubel pro Gepäckstück je nach Größe). Der Preis gilt jeweils bis Mitternacht, danach muss man erneut zahlen.

- **Gepäckstücke auf dem Bahnsteig** zusammenbinden, um einen Diebstahl zu erschweren.
- **Auf Bahnsteigen den passenden Geldbetrag bezahlen** – falls der Zug abfährt und man sonst evtl. auf das Wechselgeld verzichten muss.
- In **Vierbettabteilen** haben die unteren Betten ungerade und die oberen gerade Nummern.
- **Am besten immer etwas Ess- und Trinkbares griffbereit haben.**

Allgemein

- Man merke/schreibe sich für alle Fälle die **Telefonnummer seiner Hausbank** und den Namen des Ansprechpartners auf.
- **Bargeld nur in makellosen Scheinen mitführen,** die nicht beschrieben und nicht eingerissen sind.
- Wenn man seinen **Pass** nach der Registrierung im Hotel oder nach der Passkontrolle im Zug zurückerhält – immer kontrollieren, ob es der richtige ist!
- Immer ein **Antibeschlagtuch, Feuchttücher und eine Taschenlampe** dabeihaben.

12ir Foto: dk

- **Etwas bessere Hotels:** DZ p.P. 25–30 Euro
- **Mittelklassehotels:** DZ p.P. 60–70 Euro
- **Luxushotels:** DZ p.P. ab 70 Euro

China

Die Hotellandschaft in den großen Städten Chinas gleicht der internationaler Metropolen. Man findet alle Kategorien von einfach bis luxuriös, wobei Letzteres Häuser internationaler Hotelketten sind. Nicht alle günstigen Hotels akzeptieren Ausländer!

- **Günstige Hotels:** Mehrbettzimmer p.P. 5–8 Euro, DZ p.P. 12–20 Euro
- **Etwas bessere Hotels:** DZ p.P. 25–30 Euro
- **Mittelklassehotels:** DZ p.P. 40–60 Euro
- **Luxushotels:** DZ p.P. 80–120 Euro

Verkehrsmittel

Taxi

In allen Transsibländern fahren **offizielle,** d.h. als solche gekennzeichnete Taxis. In Russland und in der Mongolei gibt es zusätzlich **Privatfahrer,** die sich ein Zubrot verdienen möchten. Aus Sicherheitsgründen ist es für Alleinreisende und für Frauen ratsam, stets nur offizielle Taxis zu benutzen. Der Fahrpreis sollte immer vorher abgesprochen werden.

In **China** schalten die Taxis in der Regel ihr Taxameter ein. Ausnahme: Peking, wo es wohl Tradition ist, Ausländern das Mehrfache abzunehmen. Vom bzw. zum Flughafen sollten es inklusive Mautgebühren nicht mehr als 150 Yuan sein, vom Bahnhof nicht mehr als 30 Yuan. Tipp: Bei Ankunft am Bahnhof die dort wartende „Taximafia" meiden und ein paar hundert Meter laufen, möglichst noch die Straßenseite wechseln und dann ein Taxi heranwinken - oder am besten gleich mit der Metro fahren (Vorsicht vor Taschendieben!). Wenn man ein Taxi für mehrere Stunden mieten möchte, sollte der Preis für den Wagen vorher vereinbart werden, z.B. mit Hilfe der Hotelrezeption. Falls der Fahrer anschließend den Preis pro Person anstatt wie ausgemacht pro Wagen verlangt, kann man den Rezeptionsmitarbeiter als Zeugen rufen.

126tr Foto: dk

Marschroutentaxi

Hierbei handelt es sich um **private Minibusse in Russland,** die meist den Routen der öffentlichen Busse folgen, aber auf Wunsch an jeder beliebigen Stelle halten, um Passagiere aufzunehmen bzw. aussteigen zu lassen. Man nennt dem Fahrer das gewünschte Ziel. Marschroutentaxis verkehren täglich zwischen 6 und 23 Uhr und kosten etwas mehr als reguläre Busse.

Bus

Busse sind **meistens voll** (Vorsicht vor Taschendieben!) und **relativ langsam,** dafür aber oft das preisgünstigste Verkehrsmittel. Sie sind täglich von 6 bis 24 Uhr im Einsatz. Fahrkarten gibt es entweder bei der Schaffnerin, beim Fahrer oder an Kiosks.

Metro

St. Petersburg, Moskau, Jekaterinburg, Nowosibirsk und **Peking** haben eine U-Bahn - Vorsicht vor Taschendieben!

Zeitverschiebung

Von Moskau (wo es bereits drei Stunden später ist als in Mitteleuropa) bis nach Wladiwostok durchfährt man mit der Transsib ganze **sechs Zeitzonen!** Stehen in Moskau die Zeiger auf 12 Uhr, zeigen sie an der östlichen Endstation der Transsib bereits 19 Uhr an. Wenn es in Frankfurt 12 Uhr ist, schlägt es in Moskau 15 Uhr, in Wladiwostok 22 Uhr.

Russland, die Mongolei und China unterscheiden nicht zwischen Winter- und Sommerzeit. Peking und Ulan Bator liegen gegenüber der Mitteleuropäischen Sommerzeit (MESZ) sechs Stunden vor, gegenüber der Mitteleuropäischen Winterzeit (MEZ) sieben Stunden und gegenüber Moskau fünf Stunden. Zwischen China und der Mongolei gibt es keinen Zeitunterschied.

Unterschied zur Moskauer Zeit

- **Jekaterinburg:** + 2 Std.
- **Omsk, Nowosibirsk:** + 3 Std.
- **Krasnojarsk:** + 4 Std.
- **Irkutsk:** + 5 Std.
- **Tschita:** + 6 Std.
- **Chabarowsk, Wladiwostok:** + 7 Std.

Fahrpläne

Die Abfahrts- und Ankunftszeiten werden in Russland auf Bahnfahrkarten und Fährplänen **in Moskauer Zeit** (**MZ,** *maskówskoje wrémja*) angegeben. Man muss sich die **Ortszeit** (**OZ,** *mjéstnoje wrémja*) selbst ausrechnen. Bei Verabredungen mit russischen Freunden stets angeben, ob Moskauer Zeit oder Ortszeit gemeint ist. Im Zug ist es sinnvoll, die Armbanduhr auf Ortszeit und den Reisewecker auf Moskauer Zeit einzustellen. Falls es im Waggon keinen Zugfahrplan gibt, kann man die Ankunfts- und Abfahrtszeiten beim Zugpersonal erfragen und ggf. im Anhang des Buches eintragen (⇗ „Verzeichnis der Bahnhöfe").

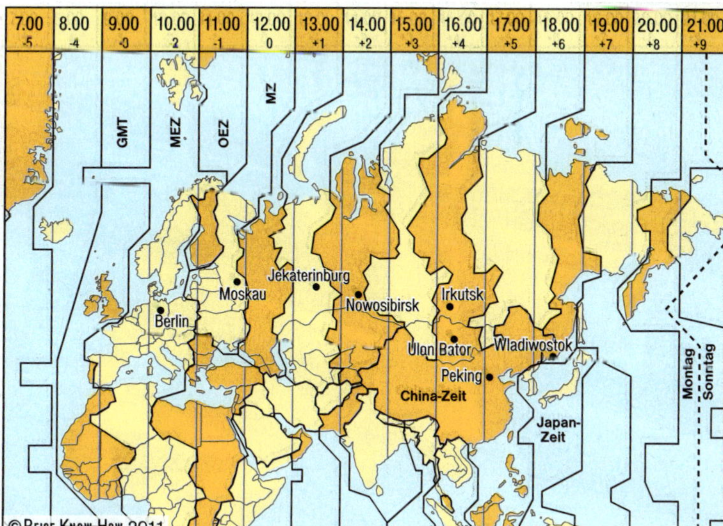

064tr Foto: hl

Im Zug unterwegs

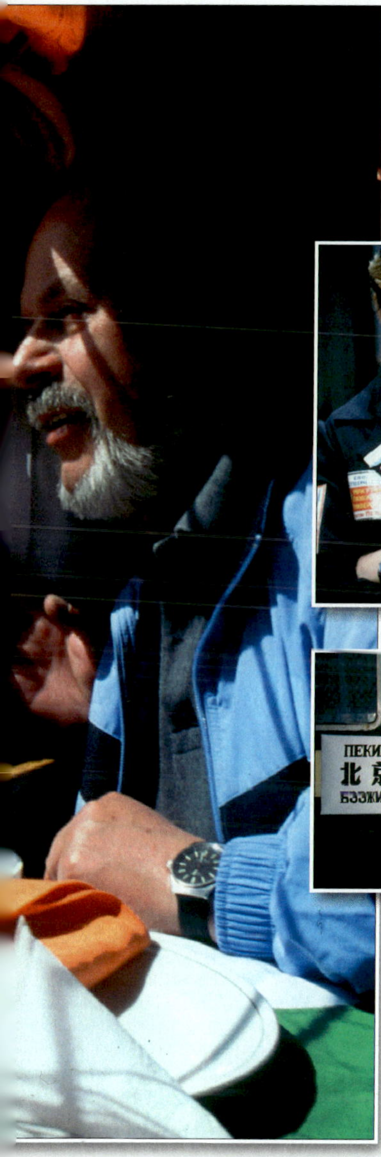

065tr Foto: dk

066tr Foto: dk

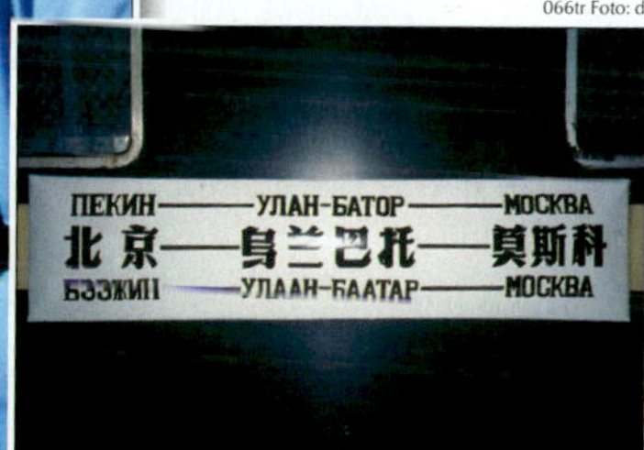

Fahrt entlang des Baikalseeufers zwischen Irkutsk und Ulan-Ude

Russische Schaffnerin

„Peking – Ulan Bator – Moskau“ auf Russisch, Chinesisch und Mongolisch

Die Transsibirische Eisenbahn

Die **Hauptstrecke** der Transsibirischen Eisenbahn **von Moskau nach Wladiwostok** ist **9258 km** lang, die Fahrt dauert sieben Tage. Bei Ulan-Ude südöstlich des Baikalsees zweigt die **transmongolische Route** ab, die über Ulan Bator, die Hauptstadt der Mongolei, bis zur chinesischen Hauptstadt Peking führt. Die Entfernung **Moskau – Peking** beträgt entlang dieser Strecke **7865 km,** der Zug ist gut 130 Stunden bzw. fünfeinhalb Tage unterwegs. An der Hauptroute zweigt in Tarskaja, gut 100 km östlich von Tschitá, die **transmandschurische Route** nach China ab. Sie führt **über Harbin nach Peking** und ist **ab Moskau 9025 km** lang. Die Fahrt nach Peking dauert auf dieser Strecke 145 Stunden bzw. sechs Tage.

Die Transsib verbindet über 380 Dörfer, Städte und Großstädte miteinander. 89 davon sind große Städte, von denen wiederum vier über eine Million Einwohner haben: Moskau, Nischnij Nowgorod, Jekaterinburg und Nowosibirsk. Die Transsib überquert 16 große **Flüsse,** von denen der breiteste der Amur ist. Über ihn führt auch die längste Brücke der Transsib.

Die **höchste Stelle** der Transsib-Strecke liegt östlich von Irkutsk bei Kilometerstein 6110 zwischen den Stationen Jablonowaja und Turgutui, wo sie 1040 m ü.N.N. erreicht. Die **steilste Steigung** auf der Strecke liegt ebenfalls östlich von Irkutsk. Zwischen den

Die Geschichte der Transsib

Das Eisenbahnzeitalter setzte in Russland in den Jahren 1835–37 ein mit dem Bau der 28 km langen Strecke von St. Petersburg zum Kaiserschloss in Zarskoje Ssjelo, heute Puschkin. Diese Bahn hatte keine wirtschaftliche Bedeutung. Sie fuhr am Wochenende mit vier aus England und Belgien importierten Lokomotiven, an Wochentagen als Pferdebahn. Wenige Jahre später folgte in der Zeit von 1843–51 der nächste große Eisenbahnbau, die 650 km lange Strecke von St. Petersburg nach Moskau.

Mit Hilfe amerikanischer Firmen und Berater erfolgte in St. Petersburg die Gründung des für lange Zeit größten Industrieunternehmens in Russland, des Putilow-Werkes. Hier wurden unter Mitarbeit amerikanischer Facharbeiter die ersten russischen Lokomotiven gebaut.

Das Hauptziel der zu bauenden Eisenbahnstrecken war nun der Transport von Getreide sowohl nach Moskau und St. Petersburg als auch zu den Exporthäfen an der Ostsee und am Schwarzen Meer.

Mit dem Bau der Transsibirischen Eisenbahn, der längsten Eisenbahnstrecke der Welt, wurde im Jahre **1891** auf Befehl des Zaren *Alexander III.* (1881–94) **begonnen.** Man baute von zwei Seiten aus: Am 12. Mai 1891 wurde in Wladiwostok der erste Spatenstich getan, während im Westen 1892 in Tschäljabinsk am Ostrand des Ural, rund 250 km südwestlich von Jekaterinburg, die ersten Arbeiten stattfanden. Bis 1900 hatte man von Westen her den Baikalsee erreicht und im Osten konnte 1897 die Strecke von Wladiwostok nach Chabarowsk sowie die Eisenbahnlinie von Sretensk (Kilometerstein 6531) bis zum Baikalsee fertiggestellt werden. Der Streckenabschnitt von Sretensk nach Chabarowsk folgte erst 1916. Vor 1916 fuhren die Züge von Tschita über die chinesische Mandschurei via Harbin nach Wladiwostok.

Der Bau der Transsib war eine imposante Leistung, die mit Säge, Spitzhacke, Schaufel und Schubkarren von bis zu 90.000 Arbeitskräften vollbracht wurde. Die Arbeiter waren russische Bauern, Soldaten, Sträflinge und Kosaken, Koreaner, Japaner und Chinesen, die unter widrigsten Bedingungen schufteten.

Mit der **Fertigstellung** der transsibirischen Magistrale im Jahre **1905** begann die moderne Besiedlung Sibiriens. Bis 1914 hatten sich vier Millionen Bauern aus dem europäischen Teil Russlands in den entlang der Transsib entstehenden Städten und Siedlungen niedergelassen. Arbeitsplätze gab es für alle sowohl im Wartungsbereich der Eisenbahn als auch in den neu gegründeten Industriezentren und in der Rohstoffgewinnung.

Vor dem Bau der Transsib galt die Durchquerung Sibiriens als eine Art Heldentat. Es gab zwar eine Handelsstraße mit der Bezeichnung **Moskauer Trakt,** aber dabei handelte es sich um einen holprigen, ausgefahrenen und je nach Jahreszeit schlammigen oder staubigen Weg. Die Fahrt in einer Droschke war die reinste Quälerei. „Im Frühling Schlamm, im Sommer extreme Unebenheiten und Reparaturen, im Winter Schlaglöcher", so beschrieb *Anton Tschechow,* der 1890 eine Reise durch Sibirien zur fernöstlichen Insel Sachalin unternahm, die Zustände auf dem „Moskowsko-Sibirski Trakt".

Die Notwendigkeit eines neuen Transportmittels war in Sibirien akut. Allein auf dem rund 1507 km langen Abschnitt zwischen Tomsk und Irkutsk mussten 16.000 Kutscher mit 80.000 Pferden jährlich 64.000 Tonnen Güter befördern. Weil es keine Wege gab, wurden auch die Naturschätze Sibiriens praktisch nicht genutzt. Dabei gab und gibt es dort einmalige Reichtümer. Die Transsib förderte in Sibirien die Gewinnung von Kohle, Salz und Buntmetallen sowie die Holzbeschaffung.

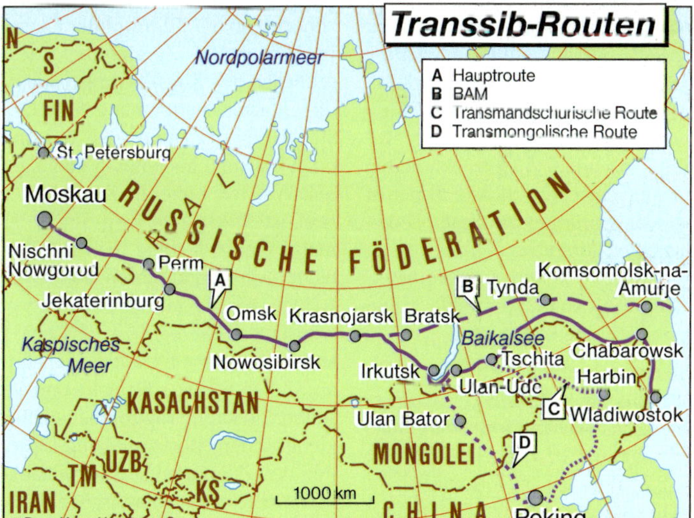

Stationen Sludjanka und Andianowskaja überwindet der Zug auf einer Länge von 30 km 400 Meter Höhenunterschied. Die längste schnurgerade und ebene Strecke legt die Transsib in der Westsibirischen Tiefebene zurück. Über 610 km geht es ohne Kurven und Gefälle vom Ob bis zum Irtysch. Auf diesem Streckenabschnitt erreicht die Transsib mit 130 bis 140 km/h ihre Spitzengeschwindigkeit.

Seit dem Jahr 2000 ist die **gesamte Strecke** von Moskau bis nach Wladiwostok **elektrifiziert** und zweispurig befahrbar. Für die Elektrifizierung mussten über 15.000 km Fahrleitung gezogen und 250.000 Masten gesetzt werden. Trotz Elektrifizierung werden die Heizungen und Wasserboiler in jedem Waggon mit Kohle geheizt.

Kilometerangaben der Transsibirischen Eisenbahn sind auch nicht mehr das, was sie jahrzehntelang waren: einheitlich. Lag früher die Stadt Irkutsk 5191 km östlich von Moskau, so variieren die Angaben heutzutage zwischen 5185 und 5152 km – immerhin ein Unterschied von 39 km! Bisher ist nicht klar, warum es zu diesen Ungenauigkeiten kommt.

In Russland stehen die Kilometerschilder auf der rechten Seite, wenn man in Richtung Osten fährt.

Tipp für Eisenbahnfans

Russische **Eisenbahnliteratur und Fahrpläne** erhält man in Moskau im Geschäft *Tránsportnaja Kníga,* ul. Kalantschewskaja, Metrostation *Krassnyje Warota* (rote Linie, Nähe 1/1, und Zirkellinie), Mo–Sa 10–14 und 15–19 Uhr.

Zugtypen

Sonderzüge

Der **Orient Express** wie auch der **Rus Express** und der sog. **Zarengold** sind Luxuszüge **nur für Touristen.** Das Personal spricht deutsch und englisch, die sanitären Anlagen sind super sauber, die Verpflegung ist sehr gut – aber es fehlt völlig der Kontakt zu Einheimischen und somit zum „echten Eisenbahnleben".

Reguläre Züge

Zünftig und **viel lebendiger** geht es zu in den Regelzügen, in denen sich Touristen und „ganz normale" Fahrgäste die Abteile teilen und interessanten Bekanntschaften ergeben können.

Innerhalb Russlands gibt es Unterschiede zwischen den Zügen, die man zunächst an der **Zugnummer** erkennt. Je kleiner die Zugnummer, desto schneller der Zug und desto besser die Qualität, wobei mangelnde Qualität bis auf Ausnahmen den Reisespaß nicht (negativ) beeinflusst! Im Gegenteil: Wer mit höheren Zugnummern reist, ist länger unterwegs und erlebt mehr! Generell sollte man die Züge nicht nach Zugnummern, sondern so wählen, wie sie am besten in den gewünschten Reiseablauf passen! Es kommt in erster Linie auf die Schaffner an, auf ihre Freundlichkeit und wie sauber sie ihren Waggon halten. Zum chinesischen Moskau-Peking-Express mit der Zugnummer 3/4 sei angemerkt, dass er mit chinesischem Personal durch Russland fährt – die Folge: Es riecht in den Waggons nach chinesischem Essen, das sich die Schaffner kochen ... Wer das nicht will, sollte in Russland mit einem russischen Zug mit einheimischem Personal reisen!

Alle Züge in Fahrtrichtung von West nach Ost haben gerade Nummern, von Ost nach West ungerade.

Vorortzüge

Für kürzere Distanzen werden in Russland sog. **Elektrítschkas** eingesetzt. An großen Bahnhöfen haben Nahverkehrszüge ihre eigenen Bahnhofsgebäude und separate Fahrkartenschalter.

Zugklassen

In Russland, der Mongolei und China werden die Karten für **Schlafwagen nicht nach Geschlechtern getrennt** verkauft, sodass sich völlig fremde Herren oder Damen tage- und nächtelang ein Abteil teilen. Daher ist es ein ungeschriebenes Gesetz, dass man das Abteil verlässt, wenn das andere Geschlecht Anstalten macht, sich z.B. abends für die Nacht umzuziehen bzw. morgens zurechtzumachen. In allen Zügen befinden sich Toiletten und Waschräume, jeweils an beiden Waggonenden. Das gilt auch für die Waggons der chinesischen De-Luxe-Klasse.

Grundsätzlich besteht der größte Vorteil eines **Zweibettabteils** gegenüber einem **Vierbettabteil** darin, dass man uneingeschränkte Aussicht auf die Landschaft hat. Ferner ist man unabhängig, kann sich nach Bedarf Gäste einladen, hat keine unbekannten Schnarcher neben sich und keine fremden Gerüche.

Wer sich kurz vor oder während der Fahrt für eine **höhere Zugklasse** entscheidet als ursprünglich gebucht, kann, so noch Betten frei sind, die Schaffnerin fragen und gegen Bezahlung umbuchen. Man wende sich an das Zugpersonal oder gleich an den Chef des Zuges (russ. *natschálnik pójäsda*). Der Aufpreis wird in der jeweiligen Landeswährung (notfalls auch in Euro) bezahlt.

Fahrkarten sollte man genau lesen: Wer zwei Betten gebucht hat, bekommt mitunter nur ein Ticket, auf dem aber zwei **Bettnummern** ausgewiesen sind. Wer Fahrkarten in einem rosafarbenen Umschlag hat, findet auf der Innenseite des Umschlags hinten (auf dem Deckblatt befindet sich die russische Übersetzung) unter Punkt 2 den Hinweis, dass die Bettwäsche auf allen Teilstrecken im Preis des Schlafwagentickets enthalten und somit bezahlt ist. Ungerade Bettnummern sind die unteren, gerade Bettnummern die oberen Betten.

Bei Tickets für Fahrten von und nach Moskau und Peking sollte man darauf achten, dass es in diesen Städten **verschiedene Abfahrts- und Ankunftsbahnhöfe** gibt, dies ist auf den Fahrkarten vermerkt.

Luxusklasse

Waggons der De-Luxe-Klasse gibt es nur auf der Strecke **Moskau – Mongolei – Peking.** Der von China eingesetzte Moskau-Peking-Express Nr. 3/4 führt zwei sich kaum voneinander un-

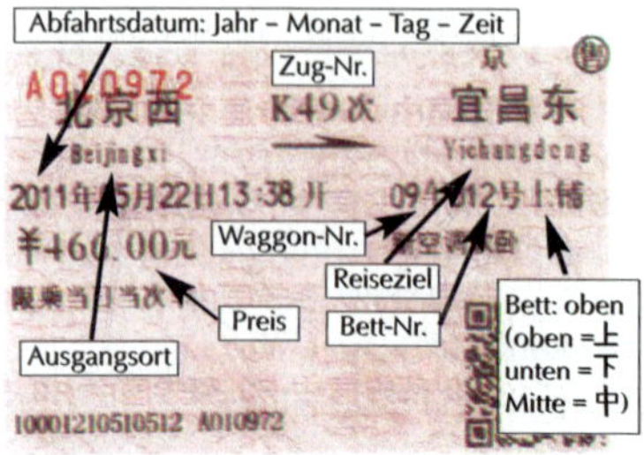

terscheidende „harte" und „weiche" (s.u.) Vierbettabteile. Nur in diesen Zügen gibt es De-Luxe-Zweibettabteile, von denen sich jeweils zwei einen kleinen Waschraum mit Dusche teilen.

1. Klasse

Die 1. Klasse (russ. *äss wä,* Abk. für *spálny wagón,* dt. Schlafwagen) besteht zwar auch aus Zweibettabteilen, aber ohne Nasszelle. Die Waggons dieser Kategorie verfügen über insgesamt neun Zweibettabteile, deren Maße denen der Vierbettabteile entsprechen. Es fehlen lediglich die beiden oberen Betten.

Wer in Peking „First Class"/1. Klasse bucht, bekommt ein „weiches" Vierbettabteil, genannt **Soft Sleeper** (chin. *rang wuo*), mit Betten, die nur etwas weicher sind als die in der 2. Klasse mit „harten" Vierbettabteilen. Also Vorsicht: Wer ein chinesisches Zweibettabteil in Zug Nr. 3/4 buchen möchte, muss „De Luxe" verlangen!

2. Klasse

In Russland verfügen die Waggons der 2. Klasse (russ. *kupäiny* = dt. Abteil) über neun Vierbettabteile. In China sind mit 2. Klasse „harte" Vierbettabteile (chin. *ying wuo*) gemeint. Diese gibt es in Zug Nr. 3/4 auf der Strecke Peking – Ulan Bator und Peking – Ulan Bator – Moskau.

Platzkartenklasse/ Großraumwaggon

Bei der Platzkartenklasse (russ. *platzkártny,* chin. *jing wuo*) handelt es sich um Großraumwaggons **ohne Abteile.** Für eine „Probierstrecke" mag das Rei-

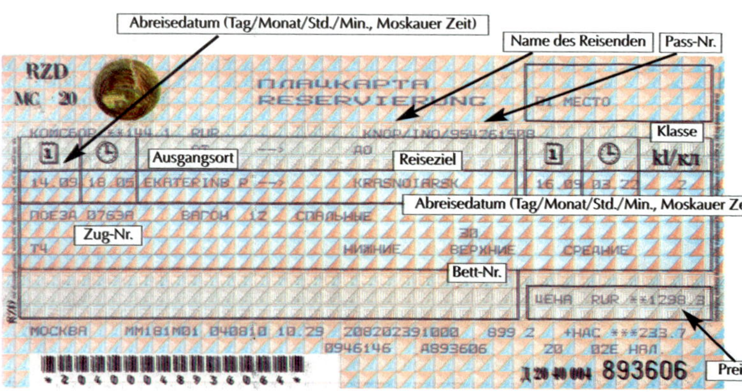

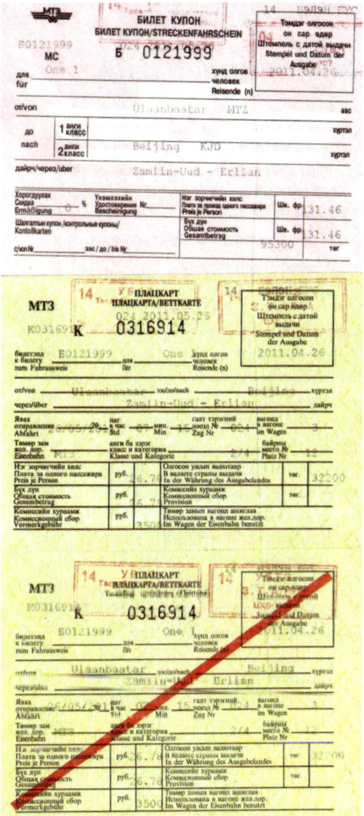

Chinesische (o.l.), russische (u.l.), und mongolische (o.) Zugfahrkarte

sen in dieser Kategorie durchaus interessant sein, einige Leser fanden sogar gerade diese Zugklasse besonders aufregend, andere dagegen hatten ständig Angst um ihr Gepäck – hier gehen die Meinungen auseinander. Platzkartenwaggons gibt es nicht in jedem russischen Zug und nicht in den internationalen Zügen Moskau – Peking Nr. 3/4 und 19/20 sowie Moskau – Ulan Bator Nr. 5/6.

Zugverbindungen

In Russland werden alle Abfahrts- und Ankunftszeiten in **Moskauer Zeit** angegeben und auf den Fahrkarten ausgedruckt. Um die jeweilige Ortszeit (russ. *mjästnoje wrämja*) zu erfahren, muss man die entsprechende Zeitzonen-Stundenzahl hinzurechnen. Um Missverständnisse zu vermeiden, sollte man stets die Moskauer plus die Ortszeit erfragen und notieren. Wer sich am Bahnhof abholen lässt, sollte unbedingt die Ankunftszeit in Moskauer und in Ortszeit angeben, damit die Abholenden wissen, wann sie dort sein müssen.

In den Ortsbeschreibungen finden sich jeweils am Ende des Kapitels „Praktische Tipps" die wichtigsten **Zugverbindungen** mit den Hauptzielen an der Transsibroute. Alle angegebenen Zeiten sind die jeweiligen **Ortszeiten.** Wenn ein Zug **nur im Sommer** verkehrt, heißt das etwa von Ende Mai bis Ende September.

Die BAM – eine zweite Bahnlinie zum Pazifik

Mit dem Bau der **Baikal-Amur-Magistrale,** kurz BAM, einer rund 3200 Kilometer langen Eisenbahnstrecke, wurde im Jahre 1974 begonnen. Die BAM verläuft von Taischet, einer Station an der Transsib-Strecke, bis nach Sowjetskaja Gawan am Japanischen Meer in einem Abstand von 400 bis 700 km **nördlich der Transsib.** Sie führt durch die Gebirge Ostsibiriens und des Fernen Ostens bis zum Amur und Pazifik.

Auf die Idee, in Ostsibirien eine weitere Eisenbahnstrecke zu bauen, kam man bereits Anfang des letzten Jahrhunderts. In den 1930er Jahren hatte man sogar schon einmal mit dem Bau einer solchen Magistrale begonnen. Während des Zweiten Weltkriegs wurden jedoch die bereits verlegten Schienen wieder demontiert und für den Bau von Schienensträngen in den Frontgebieten benutzt.

Die BAM, auch „Bauwerk des Jahrhunderts" genannt, durchquert Gebiete, die früher praktisch menschenleer waren. Die Bahn machte ihre wirtschaftliche Erschließung erst möglich. In diesen Gebieten wurden riesige Vorkommen von Kohle, Eisenerz, Kupfer, Zink, Molybdän, Zinn, Mangan, Nickel, Glimmer und Asbest entdeckt.

Eine weitere Bedeutung der BAM besteht darin, dass sie einen zweiten und **kürzeren Zugang zum Pazifik** ermöglicht und die Transsibstrecke entlastet. Sieben territoriale Industriekomplexe (Werchne-Lenski, Sewero-Baikalski, Juschno-Jakutski, Sapadno-Amurski, Sejsko-Swobodnenski, Uralo-Selemdschinski und Nischne-Amurski) wurden entlang der BAM errichtet. Jeder Industriekomplex schließt Rohstoff gewinnende und verarbeitende Betriebe sowie Energiebetriebe mit einem entsprechenden Programm zur sozialen Entwicklung ein.

Die BAM verläuft fast in ihrer gesamten Länge über ewige Frostböden, Permafrost. Es herrschen **extreme Witterungsverhältnisse:** im Juli bis zu 40°C, im Januar Minustemperaturen zwischen 30 und 60°C. Stellenweise erreicht die Schneedecke eine Dicke von zwei Metern. In anderen Gebieten gibt es während des ganzen sieben bis neun Monate dauernden Winters überhaupt keinen Schnee.

Eine Schwierigkeit beim Bau der BAM stellte die seismische Aktivität der Region dar, von der die BAM auf einer Strecke von 1500 km betroffen ist. Häufig kommen **Erdbeben** vor mit einer Stärke von 9 bis 10 Punkten auf der Richterskala. Während die Transsib große Gebirge umgehen konnte, war dies bei der BAM nicht möglich. Bei deren Bau mussten neun Tunnel mit einer Gesamtlänge von 32 km und 2300 Brücken, von denen 142 über 100 m lang sind, gebaut werden.

Auf der BAM werden **Diesellokomotiven** eingesetzt. Es sind nur einige westliche Streckenabschnitte, in deren Nähe es leistungsstarke Wasserkraftwerke gibt, elektrifiziert worden. Irgendwann soll die ganze Strecke elektrifiziert sein.

Um genügend Menschen zum Bau der BAM heranzuziehen, reichte ein hoher Verdienst mit erheblichen Lohnzuschlägen als Anreiz für die schweren Arbeitsbedingungen in Sibirien nicht aus. Man musste akzeptable Wohnbedingungen und soziale Einrichtungen, vor allem Kindergärten und Schulen, errichten. Zum Einzugsgebiet der BAM gehören daher 120 Städte, Siedlungen und Stationen.

Fahrtunterbrechungen

Fahrtunterbrechungen sind grundsätzlich an jedem Bahnhof möglich. Man muss jedoch **für jeden Streckenabschnitt ein separates Ticket** lösen. Wenn man den Zug spontan verlässt, verfallen alle weiteren Fahrscheine. Eine Haltestelle zu verschlafen ist nicht möglich. Die Zugbegleiter in allen Transsibländern sammeln die Fahrkarten aller Passagiere ein und händigen diese etwa eine Stunde vor Erreichen des Zielbahnhofs wieder aus, sodass jeder Zeit genug hat, seine Siebensachen zu packen.

Hinweis für Gruppenreisende: Das Gepäck von Gruppen wird am Zielbahnhof per Lastwagen zum Hotel transportiert und kommt normalerweise später an als die Reisenden. Wer sofort nach seiner Ankunft im Hotel duschen möchte, sollte Waschutensilien und frische Kleidung im Handgepäck mitführen.

600tr Foto: dk

Gepäck

Offiziell darf man in allen Transsibländern **maximal 35 kg** Gepäck dabeihaben – die Hauptsache ist, alles passt in die Gepäckablage. Bei der Abreise in Peking wird das Gepäck genau gewogen und man muss für jedes überschüssige Kilogramm teuer bezahlen bzw., wenn es zu viel wird, das Gepäck spätestens am Vortag der Abfahrt am Hauptbahnhof aufgeben.

Man kann ein **Fahrrad** nur zerlegt mitnehmen, wenn es in eine Reisetasche oder einen Koffer und damit in die Gepäckablage im Zugabteil passt. Oder man bucht ein zusätzliches Bett für den Drahtesel.

An jedem Bahnhof gibt es mindestens eine **Gepäckaufbewahrung,** wo alle Habseligkeiten sicher aufgehoben sind. In Russland werden jeweils bis Mitternacht für große Gepäckstücke 80 Rubel und für kleinere 50 Rubel berechnet. Man beachte die Pausenzeiten, die nicht in die Abfahrtszeit des Zuges fallen sollten!

Im Abteil

Beim Einsteigen in einen Zug sollte man als Erstes prüfen, ob die **Abteilfenster** nicht beschlagen, verkratzt oder kaputt sind. Im Zweifelsfall bittet man sofort um ein anderes Abteil mit guter Aussicht. Ein Trinkgeld kann dabei Wunder wirken!

Wer im oberen Bett eines Vierbettabteils schläft, kann bei der Schaffne-

Rauchen

Rauchen im Zug ist in allen Transsibländern (Russland, Weißrussland, Mongolei und China) zwar **grundsätzlich verboten,** doch wird es in Russland und der Mongolei am äußersten Waggonende erlaubt.

Sanitäre Anlagen

Toiletten

Die Zugtoiletten an beiden Enden jedes Waggons sind je nach Zugpersonal mal mehr, mal weniger sauber. Alufolie oder auch Toilettenpapier ist hilfreich, sollte ein Abdecken der Klobrille erforderlich sein. Toilettenpapier gibt es mittlerweile in den meisten Zügen, doch nicht immer. Niedrig angebrachte Papierrollen sollte man aus hygienischen Gründen nicht benutzen, da sie von im Stehen Urinierenden vollgespritzt sind.

Man denke immer daran, dass vor Erreichen eines Bahnhofs (im Falle großer Bahnhöfe 30 und im Falle kleinerer Stationen 15–20 Minuten davor), während des Halts und entsprechend nach Verlassen des Bahnhofs die Zugtoiletten geschlossen sind. In China sind die WCs nur während des Haltens geschlossen. Die meisten Bahnhöfe verfügen über Toiletten im Bahnhofsgebäude oder haben WC-Häuschen auf dem Bahnsteig – doch ist das Risiko groß, den Zug zu verpassen, da dieser nicht immer gemäß Plan fährt.

Waschbecken

Die Benutzung der Wasserhähne in den russischen Zügen funktioniert folgendermaßen: Man drückt den Zapfen unter dem Hahn nach oben und wäscht sich gleichzeitig die Hände, was nicht gerade einfach ist ... Leichter geht es mit einem Set aus zwei Haken, mit denen man den Zapfen am Hahn fixieren kann, sodass das Wasser von allein läuft. Erhältlich ist diese Erfindung eines russischen Fahrgastes zum Preis von 15 Euro inkl. Porto bei Knop-Reisen. Aus hygienischen Gründen sei von dem Gebrauch von Waschbeckenstöpseln in Zügen abgeraten!

Duschen

Duschen gibt es bislang **nur in wenigen Zügen** und zwar im Rossija-Zug Nr. 1/2 (Moskau – Wladiwostok) und im Jenissej-Zug Nr. 55/56 (Moskau –

Ж	М	女	男
Russisch: Damentoilette	Herrentoilette	Chinesisch: Damentoilette	Herrentoilette

Krasnojarsk); die Benutzung kostet für eine halbe Stunde 75 Rubel. Leider kann man sich auf die Duschen nicht verlassen, da sie manchmal kein Wasser haben oder defekt sind.

Wer auf den oft tagelangen Zugfahrten auf eine Dusche nicht verzichten möchte, kann entweder auf **Bahnhöfen** (u.a. in Jekaterinburg, Nowosibirsk, Irkutsk und Ulan-Ude) duschen (75 Rubel, Föhn 15 Rubel) oder sich mit folgendem **Trick** behelfen: Man prüfe erst, ob der Stöpsel im Boden des Toilettenraumes herausnehmbar ist, und suche notfalls eine andere Nasszelle, wo dies möglich ist (da sich die Uhrzeit im Zug wegen der verschiedenen Zeitzonen ständig ändert und jeder Reisende seiner inneren Uhr gemäß lebt, findet man so gut wie nie Warteschlangen vor dem WC und kann somit in Ruhe duschen; die meisten Fahrgäste duschen ohnehin nicht und können notfalls die Toilette des Nachbarwaggons benutzen).

Anwendung der Behelfsdusche:

Man braucht dazu: einen Fünf-Liter-Eimer, eine unzerbrechliche Tasse, eine Plastiktüte und Badesandalen.

1. Man fülle den Fünf-Liter-Eimer mit warmem Wasser. Sollte kein warmes Wasser im Toilettenabteil fließen, so fülle man den Eimer zu einem Drittel mit dem kochend heißen Wasser aus dem Teewasserboiler (gegenüber dem Abteil der Zugbegleiter) und fülle im Toilettenabteil mit kaltem Wasser auf.
2. Man stelle den gefüllten Eimer in das Waschbecken.
3. Man stulpe sich die Plastiktüte über die Hand und entferne so geschützt den auf dem Boden in der Mitte des WC-Raumes befindlichen Stöpsel.
4. Man ziehe sich aus, hänge die Kleidung an die Kleiderhaken an der Wand und ziehe die Badesandalen an.
5. Man schütte sich einige Tassen Wasser über Kopf und Körper.
6. Man seife sich von oben bis unten ein.
7. Man schütte sich tassenweise den Rest des Wassers über den Körper.
8. Man trockne sich ab und setze mit plastiktütengeschützter Hand den Stöpsel wieder ein.
9. Nun ist man sauber und der Toilettenraumboden ebenfalls!

Für wen sind die Duschwaggons?

Um das Jahr 2000 erschienen auf der Transsibirischen Eisenbahn die ersten Duschwaggons in dem zwischen Moskau und Krasnojarsk verkehrenden „Jenissej". Auf die Frage nach dem Wie und Wann, ob man Schlange stehen müsse und wie hoch der Preis fürs Duschen sei, antwortete die Waggonschaffnerin etwas unsicher. Sie konnte sich gar nicht erklären, für wen die Dusche überhaupt da sei: für das Zugpersonal? Für die Reisenden? Von denen wasche sich doch sowieso niemand ...

Eine halbstündige Benutzung der Dusche und des dazugehörigen Bügelbretts (!) kostet umgerechnet ca. einen Euro. Sehr sauber, geradezu feudal sind die neuen Waggons. Es beginnt mit Lampen im Zwischenraum, kurz über dem Boden, und setzt sich fort mit viel Platz vor dem Eingang zur Dusche, die in einem Vierbettwaggon den Raum von zwei Abteilen einnimmt. Auch die Zugtoiletten sind viel sauberer als die in den herkömmlichen Waggons und ähneln denen europäischer Züge. Heute ist auch der Baikalexpress (Nr. 9 bzw. 10) – der beste Zug des Landes – mit neuen Waggons und einem Duschwaggon ausgestattet, die aber nicht immer funktionieren.

Temperatur im Zug

Die Züge der Transsib haben in der Regel eine **Klimaanlage.** In Russland sind die Abteile im Sommer angenehm temperiert, während der kalten Jahreszeit aber etwas zu warm. Mit einem Bakschisch kann man versuchen, die Wärme liebenden russischen Schaffner zu beeinflussen. Je näher zum Waggonanfang, desto heißer ist das Abteil oder je höher die Abteilnummer desto kühler. Nur in einigen Zügen kann man in den Abteilen und auf dem Gang die Fenster ein wenig öffnen. Zum Fotografieren sollte

Der Moskauer Trakt – historischer Handelsweg zwischen Moskau und Ostsibirien

Bis zum Baubeginn der Transsibirischen Eisenbahn Ende des 19. Jahrhunderts und deren Fertigstellung zu Beginn des 20. Jahrhunderts war der Moskauer Trakt der Haupt-Handelsweg und die **wichtigste Landverbindung** zwischen Ostasien und Moskau. Die Gleise der Transsibirischen Eisenbahn verlaufen auf weiten Streckenabschnitten auf dem bzw. eng parallel zum Moskauer Trakt. Auf diesem über 6000 km langen Weg fand ein reger Handel zwischen China, der Mongolei, Sibirien und Moskau statt. Gehandelt wurde hauptsächlich mit Tee und Seide aus China und Pelzen aus Sibirien.

Das Vordringen russischer Händler hinter den Ural wird bereits in der Nowgoroder Chronik aus dem Jahre 1377 erwähnt. Es war vor allem der **Zobelpelz,** der die russischen Kaufleute anlockte. Sie nahmen große Strapazen und Gefahren auf sich, um die begehrten Pelze auf den Märkten Westeuropas und in Byzanz (dem heutigen Istanbul) mit hohen Gewinnen zu verkaufen. Das wachsende Interesse an sibirischen Pelzen trieb die Händler und Kaufleute immer weiter nach Osten. Gegen Ende des 16. Jahrhunderts entstanden russische Festungen und Siedlungen, zumeist an Flussläufen. So wurde beispielsweise im Jahre 1604 die Stadt Tomsk gegründet.

Vielerorts entstanden mit der Zeit mächtige **Festungsanlagen,** innerhalb derer man Kirchen, Wohngebäude und Gasthäuser errichtete. Hier überwinterten die Händler und Kaufleute, um im Frühling und damit zu Beginn der Pelzlieferung vor Ort zu sein.

Auf dem Moskauer Trakt wurde im Tausch gegen sibirische Pelze vor allem mit Wodka, Schmuck, Waffen und Werkzeugen gehandelt. Außerdem kamen Tee und Seide über die Mongolei aus dem Chinesischen Kaiserreich nach Russland.

Historisches Dorf oder Transsib-Station?

Ursprünglich gab es entlang des Moskauer Traktes Dörfer, in denen Postpferde ausgetauscht wurden und Gasthäuser Händler aufnahmen. Viel später, im Zusammenhang mit dem Bau der Transsib, wurden Dörfer mit Wassertürmen und Behausungen für die Gleisarbeiter und deren Familien errichtet.

Wenn man aus dem Zugfenster ein Dorf ohne **Wasserturm** entdeckt, so handelt es sich um ein älteres Dorf, das schon zu Beginn des 18. Jahrhunderts existierte. Hat ein Dorf einen Wasserturm, so ist es erst während des Eisenbahnbaus Ende des 19. Jahrhunderts enstanden.

man die Außentür des Restaurantwaggons hinter der Küche aufsuchen, da diese häufig offen steht.

Steckdosen

In den russischen Zügen befinden sich **in der Waggonmitte und jeweils an beiden Waggonenden** – über dem Abfallbehälter und gegenüber dem Samowar – Steckdosen mit entweder 110 V oder 220 V. Wenn man Akkus nicht unbeaufsichtigt (Diebe!) lassen möchte, kann man sie mit Hilfe eines mitgebrachten, unter dem Teppich bis ins Abteil verlegten Verlängerungskabels unter Aufsicht aufladen. Im Toilettenraum neben dem Schaffnerabteil und im Dienstabteil der Zugbegleiter gibt es ebenfalls Steckdosen.

Ausstieg bei längerem Halt

Grundsätzlich kann man an allen Haltebahnhöfen aussteigen und sich die **Füße vertreten.** Allerdings ist es ratsam, nur im Falle eines längeren Aufenthalts den Zug zu verlassen und sich auch dann in der Nähe seines Waggons aufzuhalten und nicht in das Bahnhofsgebäude zu gehen, sondern stets in **Sichtweite des Zuges** zu bleiben. Es gibt an russischen Bahnhöfen keine Abfahrtssignale. Ganz gefährlich kann es werden, wenn man über ein oder mehrere Gleise steigt, da der Rückweg durch eingefahrene oder durchfahrende Züge blockiert werden könnte – kommt allzu häufig vor! Und wie die Einheimischen unter den Zügen über die Gleise zu krabbeln ist äußerst gefährlich!

Wenn man im letzten Moment in einem „fremden" Waggon einsteigen möchte, wo man dem Zugpersonal nicht bekannt ist, kann es sein, dass man nicht eingelassen wird.

Das Risiko, den Zug zu verpassen, ist groß, da dieser nicht immer laut Plan fährt. Hat ein Zug Verspätung, wird versucht, diese durch kürzere Stopps zu kompensieren. Man sollte also stets ausreichend warm angezogen sein sowie **Pass und Geld bei sich tragen** – für alle Fälle! Notfalls an den Bahnhofsvorsteher (*natschálnik waksála* bzw. *administrátor*) wenden, der für die Weiterreise sorgt und den davongefahrenen Zug informiert, sodass das Gepäck an der richtigen Stelle ausgeladen und dem Direktor des Zielbahnhofs übergeben wird.

Grenzkontrollen

Generell ist für alle Grenzen zu sagen, dass die Kontrollen für Ausländer **relativ schnell und unkompliziert** ablaufen. Meistens ist es so, dass der Zug einläuft und das Zugpersonal die Fahrgäste organisiert und informiert.

Verlassen kann man den Zug erst nach der Pass- und Zollkontrolle. Ausnahme ist der **Zug 362 aus Irkutsk,** der in Nauschki an der russisch-mongolischen Grenze stundenlang steht. Alle Passagiere können aussteigen und müssen erst gegen 16/17 Uhr zu den Kontrollen zum Zug zurückkommen. Die genaue Uhrzeit erfährt man vom Zugpersonal.

Passkontrolle bedeutet, dass man ein **Einreiseformular** ausfüllt und den Pass abstempeln lässt. Die auszufüllenden Einreiseformulare sind heute meist auch in europäischen Sprachen vorhanden (⇗ abgedruckte Formulare im Kap. „Vor der Reise: Einreisebestimmungen"). Die Kontrolle findet im Zugabteil statt. Wenn man seinen Pass an der Grenze oder auch im Hotel zurückbekommt - immer kontrollieren, ob es der richtige ist!

Zollkontrolle bedeutet für Ausländer eigentlich nur, dass man eine **Zolldeklaration** ausfüllt. Die Zollbeamten bitten um ein kurzes Verlassen des Abteils für einen Kontrollblick und das war's schon. Russen und mongolische Fahrgäste werden ganz anders und viel genauer kontrolliert - jeder kennt hier jeden und weiß, was, wann und warum.

Verpflegung im Zug

Gleich vorweg: **Die Bezahlung mit Kredit- oder Maestro-/EC-Karte ist im Zug nicht möglich.**

Jeder Eisenbahnwaggon hat einen **Samowar,** einen Boiler mit abgekochtem Trinkwasser, mit dem man z.B. auf den Bahnsteigen oder beim Zugpersonal gekaufte Instant-Suppen, Kaffee oder Tee aufgießen kann. Wer sich einen **Tee** im Abteil servieren lässt oder bei der Schaffnerin bestellt, bezahlt in der Regel 6 Rubel, mit Zucker 11 Rubel. **Kaffee** kostet entsprechend 10 Rubel, mit Zucker 14 Rubel, Kekse und Waffeln sind für 10–15 Rubel zu haben, Minutensuppe für 20–30 Rubel.

Speisewagen

Die meisten Speisewagen haben täglich von 9 Uhr bis Mitternacht geöffnet und servieren **bis 22 Uhr warme Speisen.** Mit wenigen Ausnahmen (z.B. der tägliche Abendzug Irkutsk – Ulan Bator Nr. 362/263) führen alle Züge einen Speisewagen, der sich meistens zwischen dem neunten und zehnten Waggon befindet. Die nicht immer sterneverdächtigen Speisen sind relativ teuer: Suppe, Hauptgericht, Tee 400–600 Rubel. Wenn einem morgens Eier, Brot, Käse und Tee oder Kaffee reichen und mittags eine heiße Suppe mit Brot, kommt man inkl. einem Hauptgericht zum Abendessen mit umgerechnet 15–20 Euro aus.

Speisewagen werden stets **an den Grenzen ausgetauscht,** sodass man in Russland einen russischen, in der Mongolei einen mongolischen und in China einen chinesischen Speisewagen hat. Die Bezahlung erfolgt in der Regel in der jeweiligen Landeswährung, doch werden notfalls auch Euro oder US-Dollar akzeptiert.

Zum Grundangebot in **russischen Speisewagen** zählen neben warmen Speisen (Suppen, Spiegeleier, Hähnchen, Fleischgerichte, Kartoffeln, Reis) kalte Vorspeisen (Wurst, Käse, Oliven), frisches Obst und Brot als wichtigste Beilage sowie Süßigkeiten (Schokolade, Gebäck, Bonbons). An Getränken gibt es Wodka, Bier, Fruchtsäfte, Erfrischungsgetränke und Mineralwasser sowie Kaffee und Tee. Wer gekühlte Getränke bevorzugt, kann gegen ein Bakschisch das Speisewagenpersonal überreden, einige Flaschen im Kühlschrank zu deponieren. Eine einfache Mahlzeit ohne alkoholische Getränke kostet umgerechnet rund 5 Euro p.P.

In **mongolischen Speisewagen** gibt es z.B. Fleischgerichte, Salate (aus hygienischen Gründen besser nicht essen) und Suppen. **Chinesische Speisewagen** sind besonders beliebt – das Angebot ist abwechslungsreich und alles schmeckt gut.

Essensreste kann man übrigens den streunenden Bahnhofshunden geben.

Proviant auf den Bahnsteigen

Die meisten Reisenden ernähren sich in erster Linie von dem, was auf den Bahnsteigen angeboten wird. Leider wird dieses Privatgeschäft auf vielen Bahnhöfen verboten. Und dabei unterstützt man so die vielen Großmütterchen, „Babuschkas", die sich ihre äußerst magere Rente mit dem Verkauf von Piroggen (gefülltes Teiggebäck), Pelmeni (eine Art Ravioli), gekochten Kartoffeln, Marmeladen, eingemachten Gurken und Tomaten (unbedingt probieren!) und Obst aufbessern. Für das Einkaufen auf Bahnsteigen sollte man möglichst viel **Kleingeld und Plastiktüten** bereithalten.

Außer auf Bahnsteigen kann man an der russisch-mongolischen Grenze in **Nauschki** auch direkt gegenüber dem Bahnhof auf einem kleinen Markt Proviant kaufen.

Um Magenverstimmungen zu vermeiden, aufpassen, bei wem man was kauft! Fabrikverpackte Milchprodukte und Suppen etc. sind immer sicher, aber Brot, Piroggen, gebratene Hühner und Enten, Salate etc. darf man nur kaufen, wenn die Verkäufer einen sauberen Eindruck machen. Vom Kauf von frischer Milch und Wodka auf Bahnsteigen sei abgeraten! **Wodka** sollte man sicherheitshalber nur im Speisewagen, in Hotels oder in Lebensmittel- bzw. Getränkegeschäften kaufen und nicht an Kiosks.

Notrationen

Man sollte während der ganzen Reise immer eine Notration an Nahrungsmitteln, z.B. **Nüsse und Fertigsuppen,** bereithalten, denn immer, wenn man auf einen Halt wartet, wo man einkaufen kann, klappt's nicht: Entweder sind keine Verkäufer da oder der Stopp ist so kurz, dass man den Zug nicht verlassen kann oder der Zug hält nicht in der Nähe eines Kiosks ...

067tr Foto: dk

Im Zug unterwegs

Russische Volksmusik – zwei Lieder zum Mitsingen

Die russische Musik ist stark von Elementen der Volksmusik durchdrungen. Das Volkslied besitzt in Russland eine jahrhundertealte Tradition, die bis in die vorchristliche Zeit zurückreicht. Die Russen sind ein äußerst musikliebendes Volk. Weltweit rufen Auftritte **russischer Kirchenchöre** und **Volksmusikensembles,** wie z.B. der Sibirische Volkschor aus Nowosibirsk, große Begeisterung hervor.

Volkslieder werden oft von Ziehharmonikas oder Balalaikas begleitet. Die **Balalaika** ist ein Holzinstrument mit einem dreieckigen Körper und drei Darmsaiten, die mit den Fingern oder einem Spielplättchen angerissen werden. Erstmals schriftliche Erwähnung findet eine Balalaika um das Jahr 1700.

Häufig ergibt sich bei der Fahrt mit der Transsib die Möglichkeit, mit einheimischen Reisenden oder mit dem Speisewagenpersonal zu singen. Großen Spaß macht es sowohl russischen als auch ausländischen Reisenden, gemeinsam zu singen. Aus diesem Grund folgen an dieser Stelle einige Strophen aus einem bekannten russischen Volkslied. Viel Spaß beim Singen!

Katjuscha

Kalinka

Alt
Ka - lijn - ka, ka-lijn - ka, ka - lijn - ka mo-ja! wsa-do
ja - go-da ma-lijn - ka ma - lijn - ka mo-ja Ka - lin - ka-mo-ja -
Ach pod sos - nó - ju, pod sel jó - no - ju,
spat po - lo - zi - jte bui mjen - ja Ah
Aj lju - di, lju - di, Aj - lju - di, lju - di
spat po - lo - zi - jte bui mjen - ja.

300tr Foto: tb

St. Petersburg und Moskau

070tr Foto: tb

071tr Foto: tb

Die goldenen Zwiebeltürme des Kreml

Das Moskauer Hotel Ukraina im Stalin-Zuckerbäckerstil

Die Moskauer Metro gehört zu den schönsten der Welt

St. Petersburg

Санкт Петербург

Buchtipp:
CityGuide St. Petersburg, erschienen im Reise Know-How Verlag

Überblick

- **Zeit:** Moskauer Zeit
- **Landesvorwahl:** 007
- **Vorwahl St. Petersburg:** 812

Da viele Transsib-Reisende die Stadt an der Ostsee, genauer am Finnischen Meerbusen, zum Ausgangs- oder Endpunkt ihrer Reise machen, sei St. Petersburg hier mit seinen wichtigsten Sehenswürdigkeiten kurz beschrieben.

Die Gründung der Stadt St. Petersburg fällt auf den 28. Mai 1703, als Zar **Peter der Große** (1689–1725) das sumpfige Newa-Delta im Krieg mit Schweden eroberte, die Sümpfe trockenlegen und ein „Fenster zum Westen“ erbauen ließ. Schon 1710 zählte die Stadt rund 8000 Einwohner und 1712 waren die Bauarbeiten so weit fortgeschritten, dass Peter sie zur Hauptstadt seines Reiches machte. Alles, was Rang und Namen hatte, musste von Moskau nach St. Petersburg umziehen. Adelige, reiche Kaufleute und hohe Militärs errichteten entlang der Newa und der zahlreichen Kanäle grandiose Stadtpalais. 1914 wurde die Stadt in **Petrograd** umgetauft. 1924 verlor sie ihren Status als Hauptstadt, als die Bolschewiki nach Moskau umzogen. Offiziell war Moskau bereits seit 1918 wieder Hauptstadt. 1924 wurde Petrograd zu Ehren des verstorbenen *Lenin* in **Leningrad** umgetauft und nach einer Abstimmung unter den Einwohnern der Stadt am 7. Sep-

Die goldenen Kuppeln des Katharinenschlosses in Puschkin

tember 1991 wieder zurückgetauft in St. Petersburg. Heute leben hier rund 4,5 Mio. Einwohner. Einer der berühmtesten Söhne der Stadt aus heutiger Zeit ist *Wladimir Putin*.

Sehenswertes

Ein einziger Tag ist für St. Petersburg, das auch „Venedig des Nordens" genannt wird, einfach zu wenig, aber wenn es nicht anders möglich ist, so gehört zum absoluten Muss ein **Spaziergang von der Eremitage bis zur Fontanka** auf dem Néwksi Prospekt. Je nach Interesse sollte auch ein Museum besucht werden, entweder die **Eremitage** (ist so umfangreich wie der Louvre in Paris) oder das **Russische Museum,** das etwas kleiner ist. Falls die Zeit reicht, könnte man noch eine **Kanalfahrt** machen.

Néwski Prospekt

Die **viereinhalb Kilometer lange Prachtstraße** lädt zum Spazierengehen, Shopping und zum Ausruhen in Cafés ein. An schönen Tagen ist die ganze Stadt unterwegs auf der Flaniermeile, deren interessantester Abschnitt von der Admiralität bis zur Anitschkow-Brücke reicht. Etwas weniger aufregend ist es von der Brücke bis zum Platz Plóschtschad Wastánija in der Nähe des Moskauer Bahnhofs. Auffällig sind die vielen schönen Frauen, die hier auf und ab laufen – wie auf den

073tr Foto: tb

Auf der Flaniermeile Néwski Prospekt

Champs Elysées in Paris. Bei schönem Wetter ist ein Mittagessen auf der im 2. Stock (bei uns 1. Etage) gelegenen offenen Terrasse des Wiener Cafés der Coffeeshop Company (Néwski Prospekt Nr. 47) mit herrlichem Ausblick auf den Néwski eine Option (⇗ „Praktische Tipps: Essen und Trinken“).

Wenn man am **Grand Hotel Europa** ist, sollte man unbedingt einen Blick in dieses Jugendstilhotel werfen. Auf der anderen Seite des Néwski Prospekt, schräg gegenüber, befindet sich das **Gastínny Dwor,** das größte Kaufhaus der Stadt und von außen ein schönes

Beispiel für die Architektur des späten 18. Jahrhunderts. Die **Einkaufspassage** (*passásch,* Mo bis Sa 10–21 Uhr, So 11–21 Uhr) auf dem Néwski Prospekt Nr. 48, wie ein kleines Kaufhaus GUM (Moskau), sollte man ebenfalls besuchen. Man betrete das Gebäude unbedingt durch den Haupteingang zwischen zwei Säulen, gegenüber einer Straßenlaterne. Das **Feinkostgeschäft Jelissejewski** mit der Hausnummer 56 (tägl. 9–21 Uhr) war 2010 geschlossen, sollte aber 2011 wieder öffnen. Das Interieur ist äußerst interessant. Kommt man an die Fontanka an der Anitschkow-Brücke mit den Pferdehaltern, kann man hier bei schönem Wetter eine **Kanalfahrt** beginnen (s.u.).

Eremitage

Dieses Museum ist sowohl von seinen Ausmaßen als auch von den Sammlungen her mit dem Louvre in Paris vergleichbar. Auch hier waren die Räumlichkeiten ursprünglich ein Palast, und zwar der **Winterpalast der Zaren.** Im Sommer wohnte man im Peterhof. Die meisten Touristen besuchen die Abteilung für **europäische Kunst** und lassen die Abteilungen für russische, asiatische, griechische und römische Kunst und Geschichte aus.

- **Eremitage,** Tel. 571 34 20, Di bis Sa 10.30–18 Uhr, So 10.30–17 Uhr, Eintritt 400 Rubel, an jedem ersten Do im Monat freier Eintritt. www.hermitagemuseum.org

Russisches Museum

Dieses Museum gibt einen interessanten und umfassenden Einblick in die **russische Geschichte und Malerei** und ist ein Muss!

- **Russisches Museum,** ul. Inschenérnaja 4, Tel. 595 42 48, tägl. Mi bis So 10–18 Uhr, Mo 10–17 Uhr, Eintritt 350 Rubel. www.rusmusem.ru

Kanalfahrt

Ein unvergessliches Erlebnis und eine besondere Perspektive auf das **„Ve-**

Stadtrundfahrten

• Die Firma **City Tour** bietet tägl. 10–20 Uhr eine 135 Min. lange Stadtrundfahrt *(hop on/hop off)* in roten Doppeldeckerbussen mit Kopfhörern (Texte in vielen Sprachen) an. Dabei kann man jederzeit aussteigen und zusteigen und beim Fahrer Tickets kaufen (12–15 Euro). Während der Weißen Nächte werden zusätzliche Nachtfahrten angeboten, für die man ein eigenes Ticket lösen muss. Die Haupthaltestellen sind Palastplatz und St. Isaak-Kathedrale. Mehr Informationen unter www.citytourspb.ru.

Internet/WiFi

• In allen **Hotels und Hostels** gibt es Internetzugang und in den meisten WiFi. Auch in vielen **Lokalen,** vor allem entlang dem Néwski Prospekt, gibt es kostenlos WiFi.

• **Cafemax,** Néwski Prospekt 90/92, Tel. 273 66 55, www.cafemax.ru, 24 Std., Metro *Majakówskaja*.

Konsulate

• **Deutsches Generalkonsulat,** ul. Furschtadtskaja 39, Tel. (812) 320 24 00, Fax 327 31 17, www.sankt-petersburg.diplo.de

• **Honorarkonsulat von Österreich,** ul. Furschtadtskaja 43, App. 1, Tel. (812) 275 04 96 und 275 05 02, Notfallnummer in Moskau: (495) 956 16 60, Fax 637 42 68

Unterkunft

Die Hotelsituation hat sich dank vieler Neueröffnungen sowohl von Hotels und Minihotels aller Preisklassen als auch von günstigen Hostels merklich entspannt. Dennoch kann es während der Weißen Nächte und der Ferienmonate Juli und August zu Engpässen kommen. Eine **rechtzeitige Reservierung** ist daher unbedingt empfehlenswert! Man beachte, dass die hier angegebenen Preise im Sommer bis zu 50% höher sind!

• **3Mosta,** nab. Reki Moika Fluss 3A, Tel. 332 34 70, www.3mosta.com. Dieses wunderbare, Ende 2010 eröffnete Boutique-Hotel hat 24 Zimmer auf sechs Etagen inkl. Lift. Die Nr. 63 ist das schönste Zimmer und hat neben drei Fenstern einen kleinen Balkon. EZ ab 80 Euro, DZ ab 130 Euro.

• **Golden Triangle,** Néwski Prospekt 22–24, Tel. 490 77 10, www.goldtriangle.ru. Das 2009 eröffnete Hotel ist ein Boutique-Hotel in Bestlage. 24 Zimmer, inkl. Frühstücksbüfett EZ 100 Euro, DZ 120 Euro. Das wunderbare Zimmer Nr. 308 ist ein Deluxe-Zimmer mit Kamin für 165 Euro, am zweitschönsten ist das Deluxe- Zimmer Nr. 415. Das Luxuszimmer Nr. 301 hat einen Kronleuchter und einen Kamin, der auf Wunsch angezündet wird. Zimmer Nr. 409 ist sehr gemütlich, aber klein. Große Gepäckstücke passen nicht in den vielleicht kleinsten Fahrstuhl Russlands.

• **Néwski Grand,** ul. Balschája Konjúschennaja 10, Tel. 312 12 06, www.nevskygrandhotel.com. Hotel in Bestlage mit 135 (sehr) kleinen Zimmern inkl. Klimaanlage, von denen fünf etwas größere Fenster auf die baumbestandene ul. Balschája Konjúschennaja haben. EZ/F 95 Euro, DZ/F 115–175 Euro.

• **Néwski Hostel,** in Bestlage an der ul. Balschája Konjúschennaja 11, Tel. 314 13 49 und 611 11 83, www.nevskyhostels.ru. 11 MBZ mit 4–8 Betten à 17–25 Euro in der 2., 3. und 4. Etage (1.–3. Stock). Mit WiFi.

• **St. Petersburg International Hostel,** ul. 3. Sowjétskaja 28, Tel. 329 80 18, Fax 329 80 19, www.ryh.ru. 5 Gehmin. vom Moskauer Bahnhof, Metro *Ploschtschad Lenina*. Das IH gehört zum Jugendherbergsverband, sodass Mitglieder mit Ausweis die unten genannten Preise zahlen, Nichtmitglieder 4–5 Euro mehr. Der beste Treffpunkt für Traveller! MBZ/F 15–20 Euro, DZ/F 40–47 Euro.

Essen und Trinken

Viele Restaurants bieten mittags ein preiswertes **„Business Lunch"** für 6–12 Euro.

• **Coffeeshop Company,** ein Wiener Café am Néwski Prospekt (Nr. 47) auf einer Terrasse unter freiem Himmel im 1. Stock mit herrlichem Weitblick auf den Néwski. Kein WiFi und kein TV, dafür aber u.a. wunderbare und sättigende warme Paninis, diverse Kaffeespezialitäten, Salate etc.

• **Palkin,** ebenfalls Néwski Prospekt 47, ist eine der feinsten Adressen der Stadt mit einer

005tr11 Foto: dk

sehr schönen Bar und einem überaus eleganten Luxusrestaurant, das sich passend zum Interieur auf die Küche der Zarenzeit spezialisiert hat. Besonders stilvoll sitzt man in der sog. „Corner Hall" an Tisch Nr. 20. Reservierung nötig, Tel. 703 53 71, www.palkin.ru.

- **Café Singer,** Néwski Prospekt 28, Tel. 571 82 23, tägl. 10–23 Uhr. Auch wenn die Preise hier eher hoch sind, lohnt es sich ganz besonders abends, eine Weile an einem der riesigen Panoramafenster zu sitzen und das Treiben unter sich zu beobachten. Das Singer-Haus ist eines der architektonisch auffälligsten Gebäude des Néwski Prospekt und liegt gegenüber der Kasaner Kathedrale. Ursprünglich befand sich hier der Firmensitz des berühmten Nähmaschinenherstellers, dann war das Haus ein Buchladen und seit 2009 ist es vorne ein Café und hinten werden weiterhin Bücher verkauft.
- **Jemelja,** Néwski Prospekt 64, ein gemütliches, auf typisch Russisch gestyltes Lokal mit Tischen an großen Fenstern mit Néwski-Blick. Russische Spezialitäten, WiFi, kein TV.
- **Rubinstein,** ul. Rubinsteina 9, um die Ecke vom Néwski, ist ein wunderbarer Platz zum Ausruhen. Nichtraucher sitzen mit Blick auf die Straße wie in einem Wohnzimmer mit Steinmauern, z.T. ohne Putz, in tiefen Sesseln und auf bequemen Sofas. Mit WiFi, ohne TV. Russische Standardgerichte und internationale Küche. www.rubinstain.ru
- **Café Ssėwer,** Néwski Prospekt 44, eines der ältesten Cafés, zu klassischer Musik gibt es Kuchen und Torten. Mo bis Fr 9–23 Uhr, Sa 10–23 Uhr, So 10–22 Uhr. Mit WiFi.
- **Pyschka,** ul. Balschája Konjúschennaja 25, hat die besten *Pyschki* (russ. Donuts) der Stadt. Das sehr einfache Café verdankt sein Überleben einer Unterschriftensammlung, mit der die Petersburger den Erhalt dieses minikleinen Lokals gesichert haben. Wie früher wird hier Café nur mit Milch und Zucker serviert. Tägl. 8–20 Uhr.
- **Café la Rus,** Konnogwardéiski Blvd. 15, Tel. 571 29 46, ist ein empfehlenswertes, preisgünstiges, im russischen Stil gehaltenes Restaurant mit russischer Küche.

Teenager in der Großstadt

Wladimir Iljitsch Uljanow – genannt Lenin

Wladimir Iljitsch Uljanow wurde am 22. April 1870 als Sohn eines Schulinspektors in Simbirsk geboren und starb am 21. Januar 1924 in Gorki (heute Nischnij Nowgorod). Wladimir Uljanow hatte viele Pseudonyme, weil er sehr oft illegal im Ausland war und sich Decknamen zulegte. So war er eine Zeit lang der bulgarische Doktor *Jordanow,* der Deutsche Herr *Meyer,* in Russland Herr *Petrow* und vom Herbst 1901 an *Lenin.*

Lenin kam durch die Hinrichtung seines Bruders *Alexander,* der 1887 als Verschwörer an einem Putschversuch gegen den Zaren teilgenommen hatte und dafür zum Tode verurteilt worden war, schon früh mit der revolutionären Bewegung in Berührung. Nach einem juristischen Studium war Lenin **Advokat in St. Petersburg,** wo er intensiv die Revolution vorbereitete. Bevor er 1896 für drei Jahre in das sibirische Dorf Schuschenskoje verbannt wurde, lernte er im Gefängnis in Petersburg die Revolutionärin *Nadeschda Krupskaja* (1869–1939) kennen. Sie folgte Lenin 1897 in die Verbannung und wurde später seine Frau.

In seinem **Verbannungsort Schuschenskoje** arbeitete Lenin wie besessen und entwickelte nach den Lehren von *Marx* und *Engels* die theoretischen Grundlagen eines revolutionären Programms für Russland. Nach 1900 lebte er im Exil, u.a. in München, Paris, London und Zürich. Von dort aus propagierte er in der für Russland bestimmten, in Mün-

074tr Foto: tb

chen herausgegebenen Zeitung „Iskra" („Funke") die Organisation der **Sozialdemokratischen Arbeiterpartei Russlands** als aktionsfähige, revolutionäre Kampfpartei. 1903 kam es auf deren Parteitag zu Meinungsverschiedenheiten, die zu der Spaltung führten in Bolschewiki („Mehrheit", weil sie bei einer Abstimmung die Mehrheit erzielt hatten) und Menschewiki („Minderheit", weil sie in der Minderheit waren).

Als **Führer der Bolschewiki** verfolgte Lenin das Ziel einer proletarischen Revolution. Im April des Jahres 1917 kehrte er mit Hilfe der deutschen Regierung in einem streng bewachten Eisenbahnwaggon aus der Schweiz zurück nach Russland. Dort gelang ihm, unterstützt von *Trotzki* und anderen, am 7. November 1917 (nach alter Zeitrechnung ist das der 25. Oktober) die **„Große Proletarische Oktoberrevolution".** Die Bolschewiki ergriffen die Macht und gründeten unter Lenins Führung am 30. Dezember 1922 die **Sowjetunion.**

Lenin blieb bis zu seinem Tod im Januar 1924 Regierungschef der Sowjetunion. Die aus seinen Schriften entwickelte Lehre wurde als **Leninismus** zur Staats- und Parteidoktrin des Bolschewismus. Der Leichnam Lenins wurde nach seinem Tode am 21. Januar 1924 einbalsamiert und liegt in Moskau im Lenin-Mausoleum aufgebahrt, wo er betrachtet werden kann. Immer wieder ist die Rede davon, dass er nach St. Petersburg überführt werden soll – in die Stadt, die ihm zu Ehren 1924 in **Leningrad** umgetauft worden war und bis 1991 so hieß.

Eine Lenin-Statue findet sich in fast jeder russischen Stadt

- **Bistro Literatúrnoje,** Néwski Prospekt 18, Tel. 312 85 43, ist zwar ein für die Bestlage günstiges Selbstbedienungslokal, aber mit Ausnahme der exzellenten (aufgewärmten) Ssírniki-Quarkküchlein kulinarisch kein Hit.

Zugverbindungen

Zugverbindungen mit deutschen Städten ⇗ „Vor der Reise: An- und Rückreise". Zugfahrpläne für Russland unter **www.rzd.ru.**

- Täglich gibt es rund **zehn Züge nach und von Moskau,** die Fahrtzeit für die 800 km beträgt 4–8 Std. Da die Landschaft flach und uninteressant ist, bietet sich eine Nachtfahrt an. Trotz der vielen Zugverbindungen ist es sehr schwierig, eine Fahrkarte zu bekommen. Daher unbedingt rechtzeitig reservieren!

Die Züge haben 2.-Klasse-Dreibettabteile (relativ eng und **nach Geschlecht getrennt**) und 1.-Klasse-Zweibettabteile. Einzelreisende werden nach Geschlecht getrennt untergebracht, wer zu zweit bucht, auch gemischt.

- Nr. 151: 6.45 Uhr
- Nr. 153: 7.00 Uhr
- Nr. 157: 13.30 Uhr
- Nr. 161: 15.30 Uhr
- Nr. 165: 19.45 Uhr
- Nr. 25: 22.50 Uhr
- Nr. 1: 23.55 Uhr
- Nr. 3: 23.59 Uhr

- **Nach Nischnij Nowgorod** (1123 km, 8 Std.): Nr. 175/176 um 15.15 Uhr
- **Nach Jekaterinburg** (2090 km, 37 Std): Nr. 72 um 17.04 Uhr

Flüge

Fluggesellschaften, die St. Petersburg bedienen, sind u.a. Lufthansa, KLM, Baltic Airlines, Aeroflot, Pulkovo Airlines, Siberian Airlines und UTAir. Die beiden **Flughäfen Pulkovo I und II** liegen nicht direkt nebeneinander! Man erkundige sich rechtzeitig, welches Terminal die gebuchte Fluglinie nutzt. Infos unter www.rossiya-airlines.com.

Taxis aus/in die Stadt sollten 50–70 Euro kosten. Billiger ist die Fahrt zwischen Terminal 2 und der Metrostation *Maskówskaja* per **Bus** Nr. N39 sowie **Sammeltaxi** *(marschrútny)* Nr. 3, 13, 113.

Moskau   Москва

Überblick

- **Zeit:** Moskauer Zeit
- **Landesvorwahl:** 007
- **Vorwahl Moskau:** 495 und 499; Anmerkung: Wenn im Text keine Vorwahl mit angegeben wird, ist es die 495.
- **Internet:** www.moskauonline.de

Ausgangs- bzw. Endpunkt einer Reise mit der Transsibirischen Eisenbahn ist Moskau, russisch *Maßkwá*. Die Hauptstadt Russlands hat 10,4 Mio. Einwohner plus zwei bis drei Millionen Besucher jährlich und gehört zu den teuersten Städten der Welt. *Mátuschka Maßkwá* („Mütterchen Moskau") liegt am Moskwa-Fluss auf einer Höhe von 146 m ü.N.N. und nimmt eine Fläche von knapp 900 km^2 ein. Nachts ist die Stadt z.T. wunderschön illuminiert - so betrachtet zählt sie zu den schönsten Metropolen der Welt.

Geschichte

Die Geschichte Moskaus beginnt im Jahre 1147, als sie zum ersten Mal urkundlich erwähnt wird als ein Ort, an dem sich mehrere wichtige Handelswege kreuzen. Wenige Jahre später, 1156, lässt der Gründer Moskaus, *Juri Dolgoruki*, an den Ufern der Moskwa und ihrer Nebenflüsse eine kleine Festung errichten, den ersten Moskauer **Kreml.** Dieser macht nur etwa ein Zwanzigstel des heutigen Kreml aus.

Buchtipp:
CityGuide Moskau, erschienen im Reise Know-How Verlag

Auch die Türme der Mariä-Verkündigungs-Kathedrale im Kreml sind golden

075tr Foto: tb

Im Jahr 1238 erobert *Baru,* ein Nachkomme *Dschingis Khans,* Moskau. Gegen Ende des 13. Jahrhunderts wird Moskau Hauptstadt des gleichnamigen Fürstentums. 1382 wird die Stadt von den **Mongolen** geplündert und niedergebrannt, erstarkt jedoch schon bald wieder und erlangt zunehmend politischen Einfluss in ganz Russland. Bis 1480, fast 250 Jahre lang, ist Moskau dem Großkhan der Goldenen Horde tributpflichtig.

1547 lässt sich *Iwan IV.,* bekannt als **Iwan der Schreckliche** (1547–84), im Moskauer Kreml zum Zaren aller Russen krönen und Moskau gilt fortan als **Hauptstadt des russischen Staates.** Die Stadt wächst, immer mehr Steinhäuser werden gebaut. Der Zuwachs zieht den Bau neuer Stadtmauern nach sich. Anfang des 17. Jahrhunderts zählt Moskau 200.000 Einwohner.

Im Jahr 1712 verlegt **Peter der Große** (1689–1725) die Hauptstadt nach St. Petersburg und befiehlt die Zwangsumsiedlung aller Beamten, des hohen Klerus und der Adeligen in die erst 1703 gegründete Stadt an der Newa. Moskau bleibt dennoch das Herz Russlands und viele Adelige kehren nach Peters Tod zurück an die Moskwa.

1755 wird in Moskau auf Betreiben des Gelehrten und Schriftstellers *Michail Lomonossow* (1711–65) die erste russische **Universität** gegründet. 1780 folgt die Eröffnung des **Bolschoi-Theaters,** das jedoch im Jahr 1805 einem Brand zum Opfer fällt. Zwanzig Jahre

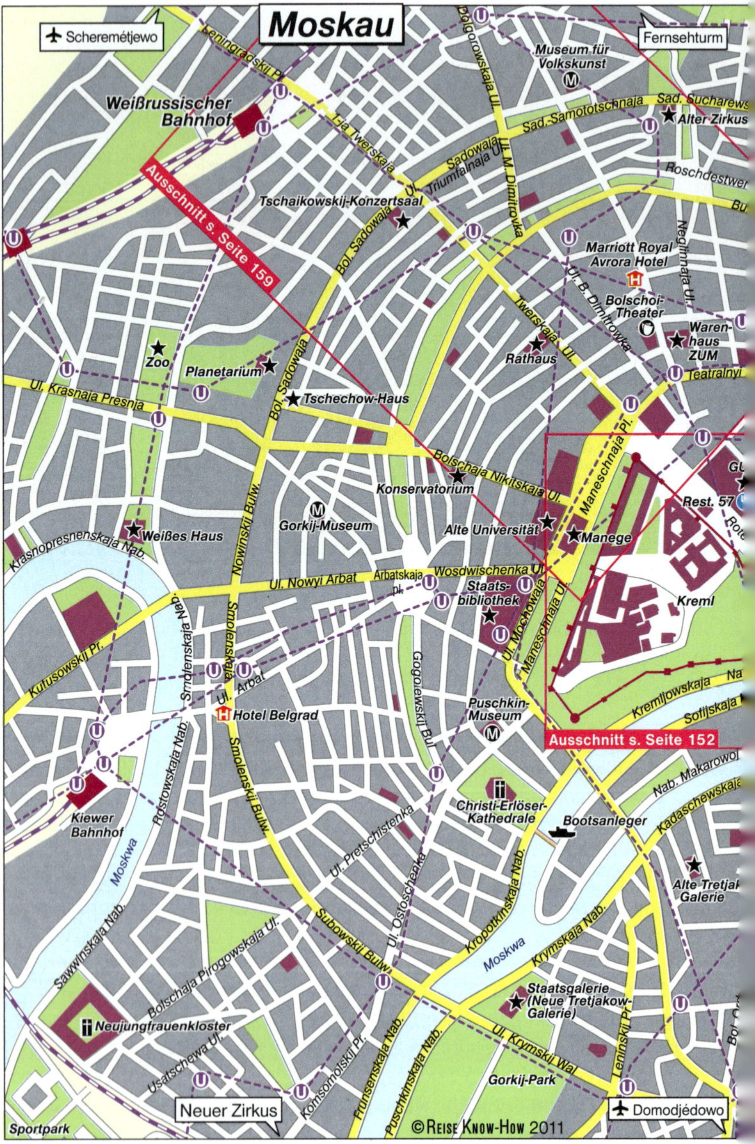
Moskau
Scheremétjewo
Fernsehturm
Leningradskij Pr.
Weißrussischer Bahnhof
Ausschnitt s. Seite 159
1-ja Twerskaja
Dolgorowskaja Ul.
Museum für Volkskunst
Sad.-Samototschnaja
Sad. Sucharews
Alter Zirkus
Sadowaja Triumfalnaja Ul.
Ul. M. Dimitrowka
Roschdestwen
Tschaikowskij-Konzertsaal
Bol. Sadowaja
Marriott Royal Avrora Hotel
Neglinnaja Ul.
Ul. B. Dimitrowka
Bolschoi-Theater
Twerskaja Ul.
Rathaus
Warenhaus ZUM
Teatralnyi
Zoo
Planetarium
Ul. Krasnaja Presnja
Tschechow-Haus
Bolschaja Nikitskaja Ul.
Konservatorium
Maneschnaja Pl.
Rest. 57
Gorkij-Museum
Alte Universität
Manege
Weißes Haus
Krasnopresnenskaja Nab.
Nowinskij Bulw.
Ul. Nowyi Arbat
Arbatskaja pl.
Wosdwischenka Ul.
Staatsbibliothek
Kreml
Kutusowskij Pr.
Smolenskaja Nab.
Smolenskaja
Ul. Arbat
Gogolewskij Bul.
Ul. Mochowaja
Maneschnaja Ul.
Kremljowskaja
Sofijskaja
Hotel Belgrad
Puschkin-Museum
Ausschnitt s. Seite 152
Rostowskaja Nab.
Smolenskij Bulw.
Kiewer Bahnhof
Christi-Erlöser-Kathedrale
Bootsanleger
Nab. Makarowoj
Kadaschewskaja
Ul. Pretschistenka
Moskwa
Alte Tretjak Galerie
Ul. Ostoschenka
Kropotkinskaja Nab.
Krymskaja Nab.
Sawwinskaja Nab.
Bolschaja Pirogowskaja Ul.
Subowskij Bulw.
Staatsgalerie (Neue Tretjakow-Galerie)
Neujungfrauenkloster
Usatschewa Ul.
Komsomolskij Pr.
Frunsenskaja Nab.
Puschkinskaja Nab.
Ul. Krymskij Wal
Leninskij Pr.
Gorkij-Park
Neuer Zirkus
Domodjédowo
Sportpark
©Reise Know-How 2011

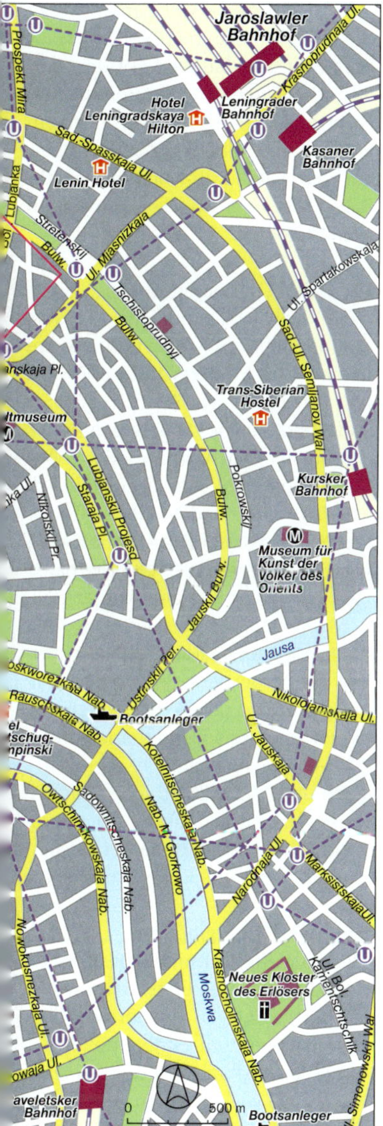

später wird das „Große Theater" wiedereröffnet.

1812 zieht **Napoleon** gegen Russland. Nach der Schlacht von Borodino vernichtet ein Brand zwei Drittel der Stadt. Die Moskowiter überlassen Napoleon ein brennendes Moskau, um ihn auf diese Weise auszuhungern. Danach wird Moskau wieder aufgebaut, diesmal in Stein.

1851 wird die **Bahnverbindung St. Petersburg – Moskau** in Betrieb genommen. Mit dem Ende der Leibeigenschaft 1861 strömen landlose Bauern in die Städte; Moskaus Bevölkerung wächst auf rund eine Million an.

Im Dezember 1905 kommt es zu einem Arbeiteraufstand in Moskau, das zu diesem Zeitpunkt bereits knapp zwei Millionen Einwohner zählt.

Am 25. Oktober 1917 (nach heutiger Zeitrechnung am 7. November) beginnt in St. Petersburg die **„Große Sozialistische Oktoberrevolution".** 1918 zieht die neue Sowjetregierung von St. Petersburg nach Moskau und 1922 wird Moskau zur **Hauptstadt der UdSSR,** der Union der Sozialistischen Sowjetrepubliken, ernannt. Durch die zunehmende Bedeutung der Stadt wächst die Einwohnerzahl, es entstehen viele neue Betriebe und Moskau entwickelt sich schon bald zu einem modernen Industriezentrum.

Am 22. Juni 1941 bricht *Hitler* den Nichtangriffspakt mit der Sowjetunion. Am 9. Mai 1945 feiern die Alliierten die siegreiche Beendigung des Zweiten Weltkriegs.

1980 ist Moskau Austragungsort der XXII. Olympischen Sommerspiele.

Ende 1991 zerfällt die Sowjetunion und wird später in die **Gemeinschaft Unabhängiger Staaten,** GUS, umbenannt.

Ankunft und Weiterreise

Im Hotel muss man sofort nach der Ankunft das Visum registrieren lassen!

Flughäfen

Moskau hat **drei Flughäfen,** zwischen denen ein Transfer wegen der Entfernung und Staus mehrere Stunden dauern kann, sodass kombinierte Flüge mit verschiedenen Airlines, die unterschiedliche Flughäfen anfliegen, zeitlich nicht immer zu schaffen sind. Man sollte rechtzeitig fragen, welchen Terminal die gebuchte Fluglinie nutzt. Wichtig zu wissen: Bucht man bei einer Airline Umsteige- und Anschlussflug und wird Letzterer wegen Verspätung versäumt, sorgt die Airline für den Weiterflug bzw. Übernachtung und Verpflegung. Bucht man jedoch bei zwei verschiedenen Fluglinien und verpasst den Anschlussflug, so verfällt das Ticket und man muss einen neuen Flug buchen und bezahlen. Von allen Flughäfen fahren Shuttlezüge (Aeroexpress) nach Moskau, außerdem natürlich Flughafenbusse, Marschroutentaxis und Taxis.

Sofort **nach Ankunft** am Flughafen kann man ein wenig **Bargeld** wechseln (kein guter Kurs, nur kleine Summen tauschen), um Bus und Metro bezahlen zu können.

Bei der **Abreise** sollte man wegen der bisweilen extremen Verkehrsstaus frühzeitig (vier Stunden vor dem Abflug) zum Flughafen abfahren oder im Falle eines frühen Abflugs in einem Hotel in der Nähe des Airports übernachten. Genau 40 Minuten vor Abflug schließt der Check-in-Schalter an allen Flughäfen.

Flughafen Domodjédowo

Der Flughafen Domodjédowo (www.domodedovo.ru) liegt rund **40 km östlich vom Stadtzentrum** und wird u.a. von Lufthansa, Austrian Airlines und Siberia Airlines angeflogen.

Fahrt ins Zentrum: Zu jeder vollen Stunde von 7–24 Uhr sowie stündlich von 7.30–11.30 und 13.30–23.30 Uhr fährt ein Flughafenzug (Aeroexpress, www.aeroexpress.ru) vom Flughafen zum Pavletzker Bahnhof, Eingang Nr. 3, Metrostation *Pavlétskaja,* Zirkellinie 4.1, Fahrtdauer 45 Min., Fahrkartenverkauf am Aeroexpress-Schalter, 300 Rubel pro Ticket. Züge zum Flughafen fahren zu jeder vollen Stunde von 6–24 Uhr sowie stündlich von 7.30–11.30 und 13.30–23.30 Uhr. Sammeltaxis *(marschrútny)* fahren zur Metrostation *Domodjédowskaja* (2.11), Fahrtdauer 20 Min., 100 Rubel pro Ticket.

Flughafen Scheremétjewo

Der aus **drei Terminals** bestehende Flughafen Scheremétjewo (www.svo.aero) liegt rund **30 km nordwestlich** vom Stadtzentrum. Scheremétjewo 1 ist der Inlandsflughafen, Scheremétjewo 2 und 3 wickeln internationale Flüge ab und werden u.a. von Aeroflot und Baltic Airlines genutzt, die günstige Flüge ab/bis Deutschland anbieten.

Fahrt ins Zentrum: Von den **Terminals 2 und 3** verkehrt der Flughafenzug Aeroexpress (www.aeroexpress.ru) zum Weißrussischen Bahnhof *(Belarússki waksál)*, Metrostation *Belarússkaja* (dunkelgrüne Linie 2.4 an der Zirkellinie), Fahrtdauer 35 Min., tägl. alle 30 Min. von 5–1 Uhr, und in der entgegengesetzten Richtung zum Flughafen tägl. von 5.30–0.30 Uhr, das Ticket kostet 300 Rubel.

Vor dem **Inlandsflughafen Scheremétjewo 1** zwischen den Gebäuden der Abflughalle („Departures") und der Ankunftshalle („Arrivals") wartet der große Airport Shuttle, Bus Nr. 851, der am internationalen Terminal Scheremétjewo 2 hält und weiterfährt zur Metrostation *Retschnói waksál* (2.1), wo er gegenüber dem Metroeingang hält. Die Weiterfahrt erfolgt per Metro ins Stadtzentrum. Die Shuttlebusse fahren täglich von 6 Uhr morgens bis 1 Uhr nachts alle 5 bis 7 (maximal 10) Minuten, die Fahrt kostet 30 Rubel.

Die großen Busse Nr. 817 und 851 sowie die Minibusse Nr. 48 und 49 fahren vom internationalen Terminal bis zur Metrostation *Retschnói waksál* (2.1). Taxis können in der Ankunftshalle (neben Ausgang A) gebucht werden. Die Fahrt ins Stadtzentrum kostet umgerechnet 50–70 Euro. Die offiziellen Fahrer sind sicherer als Privatfahrer. Auf keinen Fall sollte man im Dunkeln mit einem inoffiziellen Taxi fahren, denn auf dem langen Weg in die Innenstadt geht es durch unbesiedelte Gegenden, und ein gerade angekommener Reisender hat stets Geld bei sich ...

Flughafen Vnukovo

Der Flughafen Vnukovo (www.vnukovo.ru) liegt rund **30 km südwestlich** vom Stadtzentrum und wird u.a. von German Wings angeflogen.

Fahrt ins Zentrum: Um 5.37 Uhr und zu jeder vollen Stunde von 7–12 und 14–24 Uhr fährt ein Flughafenzug (Aeroexpress, www.aeroexpress.ru) zum Kiewer Bahnhof (Metrostation *Kíewskaja,* Zirkellinie 2.9), Fahrtdauer 35 Min., 300 Rubel. In der entgegengesetzten Richtung fahren die Züge stündlich zwischen 6 und 24 Uhr.

Das *marschrútny* Nr. 45 fährt zur Metrostation *Jugo-Zapadnaja* (1.8), 100 Rubel, Nr. 705 zur Metro *Oktjábrskaja,* Zirkellinie 1.5, 130 Rubel.

Wichtige Telefonnummern

- **Flughafenauskunft:** Scheremétjewo 1: Tel. (+7-495) 232 65 65; Scheremétjewo 2 und 3, Domodjédowo: Tel. 933 66 66; Vnukovo: Tel. 937 55 55.
- **Lost & Found** (verlorenes Gepäck): Scheremétjewo: Tel. 578 23 50; Domodjédowo: Tel. 504 02 58; Vnukovo: Tel. 436 74 82.

Am Bahnhof

Alle Bahnhöfe liegen an Metrostationen direkt an der Zirkellinie und sind damit gut ans Zentrum angebunden. Züge aus Westeuropa über Weißrussland kommen am **Weißrussischen Bahnhof** (*Belarússki waksál,* Metro *Belarússkaja,* 2.4) an. Züge aus St. Petersburg kommen am **Leningrader Bahnhof** (*Leningrádski waksál,* Metro *Kom-*

somólskaja, 1.1), die aus dem Baltikum am **Rigaer Bahnhof** (*Ríschski waksál,* Metro *Ríschskaja,* 6.2) an. Die Züge laufen 30 Minuten vor Abfahrt in den Bahnhof ein.

Wer morgens mit dem Zug ankommt und nur einen Tagesaufenthalt in Moskau plant, d.h. schon am Abend weiterreist, kann sein Gepäck sicher in einer **Gepäckaufbewahrung** (*Kámera chranénja*) im Bahnhof aufgeben. Die Bezahlung richtet sich nach der Größe des Gepäckstücks. Den Berechnungszeitraum muss man erfragen, da er entweder um 24 Uhr oder um 6 Uhr morgens endet. Und wer sich nach der langen Bahnreise erfrischen möchte, könnte die berühmte **Banja** (russ. Sauna) **Sanduny** besuchen, ul. Neglinnaja Str. 14/3-7, Metro *Kusnjétski most* (lila Linie, Station 7/4), im historischen Stadtzentrum, tägl. 8–20 Uhr, Eintritt ab 1000 Rubel, Tel. 625 46 31, www.sanduny.ru.

Trotz des Ende 2010 verfügten **Verbots von Wechselstuben** u.a. auch an Bahnhöfen darf man davon ausgehen, dass es diese weiterhin auf Schritt und Tritt gibt. Faustregel: Je näher am Roten Platz, desto schlechter der Kurs.

Weiterreise auf der Transsib

Die meisten Züge in Richtung Sibirien fahren ab dem Jaroslawer Bahnhof, einige vom gegenüberliegenden Kasaner Bahnhof (beide Metro *Komsomólskaja,* Zirkellinie 1.1). Näheres ⇗ „Praktische Tipps: Zugverbindungen".

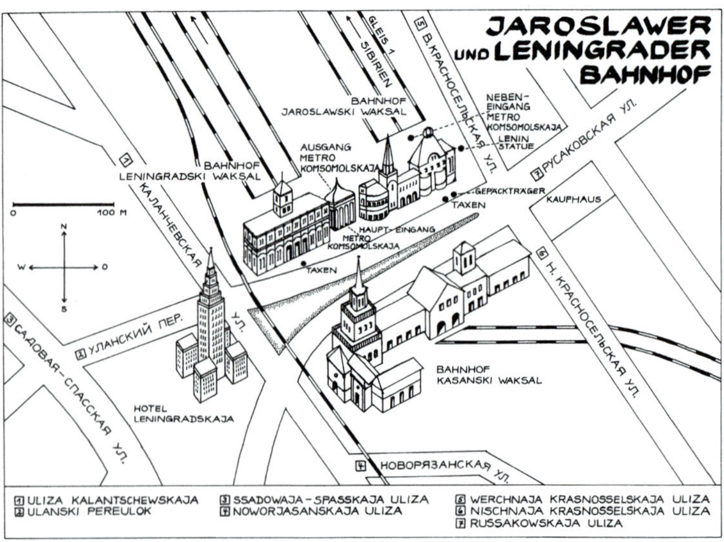

Am Busbahnhof

Busse aus Westeuropa kommen vor der Deutschen Botschaft an (*Nemjétskoje kónsulstwo,* in der Nähe der Metrostation *Praspékt wernátskowo,* rote Linie, eine Station vor 1.8).

Busse in die Städte der Umgebung verkehren ab dem Zentralen Busbahnhof (*Zentrálny aftowaksál,* Metro *Schólkowskaja,* dunkelblaue Linie, 3.1).

Sehenswertes

Empfehlungen für 1 Tag Moskau

- **Stadtrundfahrt:** Vorausgesetzt, man ist an einem Samstag oder Sonntag in Moskau – unter der Woche macht der stehende Verkehr das Unternehmen zu einer Farce! Am besten mit einem Jeep oder Minibus wegen des besseren Ausblicks (buchbar über Reiseveranstalter).
- **Roter Platz** (zu jeder Tages- und Nachtzeit schön).
- **Basilius-Kathedrale** (nach Möglichkeit auch von innen).
- **Kaufhaus GUM** (tägl. geöffnet).
- **Kreml** (Do geschlossen, der Blick von der gegenüberliegenden Flussseite auf den Kreml ist besonders zu empfehlen).
- **Twerskaja-Straße:** Spaziergang vom Hotel National die Twerskaja Uliza hoch bis zum Rathaus und weiter über den gegenüberliegenden Twerskaja-Platz mit dem Stadtbegründer Dolgoruki. Von dort weiter auf der wunderschön restaurierten Straße Stoléschnikow Pereúlok bis zur ul. Petrówka, von dort nach rechts in Richtung Bolschoi-Theater – tags, abends und nachts schön!

Der Jaroslawer Bahnhof:
Hier fahren die meisten Transsib-Züge ab

• **Schiffsfahrt auf der Moskwa** (April bis Oktober), s.u.
• **Blick von oben:** Von der City Space Bar im 29. Stock des Hotels Krasnye Holmy hat man den schönsten Blick auf die Hauptstadt Russlands (tägl. 17–3 Uhr, Metro *Pawlétskaja, 2.9*).

Rund um den Roten Platz

Der Rote Platz *(Krássnaja Plóschtschad)*, das **Herz der Stadt,** ist 400 m lang und 150 m breit. Ursprünglich hieß er „Handelsplatz" und bekam erst im 17. Jahrhundert seinen bis heute gültigen Namen. Im Altrussischen war das Wort *kràsny* (rot) gleichbedeutend mit „schön", sodass der Platz eigentlich „Schöner Platz" heißt.

Seit *Iwan III.* (1462–1505) ist der Platz immer ein Ort, an dem sich die wichtigsten Ereignisse des Landes abspielen, politische Versammlungen, religiöse Feiern, aber auch Jahrmärkte. Von der Oktoberrevolution im Jahre 1917 bis zur Auflösung der Sowjetunion 1991 fanden hier jedes Jahr am 7. November militärische Paraden und Aufmärsche der Werktätigen statt. Man sollte dem Roten Platz nach Möglichkeit gleich am Ankunftstag einen Besuch abstatten – dann fühlt man erst so richtig, dass man in Moskau angekommen ist!

• **Metro:** *Teatrálnaja* (2.7) und *Plóschtschad Revolúzii* (3.4)

Basilius-Kathedrale

Die Basilius-Kathedrale *(Ssabór Vassílja Blaschénnowo)* ist zumindest von außen eine der schönsten Kirchen der Welt. Mit ihren Zwiebeltürmen und der bunten Bemalung ist sie das Wahrzeichen der Stadt. *Iwan IV.*, auch bekannt als *Iwan der Schreckliche* (1547–84), ließ sie zur Feier seines Sieges über die Tataren bei Kasan in den Jahren 1555–61 erbauen. Den Grundriss der Kathedrale bildet ein Kreuz, an dessen Enden vier Kapellen stehen. Zwischen ihnen sind vier weitere Kapellen angeordnet, sodass sich insgesamt acht Kapellen um das Zentrum der Kirche gruppieren, das höher und größer ist. Der Zar soll so entzückt gewesen sein, dass er den beiden Baumeistern *Barma* und *Posnik* die Augen ausstechen ließ, damit sie nicht irgendwo ein vergleichbar schönes Kunstwerk würden erschaffen können ...

• **Öffnungszeiten:** täglich außer Di 11–18 Uhr, im Winter 11–17 Uhr. Kassenschluss eine Stunde früher.
• **Tel.** 698 33 04
• **Metro:** *Achotny Rjad* (1.3), *Kitái Górod* (7.5) und *Plóschtschad Revolúzii* (3.4)

Steinrundplatz

Der Steinrundplatz *(Lóbnoje Mjésto)* ist nicht, wie häufig behauptet wird, ein Exekutionsplatz gewesen. Er wird erstmalig im Jahre 1547 erwähnt, als *Iwan der Schreckliche* hier das Volk um Verzeihung für seine Willkür bat. Später wurden hier Predigten gehalten und Erlasse des Zaren sowie Urteile verlesen.

Lenin-Mausoleum

An der Kremlmauer auf dem Roten Platz steht das 1930 an der Stelle eines provisorischen Holzbauwerks aus dem Jahre 1917 aus dunkelrotem Granit erbaute Lenin-Mausoleum *(Maw-*

077tr Foto: tb

Moskau

soléi Lénina), in dem der Begründer der Sowjetunion aufgebahrt ist. Hinter dem Mausoleum, an der Kremlmauer, befinden sich neben zwei Massengräbern der Helden der Oktoberrevolution weitere Grabstätten: u.a. die von *Josef Stalin, Leonid Breschnew,* des ersten Kosmonauten *Juri Gagarin,* der Ehefrau von Lenin, *Nadeschda Krupskaja,* und des amerikanischen Journalisten *John Reed.*

- **Öffnungszeiten:** Di, Mi, Do, Sa 10–13 Uhr. Taschen, Handys und Fotoapparate dürfen nicht mit hineingenommen werden!
- **Metro:** *Achotny Rjad* (1.3)

Kaufhaus GUM

Gegenüber dem Lenin-Mausoleum wird der Rote Platz vom berühmten, wunderschönen Kaufhaus GUM *(Glávny Universálny Magasín)* begrenzt. Das 250 m lange und 90 m breite Gebäude wurde 1805 erbaut. Heute sind die auf zwei Etagen untergebrachten **Geschäfte und Luxusläden** zum Teil in ausländischer Hand. Die lichtdurchfluteten Galerien mit ihren kunstvollen schmiedeeisernen Geländern und kleinen Brückchen sind unbedingt einen Besuch wert. **Cafés und Bistros** laden zum Verweilen und Beobachten ein.

- **Öffnungszeiten:** tägl. 10–20 Uhr
- **Internet:** www.gum.ru, **Tel.** 788 43 43
- **Metro:** *Plóschtschad Revolúzii* (3.4), *Twerskája* (2.6), *Kitái Górod* (7.5)

Die Fußgängerzone Arbat im ehemaligen Adelsviertel von Moskau

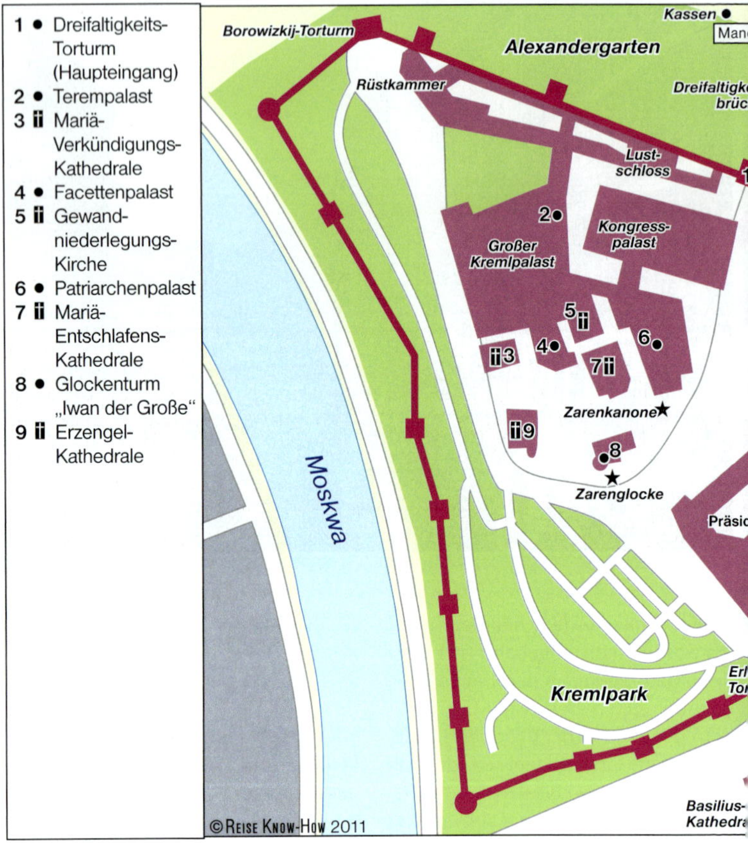

Historisches Museum

An der Westseite wird der Rote Platz vom Historischen Museum *(Istorítscheski Muséi)* begrenzt, dessen Erbauung in den Jahren 1872–83 erfolgte. Vorher stand an dieser Stelle die Moskauer Universität.

- **Öffnungszeiten:** Mo, Mi, Fr 10–18 Uhr, Do 11–20 Uhr, Sa, So 10–18 Uhr
- **Internet:** www.shm.ru
- **Metro:** *Achótny Rjad* (1.3)

Kasaner Kathedrale

Gegenüber dem Historischen Museum steht seit 1993 wieder die Kirche der Kasaner Gottesmutter. Sie wurde ursprünglich im Jahr 1625 errichtet, dann aber in den 30er Jahren des 20. Jahrhunderts abgerissen. Nun ist das

Erscheinungsbild des Roten Platzes wieder vollkommen.

• **Öffnungszeiten:** täglich 8–19 Uhr

Manege

An der Westseite des Kreml befindet sich die Manege *(Manjésch)*, die zentrale **Ausstellungshalle.** Das Gebäude wurde 1812 als Denkmal für den Sieg der russischen Truppen über Napoleon erbaut. Ursprünglich war die Manege für Militärübungen und -paraden bestimmt. Seit über 30 Jahren dient sie nun als Ausstellungshalle, in der Fotos, kunstgewerbliche Erzeugnisse sowie Arbeiten von Theater- und Filmschaffenden, Malern, Bildhauern und Grafikern präsentiert werden.

• **Metro:** *Alexandrówski Sad* (4.3)

Kreml

Der erste Kreml wurde 1156 vom Gründer Moskaus, *Juri Dolgoruki,* aus Holz errichtet. Die Festung war von Wasser umgeben und somit geschützt. Auf der einen Seite fließt die Moskwa, auf der Westseite floss damals die heute kanalisierte und unterirdisch geführte Neglinnaja. Die Seite zum Roten Platz hin schützte ein Graben.

1365–67 wurde eine weiße, 2000 m lange Steinmauer errichtet. Als *Iwan III.* (1462–1505) den Kreml zu seinem Sitz und dem des Patriarchen machte, entstand eine Vielzahl prächtiger sakraler und profaner Steinbauten innerhalb der **Kremlmauer.** Heute hat die Mauer 20 Türme und misst 2235 m Länge, zwischen 5 und 19 m Höhe und ist 3,50 bis 6,50 m dick.

Während der offizielle Kreml-Eingang für Politiker und Beamte das Tor im Erlöser-Turm *(Spasskaja Baschnja)* am Roten Platz ist, betritt der Tourist das Gelände durch den **Kutafja-Turm** an der Westmauer.

Nachdem man über eine altertümliche Brücke gegangen ist, erreicht man den **Dreifaltigkeits-Turm** *(Tróizkaja*

078tr Foto: tb

Báschnja), den jüngsten (erbaut 1495–99) und höchsten Kreml-Turm mit einer Höhe von 80 m.

Zur Linken erblickt man das Gebäude des ehemaligen **Waffenarsenals** und zur Rechten den **Kongresspalast,** der 1961 fertiggestellt wurde und in dem häufig Opern- und Ballettaufführungen stattfinden. Es handelt sich sozusagen um die zweite Bühne des Bolschoi-Theaters.

Als Nächstes gelangt man zur **Zwölf-Apostel-Kathedrale** und zum **Patriarchenpalast,** die beide aus den Jahren 1653–55 stammen.

Die **Mariä-Entschlafens-Kathedrale** *(Uspenski Ssabor)* wurde 1479 von einem italienischen Baumeister erbaut, sie war die Hauptkirche der russischen Orthodoxie. In ihr befand sich die berühmte, wunderbringende „Ikone der Gottesmutter von Wladimir". Ab 1498 fanden hier, auch als St. Petersburg Hauptstadt war, alle Zarenkrönungen statt und ab 1598 wurden die russischen Patriarchen in dieser Kirche inthronisiert. Auch wurden in der Kathedrale Staatsakte verkündet, hier leisteten die Teilfürstentümer Moskau ihren Treueeid und nahmen wichtige Prozessionen ihren Anfang.

In der Kathedrale sind der aus Holz geschnitzte Thron Iwans des Schrecklichen aus dem Jahre 1551 und ein riesiger Kirchenkronleuchter von 1812 zu sehen. Im Altarteil sind Teile von Fresken aus dem späten 15. Jahrhundert erhalten.

Der schönste Blick auf den Kreml

Der Blick von der gegenüberliegenden Moskwa-Seite auf den Kreml ist ein Muss und besonders bei Festbeleuchtung aus Anlass von Staatsbesuchen oder Feiertagen einmalig. An einer Stelle führt eine Treppe hinunter zum Wasser, wo man herrlich sitzen und picknicken kann.

Der **Glockenturm „Iwan der Große"** wurde in den Jahren 1505–08 errichtet. Er war mit einer Höhe von 81 m lange Zeit das höchste Bauwerk Moskaus und diente deshalb zu Kriegszeiten auch als Wachturm.

Die **Große Glocke** oder auch Glocke „Zar Kolokol" wurde 1733–35 gegossen. Am unteren Rand beträgt ihr Durchmesser 6,60 m, das Gewicht liegt bei 210 Tonnen. Während eines Brandes im Jahre 1737 bekam die Glocke einen Sprung und ein Stück von knapp 12 Tonnen Gewicht brach heraus.

Die **Erzengel-Kathedrale** *(Archangelski Ssabor)* stammt aus den Jahren 1505–08 und wurde von einem italienischen Baumeister errichtet. Sie wurde als Grabstätte der Moskauer Fürsten und russischen Zaren genutzt. Ihr Inneres wurde 1652–66 von russischen Malern ausgestaltet. Bemerkenswert ist die Porträtgalerie mit Darstellungen von Fürsten und Zaren. In der Kathedrale befinden sich insgesamt 46 Sarkophage. Nach der Verlegung der Hauptstadt nach St. Petersburg im Jahr 1712 wurden die russischen Zaren, angefangen mit *Peter dem Großen,* in St. Petersburg beigesetzt.

Das Kaufhaus GUM aus dem frühen 19. Jahrhundert ist sehenswert

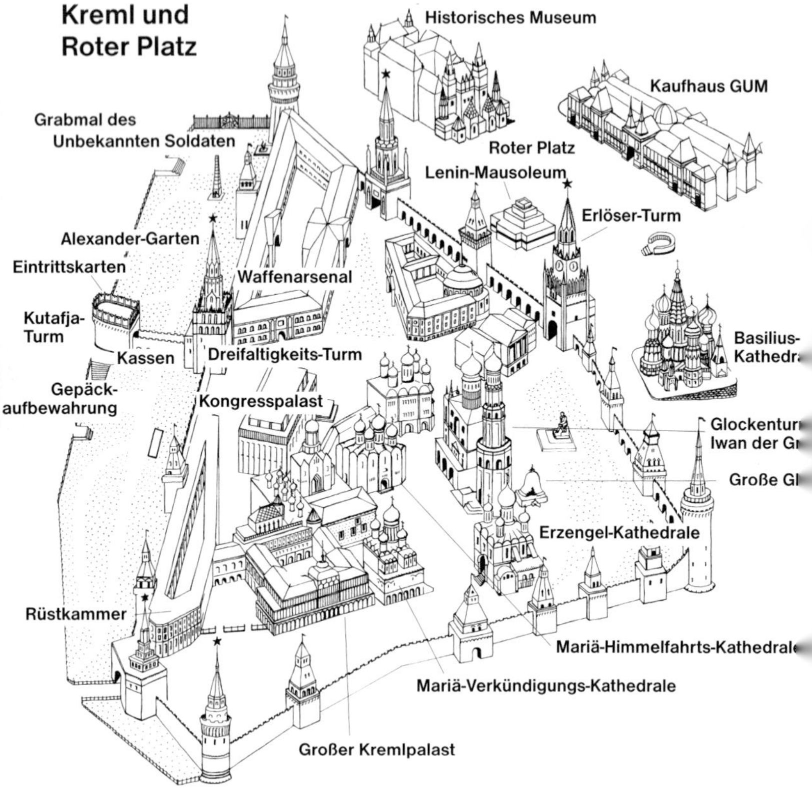

Die kleinste der drei Kreml-Kathedralen ist die **Mariä-Verkündigungs-Kathedrale** *(Blagoweschtschenski Ssabor)*, deren Bau im Jahre 1498 von russischen und italienischen Baumeistern beendet wurde und die die Hofkirche der Zaren war. Hier fanden Tauf- und Hochzeitszeremonien statt.

Der **Große Kremlpalast** *(Kremljowski Dworjez)* entstand in den Jahren 1838–49. Vor der Revolution von 1917 diente er als Residenz des Zaren in Moskau. Die prachtvoll ausgestatteten Räume im Erdgeschoss werden heute für offizielle Empfänge genutzt.

Mit dem Bau des **Facettenpalastes** wurde 1487 begonnen. Die Fassade stammt aus den Jahren 1487–91 und ist mit facettierten Kalksteinen verkleidet. In dem Gebäude befindet sich ein fast 500 m² großer Festsaal. In diesem größten Saal des alten Moskau fanden

079tr Foto: dk

Moskau

feierliche Zeremonien statt und wurden ausländische Würdenträger empfangen. Er ist der älteste bis heute erhaltene Profanbau in Moskau.

In der staatlichen **Rüstkammer** *(Oruschennaja Palata),* der ehemaligen Schatzkammer der Großfürsten und Zaren befindet sich heute ein Museum mit Waffen, Rüstungen und kunsthandwerklichen Gegenständen aus Gold, Silber, Edelsteinen und Emaille. Es beherbergt auch eine Sammlung seltener Gewänder und Gewebe, Geschenke ausländischer Gesandter an russische Fürsten und Zaren, alte Kutschen usw. Besonders interessant ist eine Sammlung von Zarenthronen. In einem Saal befindet sich eine Diamantensammlung *(almásny fond)* mit den größten Edelsteinen sowie Gold- und Platinklumpen, die man in Russland gefunden hat. Außerdem werden hier die schönsten Stücke der berühmtesten Juweliere des Landes ausgestellt.

Der 1492 erbaute, mit seinem krönenden Stern 71 m hohe **Erlöser-Torturm** *(Spasskaja Baschnja)* war der Haupteingang zu Zarenzeiten und ist heute einer von zwei Eingängen für Politiker und Staatsgäste. Im Jahre 1625 wurde eine drei Stockwerke hohe, 25 Tonnen schwere Uhr eingebaut, mit einem Zifferblatt von über 6 m Durchmesser auf jeder der vier

Von Napoleon zurückgelassene Kanonen im Kreml

Turmseiten. Der Minutenzeiger ist fast 3,50 m lang.

Auf dem Weg vom Kutafja-Tor (dem Kreml-Eingang für Touristen) zum Roten Platz läuft man durch den schönen **Alexandergarten** mit seinen zum Ausruhen einladenden Bänken und gepflegten Blumenbeeten. Am Ende der Parkanlage kommt man am Ewigen Feuer des **Grabmals des Unbekannten Soldaten** vorbei, das 1967 errichtet wurde und wo zu jeder vollen Stunde eine Wachablösung stattfindet.

- **Öffnungszeiten:** tägl. außer Do 10–17 Uhr. Um 9.30 Uhr ist Ticketverkauf für Einlass um 10 Uhr, 11.15 Uhr für Einlass um 12 Uhr, 13.45 Uhr für Einlass um 14.30 Uhr, 15.45 Uhr für Einlass um 16.30 Uhr. Tickets können nicht im Voraus gekauft werden. Preise: mit Besteigung des Glockenturms 500 Rubel, ohne 350 Rubel. Leihgebühr für einen Audioguide inkl. Kremlkarte 5 Euro gegen Hinterlegung eines Ausweises oder 1500 Rubel, Leihdauer 2 Std. Schatzkammer: 10–11.30, 12–13.30, 14.30–16 und 16.30–17 Uhr, 700 Rubel. Taschen und Rucksäcke müssen abgegeben werden: Bei den Kassen rechts die große Treppe runter und gleich wieder rechts, 10–18 Uhr, bis 5 kg 1 Euro, sonst 1,50 Euro.
- **Internet:** www.kreml.ru und www.moscowkremlin.ru
- **Metro:** *Alexandrówski Sad* (4.3), *Bibliotéka Lénina* (3.5)

Rund um die Twerskaja-Straße

Um einen Eindruck vom Moskauer Alltagsleben zu gewinnen, sollte man einen Spaziergang auf der Twerskaja Uliza machen, **Moskaus Champs Elysées.** Hier reihen sich Geschäfte, Hotels, Restaurants, 24-Stunden-Supermärkte, Wechselstuben, Night Clubs, Bistros, Fastfood-Lokale und Cafés aneinander, man passiert berühmte Theater und Konzertsäle, trifft auf Menschen aller Nationalitäten und findet zahlreiche Kunstgalerien - kurz: Hier tobt das Leben. Auch die kleinen Nebenstraßen mit ihren alten Häusern und Kirchen und der romantischen Atmosphäre sind einen Abstecher wert.

In der Twerskaja 14 ist das wunderschöne **Delikatessengeschäft Jelisséiski,** dessen Ausstattung an einen prunkvollen Palastsaal erinnert. Allein die Lampen sind eine Sensation. In einem Nebenraum gibt es in einem Stehcafé Espresso, Bier, Nüsse etc. (tägl. 8–21 Uhr).

- **Metro:** *Púschkinskaja* (7.3)

Bolschoi-Theater

Das „Große Theater" wurde im Jahre 1824 erbaut, musste jedoch nach einem Brand 1856 vollständig erneuert werden. Im Zuschauerraum haben auf fünf Rängen 2300 Personen Platz. Der Spielplan hängt am Theater aus (in russischer Sprache), in den Servicebüros der Hotels liegt in der Regel das Monatsprogramm vor (im Internet unter www.moskauonline.de, Stichwort „Kultur"). Die Theaterferien gehen meist von Juni bis August, dann finden ab und zu Gastspiele statt.

Interessant und schön ist auch die Altstadt hinter dem Bolschoi-Theater zwischen den Straßen Twerskaja-, Ochotny Rjad und Neglinnaja mit ihren Geschäften und Galerien.

- **Vorstellungen** beginnen meist um 19 Uhr. Die letzte Chance, Karten zu bekommen, hat man vor dem Theater, wo Schwarzhändler

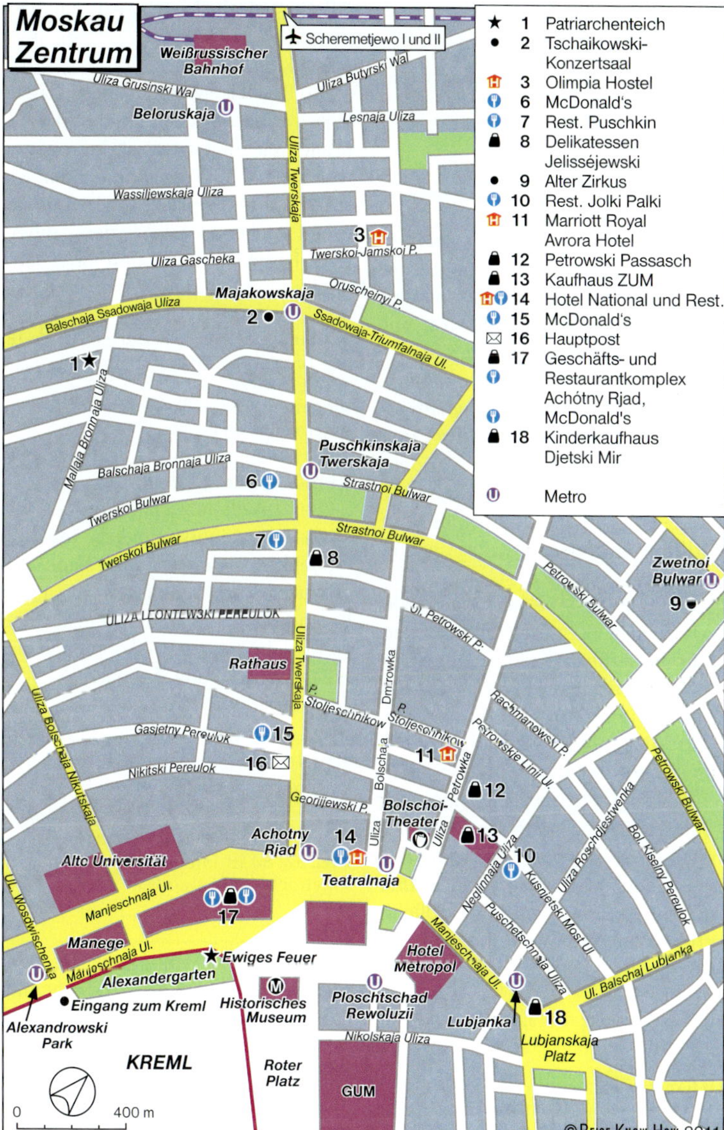
Moskau Zentrum
1 Patriarchenteich
2 Tschaikowski-Konzertsaal
3 Olimpia Hostel
6 McDonald's
7 Rest. Puschkin
8 Delikatessen Jelisséjewski
9 Alter Zirkus
10 Rest. Jolki Palki
11 Marriott Royal Avrora Hotel
12 Petrowski Passasch
13 Kaufhaus ZUM
14 Hotel National und Rest.
15 McDonald's
16 Hauptpost
17 Geschäfts- und Restaurantkomplex Achótny Rjad, McDonald's
18 Kinderkaufhaus Djetski Mir
Metro
Scheremetjewo I und II
Weißrussischer Bahnhof
Uliza Grusinski Wal
Beloruskaja
Uliza Butyrski Wal
Lesnaja Uliza
Uliza Twerskaja
Wassiljewskaja Uliza
Twerskoi-Jamskoi P.
Uliza Gascheka
Majakowskaja
Oruscheinyi P.
Balschaja Ssadowaja Uliza
Ssadowaja-Triumfalnaja Ul.
Malaja Bronnaja Uliza
Puschkinskaja
Twerskaja
Balschaja Bronnaja Uliza
Strastnoi Bulwar
Twerskoi Bulwar
Zwetnoi Bulwar
Petrowski Bulwar
Uliza Leontewski Pereulok
Ul. Petrowski P.
Rathaus
Dmitrowka
P. Stoljeschnikow
Rachmanowski P.
Petrowskie Linii Ul.
Uliza Bolschaja Nikitskaja
Gasjetny Pereulok
Nikitski Pereulok
Bolschaja
Petrowka
Georgijewski P.
Bolschoi-Theater
Achotny Rjad
Uliza
Neglinnaja Uliza
Kusnjetski Most Ul.
Uliza Roschdiestwenka
Bol. Kiselny Pereulok
Alte Universität
Teatralnaja
Manjeschnaja Ul.
Ul. Wosdwischenka
Manege
Ewiges Feuer
Alexandergarten
Hotel Metropol
Puschetschnaja Uliza
Ul. Balschaj Lubjanka
Eingang zum Kreml
Alexandrowski Park
Historisches Museum
Ploschtschad Rewoluzii
Lubjanka
Lubjanskaja Platz
Nikolskaja Uliza
KREML
Roter Platz
GUM
0
400 m
©Reise Know-How 2011

Theaterkarten anbieten - Handeln ist angesagt. Karten kosten ab 17 Euro für eine Oper und 85–125 Euro für ein Ballett wie z.B. „Schwanensee". Das Theaterprogramm wird zwei Monate vorher bekanntgegeben.
- **Metro:** *Teatrálnaja* (2.7)

Alte Tretjakow-Galerie

In Moskau gibt es eine Vielzahl interessanter Museen, doch erlaubt die kurze Aufenthaltszeit im Zusammenhang mit einer Transsibreise oft nur den Besuch einiger weniger. Die berühmte Tretjakow-Galerie *(Tretjakówskaja Galeréja)* zählt zu den **wichtigsten Sehenswürdigkeiten Moskaus.** Das Museum wurde 1892 von dem Moskauer Kaufmann *Pawel Tretjakow* (1832–98) gegründet. 1856 begann *Tretjakow* mit einer Privatsammlung russischer Malerei. Bereits sechs Jahre später umfasste seine Sammlung 1200 Bilder, einige Hundert Skulpturen und grafische Arbeiten, die er der Stadt Moskau vermachte. Heute verfügt das Museum über etwa 8000 Gemälde, 2000 Skulpturen, ca. 35.000 Zeichnungen und 5000 frühe Werke russischer Kunst. Hierzu zählt eine sehr schöne und umfassende Ikonensammlung mit Werken u.a. des berühmtesten Ikonenmalers Russlands, *Andrei Rubljow* (ca. 1360–1430). Es empfiehlt sich ein informativer Rundgang mit Audioguide.

- **Öffnungszeiten:** tägl. außer Mo 10–19.30 Uhr, Kassenschluss 18.30 Uhr
- **Tel.** 951 13 62
- **Internet:** www.tretyakovgallery.ru
- **Metro:** *Tretjakówskája* (6.4) und *Nowokusnjétskaja* (2.8)

Südwestlich des Kreml

Puschkin-Museum

Das Puschkin-Museum *(Muséi Púschkina)* wurde zwischen 1898 und 1912 erbaut, es zeigt europäische Malerei (besonders interessant die französischen Impressionisten) sowie Exponate der antiken Kunst Assyriens, Ägyptens, Babylons, Roms und Griechenlands.

- **Öffnungszeiten:** täglich außer Mo 10–18 Uhr, Einlass bis 17.30 Uhr
- **Tel.** 637 56 74
- **Internet:** www.pushkinmuseum.ru
- **Metro:** *Krapótkinskaja* (1.4)

Christi-Erlöser-Kathedrale

Die Kathedrale *(Chram Christá Spassítelja)* wurde ursprünglich 1883 in Gedenken an den Sieg über *Napoleon* erbaut, jedoch 1931 zerstört. Bis 1994 befand sich an dieser Stelle ein Freibad. Im Jahre 2000 konnte die feierliche Einweihung der nach dem alten Vorbild wiedererrichteten Kathedrale stattfinden. Sonntags um 9 und 10 Uhr kann man dem Kirchenchor lauschen.

- **Öffnungszeiten:** täglich 10–18 Uhr
- **Tel.** 924 80 58, **Internet:** www.xxc.ru
- **Metro:** *Krapótkinskaja* (1.4)

Arbat

Die erste **Fußgängerzone** des Landes führt durch den Arbat, das ehemalige **Adelsviertel** von Moskau. Heute reihen sich hier schicke Cafés, Restaurants, Bars, Fastfood-Lokale, Antiquitätenläden und Kunstgalerien aneinander. Porträtzeichner und Fotografen

080tr Foto: tb

bieten ihre Dienste an und Künstler stellen ihre Werke aus. Die Atmosphäre im Arbat ähnelt ein wenig der des Quartier Latin in Paris. In- und ausländische Touristen drängen sich zwischen zahllosen Souvenirshops mit Matroschkas, Fellmützen, Armeeabzeichen und allem, was Touristen gern kaufen.

• **Metro:** *Arbátskaja* (4.3), *Smaljénskaja* (4.2)

Neujungfrauenkloster

Zu den schönsten Klosteranlagen des Landes zählt das Neujungfrauenkloster *(Nowodéwitschi Monastír)*. Seine Gründung als Festung und Nonnenkloster geht zurück auf das Jahr 1524. Einst gehörte es zu einem Ring von sechs Wehrklöstern, die nach Süden und Osten zum Schutz der Stadt errichtet wurden. *Boris Godunow* wurde hier zum Zaren gekrönt und *Peter der Große* ließ seine Halbschwester *Sofia* bis zu ihrem Tod im Jahre 1704 im Kloster einsperren.

Das älteste Gebäude ist die **Smolensker Kathedrale** aus dem Jahr 1524. Auf dem Friedhof kann man zahlreiche Gräber der geistig-kulturellen Elite Russlands, z.B. von *Anton Tschechow, Leo Tolstoi, Nikolai Gogol* und *Dmitri Schostakowitsch,* besuchen.

Das alte Rathaus

● **Öffnungszeiten:** tägl. außer Di und dem ersten Mo des Monats 10–17.30 Uhr, Tel. (499) 246 85 26, 4 Euro. Ab 16.30 Uhr kommt man ohne Eintrittskarte rein. Foto 2,50 Euro, Video 5 Euro extra. Der Friedhof ist tägl. 9–17 Uhr geöffnet. Besonders schön ist ein Besuch des Klosters am Sa, wenn viele Hochzeitspaare zu beobachten sind und gegen 16.45 Uhr ein regelrechtes Glockenkonzert beginnt. Um 17 Uhr Gottesdienst, So 6.45 und 9 Uhr.
● **Metro:** *Sportíwnaja* (1.6) und weiter per Trolleybus Nr. 5 oder 15

Zirkus

Weltruhm genießt der **Neue Moskauer Staatszirkus** *(Nóvy Zirk),* der in einem modernen Gebäude außerhalb des Zentrums untergebracht ist (Wernadski Prospekt 7). Vorstellungen gibt es täglich um 19 Uhr.

● **Metro:** *Universitjét* (1.7)

Der 2002 nach aufwendigen Renovierungsarbeiten wiedereröffnete **Alte Moskauer Staatszirkus** (*Stáry Zirk,* Tel. 200 68 89) im historischen Zentrum Moskaus ist von der Atmosphäre her schöner. Hier wird altmodischer Zirkus vorgeführt.

● **Metro:** *Zwetnói Bulwar* (9.2)

Schiffsfahrt auf der Moskwa

In der Nähe der Metrostation Kiewskaja gibt es einen Anleger, von dem aus man bei schönem Wetter wunderbare Schiffsausflüge auf der Moskwa unternehmen kann. Die Tour führt an der Moskauer Universität vorbei, durch das Zentrum mit herrlichen Blicken auf den Kreml und endet an der Nowospaski-Brücke.

● **Je nach Wetterlage** Mitte/Ende April bis Anfang/Mitte Oktober, 10 Euro.
● **Internet:** www.cck-ship.ru
● **Metro:** *Kíewskaja* (4.1) oder, wenn man in der entgegengesetzten Richtung fahren will, *Proletarskaja* (lila Linie), von wo man 5–10 Minuten bis zum Fluss laufen muss.

Die Metro

Die Moskauer Metro, ursprünglich für fünf Mio. Fahrgäste geplant, transportiert heute täglich gut neun Mio. bzw. 2,6 Milliarden Passagiere im Jahr; sie belegt damit Platz 1 weltweit (zum Vergleich: London hat um die 2,8 Mio. Fahrgäste täglich).

Die Moskauer Metro ist **eine der schönsten der Welt** und lohnt unbedingt eine Besichtigungsfahrt. Die prunkvollsten der über 150 Haltestationen liegen an der **19,4 km langen Zirkellinie** (*Kalzevája Línija,* braune Linie), **die die wichtigsten Moskauer Plätze und sieben Bahnhöfe miteinander verbindet.** Die Stationen an diesem Ring sind immer Umsteigestationen. Marmor in allen Farben, Halbedelsteine aus allen Teilen des Landes, glitzernde Kronleuchter, Skulpturen und riesige Mosaiken zieren die wie Paläste wirkenden Stationen. Mit den Bauarbeiten an der Metro wurde am 15. Mai 1935 begonnen, die Hauptstrecke war ab 1954 befahrbar. Mit einer durchschnittlichen Geschwindigkeit (inkl. Stopps) von knapp 40 km/h ist die Moskauer Metro die schnellste der Welt!

Zu den sehenswertesten Metrostationen zählen **Komsomólskaja** (1.1, die große Halle unter dem Jaroslawer Bahnhof ist eine Sensation), **Belarússkaja** (2.4, Weißrussischer Bahnhof), **Kíewskaja** (4.1, Kiewer Bahnhof), **Nowoslabótskaja** (Zirkellinie), **Krapótkinskaja** (1.4), **Majakówskaja** (2.5) und **Barrikádnaja** (7.2).

Wahnwitzig schnell bringen die z.T. endlos lang erscheinenden **Rolltreppen** (Achtung: rechts stehen, links überholen!) wahre Menschenmassen binnen kürzester Zeit zu den Zügen der insgesamt 12 Linien, die während der Hauptverkehrszeit im 30-Sekunden-Takt einfahren. Und auch sonst wartet man meistens nicht länger als maximal vier Minuten. Zwischen 5.30 Uhr am Morgen und 1 Uhr nachts werden die Fahrgäste auf dem über 280 km langen Streckennetz mit 172 Stationen in insgesamt 9000 (!) Zügen befördert.

Fahrkarten mit Magnetstreifen kauft man in den Stationen jeweils vor den Eingangsschranken. Die einfache Fahrt mit beliebigem Umsteigen kostet 27 Rubel. Mit Mehrfachtickets (5, 10, 20, 30 und mehr Fahrten) wird es billiger, Tagestickets gibt es nicht.

- **Öffnungszeiten:** tägl. 5.30–1 Uhr
- **Internet:** www.mosmetro.ru

Die Linien und ihre wichtigsten Stationen

Braune Zirkellinie

- **Belarússkaja** – Weißrussischer Bahnhof, Hotel Marriott-Twerskaja, Palace Sheraton Hotel (schöne Metrostation!)
- **Komsomólskaja** – Leningrader, Kasaner und Jaroslawer Bahnhof, Hotel Leningradskaja (schöne Metrostation!)
- **Kúrskaja** – Kursker Bahnhof
- **Nowoslabótskaja** – schöne Metrostation!
- **Park Kultúry** – Gorki-Park, Aeroflot-Tickets

Moskau

Beerdigung und Totenverehrung nach russischem Brauch

Wenn in Russland jemand stirbt, findet am dritten Tag die Beerdigung statt, zu der Verwandte, Freunde und Bekannte kommen, die zusammen mit dem Popen den Sarg zum Grab begleiten. Anschließend sitzen die Trauergäste beisammen und essen Pfannkuchen, dazu wird *kissel* getrunken, ein angedickter Fruchtsaft aus Sanddorn oder Preiselbeeren.

Auch am 9. und 40. Tag sowie nach sechs Monaten und ab dann jedes Jahr am Todestag treffen sich die Freunde und Verwandten am Grab. Ein kleiner Tisch und Sitzbänke befinden sich auf jeder von einem kleinen Eisenzaun umgebenen Grabstelle. Außer *kissel* und Pfannkuchen werden beliebige andere Speisen aufgetischt. Wenn bei diesen Treffen Wodka getrunken wird, so auf jeden Fall ohne Anstoßen der Gläser.

Am Tag der Beerdigung wird ein Glas Wodka mit Brot bedeckt und neben dem Foto des Verstorbenen aufgestellt. Am 40. Tag sollte der Wodka verdunstet sein – ein Zeichen, dass die Seele des Verstorbenen diese Welt für immer hat verlassen können.

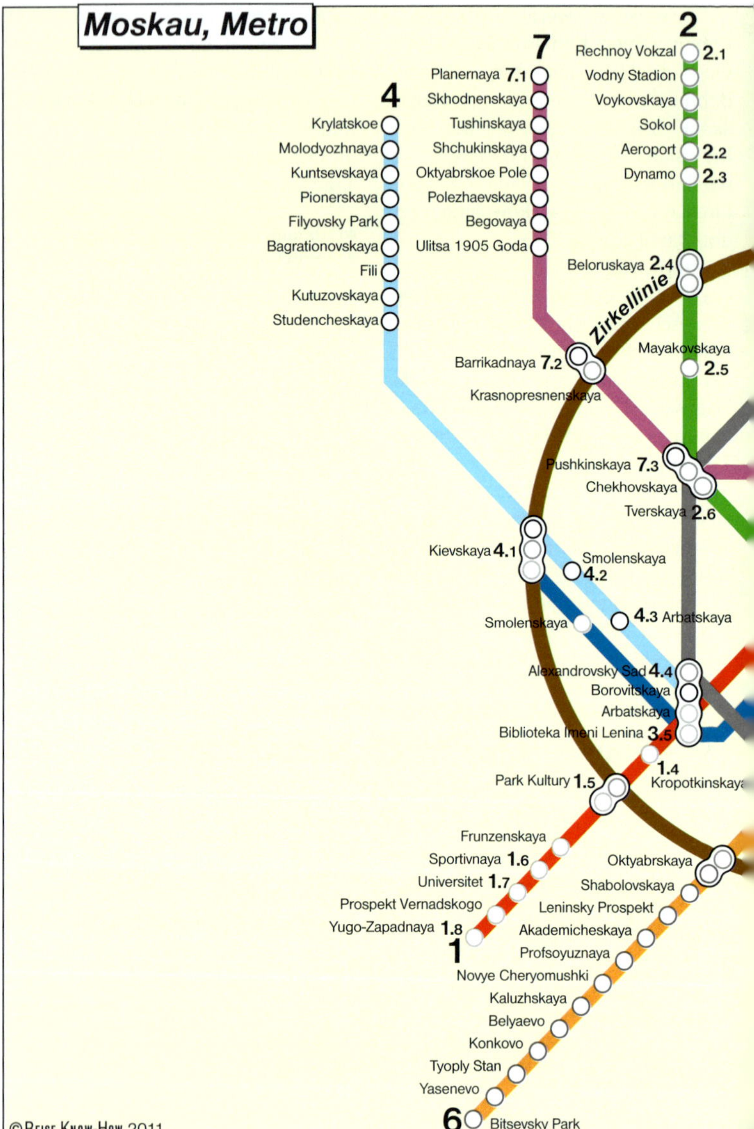
Moskau, Metro
4
Krylatskoe
Molodyozhnaya
Kuntsevskaya
Pionerskaya
Filyovsky Park
Bagrationovskaya
Fili
Kutuzovskaya
Studencheskaya
7
Planernaya 7.1
Skhodnenskaya
Tushinskaya
Shchukinskaya
Oktyabrskoe Pole
Polezhaevskaya
Begovaya
Ulitsa 1905 Goda
2
Rechnoy Vokzal 2.1
Vodny Stadion
Voykovskaya
Sokol
Aeroport 2.2
Dynamo 2.3
Beloruskaya 2.4
Zirkellinie
Mayakovskaya 2.5
Barrikadnaya 7.2
Krasnopresnenskaya
Pushkinskaya 7.3
Chekhovskaya
Tverskaya 2.6
Kievskaya 4.1
Smolenskaya 4.2
Smolenskaya
4.3 Arbatskaya
Alexandrovsky Sad 4.4
Borovitskaya
Arbatskaya
Biblioteka Imeni Lenina 3.5
1.4 Kropotkinskaya
Park Kultury 1.5
Frunzenskaya
Sportivnaya 1.6
Universitet 1.7
Prospekt Vernadskogo
Yugo-Zapadnaya 1.8
1
Oktyabrskaya
Shabolovskaya
Leninsky Prospekt
Akademicheskaya
Profsoyuznaya
Novye Cheryomushki
Kaluzhskaya
Belyaevo
Konkovo
Tyoply Stan
Yasenevo
6 Bitsevsky Park
©Reise Know-How 2011

Übersichtsplan S. 144

- **Paweljétskaja** - Paweljestski-Bahnhof, Airport-Expresszug zum Flughafen Domodjédowo
- **Prospekt Mira** - Travellers' Guest House, McDonald's
- **Smaljénskaja** - Arbat
- **Kranoprésnjenskaja** - Zoo

1, rote Linie

- **Achótny Rjad (1.3)** - Unterirdisches Einkaufszentrum, Manegenplatz, Hotel Moskwa, Kreml
- **Jugosápadnaja (1.8)** - Busse zum Flughafen Wnúkowo, Hotel Salut
- **Komsomólskaja (1.1)** - Leningrader, Kasaner und Jaroslawer Bahnhof, Hotel Leningradskaja (schöne Metrostation!)
- **Krapótkinskaja (1.4)** - Puschkin-Museum, Erlöserkathedrale, Moskwa-Fluss
- **Lubjánka (1.2)** - ehemaliges KGB-Gebäude, Kindergeschäft Djétski Mir
- **Park Kultúry (1.5)** - Gorki Park, Aeroflot-Tickets
- **Sportíwnaja (1.6)** - Neujungfrauenkloster, Sportstadium Luschnikí
- **Universitjét (1.7)** - Neuer Zirkus, Uni

2, dunkelgrüne Linie

- **Aeroport (2.2)** - Aeroflot: Verkauf von Inlandflugtickets, Busse zu allen Flughäfen
- **Belarússkaja (2.4)** - Weißrussischer Bahnhof, Hotel Marriott-Twerskaja, Palace Sheraton Hotel, Twerskaja-Straße (schöne Metrostation!)
- **Dinámo (2.3)** - Sportstadion
- **Domodjédowskaja (2.11)** - Busse zum Flughafen Domodjédowo
- **Kolómenskaja (2.10)** - Museum und Park Kolómenskoje
- **Majakówskaja (2.5)** - Tschaikowski-Konzertsaal, Twerskaja- Straße, Peking Hotel, Pizza-Restaurant (schöne Metrostation!)
- **Nowokusnjétskaja (2.8)** - Alte Tretjakow-Galerie
- **Paweljétskaja (2.9)** - Paweljestski-Bahnhof, Airport-Expresszug zum Flughafen Domodjédowo
- **Retschnòi Woksàl (2.1)** - Bus zu den Flughäfen Scheremétjewo 1 und 2
- **Teatrálnaja (2.7)** - Bolschoi-Theater, Hotel Metropol, Hotel Moskwa, Roter Platz
- **Twerskája (2.6)** - Puschkin-Platz, Twerskaja-Straße, McDonald's, Russkoje Bistro, Restaurant Jolki Palki

3, dunkelblaue Linie

- **Arbátskaja (3.5)** - Arbat
- **Ismáylowski Park (3.2)** - Flohmarkt, Vernissage, Hotel Ismáylowski
- **Kúrskaja (3.3)** - Kursker Bahnhof
- **Plóschtschad Revolúzii (3.4)** - GUM, Roter Platz, Hotel Moskwa, Hotel Metropol
- **Schólkowskaja (3.1)** - Busbahnhof

4, hellblaue Linie

- **Alexandrówski Sad (4.3)** - Kreml
- **Arbátskaja (4.1)** - Arbat
- **Kíewskaja (4.1)** - Kiewer Bahnhof, Anleger für Flussfahrten auf der Moskwa, Hotel Radisson (schöne Metrostation!)

6, orangefarbene Linie

- **Prospekt Mira (6.3)** - Travellers' Guest House, McDonald's
- **Ríschskaja (6.2)** - Rigaer Bahnhof
- **Tretjakówskaja (6.4)** - Tretjaków-Galerie
- **We De En Cha (6.1)** - Hotel Kosmos

7, lila Linie

- **Planernaja (7.1)** - Bus Nr. 814 zu den Flughäfen Scheremétjewo 1 und 2
- **Barrikádnaja (7.2)** - Zoo
- **Kitái Górod (7.5)** - GUM, Roter Platz, Basilius Kathedrale, Moskwa-Fluss, Hotel Baltschug-Kempinski
- **Kusnjétski Most (7.4)** - Restaurants, Kunstgalerie, Kindergeschäft Djetski Mir, Russisches Dampfbad Saldunowskije Bani
- **Púschkinskaja (7.3)** - Puschkin-Platz, Twerskaja-Straße, McDonald's, Russkoje Bistro, Restaurant Jolki Palki
- **Rjasánski Prospékt (7.6)** - G&R Hostel Asia

9, graue Linie

- **Petrowsko-Razumowskaja (9.1)**
- **Zwetnói Bulwar (9.2)** - Alter Zirkus

Wichtige Metrostationen A–Z

- **Achótny Rjad (6.3)** – Unterirdisches Einkaufszentrum, Manegenplatz, Hotel Moskwa, Kreml
- **Aeroport (2.2)** – Aeroflot: Verkauf von Inlandflugtickets, Flughafenbusse zu allen Flughäfen
- **Alexandrówski Sad (4.3)** – Kreml
- **Arbátskaja (4.2, 3.5)** – Arbat
- **Barrikádnaja (7.2)** – Zoo
- **Belarússkaja (2.4)** – Weißrussischer Bahnhof, Hotel Marriott-Twerskaja, Palace Sheraton Hotel, Twerskaja-Straße (schöne Metrostation!)
- **Dinámo (2.3)** – Sportstadion
- **Domodjédowskaja (2.11)** – Busse zum Flughafen Domodjédowo
- **Ismáylowski Park (3.2)** – Flohmarkt, Vernissage, Hotel Ismáylowski
- **Jugosápadnaja (1.8)** – Busse zum Flughafen Wnúkowo, Hotel Salut
- **Kamsomólskaja** ↗ Komsomólskaja
- **Kíewskaja (4.1)** – Kiewer Bahnhof, Anleger für Flussfahrten auf der Moskwa, Hotel Radisson (schöne Metrostation!)
- **Kitái Górod (7.5)** – GUM, Roter Platz, Basilius Kathedrale, Moskwa-Fluss, Hotel Baltschug-Kempinski
- **Kolómenskaja (2.10)** – Museum und Park Kolómenskoje
- **Komsomólskaja (1.1)** – drei Bahnhöfe: Leningrader, Kasaner und Jaroslawer Bahnhof, Hotel Leningradskaja (schöne Metrostation!)
- **Krapótkinskaja (1.4)** – Puschkin-Museum, Erlöserkathedrale, Moskwa-Fluss
- **Kranoprésnjenskaja (braune Zirkellinie)** – Zoo
- **Kurskaja (3.3)** – Kursker Bahnhof
- **Kusnjétski Most (7.4)** – Restaurants, Kunstgalerie, Kindergeschäft Djetski Mir, Russisches Dampfbad Saldunowskije Bani
- **Lubjánka (1.2)** – ehemaliges KGB-Gebäude, Kindergeschäft Djétski Mir
- **Majakówskaja (2.5)** – Tschaikowski-Konzertsaal, Twerskaja-Straße, Peking Hotel, Pizza-Restaurant (schöne Metrostation!)
- **Nowokusnjétskaja (2.8)** – Alte Tretjakow-Galerie
- **Nowoslabótskaja (braune Zirkellinie)** – schöne Metrostation!
- **Ochótny Rjad** ↗ Achótny Rjad
- **Park Kultúry (1.5)** – Gorki Park
- **Paweljétskaja (2.9)** – Paweljestski-Bahnhof, Airport-Expresszug zum Flughafen Domodjédowo
- **Planernaja (7.1)** – Bus Nr. 852 zu den Flughäfen Scheremétjewo 1 und 2
- **Plóschtschad Revolúzii (3.4)** – GUM, Roter Platz, Hotel Moskwa, Hotel Metropol
- **Prospekt Mira (6.3)** – McDonald's
- **Púschkinskaja (7.3)** – Puschkin-Platz, Twerskaja-Straße, McDonald's, Russkoje Bistro, Restaurant Jolki Palki
- **Retschnòi Woksàl (2.1)** – Bus zu den Flughäfen Scheremétjewo 1 und 2
- **Ríschskaja (6.2)** – Rigaer Bahnhof
- **Schólkowskaja (3.1)** – Busbahnhof
- **Smaljénskaja (braune Zirkellinie)** – Arbat
- **Smolenskaja** ↗ Smaljénskaja
- **Sportíwnaja (1.6)** – Neujungfrauenkloster, Sportstadium Luschnikí
- **Teatrálnaja (2.7)** – Bolschoi-Theater, Hotel Metropol, Hotel Moskwa, Roter Platz
- **Tretjakówskaja (6.4)** – Alte Tretjakow-Galerie
- **Twerskája (2.6)** – Puschkinplatz, Twerskaja-Straße, McDonald's, Russkoje Bistro, Restaurant Jolki Palki
- **Universitjét (1.7)** – Neuer Zirkus, Universität
- **We De En Cha (6.1)** – Hotel Kosmos
- **Zwetnói Bulwar (9.2)** – Alter Zirkus

Sehenswürdigkeiten und Orte A–Z und ihre Metrostationen

- **Alte Trétjakow-Galerie** 2.8, 6.4
- **Arbat** 4.2, 3.5, Zirkellinie
- **Bahnhof Belarússkaja** 2.4, Zirkellinie
- **Bahnhof Komsomólskaja** 1.1, Zirkellinie
- **Baltschug-Kempinski Hotel** 7.5
- **Basilius-Kathedrale** 7.5
- **Bolschoi-Theater** 2.7
- **Busbahnhof** 3.1
- **Christi-Erlöser-Kathedrale** 1.4
- **Domodjédowo-Flughafen** 2.11
- **Flohmarkt** 3.4
- **Flughäfen Scheremétjewo 1 und 2** per Bus ab 2.1
- **Gorki Park** 6.5, 1.5, Zirkellinie

Praktische Tipps

Information

Es gibt in Moskau wie in anderen russischen Städten keine offizielle Tourist-Information. Die großen Hotels haben **Servicebüros,** die Führungen, Ausflüge und Taxireservierungen vermitteln. Außerdem liegen in den Luxushotels kostenlose Zeitungen in englischer Sprache, Stadtpläne und Infobroschüren aus, so z.B. das zweimal monatlich erscheinende **„Where Moscow"** mit Stadtplänen, Restaurant-, Nightlife-, Shopping-, Theater-, Konzert- und Galerietipps sowie einem Stadtführer mit Erklärungen aller wichtigen Sehenswürdigkeiten, Sporteinrichtungen, Botschaften, medizinischen Einrichtungen und Hinweisen zu Verkehrsmitteln.

Ebenfalls kostenlos sind die zweisprachigen Gelben Seiten **„Moscow Business Guide",** in denen man wirklich alles findet.

Die **„Moskauer Deutsche Zeitung"** (www.mdz-moskau.de) und die **„Moscow News"** liegen in vielen großen Hotels, Supermärkten, Bars, Restaurants etc. kostenlos aus.

Stadtführungen

Rundfahrten und Führungen in deutscher oder englischer Sprache kann man in den Service-Büros der Hotels buchen. Privatpersonen bieten an den Kreml-Kassen Stadtführungen an.

Post und Internet

- **Hauptpostamt** *Zentrálny Telegráf* (Metro *Achótny Rjad,* 1.3), Twerskaja Uliza 7, tägl. 8–22.45 Uhr. Hier kann man 24 Std. tägl. telefonieren.
- **Internetzugang** findet man im Hauptpostamt und in zahlreichen Internetcafés im Zentrum (pro Stunde ab 60 Rubel).

Geld

- **Wechselstuben** gibt es trotz Verbot Ende 2010 an jeder Ecke – der Kurs wird besser, je weiter man sich vom Roten Platz entfernt.
- **Western Union,** Geldtransfer, Tel. 797 21 97, findet man u.a. im Zentrum in der ul. Twerskaja 16.2, Master Bank.

Botschaften

- **Deutsche Botschaft,** Leninski Prospekt 95a (die Eingänge befinden sich in der Seitenstraße ul. Akademika Piljugina), Tel. 933 43 11 oder in Notfällen außerhalb der Bürozeiten 937 95 00.
- **Botschaft von Österreich,** Starokonjuschennyi Per. 1, Tel. 780 60 66, 956 16 60, in dringenden Fällen außerhalb der Dienstzeiten 780 60 66.
- **Botschaft der Schweiz,** Ogorodnaia Sloboda (Stopany Per.) 2/5, Tel. 258 38 30.
- **Botschaft der VR China,** ul. Druschby 6, Tel. 938 20 06.

● **Botschaft der Mongolei,** Borisoglebskij Per. 11, Tel. 290 67 92, Visastelle: Spasopeskovskiy Per. 7/1, Tel. (499) 241 15 48, Fax 241 15 48.

Unterkunft

Ohne **Reservierung** ist es schwierig, ein freies Bett in Moskau zu finden. In der Stadt gibt es fantastische Hotels, z.T. in historischen Gebäuden. Doch leider sind die meisten Herbergen so unglaublich **teuer,** dass sie wohl kaum in das Budget eines Transsibreisenden passen, wohl aber einen Besuch lohnen. Ganz besonders hervorzuheben sind die **Hotels Metropol** (ein aufwendigst renoviertes Jugendstilhotel gegenüber dem Bolschoi-Theater) und **Savoy** (hinter dem Bolschoi-Theater) mit einem einmalig schönen Restaurant.

Zu Privatunterkünften siehe unter **www.cheap-moscow.com** – Vorsicht vor Stundenhotels!

Hostels kann man buchen über www.hostelworld.com und www.hostels.com.

● **Trans Siberian Hostel,** Baraschewski Pereulok Nr. 12, Tel. 916 20 30, info@hostel.com.
● **Lenin Hostel,** Bolshaja Sucharewskaja Ploschtschad 16/18, App. 5, Tel. in Russland 8-910 420 34 46.
● **Olimpia Hostel,** Smolenski Blvd., 15, App. 13, Tel. (499) 241 06 16, olimphostel@mail.ru.
● **Hotel Leningradskaya Hilton,** ul. Kalantschevskaja 21/40, Tel. 627 55 50, www.hilton.com. Das im stalinistischen Zuckerbäckerstil erbaute Hotel liegt am Platz der drei Bahnhöfe (Leningrader, Jaroslawer, Kasaner) und ist seit seiner Restaurierung 2008 eine edle Adresse. Man verlange ein Zimmer mit Blick auf die drei Bahnhöfe und nicht auf das Gebäude „ärr schä (sch wie in Garage) dä".
● **Belgrad,** ul. Smolenskaja 8, Tel. 248 31 25, 248 16 14, Fax 248 28 14. Obwohl das Hotel von Grund auf renoviert wurde, sind die Zimmer nicht gerade vom Feinsten. Aber die Lage des Hotels an der Moskwa am Ende der berühmten Flaniermeile Arbat hat große Vorteile. EZ und DZ ab 150 Euro.
● **Baltschug-Kempinski,** Baltschug Uliza 1, Tel. 287 00 00, www.kempinski-moscow.com. Das Kempinski war viele Jahre das beste Hotel Russlands und gehört auch heute noch zu den absoluten Spitzenadressen des Landes. EZ und DZ ab 400 Euro.
● **Marriott Royal Avrora Hotel,** ul. Petrowka 11/20, Tel. 937 10 00, Fax 937 10 01. Dieses Luxushotel hat besonders große Zimmer und liegt in einem der schönsten Altstadtteile Moskaus hinter dem Bolschoi-Theater. Zimmer ab 600 Euro.

Essen und Trinken

Viele Restaurants bieten mittags ein preiswertes **„Business Lunch"** für 5–12 Euro an.

● **Jolki Palki,** z.B. Kusnjétski Most Ecke ul. Neglínnaja Str. 8, hinter dem Bolschoi-Theater. Für 9 Euro kann man sich in einer der rund 40 Filialen an einem reichhaltigen russischen Salatbüfett satt essen und für 14 Euro zusätzlich an einem kleinen Büfett mit warmen Speisen (lohnt sich nicht unbedingt). Ferner stehen auf der Speisekarte russische Spezialitäten wie *pelmeni* (gefüllte Teigtaschen mit saurer Sahne, Bouillon oder Butter), *blini* (kleine Pfannkuchen) mit verschiedenen Zutaten, *piroschki* (mit Gemüse wie Kartoffeln oder Weißkohl oder mit Fleisch gefülltes Teiggebäck). Gewarnt sei vor getürkten Rechnungen, deren Betrag handschriftlich um 10% erhöht wurde – nicht bezahlen!
● Im **Kaufhaus ZUM** hinter dem Bolschoi-Theater findet man im Untergeschoss eine große Auswahl leckerster Speisen.
● Wie wär's mit einem **Picknick an der Moskwa** mit Kreml-Blick?!
● **Restaurant 57 im Kaufhaus GUM,** mit schöner Aussicht kann man hier supergünstig richtig gut essen!
● **McDonald's,** in Moskau findet man Filialen der Burger-Kette auf Schritt und Tritt. Als Kaffee- oder Toiletten-Stopp (saubere WCs!) bieten sich die zentralen, in der Nähe von Sehenswürdigkeiten gelegenen Filialen an: Twerskaja-Straße nahe Telegrafenamt, Puschkin-Platz, Fußgängerzone Arbat 50/52 etc.
● **Shoppingcenter Achótny Rjad,** unter dem Manegenplatz, Eingang u.a. vom Hotel Moskwa aus, Metro *Twerskája* (2.6) und *Teatrálnaja* (2.7). Während der Sowjetzeit diente

der Manegenplatz als Aufmarschplatz für die großen Demonstrationen am 1. Mai und am 7. November, dem Tag der Oktoberrevolution, als hier Panzer und anderes Kriegsfahrzeug parkten. Der Moskauer Bürgermeister *Luschkow* ließ hier Ende der 1990er Jahre ein Luxus-Shoppingcenter bauen, in dem alle berühmten Designer der Welt ihre Geschäfte haben. Aber auch Bars und Restaurants findet man hier. Ist das Wetter schön, sitzt man mit Blick auf den Alexandergarten und den Kreml unter freiem Himmel. Günstig und schnell (allerdings nicht besonders gut) gibt es im Untergeschoss des Shopping-Komplexes internationale Küche in SB-Restaurants sowie Toiletten.

- Überall im Zentrum und an allen wichtigen Metrostationen findet man eine große Auswahl an **Fastfood-Lokalen** mit günstigen Preisen. Kiosks mit Namen wie *Kartóschka* (u.a. Kartoffeln in Folie mit verschiedenen Soßen) und *Blínnaja* (Crêpes mit Füllungen aller Art), aber auch Buden mit chinesischen und anderen Spezialitäten sind sehr beliebt.
- **Hotel National,** ul. Mochovaja 15/1 (am Anfang der ul. Twerskaja), Tel. 258 70 00. Russische Küche mit Traumausblick auf den Roten Platz und den Kreml findet man im altehrwürdigen Jugendstil-Hotel National. Reservierung eines Fensterplatzes unbedingt empfehlenswert!
- **Puschkin,** Twerskoi Bulwar 26a, Tel. 229 55 90. Das Restaurant ist eines der exklusivsten der Stadt. In sensationell schönen historischen Räumlichkeiten mit antiken Möbeln werden feinste russische und internationale Speisen serviert. Im Erdgeschoss ist es „etwas günstiger", während oben im ersten Obergeschoss in der Bibliothek und auf der Dachterrasse unter freiem Himmel die Preise bis zu den Sternen steigen.

Einkaufen

- Ein **Floh- und Souvenirmarkt** befindet sich im Ismaylowski-Park nordöstlich des Zentrums, Metro *Ismáylowski Park* (3.2) und *Partisánskaja* (blaue Linie, eine Station vor 3.2), Mi, Sa und So 9–18 Uhr.
- Importierte **deutschsprachige Zeitungen** sind u.a. im Hotel Kempinski erhältlich.
- **Zugfahrpläne** für ganz Russland kann man im Geschäft *Tránsportnaja Kníga* kaufen (Mo–Sa 10–14 und 15–19 Uhr, Metro: *Krasnye Waróta*, rote Linie, eine Station vor 1.1).

Zugverbindungen

Verbindungen mit **Berlin** ⇗ „Vor der Reise: An- und Rückreise". Die angeführten Fahrtzeiten sind Mindestangaben. Zugfahrpläne für Russland unter **www.rzd.ru.**

Nach Jekaterinburg (1778 km, 26 Std.):

- **Nr. 92** (Sewerobaikalsk):
an geraden Tagen 12.40 Uhr
- **Nr. 76** (Tynda):
an ungeraden Tagen 13.10 Uhr
- **Nr. 82** (Ulan-Ude): nur 30.5.–3.9.
an geraden Tagen 13.10 Uhr
- **Nr. 350** (Blagoweschtschinsk):
an geraden Tagen 13.35 Uhr
- **Nr. 340** (Tschita):
an ungeraden Tagen 13.35 Uhr
- **Nr. 8** (Jekaterinburg):
an ungeraden Tagen 14.50 Uhr
- **Nr. 26** (Nowosibirsk):
an geraden Tagen 16.20 Uhr
- **Nr. 56** (Krasnojarsk):
an ungeraden Tagen 16.20 Uhr
- **Nr. 16** (Jekaterinburg): täglich 16.50 Uhr
- **Nr. 4** (Peking): Di 21.35 Uhr
- **Nr. 6** (Ulan Bator): Mi und Do 21.35 Uhr
- **Nr. 38** (Tomsk):
an ungeraden Tagen 22.40 Uhr
- **Nr. 66** (via Nowosibirsk nach Abakan):
tägl. 22.55 Uhr
- **Nr. 30** (Kemerovo via Nowosibirsk):
an geraden Tagen 22.40 Uhr
- **Nr. 2** (Wladiwostowk):
an ungeraden Tagen 23.45 Uhr
- **Nr. 20** (Peking): Sa 23.55 Uhr
- **Nr. 44** (Chabarowsk):
an ungeraden Tagen 0.35 Uhr
- **Nr. 240** (Wladiwostok):
nur 10.6.–28.9. an geraden Tagen 0.35 Uhr

Nach Nowosibirsk (3343 km, 50 Std.):

- **Nr. 92:** an geraden Tagen 12.40 Uhr
- **Nr. 76:** an ungeraden Tagen 13.10 Uhr
- **Nr. 82:** nur 30.5.–3.9.
an geraden Tagen 13.10 Uhr

- **Nr. 350:** an geraden Tagen 13.35 Uhr
- **Nr. 340:** an ungeraden Tagen 13.35 Uhr
- **Nr. 26:** an geraden Tagen 16.20 Uhr
- **Nr. 56:** an ungeraden Tagen 16.20 Uhr
- **Nr. 4:** Di 21.35 Uhr
- **Nr. 6:** Mi und Do 21.35 Uhr
- **Nr. 38:** an ungeraden Tagen 22.40 Uhr
- **Nr. 66:** tägl. 22.55 Uhr
- **Nr. 2:** an ungeraden Tagen 23.45 Uhr
- **Nr. 20:** Sa 23.55 Uhr
- **Nr. 44:** an ungeraden Tagen 0.35 Uhr
- **Nr. 240:** nur 10.6.–28.9.
an geraden Tagen 0.35 Uhr

Nach Krasnojarsk (4104 km, 64 Std.):
- **Nr. 92:** an geraden Tagen 12.40 Uhr
- **Nr. 76:** an ungeraden Tagen 13.10 Uhr
- **Nr. 82:** nur 30.5.–3.9.
an geraden Tagen 13.10 Uhr
- **Nr. 350:** an geraden Tagen 13.35 Uhr
- **Nr. 340:** an ungeraden Tagen 13.35 Uhr
- **Nr. 56:** an ungeraden Tagen 16.20 Uhr
- **Nr. 4:** Di 21.35 Uhr
- **Nr. 6:** Mi und Do 21.35 Uhr
- **Nr. 2:** an ungeraden Tagen 23.45 Uhr
- **Nr. 20:** Sa 23.55 Uhr
- **Nr. 44:** an ungeraden Tagen 0.35 Uhr
- **Nr. 240:** nur 10.6.–28.9.
an geraden Tagen 0.35 Uhr

Nach Irkutsk (5191 km, 78 Std.):
- **Nr. 82:** nur 30.5.–3.9.
an geraden Tagen 13.10 Uhr
- **Nr. 350:** an geraden Tagen 13.35 Uhr
- **Nr. 340:** an ungeraden Tagen 13.35 Uhr
- **Nr. 4:** Di 21.35 Uhr
- **Nr. 6:** Mi und Do 21.35 Uhr
- **Nr. 2:** an ungeraden Tagen 23.45 Uhr
- **Nr. 20:** Sa 23.55 Uhr
- **Nr. 44:** an ungeraden Tagen 0.35 Uhr
- **Nr. 240:** nur 10.6.–28.9.
an geraden Tagen 0.35 Uhr

Nach Ulan-Ude (5647 km, 95 Std.):
- **Nr. 82:** nur 30.5.–3.9.
an geraden Tagen 13.10 Uhr
- **Nr. 350:** an geraden Tagen 13.35 Uhr
- **Nr. 340:** an ungeraden Tagen 13.35 Uhr
- **Nr. 6:** Mi und Do 21.35 Uhr
- **Nr. 4:** Di 21.35 Uhr
- **Nr. 2:** an ungeraden Tagen 23.45 Uhr
- **Nr. 20:** Fr 23.55 Uhr
- **Nr. 44:** an ungeraden Tagen 0.35 Uhr
- **Nr. 240:** nur 10.6.–28.9.
an geraden Tagen 0.35 Uhr

Nach Chabarowsk (8534 km, 146 Std.):
- **Nr. 2:** an ungeraden Tagen 23.45 Uhr
- **Nr. 44:** an ungeraden Tagen 0.35 Uhr
- **Nr. 240:** nur 10.6.–28.9.
an geraden Tagen 0.35 Uhr

Nach Wladiwostok (9300 km, 152 Std.):
- **Nr. 2:** an ungeraden Tagen 23.45 Uhr
- **Nr. 240:** nur 10.6.–28.9.
an geraden Tagen 0.35 Uhr

Nach Ulan Bator (6306 km, 100 Std.):
- **Nr. 6:** Mi und Do 21.35 Uhr
- **Nr. 4:** Di 21.35 Uhr

Nach Peking (Zug Nr. 4: 7827 km, 132 Std.; Zug Nr. 20: 8961 km, 144,5 Std.):
- **Nr. 4:** Di 21.35 Uhr
- **Nr. 20:** Sa 23.55 Uhr

Nachtzüge nach St. Petersburg (800 km, 8 Std.):
- **Nr. 26:** täglich 23.00 Uhr
- **Nr. 2:** täglich 23.55 Uhr
- **Nr. 4:** täglich 23.59 Uhr

Nach St. Petersburg (800 km, 4 Std.):
- **Nr. 152:** täglich 6.45 Uhr
- **Nr. 158:** täglich 13.30 Uhr
- **Nr. 162:** täglich 16.30 Uhr
- **Nr. 164:** täglich 16.45 Uhr
- **Nr. 166:** täglich 19.45 Uhr

083tr Foto: tb

Transsib-Route durch Sibirien

Winterstimmung am Ufer der Angara

084tr Foto: dk

Wunderschöne Holzhäuser prägen das Bild der sibirischen Dörfer

085tr Foto: hl

Mongolischer Sänger

Sibirien – Land hinter dem Ural

Eisfischen – im Winter überall in Sibirien praktiziert

Geografie

Der Name Sibirien, russisch *Ssibír,* soll nach einer nicht von allen Wissenschaftlern akzeptierten Theorie von den tatarischen Worten *sib* (schlafen) und *ir* (Erde) abgeleitet sein und damit **„Schlafende Erde"** bedeuten.

Sibirien umfasst ein Gebiet von rund **9,6 Mio. km²** und erstreckt sich im Norden bis zum Polarmeer, im Süden bis nach Kasachstan, zur Grenze der Mongolischen Volksrepublik und der VR China, im Westen bis zum Ural und im Osten bis zum Pazifischen Ozean.

Westsibirien

Westsibirien bzw. die Westsibirische Tiefebene liegt durchschnittlich etwa 200 m ü.N.N. und reicht vom Uralgebirge bis zum Fluss Jenissej. Westsibirien besteht zum großen Teil aus **sumpfigem Tiefland,** durch dessen Mitte einer der längsten Flüsse Russlands, der Ob, und sein größter Nebenfluss, der Irtisch, fließen. Im Norden der Tiefebene herrscht Tundra vor, im Zentrum Wald und im Süden Waldsteppe.

Westsibirien ist **reich an Bodenschätzen.** Im sogenannten Kuznezki-Becken, östlich von Nowosibirsk, wird vor allem Steinkohle im Tagebau gewonnen. Außerdem befinden sich in Westsibirien wichtige Gas-, Eisenerz-, Aluminium- und Buntmetallvorkommen sowie das größte Torflager der Erde. Das wichtigste landwirtschaftliche Anbauprodukt ist Weizen.

Westsibirien ist in sechs administrative Gebiete unterteilt: Tjumen, Tomsk,

Omsk, Nowosibirsk, Kemerow und Altai.

Mittelsibirien

Mittelsibirien liegt 400 bis 900 m hoch und reicht vom Jenissej im Westen bis zur Lena im Osten. Das Gebiet umfasst 7,2 Mio. km². Die Region ist administrativ unterteilt in die Gebiete Krasnojarsk, Irkutsk und Tschita und die Republiken Burjatien, Tuwa und Jakutien.

Das Klima Mittelsibiriens ist gekennzeichnet von fünf bis acht Monate dauernden Wintern, in denen die Temperaturen bis auf -40 oder -50°C, in einigen Regionen sogar bis auf -60°C fallen. In weiten Teilen des Landes herrscht **ewiger Frost.** Die Sommer sind relativ warm, im Süden bisweilen heiß. Im Juli ist es in Mittelsibirien meistens wärmer als im europäischen Teil Russlands. Die größten Temperaturunterschiede kommen in Westjakutien vor, wo der Unterschied zwischen der wärmsten und der kältesten Temperatur innerhalb eines Jahres bis zu 100°C ausmacht, während der durchschnittliche Unterschied in Mittelsibirien bei etwa 40–60°C liegt.

Ostsibirien

Ostsibirien bzw. der „Ferne Osten" liegt durchschnittlich etwa 2000 bis 3500 m hoch und erstreckt sich von der Lena im Westen bis zur Beringsee im Nordosten sowie zum Ochotskischen Meer und Pazifischen Ozean im

Die Vegetationszonen Russlands

Tundra

Der Begriff Tundra kommt aus dem Finnischen *tunturi* und heißt „waldloser Berg". Insgesamt nimmt die Tundra eine Fläche von drei Millionen Quadratkilometern ein. Im Norden besteht ihre Vegetation aus **Flechten und Moosen,** die fleckenweise den sonst vegetationslosen Boden der arktischen Kältewüste bedecken. Die typische Tundra weiter südlich besteht aus einer lückenlosen Moos- und Flechtenschicht, während sie noch weiter im Süden eine knie- bis mannshohe Strauchschicht aus Polarbirke und zwergwüchsiger Weide aufweist.

Das **Klima** ist durch lange, kalte Winter, kurze Sommer und geringe Niederschläge geprägt. Der Frühlingsbeginn fällt in den Mai und es folgt eine frostfreie Periode von nur 50 bis 90 Tagen. Die Schneedecke der Tundra beträgt durchschnittlich 30 bis 70 cm und hält 200 bis 270 Tage. Der Permafrostboden reicht bis weit in die sich anschließende Taiga und hat eine Tiefe von bis zu 300 m.

Ackerbau ist in der Tundra bis auf den Anbau gewisser Gemüsesorten mit kurzer Vegetationszeit nicht möglich.

Die **Tierwelt** ist reicher als in der arktischen Wüste. Von wirtschaftlicher Bedeutung für den Menschen ist das **Rentier,** welches als Zugtier verwendet wird, das Milch und Fleisch liefert, und dessen Fell als Bekleidung Verwendung findet. Neben der Rentierzucht sind **Fischfang und Jagd** von wirtschaftlicher Bedeutung. Viehzucht ist aus klimatischen Gründen nur als Stallhaltung möglich. Neben dem Rentier sind Polarfuchs, Fuchs, Wolf, Hermelin, Wiesel,

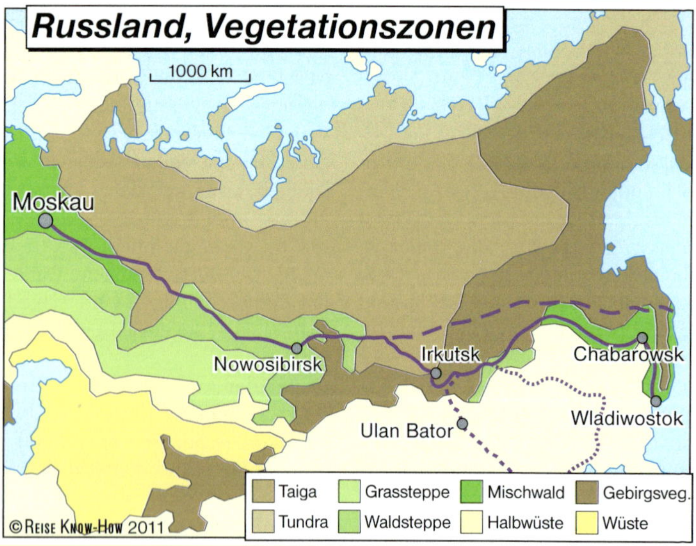

Rebhuhn und Polareule vertreten. Die Geißel der Tundra ist die **Mücken-, Bremsen- und Fliegenplage.**

Taiga

Unter Taiga versteht man gemeinhin einen flächendeckenden **Nadelwald.** Die Flora der Taiga ist bestimmt durch Nadelhölzer, die 77 % der Waldzone einnehmen. Föhren, Lärchen, Fichten, Tannen und Kiefern machen einen Großteil der Holzvorräte Russlands aus, sodass die Taiga allein schon durch die Holzgewinnung große wirtschaftliche Bedeutung hat. Neben den Nadelbäumen sind Birke, Espe und Erle vertreten. Die Taiga ist reich an Beeren und Pilzen.

Das **Klima** ist gekennzeichnet durch mäßig warme, kurze Sommer und lange Winter. Die Schneedecke ist zwischen 40 und 80 cm dick und hält 130 bis 210 Tage. Die Niederschläge in der Taiga liegen über der möglichen Verdunstung, wodurch es zu starker **Versumpfung** weiter Gebiete kommt.

Zur **Tierwelt** gehören u.a. Elch, Braunbär, Reh, Hirsch, Luchs, Schneehase, Eichhörnchen, Birkhahn, Auerhahn, Specht, Meise, Rebhuhn, Otter, Natter und Eidechse. Zahlreiche Insekten treten als Schädlinge auf.

Ein Großteil der russischen Kohle, des Erdöls und -gases sowie weiterer **Bodenschätze** liegen in den nördlichen Taiga-Gebieten. Während das Klima für den Ackerbau relativ ungünstig ist, kann sich die **Viehzucht** und die **Pelztierzucht** gut entwickeln.

Mischwald

Die Mischwaldzone schließt im Süden an die Taiga an. Die typischen Vertreter des Mischwaldes sind **Eiche, Linde, Ahorn und Esche,** im Fernen Osten die mongolische Eiche, der mandschurische Ahorn, der Nussbaum sowie verschiedene Birken- und Nadelbaumarten. Die landwirtschaftliche Nutzfläche wird durch die Entwässerung weiter Landstriche ständig verbessert.

Die **Tierwelt** ist sehr reich. Sie besteht aus den Vertretern der Taiga und weiteren Arten wie Wisent, Iltis und Nerz. Im Fernen Osten kommen außerdem u.a. Damhirsch, Ussuri-Tiger, Zobel sowie Braun- und Schwarzbär vor.

Waldsteppe

Die Waldsteppe ist die Übergangszone vom feuchten und kalten Waldklima zum trockenen und heißen Grassteppenklima. Die ursprüngliche Vegetation mit großer Artenvielfalt ist nicht mehr erhalten. Nur im Norden gibt es noch vereinzelt **Eichenwälder,** in Sibirien herrscht die **Birke** vor. Die Waldsteppenzone bietet sehr gute Voraussetzungen für die **Landwirtschaft.**

Grassteppe

In der Grassteppenzone wachsen, wie der Name schon sagt, in erster Linie **Gräser und Sträucher.** Das Klima ist gekennzeichnet von langen, heißen Sommern mit geringen Niederschlägen. Zu den wichtigsten landwirtschaftlichen Produkten zählen Sommer- und Winterweizen, Mais, Sonnenblume, Hirse, Melonen, Obst und Gemüse. Zur Tierwelt gehören u.a. Fuchs, Wolf, Dachs, Nagetiere (Zieselmaus, Hamster) und verschiedene Vögel, die meisten davon sind Zugvögel.

Halbwüste

Die Übergangszone von der Steppe zur Wüste bildet die Halbwüste, in der u.a. wegen der Trockenheit und des Windes die landwirtschaftliche Nutzung schwierig ist.

Wüste

In der Wüste ist das Klima trocken und heiß mit häufigen Sandstürmen. Neben **Bodenschätzen** (Öl, Gas, Salze, Schwefel) hat die Landwirtschaft durch **intensive Bewässerung** an Bedeutung gewonnen. Angebaut werden Getreide, Baumwolle, Reis, Obst und Gemüse.

Osten. Im Norden Ostsibiriens liegen schneebedeckte **Tundragebiete,** während grüne **Reisplantagen** das Küstengebiet am Pazifik kennzeichnen. Zu Ostsibirien gehört auch die Halbinsel Kamtschatka mit zahlreichen aktiven **Vulkanen,** wie z.B. dem 4750 m hohen Kljutschen.

Die längsten Flüsse

In dem riesigen Binnenland Russlands haben die Flüsse als Verkehrs- und Lebensadern immer schon eine große Rolle gespielt – dies kommt z.B. in der liebevollen Bezeichnung „Mütterchen Wolga“ zum Ausdruck. Zu den größten Flüssen zählen der **Ob,** der längste Fluss Sibiriens (5570 km), der **Amur** (4416 km), die **Lena** (4400 km), der **Jenissej** (4092 km) und die **Wolga** (3531 km), der längste Fluss Europas. Die sibirischen Flüsse fließen von Süden nach Norden. Sie sind die meiste Zeit des Jahres zugefroren und daher für die Schifffahrt nur kurze Zeit frei.

Charakteristisch für den **Ob** ist seine geringe Strömung, da er auf 1900 km Länge nur 100 m Gefälle hat. Hinter dem Zusammenfluss mit dem Irtysch sind die Auen bis zu 25 km breit.

Der **Jenissej** ist der wasserreichste Fluss Russlands und mit einer Länge von 4092 km der fünftlängste Fluss der Welt. Mehrere riesige Wasserkraftwerke in Krasnojarsk und Sajano-Schuschenskoje bewirken eine Regulierung des Wasserstandes.

Der bedeutendste Nebenfluss des Jenissej ist die aus dem Baikalsee ent-

087tr Foto: dk

Kommunalka – die russische Zwangs-WG

Noch gibt es in Russland die gehasste Gemeinschaftswohnung „Kommunalka", diese typische Wohnform aus den frühen sowjetischen Zeiten. Vor allem in St. Petersburg, aber auch in Moskau findet man sie noch. Allein im Stadtkern von St. Petersburg sollen nach Angaben der Behörden 60.000 von 190.000 Einwohnern in einer Kommunalka leben.

In den großzügigen Wohnungen der ehemaligen Elite, der Adeligen und Reichen, wohnt heute in jedem Zimmer eine Partei. Mal sind es Einzelpersonen, mal ganze Familien, die auf engstem Raum miteinander leben müssen, unabhängig von Herkunft und Bildung. Alle müssen eine Toilette, eine Badewanne, eine Dusche und eine Küche gemeinsam benutzen. Der eine ist sehr auf Sauberkeit bedacht, der andere Alkoholiker und das Gegenteil. Man muss miteinander auskommen, es gibt keinen Ausweg – eine Horrorvorstellung für freiheits- und unabhängigkeitsliebende Westeuropäer. Aber auch für die Betroffenen ist es oft unerträglich. Eine Kommunalka ist wie eine Familie – eine gute oder eine schlechte. Zu denen, die sich in einer solchen Familie wohl fühlen, zählen in erster Linie alleinstehende ältere Menschen.

springende **Angara.** Große Wasserkraftwerke in Irkutsk, Bratsk und Ust-Ilimsk stellen beachtliche technische Leistungen dar. Unter schwierigsten Bedingungen bei Temperaturen bis zu -60°C wurden diese Kraftwerke erbaut.

Die **Lena** entspringt in den Baikalbergen und ist bis Ust-Kut an der BAM schiffbar.

Wirtschaft

Sibirien ist in zwei wirtschaftliche Zonen unterteilt: Westsibirien, welches vom Ural bis zum Jenissej reicht, und Ostsibirien, das sich vom Jenissej bis zur Beringsee und zum Pazifischen Ozean erstreckt. Die wirtschaftliche Grundlage Sibiriens bilden die reichen Rohstoffvorkommen. Drei Viertel aller Rohstoffe des Landes entfallen auf Sibirien.

Sonnenaufgang in der sibirischen Weite

Steinkohle gibt es vor allem im Kuznezki-, Tunguska-, Lena- und Retschowa-Becken sowie im Gebiet von Bratsk und Irkutsk. **Braunkohle** findet sich im Lena-Becken südlich von Jakutsk. 90% der gesamten Kohlevorkommen der GUS lagern in Sibirien. Die Hälfte aller **Eisenerzvorkommen** und drei Viertel aller Holzvorräte des Landes sind hier zu finden. Weitere wichtige Rohstoffe sind **Diamanten** und **Erdöl:** Große Erdöllager befinden sich in der Westsibirischen Tiefebene, im Lena-Becken und im Fernen Osten.

Die **Landwirtschaft,** die aufgrund der schwierigen klimatischen Verhältnisse nur eingeschränkt möglich ist, wird allerorts intensiviert. In erster Linie wird Ackerbau betrieben, der Anbau von Roggen, Weizen, Gerste, Ha-

0888tr Foto: hl

fer, Hirse und z.T. auch von Zuckerrüben und Sonnenblumen. Außerdem spielt die Viehhaltung eine immer größere Rolle.

Das **Straßennetz** ist in der weiteren Umgebung der Industriezentren nur wenig ausgebaut, ansonsten gibt es zwischen den größten Städten Sibiriens Verbindungsstraßen. Auf den **Flüssen** Ob, Jenissej, Lena und Amur verkehren in der warmen Jahreszeit sowohl Frachtschiffe als auch Personenfähren. Der **Luftverkehr** ist für viele Städte und Regionen Sibiriens das wichtigste Verkehrsmittel.

Sibirjakin in einem Dorf auf der Baikal-Insel Olchon

Bevölkerung

Bis zum Ende des 16. Jahrhunderts, als das zaristische Russland Sibirien in sein Reich eingliederte, lebte in Sibirien eine Vielzahl **tatarischer, mongolischer und anderer Völker.** Danach siedelten sich immer mehr Menschen verschiedener Nationalitäten in Sibirien an, in erster Linie jedoch **Russen und Ukrainer,** die bis heute den größten Teil der Bevölkerung ausmachen. Heute leben in Sibirien etwa **23 Millionen Menschen,** also durchschnittlich 2,4 Einwohner pro km^2.

Mit dem Zusammenbruch der Sowjetunion sind viele Menschen arm geworden oder unmittelbar von **Armut** bedroht. Am häufigsten sind ältere

Das russische Bildungswesen

Die Vorschulerziehung in **Kinderkrippen** für Kinder bis zum dritten Lebensjahr und in **Kindergärten** für das Alter zwischen drei und sieben Jahren ist unentgeltlich. Die Kinder lernen in Gruppen mit bis zu 25 Gleichaltrigen Lesen, Schreiben, Rechnen und manchmal sogar eine Fremdsprache.

Schulpflicht besteht in Russland von sieben bis 17 Jahren. Mit sieben Jahren werden die Kinder eingeschult und besuchen die **Grundschule.** Schwerpunkte werden in Russisch und Mathematik gesetzt. Dann folgen sieben Jahre **Hauptschulunterricht.** Für nichtakademische Ausbildungswege ist nach fünf Jahren ein Abschluss möglich. Die elfte Klasse endet mit dem **Abitur.** Wer eine Hochschule besuchen möchte, muss eine Aufnahmeprüfung ablegen.

Beruflich-technische Schulen sind für jene Schüler, die nach der achten Klasse die Schule verlassen und in einem Betrieb arbeiten. Neben der Berufsausbildung können diese Schüler auch die „vollständige Mittelschulbildung" erhalten. Die „Mittlere Fachschule", genannt **Technikum,** kann nach der vollständigen zehnjährigen oder nach der unvollständigen achtjährigen Mittelschule besucht werden. Ein Technikum vermittelt Fachbildung und Mittelschulbildung. Die Schulen sind nach dem Ausbildungszweck in landwirtschaftliche, medizinische, technische und pädagogische Schulen eingeteilt. Die Ausbildung variiert je nach Vorbildung und Fachrichtung. Die Absolventen eines Technikums erlangen zwar die Hochschulreife, müssen aber in der Regel mindestens drei Jahre arbeiten, bevor sie an einer Hochschule weiterstudieren dürfen.

Die höchste Bildungsstufe ist die **Hochschulbildung.** Die Regelstudienzeit an russischen Universitäten beträgt fünf Jahre. Das Studienjahr beginnt jeweils am 1. September und dauert bis Ende Juni. Das Höchstalter für das Direktstudium ist auf 35 Jahre festgelegt, während es für das Abend- oder Fernstudium an einer Hochschule keine Altersbeschränkung gibt.

Beweggründe für ein Hochschulstudium sind selten materieller Art, denn Hochschulabsolventen wie z.B. Lehrer oder Ärzte verdienen vergleichsweise wenig. Es ist das Prestige der höheren Bildung, welches die Bewerber anlockt. Leider ist Geldmangel für immer mehr junge Menschen ein Hinderungsgrund. Viele gute Schüler können sich ein Studium an einer Universität oder an einem Technikum nicht leisten. War der Besuch einer Universität und das Wohnen in einem Studentenwohnheim zu Zeiten der Sowjetunion kostenlos, so muss man heute mit mehreren Tausend Euro rechnen, um zu bestimmten Studiengängen an den renommierten Universitäten überhaupt erst zugelassen zu werden. Dieses Geld fließt keineswegs als offizielle Aufnahmegebühr an die Universitätsverwaltung – sondern in die Privattaschen der Professoren. Sie werden so schlecht bezahlt, dass sie sozusagen zu diesem Schritt gezwungen sind.

Außerdem muss man jedes Semester Studiengebühren entrichten. Diese betragen z.B. an der juristischen Fakultät in Irkutsk (und das ist nicht Moskau oder St. Petersburg!) rund 500 Euro im halben Jahr plus rund 150 Euro für ein Bett im kleinen Doppelzimmer mit Dusche im Studentenwohnheim – für beide hier genannten Preise gilt „steigende Tendenz". Auch muss jeder Student Bücher kaufen und seine gesamten Lebenshaltungskosten selbst bestreiten. Stipendien gibt es nur in wenigen Ausnahmefällen.

Für das Studium bestehen feste Lehrpläne mit einer Reihe von Pflichtfächern. Nach jedem Semester werden Prüfungen abgelegt. Bei Nichtbestehen von drei Prüfungen muss ein Student die Universität verlassen, doch ist die Durchfallquote sehr gering. Am Ende des Studiums werden eine Diplomarbeit geschrieben und eine mündliche Prüfung abgelegt.

Menschen betroffen. Neun von zehn Rentnern leben in Armut und müssen z.B. vom Verkauf selbst gepflückter Beeren und Kräuter leben. Auch allein erziehende Mütter und Väter kämpfen ums Überleben, ebenso Familien mit Kindern. Der eine Elternteil kann wegen des Nachwuchses nicht mehr arbeiten, doch das fürs erste Kind monatlich gezahlte Kindergeld in Höhe von 80 Euro (fürs zweite sind es nur noch 40 Euro) kompensiert den Verdienstausfall nicht. Seit Anfang 2009 ist nach Angaben der Statistikbehörde Rosstat die Zahl derjenigen, die unterhalb der Armutsgrenze (monatlich etwa 5500 Rubel) leben, russlandweit um 32% auf 24,5 Millionen gestiegen, wobei der Anstieg in Sibirien überdurchschnittlich hoch ist. Vom Reichtum des Landes (Rohstoffe!) profitieren nicht alle gleichermaßen, auch wenn der russische Markt insgesamt einige Jahre der am schnellsten wachsende Markt für Autos, Immobilien und Luxusgüter in Europa war.

Marktszene

Als Folge der Verarmung hat sich der **Gesundheitszustand** der Bevölkerung verschlechtert, und die Anfälligkeit für Erkrankungen in Folge mangelhafter Ernährung weitet sich aus. Um zu überleben, muss ein Großteil der Russen Nebenjobs annehmen.

Die **Drogensucht** ist in Russland zu einem nationalen Problem geworden.

45 % aller Jugendlichen zwischen 12 und 22 Jahren sollen süchtig sein. Die Altersuntergrenze bei Suchtkranken ist auf 11 Jahre gesunken. Experten sehen eine ganze Generation in Gefahr, mit schlimmen wirtschaftlichen und sozialen Folgen. Allein in Moskau wird die Zahl derer, die Drogen nehmen, auf 900.000 geschätzt, 130.000 von ihnen sollen abhängig sein. In den Betreuungsstellen für Suchtkranke sind über 140.000 Menschen angemeldet, unter ihnen viele Alkoholiker.

Geschichte

Im 16. Jahrhundert setzte eine Massenwanderung **russischer Kolonialisten** auf der Suche nach Gold und in der Erwartung guter Handelsbedingungen mit den Mongolen und Chinesen in Richtung Osten ein. Im Jahre 1560 erreichten die ersten russischen Siedler den Ural. 1581 zog der **Kosakenführer Ataman Jermak** im Auftrag des Fürsten *Stroganow* mit einem Kosakenheer zum Kampf gegen das Sibirische Khanat des Sultans *Kutschum,* der den Handel asiatischer Völker wie Mongolen und Chinesen mit Russland zu unterbinden versuchte. In mehreren Feldzügen konnte Jermak Sibirien erobern. **Tataren, Burjaten und Jakuten** wurden rücksichtslos zu Untertanen des Zaren erklärt und mussten ihm regelmäßig Tribute in Form von Pelzen entrichten.

In der Folgezeit zogen zunächst vorwiegend **Pelzjäger** nach Sibirien und später entstand eine Kette hölzerner Befestigungsanlagen *(ostrogs)* und Versorgungsstationen, die nach und nach ausgebaut wurden, bis aus ihnen schließlich Dörfer und kleine Städte entstanden.

Im 18. Jahrhundert wurden zahlreiche **politische Gefangene** in die Verbannung nach Sibirien geschickt. Unter ihnen befanden sich viele Gebildete, die an Ort und Stelle **Schulen, Krankenhäuser, Theater** und andere kulturelle Einrichtungen gründeten.

1891 wurde mit dem Bau der **Transsibirischen Eisenbahn** begonnen, der „Transsibirischen Magistrale", wie sie auf Russisch heißt. Ihre Einweihung 1916 setzte eine Einwanderungswelle in Gang. Vor allem entlang der Eisenbahnlinie entstanden Siedlungen und Dörfer. *Michail Lomonossow* (1711–65), der große russische Wissenschaftler, Gelehrte und „Vater der russischen Literatur", hatte schon früh die zukünftige Bedeutung Sibiriens für Russland erkannt, als er sagte: „Russlands Macht wird mit Sibirien wachsen"!

Durch den **Russisch-Japanischen Krieg** (1904–05), der für Russland mit schweren Verlusten endete, litt auch die Entwicklung des sibirischen Raumes. Nach heftigen Kämpfen zwischen der Roten Armee (Bolschewisten) und den Weißen (Zarentreue) setzte mit dem Sieg der Bolschewisten in den frühen 1920er Jahren ein wirtschaftlicher Aufschwung in Sibirien ein. Die zunehmende **Erschließung von Bodenschätzen** machte Sibirien wirtschaftlich zu einem der bedeutendsten Gebiete der Sowjetunion, das es bis heute für Russland geblieben ist.

090tr Foto: dk

Ein neues Entwicklungsstadium begann mit dem **Bruch zwischen der UdSSR und China** Ende der 1950er Jahre. Die Industrialisierung und Entwicklung Sibiriens erlebten einen großen Aufschwung. Zwischen 1955 und 1985 entstanden in Sibirien im Zuge der Erschließung des Landes und des Abbaus von Bodenschätzen mehr als 700 Städte und Dörfer. Teilweise wurden sie regelrecht aus dem Boden gestampft, einige von ihnen hat man auf ewigem Eis in der sogenannten Permafrostzone gebaut.

1891 wurde mit dem Bau der Transsibirischen Eisenbahn begonnen

Russische Geschichte im Überblick

- **Ab 3000 v. Chr.:** Herausbildung slawischer Volksgruppen in West- und Zentralrussland.
- **Ca. 850–900 n. Chr.:** Schwedische **Normannen** (Wikinger, Waräger) dringen über die Ostsee vor und ziehen als kriegerische Händler nach Byzanz (das heutige Istanbul), wobei sie meist dem Verlauf von Flüssen folgen. Sie gründen unter Führung des legendären *Rjurik* die Städte **Nowgorod** (862) und **Kiew** (879) und vermischen sich mit den Einheimischen zu den **Rus** (später Russen). Aus den beiden Städten entwickeln sich mit der Zeit Fürstentümer.
- **Ca. 1000–1050:** Am Ende des 10. Jahrhunderts wird Kiew Hauptstadt der Rus. *Großfürst Wladimir der Heilige* führt das **Christentum** ein und öffnet sein Land dem **byzantinischen Einfluss,** womit eine machtvolle Ausweitung der byzantinischen Kultursphäre einsetzt. Zwischen 1019 und 1054 lässt

Großfürst Jaroslaw der Weise in Kiew prächtige Kirchen nach dem Vorbild von Byzanz erbauen. Ein Metropolit mit Sitz in Kiew wird eingesetzt und der Ritus der Ostkirche mit der slawischen Kirchensprache und Liturgie übernommen. Durch Zwistigkeiten unter den fünf Söhnen des Großfürsten Jaroslaw bilden sich allmählich zahlreiche selbstständige Fürstentümer.

- **1147:** Erste Erwähnung **Moskaus.**
- **1156:** Der Susdaler Fürst *Juri Dolgoruki* errichtet auf einer Anhöhe an der Moskwa eine Festung, die ein Zwanzigstel des heutigen **Kreml** umfasst, und legt damit den Grundstein für Moskau.
- **1220–50:** Der Mongolenführer *Dschingis Khan* schlägt die russischen Fürsten vernichtend. Sein Enkel *Batu* macht Russland tributpflichtig und gründet das **Mongolenreich** „Khanat der Goldenen Horde" an der unteren Wolga. Im Jahre 1240 erobern die Mongolen Kiew. Am 15. Juli 1240 schlagen die Russen unter dem Nowgoroder Fürsten *Alexander Newski* die Schweden.
- **Ab 1330:** Moskau entwickelt sich zum Zentrum der russischen Staatsidee.
- **1450–1505:** *Iwan III.* heiratet die Nichte des letzten byzantinischen Kaisers und ruft Russland zum Nachfolger von Byzanz aus. Die Kirchenmetropole Moskau wird zum „Dritten Reich".
- **1533–84:** *Iwan IV.*, bekannt als *Iwan der Schreckliche*, lässt sich 1547 zum **Zaren von Russland** krönen. Innenpolitisch führt er eine grausame Gewaltherrschaft, außenpolitisch beginnt er mit der **Erschließung des Ostens.** Kosaken unter der Führung von *Jermak* dringen bis nach Sibirien vor.
- **1605–13:** Die „Zeit der Wirren" beginnt, als der letzte Zar, *Boris Godunow*, 1605 stirbt und Machtkämpfe ausbrechen. 1610 besetzen polnische Truppen Moskau, können aber zwei Jahre später wieder vertrieben werden.
- **1613–45:** *Michail Romanow* wird zum Zaren gewählt. Damit beginnt die über 300 Jahre währende **Herrschaft der Romanows,** die mit der Ermordung der Zarenfamilie im Jahre 1918 endet. *Zar Michail* macht Schenkungen von Grund und Boden an den Dienstadel, womit fast die gesamte ländliche Bevölkerung leibeigen wird.
- **1645–76:** Zar Michail verstärkt den Einfluss westlicher Ratgeber.
- **1689–1725: Zar Peter I. der Große** macht als erster russischer Zar Auslandsreisen u.a. nach Preußen, Holland, England und Österreich. Nach seiner Rückkehr beginnt er in Russland mit umfassenden Reformen. 1703 gründet er **St. Petersburg** als „Fenster zum Westen".
- **1725–27:** Peters zweite Frau, *Katharina I.*, wird Kaiserin.
- **1762–96:** *Katharina II.*, bekannt als **Katharina die Große,** geborene Prinzessin von Anhalt-Zerbst, setzt die innere Reformierung Russlands im Sinne der absolutistischen europäischen Herrscher fort. Territorialer Zuwachs des Reiches.
- **1801–25:** Unter dem reformfreudigen Zar *Alexander I.* erfolgt die Gründung eines Reichsrates und mehrerer Ministerien.
- **1812: Napoleon** zieht gegen Russland, zwei Drittel Moskaus verbrennen.
- **26.12.1825:** Dekabristenaufstand
- **Ca. 1850–1900:** Zahlreiche Kriege führen zur Ausweitung des Zarenreiches.
- **1861:** *Alexander II.* schafft die Leibeigenschaft ab, die mittellosen Bauern strömen in die Städte, wo sie sich als Industriearbeiter verdingen. Das neue **Proletariat** interessiert sich für den Marxismus.
- **1867:** Russland verkauft Alaska für 7,2 Millionen Dollar an die USA.
- **22.4.1870:** Geburt von *Wladimir Iljitsch Uljanow*, bekannt als *Lenin*, in Simbirsk bzw. Uljanowsk.
- **1891:** Baubeginn der **Transsibirischen Eisenbahn.**

Der verlorene **Russisch-Japanische Krieg** und die Not der Arbeiter und Bauern führen zu Aufständen im ganzen Land. *Zar Nikolaus II.* verspricht eine Verfassung, ein Parlament und eine demokratische Regierung, vergisst aber alle Versprechungen, als seine Macht wiederhergestellt ist.

- **1912:** Endgültige Spaltung der **Sozialdemokratischen Arbeiterpartei** in Bolschewisten und Menschewisten.
- **1914–18:** Teilnahme Russlands am **Ersten Weltkrieg.** 1917 kommt es infolge hoher Kriegsverluste, der militärischen Lage und skandalöser Zustände am Hof sowie schlech-

ter sozialer Verhältnisse zur Zuspitzung der revolutionären Stimmung.

- **15.3.1917:** Zar Nikolaus II. muss zugunsten einer liberal-bürgerlichen Regierung abdanken, der Arbeiterrat „Sowjet" übernimmt die Macht. Der Zar wird im Sommer 1918 zusammen mit seiner Familie in Jekaterinenburg erschossen.
- **16.4.1917:** Lenin kommt aus der Schweiz in St. Petersburg an.
- **7.11.1917:** Unter Führung Lenins siegt die **Große Sozialistische Oktoberrevolution** und die Bolschewisten ergreifen die Macht. Nach der alten russischen Zeitrechnung ist dieser Tag der 25. Oktober 1917.
- **30.12.1922:** Gründung der **Sowjetunion.**
- **1917–24:** Lenin versucht die Wirtschaft nach marxistischen Prinzipien zu organisieren. Die **Rote Armee** setzt nach und nach gegen konterrevolutionäre Gruppen im ganzen Land die Macht der Sowjets durch.
- **21.1.1924:** Tod Lenins.
- **1924–38:** *Josef Wissarionowitsch Dschugaschwili,* genannt **Stalin,** wird Alleinherrscher, vor allem nach der „Großen Säuberung" der Jahre 1936–38
- **22.6.1941:** Deutsche Truppen greifen die UdSSR an, die damit in den **Zweiten Weltkrieg,** den „Großen Vaterländischen Krieg", eintritt, der für die Sowjetunion mit einem totalen Sieg und einer Gebietszunahme endet.
- **5.3.1953:** Tod Stalins. Behutsame Demokratisierung, Abwendung vom Personenkult und Liberalisierung der Justiz.
- **1960:** Bruch mit der Volksrepublik China wegen ideologischer Zwistigkeiten. Die Industrialisierung und Entwicklung Sibiriens wird intensiv in Angriff genommen.
- **1971–82:** Ära *Leonid Brezhnjew.*
- **1980:** Olympische Sommerspiele in der UdSSR, boykottiert von vielen westlichen Staaten.
- **1985:** *Michail Gorbatschow* wird Generalsekretär und beginnt mit der **Perestroika,** dem „Umbau" des Landes.
- **1991:** *Boris Jelzin* verhindert beim Putsch gegen Gorbatschow dessen Absetzung. Die **Sowjetunion zerfällt** und im Dezember 1991 wird in Almaty die „Gemeinschaft Unabhängiger Staaten", kurz **GUS,** besiegelt. Die Verabredung, demokratische Rechtsstaaten aufzubauen, Frieden zu erhalten, Wirtschaftsbeziehungen zu fördern und als Nachfolger der Sowjetunion deren Verpflichtungen zu übernehmen, wird unterzeichnet von den folgenden zwölf der ehemals 15 Sowjetrepubliken: Russland, Weißrussland, Ukraine, Moldawien, Armenien, Aserbaidschan, Georgien, Kasachstan, Turkmenistan, Tadschikistan, Usbekistan und Kirgistan.
- **1993:** Die **Russische Föderation** gibt sich als föderative, demokratische Republik eine neue Verfassung. Boris Jelzin wird in freien Wahlen zum Präsidenten gewählt. Verwaltungstechnisch gliedert sich die Russische Föderation in „Gebiete" (russ. *óblast*) mit einem gewählten Gouverneur, des Weiteren sog. „Regionen" (russ. *krei*), in denen wiederum in sog. „autonomen Bezirken" (russ. *aftonómny ókrug*) nationale Minderheiten leben, und mehrere eigenständige „Republiken" (russ. *respúblika,* wie z.B. die an der Transsibstrecke liegende Burjatische Republik mit der Hauptstadt Ulan-Ude) sowie zwei Städte: Moskau und St. Petersburg.
- **31. Dezember 1999: Wladimir Putin** wird von Jelzin zum Nachfolger ernannt.
- **26.3.2000:** Putin gewinnt die Präsidentschaftswahlen mit absoluter Mehrheit (53%).
- **28.4.2000:** Übergabe von Teilen des **Bernsteinzimmers** an die russische Regierung durch den Bremer Oberbürgermeister *Henning Scherf.*
- **12.8.2000:** Nach einer schweren Havarie sinkt das russische **Atom-U-Boot „Kursk"** rund 180 km nordöstlich des Hafens Murmansk. Nach langem Zögern akzeptiert die russische Regierung ausländische Hilfe zur Rettung der Besatzung. Norwegische Taucher dringen bis zum Wrack durch und stellen fest, dass der Bootskörper komplett geflutet ist. Von der Besatzung hat niemand überlebt. Mit den Bergungsarbeiten des Wracks wird im Sommer 2001 begonnen.
- **14.8.2000:** Die Bischofskonferenz der russisch-orthodoxen Kirche beschließt, den Zaren *Nikolaj II.* und seine Familie heiligzusprechen.

Winter am Baikalsee – ein Traum in Weiß

091tr Foto: tb

092tr Foto: dk

●**4.12.2000:** Präsident Putin gibt bekannt, dass Russland die alte sowjetische **Nationalhymne** (ohne Text) und das **Staatswappen** des zaristischen Russland übernehmen wird. Staatsfahne bleibt die weiß-blau-rote Trikolore, die rote „Siegesfahne" aus dem Zweiten Weltkrieg wird zur offiziellen Fahne der Streitkräfte.

●**25.9.2001:** Staatsbesuch Putins in Deutschland. Dabei hält er als erstes russisches Staatsoberhaupt eine Rede im Deutschen Bundestag.

●**20.6.2002:** Der Leiter der Verbrechensabteilung teilt mit, dass Russland im Hinblick auf die Anzahl vorsätzlicher Morde, nämlich 34 pro 100.000 Einwohner, weltweit den zweiten Platz nach Südafrika einnimmt.

●**26.6.2002:** Die Duma verabschiedet das Bodengesetz, das russischen Bauern erlaubt, Grund und Boden als Eigentum zu erwerben. Sie entscheidet über den zivilen Alternativdienst, wonach Wehrpflichtige anstelle des Militärdienstes einen 3½-jährigen Ersatzdienst ableisten.

●**2.7.2002:** Eine **Tu-154** der russischen Fluggesellschaft Baschkirskaja Avialinija auf dem Flug von Moskau nach Barcelona stößt **über dem Bodensee** mit einer Frachtmaschine zusammen, wobei alle 57 Insassen, unter ihnen 52 Schüler, ums Leben kommen.

●**23.10.2002:** Tschetschenische Freischärler unter *Movsar Baraev* besetzen das **Theaterzentrum** an der Dubrovka in Moskau und nehmen etwa **700 Geiseln.** Am 26.10. dringen russische Spezialkräfte unter Einsatz von **Betäubungsgas** in das Theater ein, töten die Geiselnehmer und befreien die Geiseln, von denen fünf durch Schussverletzungen und 123 durch Gasvergiftungen umkommen.

●**14.3.2004:** Bei den Präsidentschaftswahlen wird Putin im ersten Wahlgang mit 71,2% der Stimmen im Amt bestätigt.

●**1.9.2004:** Etwa 30 Bewaffnete besetzen eine Schule in der nordossetischen Stadt **Beslan** und nehmen ca. 1200 Personen, haupt-

Holzkirche in Sibirien

sächlich Schüler, als Geiseln, die dort zur Feier des ersten Schultags versammelt sind. Die Geiseln werden in der Turnhalle zusammengetrieben, die von den Geiselnehmern vermint wird. Zwei Tage später stürmen Sicherheitskräfte die Schule. Bei den folgenden Kämpfen zwischen Geiselnehmern und Sicherheitskräften werden mindestens 326 Zivilisten, 156 davon Kinder, und zehn Einsatzkräfte getötet. 727 Personen werden verletzt, 31 Geiselnehmer getötet.

- **1.7.2006:** Der russische **Rubel** ist von nun an eine voll und frei konvertierbare Währung.
- **23.11.2006:** *Alexander Litwinenko,* früherer Oberstleutnant im Inlandsgeheimdienst FSB, wird Opfer eines Giftanschlags.
- **7.12.2006:** In Moskau wird eine Temperatur von +7,5°C gemessen, der höchste Winterwert seit Beginn der Temperaturmessungen in Russland. Der bestehende Höchstwert von +6,6°C war 1898 gemessen worden.
- **5.7.2007:** Das Internationale Olympische Komitee wählt **Sotschi** als Austragungsort für die Olympischen Winterspiele 2014 aus.
- **März 2008: Dmitrij Medwedew** tritt die Nachfolge von Staatspräsident Putin an, dieser wird Ministerpräsident.
- **5.8.2008:** Der Schriftsteller *Alexander Solschenizyn* stirbt im Alter von 89 Jahren an Herzinsuffizienz.
- **August 2008: Militärischer Konflikt zwischen Russland und Georgien.**
- **18.8.2009:** Georgien verlässt die GUS.
- **19.11.2009:** Das russische Verfassungsgericht untersagt die Anwendung der Todesstrafe in Russland.
- **3.12.2009:** In Moskau wird mit +8,3°C die für die Zeit höchste Temperatur seit Beginn der meteorologischen Datenerhebung gemessen. Der kälteste 3. Dezember war 1902 mit -28,7°C
- **24.2.2010:** In Moskau fallen an einem Tag 63 cm Schnee.
- **10.3.2010:** Auf der Forbes-Liste erscheinen 2010 **59 russische Milliardäre.** Damit nimmt Russland den ersten Platz in Europa ein (Deutschland 52). Die reichsten fünf Russen sind danach: *Wladimir Lisin* (53 Jahre, 15,8 Mrd. US$, Rang 32); *Michail Prochorow* (44 Jahre, 13,4 Mrd. US$, Rang 39); *Michail Fridman* (45 Jahre, 12,7 Mrd. US$, Rang 42); *Roman Abramowitsch* (43 Jahre, 11,2 Mrd. US$, Rang 50); *Oleg Deripaska* (42 Jahre, 10,7 Mrd. US$, Rang 57).
- **30.6.2010:** Die UNESCO teilt der russischen Regierung ihre Besorgnis über die Situation am Weltkulturerbe Baikalsee mit. Mitte Juni erlaubt das Oberste Verfassungsgericht Russlands die erneute Inbetriebnahme des Zellulosekombinats in Baikalsk.
- **19.7.2010:** Die Höhe des **Existenzminimums** wird auf 5518 Rubel (ca. 140 Euro) festgesetzt.
- **31.7.2010:** Im Gebiet Saratow sowie in sieben Regionen Russlands wird der Ausnahmezustand ausgerufen. Bei **Rekordhitze** greifen Wald- und Torfbrände immer weiter um sich, am stärksten betroffen sind die Gebiete Nishnij Novgorod, Woronesh und Rjasan. Landesweit kommen im Juli 52 Menschen durch die Brände um. Es entstehen Schäden in Höhe von 4,6 Mrd. Rubel (ca. 106 Mio. Euro).
- **10.8.2010:** In der russischen Hauptstadt reicht die Sicht auf Grund des Qualmes der **brennenden Torffelder** nicht weiter als 50 Meter. Wegen der ungewöhnlichen Hitze sowie dem Rauch stieg die Sterberate im Juli im Vergleich zum Vorjahr um 50%.
- **18.8.2010:** In Moskau wird ab dem 1. September 2010 der Verkauf von Spirituosen ab einem Alkoholgehalt von 15 Vol.-% zwischen 22 und 10 Uhr verboten. Davor galt ein Verkaufsverbot von 23–8 Uhr.
- **28.9.2010:** Staatspräsident *Dmitrij Medwedew* unterzeichnet ein Dekret, in dem er *Jurij Lushkow,* seit 1992 Moskauer Bürgermeister, mit der Begründung entlässt, der Präsident habe kein Vertrauen mehr in den Bürgermeister. Bis zur Wahl eines Nachfolgers übernimmt der Erste Vizeburgermeister, *Wladimir Resin,* kommissarisch das Amt.
- **3.11.2010:** Nach ersten Ergebnissen der Volkszählung der russischen Statistikbehörde im Oktober 2010 beläuft sich die Einwohnerzahl Russlands auf über 141 Mio. Menschen.
- **Ende März 2011:** Russland beschließt, in Zukunft das ganze Jahr über die Sommerzeit beizubehalten.

Den **neuesten Stand der Dinge** erfährt man unter www.laender-analysen.de/russland/chroniken/Chronik_2010 (bzw. 2011 etc.).

Die Transsib-Route

Von Moskau zum Ural

Wladimir — Владимир

- **Transsib-Kilometer:** 191
- **Zeit:** Moskauer Zeit

Die erste größere Stadt, die der Zug nach dem Verlassen des Jaroslawer Bahnhofs passiert, ist die altrussische, heute rund 350.000 Einwohner zählende Stadt Wladimir. Bis 2001 fuhren die Züge eine nördlichere Strecke über Jaroslawl nach Wjatka, die ein paar Kilometer länger ist. Auch wenn Wladimir eine der ältesten Städte und eine der berühmtesten am sogenannten **Goldenen Ring** ist, so ist doch leider heute nicht mehr viel von dem ehemaligen Glanz übrig geblieben.

Nischnij Nowgorod (Gorki)

Нижний Новгород (Горький)

- **Transsib-Kilometer:** 461
- **Zeit:** Moskauer Zeit
- **Vorwahl:** 831

Nischnij (sch wie in Garage) Nowgorod ist zweifellos **eine der schönsten Städte Russlands** und wird oft „Dritte Hauptstadt" genannt. Gibt es eine Stadt in Russland, die mehr Kirchen

hat? Warum die UNESCO dieses besondere Stück Altrussland nicht schon lange unter ihren Schutz gestellt hat, ist kaum zu verstehen!

Nischnij Nowgorod trägt den Zusatz „Nischnij" (russ. für „unteres"), um nicht mit dem „oberen", d.h. nördlicher, etwa 100 km südöstlich von St. Petersburg gelegenen Nowgorod verwechselt zu werden.

Die **Geschichte** der Stadt geht zurück auf das Jahr 1221. Dank ihrer günstigen Lage an der Mündung der Oka in die Wolga entwickelte sie sich rasch zu einem blühenden Handelszentrum mit einem weithin bedeutenden, regelmäßig stattfindenden Markt *(jármark)*. Durch Kriege und Mongoleneinfälle wurde Nischnij Nowgorod mehrfach zerstört. Erst nachdem im 16. Jahrhundert ein steinerner Kreml um die Stadt angelegt worden war, konnte sie sich erfolgreich vor Angriffen und Zerstörungen schützen. Im 19. Jahrhundert war die Stadt so reich, dass es im Volksmund hieß: „St. Petersburg ist der Kopf, Moskau das Herz und Nischnij Nowgorod der Geldbeutel Russlands".

Von 1932–1990 war die Stadt nach dem hier 1868 geborenen Schriftsteller **Máxim Gorki** benannt. Sie ist außerdem weltbekannt als Verbannungs-

In den historischen Zentren vieler russischer Städte finden sich teils im Boden versunkene Holzhäuser

ort des berühmten Menschenrechtlers, Kernphysikers und Nobelpreisträgers **Andréi Sachárow** (1921–89), der hier von 1980–1986 lebte.

Nischnij Nowgorod lag ursprünglich nicht an der Transsiblinie, sondern wurde erst Mitte 2001 an die Hauptstrecke angeschlossen, die vorher ein ganzes Stück weiter nördlich verlief. Wie auch im Falle von Jekaterinburg (ehemals Swerdlowsk) und Wjatka (ehemals Kirow) wird man „Nischnij Nowgorod" vergeblich in den Eisenbahnfahrplänen suchen, denn sie wird in Fahr- und Flugplänen weiterhin unter dem Namen Gorki geführt – nicht zu verwechseln mit der kleinen Stadt Gorki zwischen Rostow am Don und Wolgograd.

Nach Moskau, St. Petersburg und Jekaterinburg ist Nischnij Nowgorod heute die viertgrößte Stadt Russlands, eine bedeutende **Industrie- und Handelsstadt** mit Werften sowie Maschinenbaubetrieben und Autofabriken, in denen u.a. Autos der Marke Wolga und Lkw vom Typ GAZ produziert werden.

Sehenswertes

Ein voller Tag in Nischnij Nowgorod reicht, um die wichtigsten Schönheiten der Stadt kennenzulernen, und erweckt das wunderbare Gefühl, im **alten Russland** angekommen zu sein. Dabei sollte ein Spaziergang durch die Altstadt, auf der Kremlmauer und auf dem Hochufer genauso wenig fehlen wie der Besuch des von außen geradezu atemberaubenden Kaufmannshauses „Ussádba Rúkowa". Bei schönem Wetter ist ein ein- bis eineinhalbstündiger Schiffsausflug auf der Wolga unbedingt empfehlenswert.

Wer mehr Zeit hat, sollte einen Ausflug in das kleine Dorf **Diwjéjewo** (s.u.) machen, welches rund 180 km entfernt von Nischnij direkt an der Wolga liegt.

Stadtrundgang

Der ideale Ausgangspunkt für einen Stadtrundgang ist der **Gorkiplatz.** Von hier aus sind es inkl. der Fußgängerzone Balschája Pakrówskaja rund zwei Kilometer leicht bergab bis zum Kreml – immer mit Blick auf selbigen. Die **Stationen** des Spaziergangs durch die vielerorts noch nicht restaurierte, leicht verfallene Stadt: Rundgang auf der Kremlmauer, Mittagessen im Restaurant Pjátkin, Besuch des Kaufmannshauses Ussádba Rúkowa mit Führung, Spaziergang auf der Hochuferstraße Wérchne-Wólschskaja Nábereschnjy mit herrlichen Ausblicken auf die Wolga, Pause im Literaturcafé Besúchov, dessen Design mit unverputzten Wänden gut zur Stadt passt.

Kreml

Der im 16. Jahrhundert erbaute Kreml mit seinen elf Türmen beherbergt wie auch der Moskauer Kreml in erster Linie Regierungsgebäude. Eine Ausnahme sind die kleine **Erzengel-Michael-Kirche** aus dem 17. Jahrhundert, in der tägl. von 9–14 Uhr Gottesdienste abgehalten werden, und das im ehemaligen Gouverneurspalast untergebrachte **Staatliche Kunstmuseum** (tägl. außer Di 10–17 Uhr).

Gorki-Haus und Gorki-Museum

Es gibt mehrere Häuser, die *Máxim Gorki* gewidmet sind. Eines davon ist das **Gorki-Haus,** in dem der Schriftsteller seine Kindheit verbrachte (ul. Potschtówy Ssjäsd Nr. 21).

Im Haus des **Gorki-Museums** (ul. Semaschko Str. 19, Di bis Mi und Fr bis So 9–17 Uhr) lebte und arbeitete er, als er in seinen Dreißigern war.

Kirchen

Die vielen größeren und kleineren Kirchen mit ihren goldenen Zwiebeltürmen erinnern an den Reichtum der ehemals blühenden Handelsstadt. Auf Schritt und Tritt trifft man auf Kirchen, von denen eine schöner als die andere ist und von denen viele gerade restauriert werden.

Sacharow-Museum

Das *Andréj Sachárow* gewidmete Museum knapp zehn Kilometer außerhalb der Altstadt befindet sich in der Wohnung, in der der Nuklearphysiker und Regimekritiker zusammen mit seiner Frau *Jeléna Bónner,* die ihm freiwillig gefolgt war, bis 1986 gewohnt hat.

- Prospjékt Gagárina Str. 214, tägl. 10–17 Uhr außer Fr

Makárjewo

60 km östlich von Nischnij Nowgorod liegt am Wolgaufer das 1453 gegründete, von einer steinernen Festungsmauer umgebene Dorf Makárjewo mit dem gleichnamigen **Frauenkloster.** Idealerweise nimmt man ein vom Anleger unterhalb des Hotels Oktjabrskaja abfahrendes Wolgaausflugsschiff, welches etwa 3½ Stunden unterwegs ist und abends nach Nischnij Nowgorod zurückkehrt.

Diwjéjewo (Diveevo)

Das 180 km entfernte Dörfchen mit seinen ausnahmslos alten Holzhäusern und dem **pittoresken Kloster** lädt mindestens zu einem Tagesausflug ein. Wer hier übernachtet, kann am nächsten Morgen in aller Frühe einem Gottesdienst im Kloster beiwohnen. Eine Übernachtungsmöglichkeit mit russischer Hausmannskost kann organisiert werden (siehe Tourenanbieter).

Internet

- In allen Hotels sowie in vielen Cafés und Restaurants gibt es WiFi.

Unterkunft

- **Schuk Schack** (beide Male sch wie in Garage), Balschája Pokrovskaja Str. 57 (gleich am Anfang der Fußgängerzone, die unauffällige Tür neben dem Juweliergeschäft), Tel. 433 04 62, www.jak-hotel.ru. 18 Zi., EZ/F 3800 Rubel, DZ/F 7000 Rubel. Im Sommer sind die Zimmer zur Fußgängerzone laut. Das schönste Zimmer ist Nr. 3, gefolgt von Nr. 4.
- **Nikola House,** ul. Poschárskowo Str. 18, Tel. 419 39 39, www.nikola-house.ru, liegt nicht weit von und gehört zu o.g. Hotel. 31 Zi., EZ/F ab 3000 Rubel, DZ/F 7000 Rubel.
- **Dom Krestjánina,** ul. Alekséjewskaja Str. 6, Tel. 419 87 01. Saubere, sehr, sehr einfache und dafür auch sehr, sehr günstige Unterkunft mitten in der Altstadt. 100 Betten à 370 Rubel in Zwei- und Dreibettzimmern. Das Haus wurde verkauft und dürfte daher nicht mehr lange als Günstigherberge existieren.
- **Oka,** Praspjékt Gagárina Str. 27, Tel. 425 94 49 und 425 94 23, www.hoteloka.ru. Im 3*-Trakt EZ 3400 Rubel, DZ 3600 Rubel, bei 4* EZ 5400 Rubel, DZ 5500 Rubel. Die Lage ist zwar nicht ganz so zentral, aber das aus meh-

reren Gebäude bestehende, 3*- und 4*-Komfort bietende Hotel ist sowohl preislich als auch servicemäßig absolut in Ordnung. Eigentlich ist es ein Muss, die wohl weißeste Lobby ganz Russlands, wenn nicht der Welt anzugucken. Noch einen Superlativ hat das Oka: Es scheint das einzige Hotel östlich von Moskau mit einem Bellboy zu sein, der in der Lobby rund um die Uhr zur Verfügung steht. Hoffentlich ergrauen die Sofas und Wände nicht mit der Zeit! In der 5. Etage befindet sich ein kleines 24-Stunden-Café, im Keller ein Swimmingpool plus Kinderpool.

●**Oktjabrskaja,** Wérchne-Wólschskaja Nábereschnja Str. 9a, Tel. 432 80 80, www.oktyabrskaya.ru. Das aus Sojwetzeiten stammende Hotel hat 70 Zi. und liegt direkt am Hochufer der Wolga, wenige Gehminuten vom Kreml. EZ/F ab 5000 Rubel, DZ/F ab 6100 Rubel. Den schönsten Wolga-Blick haben die Zimmer Nr. 1–6 in der 7. Etage.

Essen und Trinken

●**Pjátkin,** ul. Roschdjéstwenskaja 25, Tel. 430 91 83, www.pir.nnov.ru, tägl. 12–2 Uhr. Die drei unterschiedlich dekorierten Räume geben einem das Gefühl, Gast bei Privatleuten zu sein, wo man z.T. in weichen Armsesseln sitzt. Der erste Saal mutet an wie ein Wohnzimmer, der mittlere wie eine große Wohnküche, der hintere für Nichtraucher gleicht einer „guten Stube". Die Küche konzentriert sich auf russische Speisen und Fische aus der Wolga.

●**Jedá i Kultúra,** zu Deutsch „Essen und Kultur", ist eine Lokalkette bestehend aus derzeit neun vom Design her sehr unterschiedlichen, preislich moderaten bis günstigen, vor allem von jungen Leuten frequentierten Café-Restaurants. Ul. Swesdinka 10/52, Tel. 433 22 29, www.ekproject.ru. Besonders interessant ist das **Literaturcafé Besúchov,** Roschdjéstwennskaja Str. 6, Tel. 433 87 63, tägl. 24 Std, www.bezuhov.ru. Ideal auch für eine Pause zwischendurch. Auf dicken Sofas und in gemütlichen Armsesseln genießt man bei guter Backgroundmusik das „Verfall-Interieur" oder den Blick nach draußen. Leider rückt Manager *Alexei* erst abends mit Kerzen für die Tische heraus.

●**Malakó Ljéto,** 5. Etage in der Balschája Roschdjéstwennskaja Str. 52, Tel. 434 38 84, gehört zu der o.g. Restaurantkette und hat im Sommer eine Terrasse mit Blick auf die Balshája-Roschdjéstwennskaja-Straße bis zum Kreml.

●**Del Para,** ul. Alekséjewskaja Str. 6, Tel. 419 58 63, 13–1 Uhr, keine Kreditkarten. Dieses urige Ethnolokal zeichnet sich durch gute Musik und drei Räume mit interessantem Dekor von Indisch über Indianisch bis zu Ägyptisch aus. Vegetarier kommen hier auf ihre Kosten.

Tourenanbieter

●**Nicko Travel Group,** im hinteren Gebäude des Oka-Hotelkomplexes (s.o.), Tel. 422 53 17, Apparat 104, 24-Std.-Notfallnr. 800 555 0522, www.nicko.ru.

●**Fahrer Andréi,** mobil: 904 067 05 05. Der äußerst sympathische und bemühte *Andréi* hat zwar sein in der Schule gelerntes Deutsch weitgehend vergessen, ist aber dennoch ein absolut empfehlenswerter Fahrer und Fremdenführer! Inkl. Pkw je nach Dauer 300–350 Rubel pro Stunde. Ein Ausflug mit oder ohne Übernachtung in dem Dorf Diwjéjewo ist Verhandlungssache.

Zugverbindungen

Aktuelle Zugfahrpläne unter **www.rzd.ru.**

Nach Moskau (461 km, 7 Std.):
●**Nr. 171:** tägl. 6.45 Uhr
●**Nr. 561:** tägl. 8.05 Uhr
●**Nr. 153:** tägl. 9.15 Uhr
●**Nr. 132:** an geraden Tagen 13.35 Uhr
●**Nr. 91:** an ungeraden Tagen 21.10 Uhr
●**Nr. 25:** an ungeraden Tagen 23.21 Uhr
●**Nr. 55:** an geraden Tagen 23.21 Uhr

Nach St. Petersburg (1123 km, 8 Std.):
●**Nr. 173/174:** tägl. 15.15 Uhr

Nach Jekaterinburg (1317 km, 20 Std.):
●**Nr. 92** (Sewerobaikalsk):
an geraden Tagen 20.13 Uhr
●**Nr. 2** (Wladiwostowk):
an geraden Tagen 3.45 Uhr

Nach Nowosibirsk (2842 km, 40 Std.):
- **Nr. 92:** an geraden Tagen 20.13 Uhr
- **Nr. 2:** an geraden Tagen 3.45 Uhr

Nach Krasnojarsk (3604 km, 52 Std.):
- **Nr. 92:** an geraden Tagen 20.13 Uhr
- **Nr. 2:** an geraden Tagen 3.45 Uhr

Nach Irkutsk (4684 km, 69 Std.):
- **Nr. 2:** an geraden Tagen 3.45 Uhr

Nach Ulan-Ude (5148 km, 77 Std.):
- **Nr. 2:** an geraden Tagen 3.45 Uhr

Nach Chabarowsk (8032 km, 127 Std.):
- **Nr. 2:** an geraden Tagen 3.45 Uhr

Nach Wladiwostok (8798 km, 140 Std.):
- **Nr. 2:** an geraden Tagen 3.45 Uhr

Wjatka (Kirow) Вятка (Киров)

- **Transsib-Kilometer:** 957
- **Zeit:** Moskauer Zeit + 1 Std.

957 km nordöstlich von Moskau erreicht der Zug die etwa 450.000 Einwohner zählende, am gleichnamigen Fluss gelegene Stadt Wjatka, früher bekannt als Kirow. Wjatka liegt in einem Gebiet mit **dichten Wäldern und großen Äckern.** Zu den wichtigsten landwirtschaftlichen Erzeugnissen der Region gehören Roggen, Gerste und Zuckerrüben, ferner Milch- und Fleischprodukte.

Im 12. Jahrhundert ließen sich hier Siedler aus der Gegend von Nowgorod nieder und gründeten 1181 die Stadt Klynow, später umbenannt in Wjatka, 1934 umbenannt in Kirow und seit den 1990er Jahren wieder in Wjatka. Bis 1917 war die Stadt ein Verbannungsort für politische Häftlinge. So lebten hier z.B. der Philosoph und Revolutionär *Alexander Herzen* (1812–70) und der Revolutionär *Felix Dserschinski* (1877–1926) für einige Jahre.

Heute ist Wjatka das administrative und kulturelle Zentrum des Kirower Gebietes mit Museen, Theatern und einer eigenen Philharmonie.

Perm Пермь

- **Transsib-Kilometer:** 1434
- **Zeit:** Moskauer Zeit + 2 Std.
- **Vorwahl:** 3422
- **Internet:** www.permtourist.ru

An den Ufern der **Kama** liegt die Millionenstadt Perm, deren Name im Finno-Ugrischen so viel wie „Fernes Land" bedeutet. Ihre Gründung Ende des 18. Jahrhunderts verdankt die Stadt Kupfererzvorkommen und dem daraus resultierenden Bau von Kupferhütten, die wiederum zahlreiche Schwerindustriebetriebe mit sich brachten. Von großer Bedeutung für die wirtschaftliche Entwicklung der Stadt war die günstige Lage, die den Warentransport über die in die Wolga fließende Kama ermöglichte. 1878 erreichte die erste Eisenbahnlinie Perm und bewirkte einen gewaltigen wirtschaftlichen Aufschwung. Seit den 1920er Jahren fahren die Transsibexpresszüge über Perm.

Heute ist Perm ein wichtiges **wirtschaftliches und kulturelles Zentrum** mit Museen, Theatern, einer Oper und einem weltberühmten Ballett sowie sieben Hochschulen und über 20 wissenschaftlichen Forschungszentren. Der wohl bekannteste Permer ist der Nobelpreisträger *Bo-*

ris Pasternak, der mit seinem Roman „Doktor Schiwago" Weltruhm errang.

Unterkunft

- Es gibt über 3000 Hotelzimmer in Perm. Genannt sei das **Hotel Ural,** ul. Lenina 58, Tel. 18 62 20. Das Hotel hat über 430 Zimmer und zählt zu den günstigsten, EZ/F ab 2700 Rubel, DZ/F ab 3500 Rubel.

Post und Internet

- **Post,** ul. Lenina 29, auch Internet

Der Ural

Die größte Enttäuschung für viele Transsibreisende ist das Uralgebirge. Von Moskau kommend, geht die Fahrt durch mehr oder weniger flaches Land, und alle freuen sich auf das in topografischen Karten dunkelbraun dargestellte Gebirge. Alle warten, gucken neugierig aus den Zugfenstern, zücken ihre Fotoapparate und Videokameras, um schneebedeckte Gipfel aufzunehmen – und es passiert nichts, gar nichts! Wenn der Zug den Ural auf einer durchschnittlichen Höhe von 450 m ü.N.N. durchquert, ist von Bergen, geschweige denn von Gebirge keine Spur. Alles, was man sieht, ist eine **hügelige Birkenlandschaft.** Aber die ist sehr schön anzusehen! Vielleicht ist die Urallandschaft für Reisende aus Asien in Richtung Europa interessanter, weil sie aus der endlosen Westsibirischen Tiefebene kommen, in der sie fast 2000 km durch eine total flache, bis zum Horizont reichende, meist sumpfige Ebene gerattert sind.

Der bis zu 1886 m hohe Ural erstreckt sich von Norden nach Süden über eine Gesamtlänge von über 2500 km. Das auch „Mineralienparadies" genannte Gebirge bildet die **natürliche Grenze zwischen Europa und Asien** und ist eine wahre Schatzkammer von Metallen wie Eisen, Kupfer und Mangan sowie Erdöl, Steinkohle, Asbest und Bergkristallen. Zu den wichtigsten Edel- und Halbedelsteinen gehören Amethyst, Smaragd, Alexandrit und Diamant.

Die ersten Russen, die sich in der Region niederließen, waren im 11. Jahrhundert Nowgoroder Kaufleute und Siedler. Sie sammelten in den Gebieten von Wjatka und Perm u.a. Honig, Wachs, Pelze und Salz, mit denen sie erfolgreich handelten.

Die systematische Besiedlung Sibiriens durch Russen setzte erst viel später als Folge der ersten Sibirienexpedition des Kosakenführers *Jermak* im Jahr 1580 ein. Der Abbau von Bodenschätzen begann im 17. Jahrhundert

So sagt man in Sibirien

Als Gott, beladen mit einem schweren Sack, Bodenschätze über die ganze Erde verteilte, machte er in Sibirien eine kleine Verschnaufpause und schlief neben seinem Sack ein. Beim Aufwachen bemerkte er, dass ihm etwas aus dem Sack geklaut worden war. Wütend schüttete Gott nun den restlichen Sackinhalt in Sibirien aus und verfügte, dass eine dicke Eisschicht alles verdecken solle. Seither liegen in Sibirien viele bisher noch verborgene Bodenschätze, die nur darauf warten, dass man sie herausholt – doch dazu braucht man teure Technologien, Infrastruktur und viel Geld.

Das Gulag-Museum Perm 36

Etwa 100 km von Perm, im Dorf **Kutschino** im Kreis Tschussowoi, befindet sich das Gulag-Museum Perm 36. Diese Gedenkstätte zur Geschichte politischer Repression ist in einem **ehemaligen Lager** eingerichtet worden, das einzige Museum seiner Art auf dem Territorium der ehemaligen UdSSR. Auf dem Gelände gibt es noch einige aus der Stalinzeit stammende Gebäudeteile. Perm 36 war eines der Hochsicherheitslager der UdSSR, in welchem als **besonders gefährlich eingestufte Häftlinge** inhaftiert wurden. In den letzten Jahren seines Bestehens saßen hier nur politische Häftlinge ein. Geschlossen wurde das Lager erst 1988!

Von Regierungsseite war zunächst geplant, das Lager wie alle anderen einfach verfallen zu lassen bzw. anderweitig zu nutzen, so z.B. als Behindertenheim. Anfang der 1990er Jahre setzte sich dann die Permer Nichtregierungsorganisation „Perm 36" für die Umfunktionierung des Lagers zur Gedenkstätte und Museum ein. Die Eröffnung war 1994.

Stück für Stück wird alles in seinen ursprünglichen Zustand versetzt, Gebäude renoviert und wieder aufgebaut. Die Arbeit wird zum großen Teil von russischen und internationalen Freiwilligen geleistet. Im Sommer finden **Workcamps** statt. Inzwischen sind die Arbeiten so weit fortgeschritten, dass man einen erschreckend realistischen Eindruck vom Leben und Leiden im Lager bekommt. Neben den Gebäuden wie Wohnbaracken, Straf-Isolator, Werkstätten, Sanitätsgebäude etc. gibt es eine Reihe sehr interessanter und eindrucksvoller **Ausstellungen** zu sehen. **Führungen** sind auf Englisch und Deutsch möglich, müssen aber im Voraus gebucht werden.

- **www.gulagmuseum.ru**
- **www.perm36.ru**
- Der **Besuch dauert acht Stunden** und kann organisiert werden durch das Permer Reisebüro *Permskoye bureau puteshestviy*, ul. Górkowo 14 a, Tel. der Mitarbeiterin *Angela:* 12 59 12. Ein Pkw kostet pro Stunde ab 400 Rubel, ein Dolmetscher pro Stunde 500 Rubel, eine Führung p.P. 1500 Rubel und der Eintritt p.P. 500 Rubel.

und der Bau von Eisenhütten im 18. Jahrhundert unter *Peter dem Großen*. Der Eisenbahnverkehr nahm Ende des 19. Jahrhunderts den Betrieb auf.

Bis zur Oktoberrevolution im Jahre 1917 stellte der Ural nicht nur die historische und geografische Trennlinie zwischen zwei Kontinenten dar, sondern auch eine wirtschaftliche, und seit 1917 wird vom Ural aus die wirtschaftliche Entwicklung Sibiriens und des gesamten Fernen Ostens beeinflusst.

Aus traurigem Grund erhielt die Industrialisierung des Ural einen bis heute wirkenden Aufschwung, als nach dem deutschen Überfall auf Russland während des Zweiten Weltkriegs Hunderte von Fabriken und Unternehmen aus Westrussland in das Uralgebiet ausgelagert wurden und alsdann einen Großteil der an der Front benötigten Waffen produzierten.

Heute leben im Uralgebiet über 20 Mio. Menschen verschiedener Volkszugehörigkeiten. Viele von ihnen sind in Bergwerken und Industriebetrieben tätig. Zu den wichtigsten Industriezweigen zählen der Maschinenbau, die Metallindustrie, die u.a. Gusseisen und Stahl produziert, sowie die chemische und Holz verarbeitende Industrie, die u.a. Papier herstellt.

Kilometerstein 1777 – die Grenze der Kontinente

Am Kilometerstein 1777 erreicht der Sibirienexpress die **Grenze zwischen Europa und Asien.** Knapp 15 m vom Zug entfernt sieht man, von Moskau kommend auf der rechten Seite, einen hellen, ca. 4 m hohen **Steinobelisken** mit der Aufschrift „Europa-Asien" in kyrillischer Schrift (s.a. bei Jekaterinburg).

Für Fotografen sei erwähnt, dass im Speisewagen, direkt im Anschluss an die Küche, meist eine Tür geöffnet werden kann, welche, so sie sich zufälligerweise auf der richtigen Seite befindet, ein ungetrübtes Foto vom Grenzstein ermöglicht. Man muss aber sehr schnell sein. Gemäß den momentan gültigen Fahrplänen der großen Transsibzüge passiert man, wenn sie pünktlich sind, den Grenzstein abends bzw. nachts: Zug Nr. 2, der legendäre „Rossija", gegen 20 Uhr (im Sommer ist es dann noch hell, im Winter nicht), die Züge Nr. 4, der Moskau-Peking-Express, und Zug Nr. 6, der Moskau-Ulan-Bator-Express, gegen 4 Uhr morgens, außerdem Zug Nr. 10, der Moskau-Irkutsk-Express „Baikal", gegen 3 Uhr morgens sowie Zug Nr. 20, der Moskau-Peking-Express, gegen 3.30 Uhr.

Jekaterinburg Екатеринбург

- **Transsib-Kilometer:** 1816
- **Zeit:** Moskauer Zeit + 2 Std.
- **Vorwahl:** 343

Die rund 1,4 Millionen Einwohner zählende Stadt Jekaterinburg ist eine auffallend **gepflegte und helle Stadt mit vielen Grünanlagen,** die wie ein „kleines Moskau" wirkt. Hier wird deutlich, was ordentlich bemalte Fassaden aus schmucklosen Gebäuden machen können: Die Straßen sehen freundlich aus und die Menschen der Stadt wirken aufgeschlossen und optimistisch. Dennoch ist Jekaterinburg kein Muss für Transsibreisende. Wer es einrichten kann, sollte nach Möglichkeit einen Tagesbesuch einplanen.

Jekaterinburgs Geschichte beginnt im Jahre 1723, als *Peter der Große* auf der Suche nach Bodenschätzen hier die erste Fabrik zur Gewinnung von Eisen errichten lässt. Zu Ehren der **Zarin Katharina I.** wird die neue Stadt nach ihr benannt. Diese wächst und bekommt im Jahre 1783 die Stadtrechte. Als später Edelsteine und Gold sowie Diamanten gefunden werden, wächst der Wohlstand und auch das kulturelle Leben erhält entscheidende Impulse.

Auch der Anschluss an die Transsib ist für Jekaterinburgs Entwicklung von großer Bedeutung. Neben Erzgewinnung und Eisenproduktion florieren vor allem der Schwermaschinenbau und die chemische Industrie.

Während des Zweiten Weltkriegs werden aus dem Westen Russlands Fabriken nach Jekaterinburg verlegt, was zu einem weiteren wirtschaftlichen Aufschwung führt. Insbesondere Waffen- und Munitionsfabriken arbeiten in dieser Zeit auf Hochtouren.

Von 1924–1991 hieß die Stadt nach dem Arbeiterführer **Swerdlowsk (Jakow).** Noch heute prangt dieser Name in großen Lettern auf dem Bahnhofsgebäude und alle Fahrpläne benutzen ihn. Die geschichtliche Entwicklung der Stadt ist in wunderbaren Wandbildern in den Wartesälen des restaurierten Bahnhofs anschaulich dargestellt.

Einen deutlichen Entwicklungsschub und Veränderungen im Stadtbild erlebte Jekaterinburg dank eines internationalen Symposiums im Jahr 2009. Aus diesem Anlass wurden viele Gebäude und Hotels (darunter das Hyatt Regency Hotel) errichtet und restauriert, Parkanlagen angelegt und das Straßennetz verbessert und erweitert.

Sehenswertes

Eine etwa vierstündige Führung durch das **historische Stadtzentrum** ist die bequemste Art, Jekaterinburg und seine wichtigsten Sehenswürdigkeiten kennenzulernen. Wer mehr Zeit zur Verfügung hat, kann Ausflüge nach Ganina Jama und an die Kontinentengrenze zum Grenzstein zwischen Europa und Asien machen.

Mineraliensammlung

Das Mineralienmuseum des Ural ist eine ungemein beeindruckende Privatsammlung. Sie wurde von einem vom Piloten zum Geologen umgesattelten Herrn *Pelepenko* zusammengetragen und umfasst 15.000 Exponate, von denen etwa 2500 in wechselnden Ausstellungen gezeigt werden. In den Vitrinen an der linken Wand sind Steine aus dem Uralgebiet, in der Saalmitte aus den ehemaligen Sowjetrepubliken, dem Fernen Osten sowie Zentralasien ausgestellt. Man beachte den **Souvenirshop** mit wunderschönen Steinen zum Verkauf (Bargeld, MasterCard, VISA).

● **Urálski mineralogítscheski muséi,** ul. Krasnoarmeiskaja 1, 1. OG, Tel. 350 60 19, 350 24 95, Mo–Fr 10–19 Uhr, Sa und So 10–17 Uhr.

Fotografiemuseum Matenkova

Das im typischen Uralstil gebaute, historische Gebäude (unten Stein, oben Holz) beherbergte vor der Revolution das Fotogeschäft des Fotografen *Matenkov*. Heute werden in sehr schönen Räumlichkeiten **alte Fotoapparate** und eine umfangreiche Sammlung **vorrevolutionärer Fotos** ausgestellt.

● **Muséi Fotográfii,** ul. Karl Liebknechta 36, Tel. 371 38 14, metenkov@gmail.com, tägl. 10–18 Uhr.

Wandgemälde im Bahnhof

Die Kronleuchter und die Deckenmalereien in den beiden Wartesälen

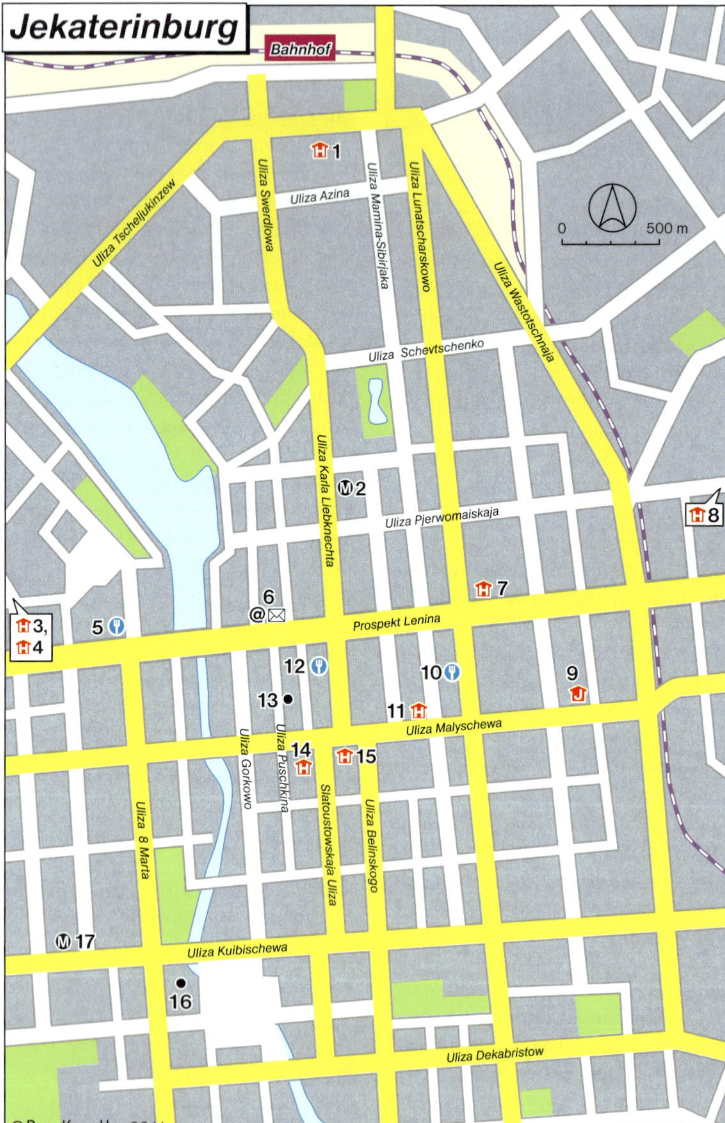
Jekaterinburg
Bahnhof
Uliza Tscheljukinzew
Uliza Swerdlowa
Uliza Azina
Uliza Mamina-Sibirjaka
Uliza Lunatscharskowo
Uliza Wastotschnaja
0
500 m
Uliza Schevtschenko
Uliza Karla Liebknechta
Uliza Pjerwomaiskaja
Prospekt Lenina
Uliza Malyschewa
Uliza Gorkowo
Uliza Puschkina
Slatoustowskaja Uliza
Uliza Belinskogo
Uliza 8 Marta
Uliza Kuibischewa
Uliza Dekabristow
1
2
3,
4
5
6
7
8
9
10
11
12
13
14
15
16
17
©Reise Know-How 2011

im 1. Obergeschoss des restaurierten Bahnhofs von Swerdlowsk, wie der Bahnhof trotz der Rückbenennung der Stadt in Jekaterinburg heute noch heißt, sind einen Besuch wert! In romantischen Großbildern wird die **Geschichte Jekaterinburgs** erklärt. Unter jedem Bild befindet sich die entsprechende Jahreszahl:

- **1581:** Kosakenführer *Jermak* wird von *Iwan IV.*, bekannt als *Iwan der Schreckliche,* auf die erste Sibirienexpedition geschickt und erreicht Jekaterinburg.
- **1598:** Rund 400 km von Jekaterinburg entfernt liegt ein wichtiges religiöses Zentrum, das die Bedeutung der Stadt widerspiegelt.
- **1686:** Eine wunderschöne Jahrmarktszene mit der feinen Gesellschaft in edlen Roben und schönen Kutschen. Wodka wird ausgeschenkt, Fischstände locken mit duftendem Räucherfisch. Die aus Stein gebauten Kirchen gab es zur damaligen Zeit genauso wenig wie die dekorativen Luftballons im Bild.
- **1723:** Eine Brücke wird gebaut und die ersten Industrieanlagen entstehen.
- **1833:** Die Bahnlinie erreicht Jekaterinburg und trägt zur Wirtschaftsentwicklung bei.
- **1893:** Verschiedene Edelsteine werden unter die Lupe genommen. Edelsteinfunde führen zu einem weiteren Aufschwung für die Region.
- **1917–22:** Die 1998 heilig gesprochene und in der Petersburger St.-Pauls-Kathedrale bestattete Zarenfamilie aus dem Hause *Romanow* wird hier in einem Heiligenschein dargestellt. Die Ermordung von Zar *Nikolaus II.*, seiner Frau und seiner fünf Kinder im Jahre 1918 nimmt einen traurigen Platz in der Geschichte der Stadt ein. Auf dem Bild ist außerdem der Kampf der Roten Armee gegen die zarenfreundliche Weiße Armee zu sehen.
- **1929–34:** Die Industrie der Stadt läuft auf Hochtouren, Jekaterinburg erlebt eine Blüte.
- **1941–45:** Szenen aus dem Zweiten Weltkrieg, sowohl der Kampf an der Front als auch die Produktion von Waffen für den Krieg beherrschen dieses Bild. Als nach dem deutschen Überfall auf Russland an die 700 Betriebe in den Ural verfrachtet wurden, diente Jekaterinburg als eine der wichtigsten Waffenschmieden Russlands.
- **1956–2000:** Die Frauen-Basketballmannschaft (alle als Blondinen dargestellt) brachte der Stadt durch ihre schiere Unbesiegbarkeit viel Ruhm.
- **1960:** Ein amerikanischer Spion wird während der Parade am 1. Mai mit seinem Flugzeug abgeschossen. Alle Menschen halten die Szene für eine Einlage bei den Feierlichkeiten. Ahnungslos laden die Bewohner eines rund acht Kilometer vom Stadtzentrum entfernt gelegenen Dorfes den per Fallschirm vom Himmel einschwebenden *Gary Powers* gemäß russischer Tradition zu einem Glas Wodka ein, er lehnt ab, akzeptiert aber eine Zigarette. Später wird er gegen russische Geheimdienstler ausgetauscht und kehrt unversehrt in die USA zurück. Heute liegt im Militärmuseum von Jekaterinburg ein Stück des Flugzeugs.
- **1991–2001:** Die Volksnähe von *Boris Jelzin* ist das Thema dieses Bildes. Der ehemalige Präsident Russlands läuft zwischen Kirchenhäuptern und Familien, langhaarigen Jugendlichen mit Gitarren und Mädchen in Miniröcken, „neuen Russen" mit Handy und Rollstuhlfahrern durch seine Stadt. Gleichzeitig sieht man Demonstranten mit roten Fahnen,

H	1	Hotel Swerdlowsk
M	2	Fotografiemuseum
H	3	Yekaterinburg Hostel 300 m
H	4	Vis-à-Vis Hotel 5 km
R	5	Debüt
@✉	6	Internetcafé und Post
H	7	Hotel Iset
H	8	Hotel Oktjabrskaja
J	9	Meeting Point Hostel
R	10	Schemtschugina
H	11	Hotel Bolschoi Ural
R	12	Solotoi Drakon
•	13	Stadtführungen Sputnik
H	14	Transotel
H	15	Hotel Zentralnaja
•	16	Zirkus
M	17	Mineralienmuseum

die für den Kommunismus eintreten. Moderne Autos, die nicht alle russischer Bauart zu sein scheinen, runden das Bild vom modernen Russland ab.

Die Grenze der Kontinente

Rund 15 km westlich von Jekaterinburg befindet sich an der Autobahn der **Grenzstein zwischen Europa und Asien.** Man beachte die Kilometerschilder: „Paris 4546 km" und „Berlin 3502 km". 1836 wurde hier eine Holzkonstruktion errichtet, die der russische Doppeladler ziert. Den Anstoß gab Zarensohn *Alexander III.*, der auf seiner Weltreise an dieser Stelle einen Halt einlegte. Nun ist für das Jahr 2015 der Bau eines 180 (!) Meter hohen Europa-Asien-Komplexes geplant. Reiseführer erklären, dass der russische Geograf und Historiker *Tatíschtschew* (1686–1750) erkannt hatte, dass der Ural eine natürliche Grenze zwischen Europa und Asien darstellt. Er ist sowohl die Wasserscheide zwischen den Kontinenten als auch eine Klimagrenze. Fischarten, die auf der europäischen Seite vorkommen, findet man nicht auf der asiatischen.

Der **Ural,** das älteste Gebirge Russlands, ist **über 2000 km lang.** Die höchste Erhebung misst 700 m. Das Gebiet ist voller Edel- und Halbedelsteine wie z.B. Gold, Platin, Rubine und Malachite. Auch gibt es große Marmorvorkommen.

Wer ein Band oder Stofftaschentuch dabeihat, kann es an einem der Bü-

045tr Foto: tb

Die letzte Zarenfamilie

Berühmt ist Jekaterinburg leider vor allem als Ort der **Ermordung** der letzten Zarenfamilie aus dem Geschlecht der **Romanows,** die über 300 Jahre die russischen Zaren stellte. *Zar Nikolaus II.* und seine Frau, *Zarin Alexandra,* ihre vier Töchter *Olga, Tatjana, Maria* und *Anastasija* sowie der Thronfolger *Aleksej* wurden im Mai 1918 nach Jekaterinburg verschleppt und im Ipatjew-Haus eingesperrt. In der Nacht vom 16. auf den 17. Juli 1918 wurde die ganze Familie im Keller des Hauses auf den Befehl von Arbeiterführer *Swerdlow* erschossen und anschließend in einem Wald etwa 40 km außerhalb von Jekaterinburg an einem geheimen Platz verscharrt.

Nach langem Suchen und Knochenanalysen hat man Anfang der 1990er Jahre die sterblichen Überreste wiedergefunden und 1998 in der St.-Pauls-Kathedrale in St. Petersburg in allen Ehren beigesetzt. Die Russisch-orthodoxe Kirche sprach die Zarenfamilie heilig.

Das Ipatjew-Haus avancierte mit den Jahren zu einer Art Pilgerort für Monarchisten. So beschloss *Boris Jelzin* 1997 auf Weisung aus Moskau, das Haus in einer Nacht- und Nebelaktion abreißen zu lassen. An seiner Stelle stehen heute Holzkirchen zu Ehren der Zarenfamilie.

sche oder Bäume an der Grenze befestigen und sich etwas wünschen. Picknicken kann man in einem kleinen, duftenden Wald, in dem Bänke und Tische stehen, auch ein kleines Café lädt zur Rast ein.

- **Anfahrt:** Am einfachsten ist es, ein Marschroutentaxi vom Bahnhof aus zu nehmen oder einen Ausflug bei einem Tourenanbieter zu buchen (s.u.).

Das Kloster Ganína Jáma

Die **sterblichen Überreste der Zarenfamilie Romanow** wurden nach der Erschießung aller Familienmitglieder im Ipatjev-Haus am 16. Juli 1918 in einem Birkenwald 15 km nordwestlich von Jekaterinburg verscharrt. Heute stehen an der Stelle sieben Kirchen und Kapellen. Von einer **Aussichtsstelle** sieht man das Loch Ganína Jáma (*Jama* bedeutet im Russischen Loch), in dem die Gebeine der Zarenfamilie gefunden wurden.

- **Anfahrt:** Am einfachsten nimmt man ein Marschroutentaxi am Bahnhof, die auf dem Parkplatz links und rechts vom Haupteingang stehen und tägl. 9–17 Uhr fahren. 3 Std. kosten 500 Rubel. Wer ein Taxi nimmt, braucht 2–2½ Std. und bezahlt für 2 Personen 1500 Rubel und für 4 Personen 2000 Rubel. Oder man bucht einen Ausflug bei einem Tourenanbieter (s.u.).

Der Bahnhof von Jekaterinburg

Praktische Tipps

Am Bahnhof

- **Duschen im Bahnhofsgebäude,** es gibt eine Dusche am Bahnsteig 1 und eine im Untergeschoss. Man frage nach „tualjéty i dúschy". Tägl. 8–20 Uhr.
- **Handy aufladen,** bei den Duschen, pro Min. 1 Rubel.

Info und Stadtführungen

- **Sputnik,** ul. Puschkina 5, Tel. 351 07 07, Fax 371 34 83, www.sputnik-ekb.ru, Mo bis Fr 10–19 Uhr, Sa und So 10–16 Uhr. Seit rund

Sibirien

40 Jahren betreut die Firma in- und ausländische Reisende.

Post und Internet

- **Postamt,** Prospekt Lenina 39. Geradeaus geht es zu den Postschaltern: Mo bis Fr 8–22 Uhr, Sa und So 8–18 Uhr. Rechts geht es zum Internet: Mo bis Fr 8–21 Uhr, Sa und So 10–18 Uhr.
- **Internet im Bahnhof,** im Bilderwartesaal im Obergeschoss.

Konsulat

- **Deutsches Generalkonsulat,** ul. Kuibyschewa 44, Tel. (+7-343) 359 63 99, www.nowosibirsk.diplo.de

Geld

- **Automat:** u.a. im Postamt (max. 6000 Rubel, bei einem höheren Betrag streikt der Automat: „Operation disable").

Unterkunft

- **Im Bahnhof,** DZ pro Person für 3 Std. 400 Rubel, für 6 Std. 600 Rubel, für 12 Std. 800 Rubel und für 24 Std. 1400 Rubel, sog. „Lux-Zimmer" kosten pro Zi. für 3 Std. 750 Rubel, für 6 Std. 1400 Rubel, für 12 Std. 2500 Rubel und für 24 Std. 4000 Rubel. Tel. Reservierungen kosten pro Zimmer 500 Rubel extra.
- **Yekaterinburg Hostel,** ul. Antona Valeka 18, App. 2, Tel. 912 051 43 01 und 905 809 14 80, www.ekbhostel.ucoz.com. Drei Zimmer à sechs Betten, p.P. 17 Euro, zentrale Lage. Geöffnet von April bis Mitte September.
- **Meeting Point Hostel,** ul. Malyscheva 87, App. 73, Tel. 905 808 51 62, www.meetingpoint.hostel.com. Zentrale Lage, zwei Zimmer à acht Betten, Männer und Frauen gemischt, p.P. 16 Euro.
- **Europe Asia Hostel**
ul. Tschaikowskogo 75, App. 216, Tel. 219 27 88 und 210 28 84, www.eayh.ucoz.ru. Ca. 45 Min. zu Fuß ins Zentrum, 6-Bett-Zimmer p.P. 11 Euro, DZ p.P. 51 Euro.
- **Hotel Vis-à-vis,** ul. Tatischeva 86, Tel. 381 50 27, www.vizavi-hotel.ru.
- **Hotel Iset,** Prospekt Lenina 69/1, Tel. 328 10 91, www.hotel-iset.ru. Das 3*-Hotel macht einen sauberen Eindruck. Helle Zimmer mit Ausblick aufs Stadtzentrum. Ein Restaurant gibt es nicht, dementsprechend auch kein Frühstück. Internet vorhanden. EZ 2900 Rubel, DZ 3400 Rubel
- **Hotel Oktjabrskaja,** ul. S. Kowalewskoi 17, Tel. 374 15 95, Fax 374 50 16, www.hotel-okt.ru. Eines der besten Hotels der Stadt. EZ/F 3900 Rubel, DZ/F 4600 Rubel.
- **Hotel Zentralnaja,** ul. Malyscheva 74, Tel./Fax 350 05 97, www.hotelcentr.ru. Die meisten Zimmer dieses historischen Hotels werden von Firmen genutzt. Wohl dem, der sich die schönen Suiten mit Ausblick auf die Stadt leisten kann! EZ 3500 Rubel, DZ 4500 Rubel.
- **Transotel,** ul. Gogolja 15, Tel./Fax 355 12 11, www.transhotel.su. Das zentral gelegene Business-Hotel gehört zu den besten Adressen der Stadt. Internet, Restaurant, Lufthansa-Büro.
- **Hotel Swerdlowsk,** direkt gegenüber vom Bahnhof, Tel. 214 30 00, www.sv-hotel.ru. EZ ab 1890 Rubel, DZ ab 1400 Rubel.
- **Hotel Bolschoi Ural,** ul. Krasnoarmeiskaja 1, Tel. 350 01 43, 350 69 17.

Essen und Trinken

- **Schemtschugina,** ul. Lunatscharskovo, gegenüber dem Kino mit der Straßennummer 137. Das saubere Restaurant ist bei Einheimischen und Ausländern beliebt. Allerdings gehört die Bedienung nicht zu den freundlichsten. Milchkaffee gibt es nicht – es gibt einfach keine Milch. Keine Nachfrage, heißt es.
- **Restaurant Solotoi Drakon,** ul. Karla Liebknechta 13, Tel. 371 14 76. Sehr schmackhafte Grillgerichte und großes Salatbüfett.
- **Debüt,** ul. Wosmogo Marta 8, Tel. 371 82 50, www.cafedebut.ru.

Einkaufen

- Der **Museumsshop** des Mineralienmuseums (s.o.) bietet eine fantastische Auswahl schönster Steine an.
- **Straßenmarkt,** Sa und So 11–17 Uhr. An zahllosen Ständen auf dem parkähnlich angelegten Grünstreifen der breiten Prospekt Lenina im Stadtzentrum werden Souvenirs angeboten. An den übrigen Wochentagen ist das Angebot weniger umfangreich.

Tourenanbieter

Alle hier genannten Ausflüge werden von *Konstantin Bryljakow* und der Firma Sputnik (www.sputnik-ekb.ru) angeboten. Einige Touren werden nur von Mai bis Ende September durchgeführt.

- **„Ein Fuß in Europa und ein Fuß in Asien":** Insgesamt drei Stunden dauert ein Ausflug an die Grenze zwischen Europa und Asien. An dem Markierungsstein trifft man vor allem am Wochenende viele Frischvermählte, die hier in voller Hochzeitsmontur für ein Erinnerungsfoto posieren.
- **Wandern im Ural:** Sechs Stunden dauert eine Wanderung im nahe gelegenen Ural, durch Wälder, vorbei an Seen und Felsen. Maximale Höhe 600 m ü.N.N.
- **Floßfahrt:** Einen ganzen Tag dauert eine Floßfahrt auf dem ruhigen Tschusovaja-Fluss durch dichten Wald, vorbei an malerischen Dörfern, inkl. Picknick am Lagerfeuer.
- **Im Winter:** Skiwanderungen, Eisfischen auf dem See und Touren mit Schlittenhunden sind ebenfalls möglich.

Zugverbindungen

Alle Zeiten sind Ortszeiten. Alle Angaben zur Fahrtdauer sind Mindestangaben. Aktuelle Zugfahrpläne unter **www.rzd.ru.**

Nach Moskau (1815 km, 26 Std.):
- **Nr. 7:** an geraden Tagen 1.28 Uhr
- **Nr. 91:** an ungeraden Tagen 2.06
- **Nr. 75:** an geraden Tagen 2.26 Uhr
- **Nr. 81:** nur 29.5.–30.8. an ungeraden Tagen 2.26 Uhr
- **Nr. 43:** an ungeraden Tagen 5 Uhr
- **Nr. 239:** an geraden Tagen 5 Uhr
- **Nr. 55:** an geraden Tagen 5.16 Uhr
- **Nr. 25:** an ungeraden Tagen 5.16 Uhr
- **Nr. 15:** tägl. 9.19 Uhr
- **Nr. 65:** tägl. 12.03 Uhr
- **Nr. 5:** Mo und Fr 13.59 Uhr
- **Nr. 3:** So 13.59 Uhr
- **Nr. 37:** an geraden Tagen 14.15 Uhr
- **Nr. 1:** an ungeraden Tagen 17.05 Uhr
- **Nr. 19:** Do 18 Uhr
- **Nr. 349:** an geraden Tagen 22.57 Uhr
- **Nr. 339:** an ungeraden Tagen 22.57 Uhr

Nach St. Petersburg (2090 km, 37 Std.):
- **Nr. 9:** an ungeraden Tagen 23.05 Uhr
- **Nr. 73:** an ungeraden Tagen 16.40 Uhr
- **Nr. 71:** tägl. 22.38 Uhr

Nach Omsk (901 km, 13 Std.):
- **Nr. 6:** Fr und Sa 1.38 Uhr
- **Nr. 4:** Do 1.53 Uhr
- **Nr. 2:** an ungeraden Tagen 3.51 Uhr
- **Nr. 20:** Mo 4.36 Uhr
- **Nr. 38:** an ungeraden Tagen 5.01 Uhr
- **Nr. 66:** tägl. 6.30 Uhr
- **Nr. 44:** an geraden Tagen 11.51 Uhr
- **Nr. 240:** an ungeraden Tagen 11.51 Uhr
- **Nr. 92:** an ungeraden Tagen 19.18 Uhr
- **Nr. 76:** an geraden Tagen 20.05 Uhr
- **Nr. 56:** an geraden Tagen 21.23 Uhr
- **Nr. 340:** an geraden Tagen 22.46 Uhr
- **Nr. 350:** an ungeraden Tagen 22.46 Uhr

Nach Nowosibirsk (1528 km, 20 Std.):
- **Nr. 6:** Fr und Sa 1.38 Uhr
- **Nr. 4:** Do 1.53 Uhr

„So groß ist Sibirien!"

Die Dolmetscherin Olga hat schon viele Fragen ihrer wissbegierigen Reisegruppe beantwortet. Alle Fragen hat sie 1000-mal vorher schon gehört und so kommen die Antworten wie aus der Pistole geschossen. Aber plötzlich stellt Herr Meier diese Frage: Olga, du hast uns von den vielen großen, in Sibirien lebenden Tieren wie z.B. Bären und Elchen erzählt. Kann es da nicht passieren, dass so ein Tier auf die Bahnschienen gerät und der Zug eine Notbremsung machen muss oder sogar entgleist? Olga ist überrumpelt, doch schon nach wenigen Sekunden hat sie eine Antwort. Mit ihrem charmanten russischen Akzent erklärt sie: Chärr Majär, ich värschteche irä frragä. Sii komen aus Doitschland – und Doitschland ist sär sär klain! Chir siind sie iin Sibirien – chirr chaben es die Tiere garr nicht nötig, überr die Bahnlinje zu sprringen! Die, die rrächts läben, chaben rrächts genug Platz und die, die liinks läben, chaben liinks genug Platz! So groß ist unser Sibirien!!

- **Nr. 2:** an ungeraden Tagen 3.51 Uhr
- **Nr. 20:** Mo 4.36 Uhr
- **Nr. 38:** an ungeraden Tagen 5.01 Uhr
- **Nr. 66:** tägl. 6.30 Uhr
- **Nr. 44:** an geraden Tagen 11.51 Uhr
- **Nr. 240:** an ungeraden Tagen 11.51 Uhr
- **Nr. 92:** an ungeraden Tagen 19.18 Uhr
- **Nr. 76:** an geraden Tagen 20.05 Uhr
- **Nr. 82:** nur 31.5.–3.9.
an ungeraden Tagen 20.05 Uhr
- **Nr. 56:** an geraden Tagen 21.23 Uhr
- **Nr. 340:** an geraden Tagen 22.46 Uhr
- **Nr. 350:** an ungeraden Tagen 22.46 Uhr

Nach Krasnojarsk (2289 km, 36 Std.):
- **Nr. 6:** Fr und Sa 1.38 Uhr
- **Nr. 4:** Do 1.53 Uhr
- **Nr. 2:** an ungeraden Tagen 3.51 Uhr
- **Nr. 20:** Mo 4.36 Uhr
- **Nr. 38:** an ungeraden Tagen 5.01 Uhr
- **Nr. 44:** an geraden Tagen 11.51 Uhr
- **Nr. 240:** an ungeraden Tagen 11.51 Uhr
- **Nr. 92:** an ungeraden Tagen 19.18 Uhr
- **Nr. 76:** an geraden Tagen 20.05 Uhr
- **Nr. 82:** nur 31.5.–3.9.
an ungeraden Tagen 20.05 Uhr
- **Nr. 56:** an geraden Tagen 21.23 Uhr
- **Nr. 340:** an geraden Tagen 22.46 Uhr
- **Nr. 350:** an ungeraden Tagen 22.46 Uhr

Nach Irkutsk (3376 km, 54 Std.):
- **Nr. 6:** Fr und Sa 1.38 Uhr
- **Nr. 4:** Do 1.53 Uhr
- **Nr. 2:** an ungeraden Tagen 3.51 Uhr

006tr11 Foto: dk

- **Nr. 20:** Mo 4.36 Uhr
- **Nr. 44:** an geraden Tagen 11.51 Uhr
- **Nr. 240:** an ungeraden Tagen 11.51 Uhr
- **Nr. 82:** nur 31.5.–3.9.
an ungeraden Tagen 20.05 Uhr
- **Nr. 340:** an geraden Tagen 22.46 Uhr
- **Nr. 350:** an ungeraden Tagen 22.46 Uhr

Nach Ulan-Ude (3832 km, 62 Std.):
- **Nr. 6:** Fr und Sa 1.38 Uhr
- **Nr. 4:** Do 1.53 Uhr
- **Nr. 2:** an ungeraden Tagen 3.51 Uhr
- **Nr. 20:** Mo 4.36 Uhr
- **Nr. 44:** an geraden Tagen 11.51 Uhr
- **Nr. 240:** an ungeraden Tagen 11.51 Uhr
- **Nr. 82:** nur 31.5.–3.9.
an ungeraden Tagen 20.05 Uhr
- **Nr. 340:** an geraden Tagen 22.46 Uhr
- **Nr. 350:** an ungeraden Tagen 22.46 Uhr

Nach Chabarowsk (6716 km, 111 Std.):
- **Nr. 2:** an ungeraden Tagen 3.51 Uhr
- **Nr. 44:** an geraden Tagen 11.51 Uhr
- **Nr. 240:** an ungeraden Tagen 11.51 Uhr
- **Nr. 350:** an ungeraden Tagen 22.46 Uhr

Nach Wladiwostok (7480 km, 125 Std.):
- **Nr. 2:** an ungeraden Tagen 3.51 Uhr
- **Nr. 240:** an ungeraden Tagen 11.51 Uhr
- **Nr. 350:** an ungeraden Tagen 22.46 Uhr

Nach Ulan Bator (4491 km, 105 Std.):
- **Nr. 4:** Do 1.53 Uhr
- **Nr. 6:** Fr und Sa 1.53 Uhr

Nach Peking (6052 km, 135 Std.):
- **Nr. 4:** Do 1.53 Uhr
- **Nr. 20:** Mo 4.36 Uhr

Flüge

- **Flughafen Koltsowo,** Tel. 264 42 02 und 226 81 62. Anfahrt mit Bus Nr. 1 vom Bahnhof. Flüge u.a. nach Moskau (tägl. mehrmals), Frankfurt (Di, Do, So 8.30 Uhr), Irkutsk (Di, Do, Sa, So), Wladiwostok (Mo, Di, Do, So), Chabarowsk (Mo, Do, Fr). Weitere Infos unter www.aeroflot.ru, www.uralairlines.ru und www.koltsovo.ru.
- **Lufthansa,** Tel. 264 77 71/3, www.lufthansa.com/ru/ru.

Von Jekaterinburg nach Nowosibirsk

Tjumen Тюмень

- **Transsib-Kilometer:** 2144
- **Zeit:** Moskauer Zeit + 2 Std.

Die an der Tura liegende Stadt zählt rund 550.000 Einwohner. Trotz Klöster, Kirchen und Museen lohnt die Stadt keinen Stopp. Tjumen, auch „Mutter der sibirischen Städte" genannt, ist die erste russische Stadt in Sibirien. Ihre Gründung erfolgte im Jahre 1586, als Kosaken an der Stelle der tatarischen Siedlung Tschingi-Tura am Steilufer der Tura eine hölzerne Festung errichteten. Zu Beginn des 17. Jahrhunderts siedelten sich hier die ersten Handwerksbetriebe an, später kamen Schiffswerften hinzu.

Im Jahre 1885 erfolgte die Fertigstellung der Eisenbahnverbindung Jekaterinburg – Tjumen, womit ein wirtschaftlicher Aufschwung der Stadt einsetzte. 1913 wurde die Eisenbahnlinie nach Omsk eingeweiht. Als in den 1960er Jahren große Erdölvorkommen entdeckt wurden, nahmen die Bedeutung und der Wohlstand Tjumens schlagartig zu.

Neben 25.000 größeren und kleineren Flüssen fließen zwei der mächtigsten Ströme Sibiriens, der Ob und der Irtysch, durch das **sumpfige Tjumener Gebiet,** und reiche Fischvorkommen gibt es in den rund 500.000 Seen.

Omsk Омск

- **Transsib-Kilometer:** 2716
- **Zeit:** Moskauer Zeit + 3 Std.

An den Ufern des **Irtysch** liegt die rund 1,2 Mio. Einwohner zählende Stadt Omsk. Ihre Gründung geht zurück auf das Jahr 1716, als hier eine hölzerne Festung errichtet wurde. 1838 wurde Omsk Hauptstadt Westsibiriens mit dem Sitz des Generalgouverneurs. Der strategisch wichtige Stützpunkt entwickelte sich schnell zu einem bedeutenden Handelszentrum, in dem große Messen, sogenannte Jahrmärkte, stattfanden.

Mitte des 19. Jahrhunderts wurden die ersten Fabriken errichtet. Die Einweihung der Eisenbahnstrecke nach Tjumen fällt in das Jahr 1913. Omsk entwickelte sich schnell zur **zweitgrößten Stadt Sibiriens,** ist aber weder schön noch besonders interessant. In Omsk gibt es keinen Proviantverkauf auf den Bahnsteigen!

Tatarskaja Татарская

- **Transsib-Kilometer:** 2885
- **Zeit:** Moskauer Zeit + 3 Std.

Der Name der 30.000 Einwohner zählenden Stadt Tatarskaja ist auf die tatarischen Ureinwohner der Region zurückzuführen. Die ersten Siedler waren Verbannte und aus dem europäischen Teil Russlands geflohene Bauern. Mit dem Bau des Handelsweges Moskauer Trakt in den Jahren 1733–35 erlebte die Siedlung einen Aufschwung, der mit dem Bau der Transsibirischen Eisenbahn Ende des 19. Jahrhunderts fortgesetzt wurde. Die Milchbauern in den umliegenden Dörfern lebten gut von den großen Mengen Butter, die sie verkauften. Tatarskaja erhielt 1925 die Stadtrechte.

Barabinsk Барабинск

- **Transsib-Kilometer:** 3040
- **Zeit:** Moskauer Zeit + 3 Std.

Auf dem Territorium des Nowosibirsker Gebiets, in der Weite der **Waldsteppenzone,** liegt die rund 35.000 Einwohner zählende Stadt Barabinsk. Der Name der Stadt deutet auf das tatarische Volk der Baraba hin, die in dieser Region lebten. In den Jahren 1715–18 wurde eine Holzfestung auf dem heutigen Territorium der Stadt errichtet. Im Jahre 1917 erhielt Barabinsk die Stadtrechte.

Tausende **fischreiche Seen** verteilen sich über die ausgedehnte Ebene. Fischzucht ist neben Milchwirtschaft die wichtigste Einnahmequelle hier.

Wer tagsüber am Bahnhof von Barabinsk hält, dem wird beim Anblick der auf dem Bahnsteig feilgebotenen, goldbraun glänzenden Räucherfische das Wasser im Munde zusammenlaufen – ein Delikatessenstopp für Fischfans.

Nowosibirsk Новосибирск

- **Transsib-Kilometer:** 3343
- **Zeit:** Moskauer Zeit + 3 Std.
- **Vorwahl:** 383
- **Internet:** www.allsiberia.com/novosibirsk

Am Ostrand der Westsibirischen Tiefebene liegt am Oberlauf der **Ob** auf einer Höhe von 140 m die mit rund 1,4 Mio. Einwohnern **größte Stadt Sibiriens** und viertgrößte Russlands. Nowosibirsk ist die einzige sibirische Stadt mit einer Metro, und sie verfügt über den größten und schönsten Bahnhof Sibiriens.

Als Nowosibirsk im Zusammenhang mit dem Bau der Transsib und aus Anlass der feierlichen Einweihungszeremonie der Eisenbahnbrücke über die Ob am 20. Juli 1893 gegründet wurde, zählte sie rund 3000 Einwohner und trug den Namen Alexandrowsk. Im Jahre 1903 erhielt die Stadt das Stadtrecht und wurde umbenannt in Nowonikolajewsk.

1916 soll die Stadt über 60.000 und 1925 bereits 120.000 Menschen gezählt haben. Nowosibirsk wurde innerhalb von nur 70 Jahren eine Millionenstadt – Chicago brauchte 85, New York 200 und Moskau 700 Jahre.

1926 wurde die Stadt erneut umbenannt und erhielt den Namen Nowosibirsk, was so viel wie „Neue Stadt in Sibirien“ bedeutet.

Heute ist sie ein bedeutendes wirtschaftliches und kulturelles Zentrum mit drei **Universitäten** und 15 Hochschulen und ein wichtiger **Eisenbahnknotenpunkt.** Von hier aus verläuft die Turk-Sib in Richtung Süden nach Almaty, ein möglicher Ausgangs- oder Endpunkt für eine Reise entlang der Seidenstraße. Nowosibirsk ist eine moderne, ausgesprochen saubere und angenehme Stadt mit großzügigen Straßen, gepflegten Parkanlagen und vielen modernen Geschäften. Mit dem Bau der Metro wurde 1980 begonnen, die erste Bahn konnte ihren Betrieb 1986 aufnehmen.

Die meisten Touristen denken bei einer Transsibreise automatisch an einen Stopp in Nowosibirsk, sicher weil es bis zum Zerfall der Sowjetunion neben Irkutsk und Chabarowsk die einzige sibirische Stadt war, die von Ausländern besucht werden durfte. Heute gibt es jedoch interessantere Haltepunkte. Als Ausgangspunkt für Ausflüge ins **Altai-Gebirge** dürfte Nowosibirsk allerdings in Zukunft für Ausländer wieder interessant werden. Um sich einen Einblick in das Leben in Sibirien und die Situation in den Städten zu verschaffen, sollte man einen Stopp in Nowosibirsk einlegen.

Wer einen Tagesaufenthalt plant, kann das Gepäck am Bahnhof in einer Gepäckaufbewahrung *(kámera chranénija)* abgegeben und abends die Weiterreise antreten.

Sehenswertes

Heimatmuseen

Das Natur-Heimatmuseum enthält eine Sammlung zum Thema Natur, das Historische Heimatmuseum eine zur Geschichte.

• **Krajewétscheski muséi atdjél priródy** (Naturmuseum), Waksálnaja Magistrál 11, Tel. 27 70 31, **Krajewétscheski muséi atdjél istórii** (Geschichtsmuseum), Krasny Prospekt 23, Tel. 227 15 43; beide tägl. außer Mo und Di 10–18 Uhr, So 11–19 Uhr, 40 Rubel.

Gemäldegalerie

Als die Gemäldegalerie 1958 erbaut wurde, erhielt sie u.a. vom Russischen Museum in Leningrad (heute St. Petersburg) und von der Tretjakow-Galerie in Moskau eine Reihe wertvoller Bilder **russischer Künstler**. Zu den Werken gehören neben Ikonen aus dem 16. Jahrhundert auch Gemälde des 17. bis 20. Jahrhunderts, Porzellan und Skulpturen. Interessant ist auch die aus 60 Werken bestehende Sammlung des russischen Malers *Nikolaus Roerich,* die dieser dem Museum 1966 vermacht hat.

• **Kartínnaj galeréja,** Krasny Prospekt 5, Tel. 223 26 62, tgl. außer Mo 11–19 Uhr.

Bahnhof

Der Bahnhof von Nowosibirsk ist eine echte Attraktion. Er wurde 1941 erbaut und Ende der 1990er Jahre mit immensem Aufwand komplett renoviert. Die Säle sind blitzsauber, der Hauptwartesaal ist äußerst beeindruckend.

Alexander-Newski-Kathedrale

Sehenswert ist auch die 1894 erbaute Alexander-Newski-Kathedrale *(ssabór alexándra néwskowo)*, das erste Steingebäude von Nowosibirsk.

Katholische Kirche

In diesem Gotteshaus in der Ul. Gorkowo 100 findet jeden Abend ein Gottesdienst statt.

Theater

Leider hat das imposante Theater, das **Staatliche Opern- und Ballettheater** *(gassudárstwenny teátr ópery i baljéta)* von Nowosibirsk, genau während der Hauptreisesaison von Juli bis September Theaterferien (Spielzeit beginnt am ersten Freitag nach Mitte September). Ein Besuch lohnt sich, wenn man außerhalb dieser Zeit in der Stadt ist, auf jeden Fall. Das Gebäude wurde in den Kriegsjahren 1940–45 erbaut und besteht aus einer Konzerthalle mit 1000 Sitzplätzen sowie einem rund gebauten Theater mit 2100 Plätzen, von dessen Decke ein über zwei Tonnen schwerer Kronleuchter und 23 kleinere hängen. Auf der 1044 m² großen Bühne können bis zu 1000 Menschen gleichzeitig auftreten.

„Schornsteine" am Bahndamm

Entlang der Bahngleise am Rande von Städten, direkt am Bahndamm, bemerkt der aufmerksame Reisende oftmals kleine Schornsteine, die in etwa quadratmetergroßen Deckeln stecken. Besonders auffallend ist ihre große Zahl im Stadtgebiet von Nowosibirsk. Es handelt sich hierbei um eine Art Vorratskammern. In Ermangelung von Kellern in den Fertigbauhochhäusern entstandt die Idee, in das unbenutzte Land am Bahndamm Löcher zu graben, zu befestigen und als Kühlraum für Kartoffeln, Karotten und Eingemachtes zu nutzen. Die „Schornsteine" sind ihre Lüftungsrohre.

Garagenbesitzer lagern ihre Winterrationen dort und brennen neben den vollen Reserve-Benzinkanistern ihren *Samaon*, den Selbstgebrannten. Wie oft hört die Ehefrau von ihrem „armen" Mann, dass er schon wieder das Auto reparieren müsse und dass ihm dabei netterweise ein Freund helfen wolle ... Wie gut, dass es keine verlässlichen Reparaturwerkstätten gibt, außerdem wären sie viel zu teuer ...

Praktische Tipps

Post und Internet

- **Postamt,** ul. Lenina 5, neben dem Hotel Zentralnaja, Mo bis Fr 8–19 Uhr, Sa und So 8–18 Uhr.
- **Internetcafé, Internet Point** hinter dem Hotel Zentralnaja, Eingang vom Park aus, im Keller, 24 Std.

Konsulat

- **Deutsches Generalkonsulat,** Krasnij Prospekt 28, 630099 Nowosibirsk, Tel. (+7-383) 231 00 20 und 223 14 11, Fax 223 44 17, www.nowosibirsk.diplo.de

Geld

- **Wechselstube,** im Postamt neben dem Hotel Zentralnaja, Mo bis Fr 10–13 und 14–19 Uhr, Sa und So 10–13 und 14–18 Uhr. Reiseschecks werden akzeptiert.
- **Geldautomat,** im Seiteneingang (ul. Sowjétskaja) des Postamts bei den Telefonen.
- **Geldtransfer,** Western Union, ul. Lenina.

Unterkunft

- **Hotel Zentralnaja,** ul. Lenina 3, Tel. 222 36 38, www.hotel-1.ru. Dieses alte Hotel liegt

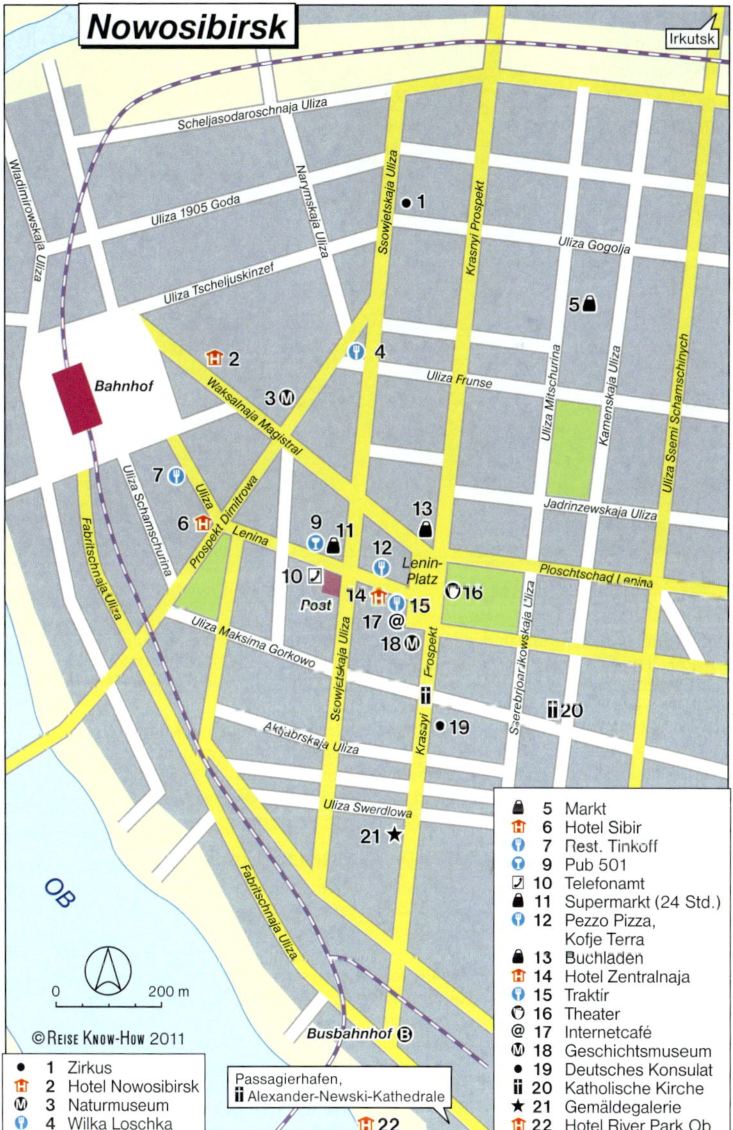
Nowosibirsk
Irkutsk
Scheljasodaroschnaja Uliza
Wladimirowskaja Uliza
Uliza 1905 Goda
Narymskaja Uliza
Ssowjetskaja Uliza
Krasnyi Prospekt
Uliza Gogolja
Uliza Tscheljuskinzef
Bahnhof
Waksalnaja Magistral
Uliza Frunse
Uliza Mitschurina
Kamenskaja Uliza
Uliza Ssemi Schamschinych
Uliza Schamschurina
Prospekt Dimitrowa
Uliza Lenina
Fabritschnaja Uliza
Jadrinzewskaja Uliza
Lenin-Platz
Ploschtschad Lenina
Post
Uliza Maksima Gorkowo
Ssewerbrjanikowskaja Uliza
Aktjabrskaja Uliza
Uliza Swerdlowa
OB
0
200 m
© Reise Know-How 2011
Busbahnhof
Passagierhafen,
Alexander-Newski-Kathedrale
1 Zirkus
2 Hotel Nowosibirsk
3 Naturmuseum
4 Wilka Loschka
5 Markt
6 Hotel Sibir
7 Rest. Tinkoff
9 Pub 501
10 Telefonamt
11 Supermarkt (24 Std.)
12 Pezzo Pizza, Kofje Terra
13 Buchladen
14 Hotel Zentralnaja
15 Traktir
16 Theater
17 Internetcafé
18 Geschichtsmuseum
19 Deutsches Konsulat
20 Katholische Kirche
21 Gemäldegalerie
22 Hotel River Park Ob

097tr Foto: dk

ideal mitten im Zentrum und erinnert an Sowjetzeiten. Die einfachen sauberen Zimmer haben relativ moderate Preise: Mit Gemeinschaftsbad/WC kosten EZ ab 1600 Rubel, DZ ab 1800 Rubel, mit eigenem Bad/WC EZ ab 3000 Rubel, DZ ab 3800 Rubel.

- **Hotel Nowosibirsk,** ein moderner Bau direkt gegenüber dem Bahnhof, Tel. 222 11 20, www.hotel-novosibirsk.ru. EZ/F und DZ/F 3800 Rubel.
- **Hotel Sibir,** ul. Lenina 21, Tel. 223 12 15, Fax 223 87 66, www.hotel-sibir.ru. Gute Lage und gute Zimmer, EZ/F ab 3000 Rubel, DZ/F ab 3700 Rubel (American Express, MasterCard und VISA).
- **Hotel River Park Ob,** ul. Obnaja 49, Tel. 266 74 01, Fax 266 74 60, www.riverpark-hotel.ru. Das Hotel wurde komplett renoviert und hat nun drei Sterne. EZ/F ab 3500 Rubel, DZ/F ab 5850 Rubel.
- **Im Bahnhof,** Tel. 229 23 76. Nur mit Glück findet man hier ein freies Bett und auch nur dann, wenn man einen Fahrschein für die Weiterreise vorlegt. 24 Stunden kosten mit Bad im EZ und DZ ab 2700 Rubel, ohne Bad pro Person im Dreibettzimmer 800 Rubel, im DZ 900 Rubel.
- Übernachtungen in **Minihotels und** in **Ferienwohnungen** vermittelt Ujút Kwartírnoje Bjuró, Tel. 220 20 09, www.hotelsib.ru, DZ ab 1800 Rubel.

Essen und Trinken

- Der **Supermarkt** an der ul. Lenina bietet eine große Auswahl an Salaten, leckeren Dips, Wurst und Käse.
- An der ul. Lenina findet man zahllose Lokale, so gegenüber dem Hotel Zentralnaja u.a. das gemütliche **Traveller's Coffee** (ohne TV, aber mit bequemen Ledersesseln, tägl. 8–24 Uhr) und das **Pezzo Pizza,** hier wie überall mit unzähligen flimmernden Fernsehschirmen; günstiges „Busines Lunch" 12–16 Uhr.
- **Wilka Loschka** hat mehrere Filialen, ist günstig und empfehlenswert.

- **Traktír,** gehört zur Restaurantkette Pétschki Láwotschki, ul. Lenina 1, Tel. 222 57 31. Bei schmackhafter russischer Küche sitzt man gemütlich unter einem großen Baum wie in einem russischen Dorf.
- **Pub 501,** ul. Lenina 20, Tel. 218 09 39. Dieses Lokal gehört zu den alteingesessenen Adressen der Stadt. Grill und Steaks zu Country-Musik und Rock, tägl. 12–23 Uhr.
- **Tinkoff,** Brauerei und Restaurant, ul. Lenina 29, Tel. 222 27 03, tägl. 12–2 Uhr. Selbst gebraute Biere und gute internationale Küche zu vernünftigen Preisen.
- **Kofje Terra,** ul. Lenina 8, Tel. 222 44 77 (Filiale in der ul. Waksalnaja Magistral 16, Tel. 227 00 36), empfehlenswert.

Zugverbindungen

Alle Zeiten sind Ortszeiten. Alle Angaben zur Fahrtdauer sind Mindestangaben. Aktuelle Zugfahrpläne unter **www.rzd.ru.**

Nach Moskau (3343 km, 47 Std.):

- **Nr. 339 und 349:** abwechselnd tägl. 0.40 Uhr
- **Nr. 91:** an geraden Tagen 4.38 Uhr
- **Nr. 75:** an ungeraden Tagen 4.48 Uhr
- **Nr. 43:** an geraden Tagen 8.25 Uhr
- **Nr. 239:** an ungeraden Tagen 8.25 Uhr
- **Nr. 25:** an geraden Tagen 10.05 Uhr
- **Nr. 55:** an ungeraden Tagen 10.05 Uhr
- **Nr. 67:** tägl. 15.36 Uhr
- **Nr. 37:** an ungeraden Tagen 17.42 Uhr
- **Nr. 3:** Sa 19.16 Uhr
- **Nr. 5:** So, im Sommer auch Do 19.16 Uhr
- **Nr. 1:** an geraden Tagen 22.53 Uhr
- **Nr. 19:** Mi 23.25 Uhr

Nach Tomsk (308 km, 4,5–7 Std.):

- **Nr. 38:** an geraden Tagen 3.53 Uhr
- **Nr. 814:** Mi, Fr, Sa, So 17.32 Uhr

Nach Omsk (629 km, 8 Std.):

- **Nr. 339 und 349:** abwechselnd tägl. 0.40 Uhr
- **Nr. 91:** an geraden Tagen 4.38 Uhr
- **Nr. 75:** an ungeraden Tagen 4.48 Uhr
- **Nr. 43:** an geraden Tagen 8.25 Uhr
- **Nr. 239:** an ungeraden Tagen 8.25 Uhr
- **Nr. 25:** an geraden Tagen 10.05 Uhr
- **Nr. 55:** an ungeraden Tagen 10.05 Uhr
- **Nr. 67:** tägl. 15.36 Uhr
- **Nr. 37:** an ungeraden Tagen 17.42 Uhr
- **Nr. 3:** Sa 19.16 Uhr
- **Nr. 5:** So, im Sommer auch Do 19.16 Uhr
- **Nr. 1:** an geraden Tagen 22.53 Uhr
- **Nr. 19:** Mi 23.25 Uhr

Nach Jekaterinburg (1525 km, 18 Std.):

- **Nr. 339 und 349:** abwechselnd tägl. 0.40 Uhr
- **Nr. 91:** an geraden Tagen 4.38 Uhr
- **Nr. 75:** an ungeraden Tagen 4.48 Uhr
- **Nr. 43:** an geraden Tagen 8.25 Uhr
- **Nr. 239:** an ungeraden Tagen 8.25 Uhr
- **Nr. 25:** an geraden Tagen 10.05 Uhr
- **Nr. 55:** an ungeraden Tagen 10.05 Uhr
- **Nr. 67:** tägl. 15.36 Uhr
- **Nr. 37:** an ungeraden Tagen 17.42 Uhr
- **Nr. 3:** Sa 19.16 Uhr
- **Nr. 5:** So, im Sommer auch Do 19.16 Uhr
- **Nr. 1:** an geraden Tagen 22.53 Uhr
- **Nr. 19:** Mi 23.25 Uhr

Nach Krasnojarsk (761 km, 13 Std.):

- **Nr. 20:** Di 1.22 Uhr
- **Nr. 44:** an ungeraden Tagen 10.55 Uhr
- **Nr. 240:** im Sommer an geraden Tagen 10.55 Uhr
- **Nr. 340 und 350:** tägl. 15.34
- **Nr. 56:** an ungeraden Tagen 18.15 Uhr
- **Nr. 92:** an geraden Tagen 18.03 Uhr
- **Nr. 76:** an ungeraden Tagen 18.22 Uhr
- **Nr. 8:** an geraden Tagen 22.35 Uhr
- **Nr. 4:** Do 22.18 Uhr
- **Nr. 6:** Fr, im Sommer auch Sa 22.18 Uhr
- **Nr. 2:** an ungeraden Tagen 1.10 Uhr

Auf der BAM nach Sewerobaikalsk (4300 km, 41 Std.):

- **Nr. 92:** an geraden Tagen 18.03 Uhr
- **Nr. 76:** an ungeraden Tagen 18.22 Uhr

Nach Irkutsk (1846 km, 32 Std.):

- **Nr. 20:** Di 1.22 Uhr
- **Nr. 44:** an ungeraden Tagen 10.55 Uhr
- **Nr. 240:** im Sommer an geraden Tagen 10.55 Uhr
- **Nr. 340 und 350:** abwechselnd tägl. 15.34
- **Nr. 4:** Do 22.18 Uhr
- **Nr. 6:** Fr, im Sommer auch Sa 22.18 Uhr

- **Nr. 8:** an geraden Tagen 22.35 Uhr
- **Nr. 2:** an ungeraden Tagen 1.10 Uhr

Nach Ulan-Ude (2304 km, 42 Std.):
- **Nr. 20:** Di 1.22 Uhr
- **Nr. 44:** an ungeraden Tagen 10.55 Uhr
- **Nr. 240:**
im Sommer an geraden Tagen 10.55 Uhr
- **Nr. 340 und 350:**
abwechselnd tägl. 15.34 Uhr
- **Nr. 4:** Do 22.28 Uhr
- **Nr. 6:** Fr und Sa 22.18 Uhr
- **Nr. 8:** an geraden Tagen 22.57 Uhr
- **Nr. 2:** an ungeraden Tagen 1.10 Uhr

Nach Chabarowsk (5188 km, 53 Std.):
- **Nr. 44:** an ungeraden Tagen 10.55 Uhr
- **Nr. 240:**
im Sommer an geraden Tagen 10.55 Uhr
- **Nr. 8:** an geraden Tagen 22.57 Uhr
- **Nr. 2:** an ungeraden Tagen 1.10 Uhr

Nach Wladiwostok (5964 km, 67 Std.):
- **Nr. 240:**
im Sommer an geraden Tagen 10.55 Uhr
- **Nr. 8:** an geraden Tagen 22.57 Uhr
- **Nr. 2:** an ungeraden Tagen 1.10 Uhr

Nach Ulan Bator (2963 km, 63 Std.):
- **Nr. 4:** Do 22.18 Uhr
- **Nr. 6:** Fr, im Sommer auch Sa 22.18 Uhr

Nach Peking (Zug Nr. 4: 4520 km, 87 Std.; Zug Nr. 20: 5654 km, 99 Std.):
- **Nr. 4:** Do 22.18 Uhr
- **Nr. 20:** Di 1.22 Uhr

Flüge

- **Sibiria Airlines S7,** Krasny Prospekt 38, Tel. 222 33 22, und am knapp 30 km vom Stadtzentrum gelegenen Flughafen Tolmatschowo, Auskunft Tel. 216 98 41. Vom Bahnhof sind es 35 Min. mit dem Marschroutentaxi Nr. 1122, tägl. 5–22 Uhr. Flüge u.a. nach Moskau, Irkutsk, St. Petersburg, Peking und Urumqi.

Busverbindungen

- Vom Busbahnhof *(aftowaksál),* Tel. 223 43 68, am südlichen Ende des Krasny Prospekt, gleich hinter der Eisenbahnbrücke links, fahren täglich Busse, während der warmen Jahreszeit auch Marschroutentaxis, nach **Tomsk** (260 km, per Bus 5 Std., tägl. gegen 7, 8.45, 9.45, 11, 13.30, 15.30 und 17.30 Uhr, Preis p.P. 350–450 Rubel). Kleinbusse nach Tomsk fahren vom Hauptbahnhof, Busbahnhof und Flughafen.

Umgebung von Nowosibirsk

Akademgorodok

Zu Zeiten der Sowjetunion stellte der Besuch des 1957 gegründeten **wissenschaftlichen Forschungszentrums,** des Akademikerstädtchens Akademgorodok, eine der Hauptattraktionen eines Aufenthalts in Nowosibirsk dar. Knapp 30 km südlich in einem lichten Birkenwald, umgeben von frischer Luft und Ruhe, konnten die besten Wissenschaftler, Ärzte und Forscher des Landes in Ruhe und abgeschirmt vom Rest der Welt arbeiten, forschen und operieren. Von den gut 100.000 Einwohnern sind heute nur noch wenige in der Forschung tätig – es fehlen die Gelder, und wer gut genug ist, geht entweder nach Moskau oder ins Ausland.

Für ausländische Besucher ist das **Geologiemuseum** besonders interessant, in dem u.a. viele Steine und Halbedelsteine gezeigt und erklärt werden, die z.T. nur in Russland und Sibirien vorkommen. Außerdem lässt sich ein Ausflug nach Akademgorodok mit dem Besuch des Eisenbahnmuseums (s.u.) verbinden.

- **Anfahrt:** mit Bus Nr. 8, 22 oder 36 sowie Minibus Nr. 15, 20 oder 6 ab der Metrostation *Retschnói Waksál.*

098tr Foto: tb

Eisenbahnmuseum

In der Nähe von Akademgorodok liegt dieses für Eisenbahnfans unbedingt sehenswerte Museum (*muséi schelesnodoróschnowo techniki*), Tel. 337 96 22, tägl. außer Fr 11–18 Uhr, Einlass bis 17 Uhr, Eintritt 200 Rubel.

● **Anfahrt:** Mit Bus Nr. 1209 vom Hauptbahnhof, tägl. außer Mo 11–17 Uhr, 250 Rubel.

Schiffstouren

Man kann einstündige Schiffsausflüge **auf der Ob** unternehmen (Tel. 266 00 20, tägl. von Ende April/Anfang Mai bis Mitte Oktober 10.30–21 Uhr alle 1½ Std., Mo bis Do 150 Rubel, Fr bis So 190 Rubel). Alkoholfreie Getränke gibt es an Bord.

Abstecher von Nowosibirsk: Tomsk Томск

● **Zeit:** Moskauer Zeit + 3 Std.
● **Vorwahl:** 3822

Die **ehemalige Hauptstadt Sibiriens** liegt nur rund 270 km nordöstlich von Nowosibirsk, ist aber per Zug umständlich erreichbar und die lange Fahrt per Bus geht durch wenig aufregende, flache Landschaft, sodass nur wenige die Mühe einer Reise auf sich nehmen. Man kommt auch per Kreuzfahrtschiff auf der Ob nach Tomsk. Die Studentenstadt ist berühmt für ihre schönen alten, teilweise aus **Holz** gebauten **Häuser** (besonders beeindruckend ist der Prospékt Lénin ab dem Troizki-Platz *(troizki skwér)* im Süden und der Stelle, an welcher das Flüsschen Uschaika in die Tom fließt). Ebenso schöne Gebäude findet man allerdings auch z.B. in Irkutsk und Ulan-Ude. Im Gegensatz zu den beiden letzteren Städten, wird man, sobald man stehen bleibt, von unzähligen Minimücken *(móschki)* gepeinigt.

Die Gründung von Tomsk geht zurück auf das Jahr 1604, als Zar *Boris Godunow* die Festung Omsk am Fluss Tom befahl. Durch die Lage am Moskauer Trakt, dem Handelsweg zwischen Sibirien und dem Zarenhof in Moskau, entwickelte sich die Stadt schnell zu einem blühenden Wirtschaftszentrum. Anfang des 19. Jahrhunderts wurde Tomsk die Hauptstadt des gleichnamigen Gouvernements und 1888 die erste Universitätsstadt in Sibirien. Als die Schienen der Transsibirischen Eisenbahn rund 80 km südlich an Tomsk vorbeigeführt wurden, war das Schicksal der Stadt besiegelt und sie geriet in Vergessenheit. Heute hat Tomsk knapp 500.000 Einwohner, von denen viele Studenten der sechs Universitäten und Hochschulen sind.

004tr11 Foto: ba

Unterkunft

- **Hotel Tomsk,** schräg links gegenüber vom Bahnhof, ul. Kírowa 65, Tel. 54 41 15, Fax 54 41 27, www.tomskhotel.ru. 177 Zimmer: DZ/F ab 3900 Rubel, EZ ab 2700 Rubel, Fr bis So sind die Zimmer etwas günstiger.
- **Hotel Sibir,** ul. Lenina 91, Tel. 52 72 25, www.hotel-sibir.tomsk.ru. Liegt mitten in der Altstadt und gehört zu den preisgünstigsten Herbergen der Stadt. Internet im Business Center. EZ/F und DZ/F 2500 Rubel.
- **Hotel Sibir Forum,** ul. Lenina 91 (im selben Gebäude wie das Hotel Sibir), Tel. 53 02 80, EZ/F und DZ/F 2500 Rubel.
- **Hotel Sputnik,** ul. Belinskogo 15, Tel. 52 66 60, www.sputnik.tomskturist.ru. Zimmer ohne Bad und WC p.P. 920 Rubel; Zimmer, die sich zu zweit ein Bad teilen: EZ/F und DZ/F p.P. 1600 Rubel; Zimmer mit eigenem Bad/WC p.P. 2400 Rubel.

Tourenanbieter

- **Tomskturist,** Prospekt Lenina 59, Tel. 53 14 21, www.tomskturist.ru. Touren u.a. zu Themen wie Architektur, Kultur, Kirchen, Traditionen, Deutsche in Tomsk, Geschichte sowie Ausflüge auf der Ob und in die Umgebung.

Zugverbindungen

Alle Zeiten sind Ortszeiten. Alle Angaben zur Fahrtdauer sind Mindestangaben. Aktuelle Zugfahrpläne unter **www.rzd.ru.**

Nach Nowosibirsk (308 km, 4,5 bis 7 Std.):
- **Nr. 813:** Mo, Do, Sa, So 8.11 Uhr
- **Nr. 37:** an ungeraden Tagen 11.11 Uhr

Nach Krasnojarsk (612 km, 12 Std.):
- **Nr. 647:** an geraden Tagen 19.28 Uhr

Nach Taischet (1030 km, 19 Std.):
- **Nr. 647:** an geraden Tagen 19.28 Uhr

Nach Irkutsk (1700 km, 35 Std.):
- **Nr. 647:** an geraden Tagen 19.28 Uhr

Nach Moskau (3611 km, 57 Std.):
- **Nr. 37:** an ungeraden Tagen 11.11 Uhr

Von Nowosibirsk nach Krasnojarsk

Taiga — Тайга

- **Transsib-Kilometer:** 3571
- **Zeit:** Moskauer Zeit + 4 Std.

Die Gründung der knapp 30.000 Einwohner zählenden Kleinstadt Taiga fällt in das Jahr 1896, als hier inmitten der dichten sibirischen Taiga eine Station für die Transsibirische Eisenbahn eingerichtet wurde. Reisende, die Tomsk besuchen, steigen meistens in Taiga aus und fahren die verbleibenden 79 km mit dem Vorortzug *(elektritschka)* nach Tomsk. Leider gibt es nur wenige Verbindungen täglich, die man wegen Verspätung meistens nicht erreicht.

Mariinsk — Мариинск

- **Transsib-Kilometer:** 3719
- **Zeit:** Moskauer Zeit + 4 Std.

Die Stadt Mariinsk entwickelte sich im Zusammenhang mit dem Bau der Transsib in der ersten Hälfte des 18. Jahrhunderts aus einem Dorf namens Kiiskoje, das 1856 den Namen Mariinsk erhielt.

Bogotol — Боготол

- **Transsib-Kilometer:** 3846
- **Zeit:** Moskauer Zeit + 4 Std.

Auch die heute 30.000 Einwohner zählende Kleinstadt Bogotol verdankt ihre Entwicklung dem Bau der Transsib.

Krasnojarsk — Красноярск

- **Transsib-Kilometer:** 4104
- **Zeit:** Moskauer Zeit + 4 Std.
- **Vorwahl:** 391

Rund 50 km vor und hinter Krasnojarsk sieht man links und rechts der Bahnstrecke besonders schöne **Datscha-Gebiete,** die sich malerisch an den Hängen hinaufziehen. Manchmal hat man den Eindruck, dass ein Schönheitswettbewerb dazu geführt hat, dass die niedlichen Holzhäuschen so besonders liebevoll bunt gestrichen und mit Holzschnitzereien verziert wurden – eine wahre Pracht und durch die Hanglage wunderbar vom Zug aus zu fotografieren!

4104 km östlich von Moskau erreicht der Zug die an den Ufern des **Jenissej** gelegene, über 900.000 Einwohner zählende, einladende Stadt Krasnojarsk. Ihre Gründung erfolgte im Jahre 1628 durch *Andrei Dubenskij*, der den 300 ihn begleitenden Kosaken am Zusammenfluss des mächtigen Jenissej und der kleinen Katscha eine Holzfestung mit dem Namen Krasny errichten ließ. Später wurde die Siedlung umbenannt in Krasny Jar und bekam im Jahre 1690 das Stadtrecht. 1822 wurde die Stadt zum Zentrum des Gouvernements Jenissej ernannt. In den Jahren 1735–41 bescherte der Handelsweg Moskauer Trakt der Stadt eine rasche Entwicklung, ein weiterer Impuls war die Anbindung an die Transsibirische Eisenbahn 1896.

Die 1899 erbaute **Eisenbahnbrücke** über den Jenissej ist ein Meisterwerk. Sie ist auf dem 10-Rubel-Schein abgebildet. Bei der Pariser Weltausstellung 1900 bekam sie eine Goldmedaille, eine Auszeichnung, die auch der Eiffelturm erhielt. Während des Zweiten Weltkriegs wurden viele Fabriken und Betriebe aus dem Westen des Landes nach Krasnojarsk verlegt.

Heute ist Krasnojarsk ein bedeutendes **wirtschaftliches, wissenschaftliches und kulturelles Zentrum** mit über 120 Industriebetrieben. Der wichtigste Industriezweig ist die Metallproduktion, die über 30 Schwer- und Leichtmetalle sowie Legierungen herstellt; die bedeutendsten sind Aluminium, Platin und Gold. Des Weiteren gibt es zahlreiche Betriebe im Bereich Maschinenbau, Leichtindustrie, chemische und holzverarbeitende Industrie sowie Textilindustrie. Die Stadt hat über zehn Hochschulen und zahlreiche Forschungszentren. Außerdem ist man stolz auf fünf Theater und das weltberühmte sibirische Tanz- und Gesangsensemble M.S. Godenko.

Krasnojarsk ist eine **schöne Stadt.** Nicht nur die verschiedenen Architekturstile, die alten Holzhäuser und das hervorragende Heimatmuseum machen Krasnojarsk zu einer der sehenswertesten Städte entlang der Transsib. Im Jahr 2000 beschloss der Bürgermeister, Krasnojarsk für seine Bürger attraktiver zu machen und ordnete u.a. den Bau von über 200 Springbrunnen und vielen gemütlichen schmiedeeisernen Parkbänken an. An jeder Straßenecke, z.B. auf dem zentralen Prospekt Mira, trifft man auf kleine, gepflegte Anlagen, die zu einer Ruhepause förmlich einladen; die Bürgersteige sind von perfekter Qualität, ohne Löcher und Stolpersteine.

Der bekannte Ex-General **Alexander Lebed** war von 1998 bis 2002 Gouverneur des Krasnojarsker Gebiets. Seine besonders von den örtlichen Unternehmern kritisierte „Herrschaft" („Lebed hat alle Unternehmen an Moskau und Moskauer verkauft") endete 2002 mit seinem Tod bei einem Hubschrauberabsturz. *Lebed* bestand trotz schlechter Sicht bei Schneefall darauf, zur Einweihung einer Skianlage zu fliegen, als sein Helikopter bei der Landung in eine Hochspannungsleitung geriet und abstürzte. Von den knapp 20 Insassen kamen *Lebed* und sieben weitere Passagiere ums Leben.

Typisch sibirische Wohnhäuser: Datscha – Isba – Kottedsch

Während eine Datscha ein hölzernes Sommer- bzw. Wochenendhaus auf dem Lande ist, handelt es sich bei einer Isba um ein hölzernes Bauernhaus. Beide Haustypen sieht man häufig in den zahlreichen Dörfern und Stationen entlang der Transsibirischen Eisenbahn.

Die Fensterrahmen und -läden dieser Häuser sind meistens hellblau, grün und weiß angemalt. Bei den Farben handelt es sich im Falle der ersten beiden um die Farben der russisch-orthodoxen Kirche: Hellblau symbolisiert den Himmel und grün die Erde. Die russischen Bauern glauben, dass Gott diese Farben besonders schätzt und deshalb des Öfteren durch das Fenster nach dem Rechten schaut. Der weiße Anstrich soll Insekten abhalten.

Das Neueste sind in Russland seit der Öffnung des Landes die „Kottédsches", aus dem Englischen *cottage,* womit eher ein bescheidenes Freizeithaus gemeint ist. Die Neureichen bauen meist mehrstöckige Villen, die in ihren Ausmaßen und ihrer protzigen, oft schlossähnlichen Architektur an die riesigen Prunkvillen der Gründerzeit erinnern.

099tr Foto: dk

2002 wurde ein neuer Gouverneur gewählt, der damals erst 37 Jahre alte Dollarmilliardär und Nickelfabrikant *Alexander Chloponin*. Da er sich als superreicher Mann – so die Meinung der Menschen – nicht zu bereichern braucht, erhofft man sich von ihm Aufschwung und Vorteile für alle.

Sehenswertes

Wer nur einen Tag Zeit hat, sollte unbedingt das Heimatmuseum besuchen und einen Spaziergang auf dem Prospekt Mira unternehmen.

Heimatmuseum

Das Heimatmuseum gehört zu den **besten landeskundlichen Museen Russlands** und ist mit Sicherheit das interessanteste und modernste seiner Art in Sibirien. Zehn Jahre lang, bis 2001, war es aus Renovierungsgründen geschlossen. Der Architekt war ganz offensichtlich ein Ägyptenfan, wenn auch die Exponate weniger orientalisch als sibirisch sind. Liebevoll werden die verschiedenen Völker Sibiriens dargestellt, in ihren Behausungen, als Wachsfiguren in Trachten, um alles lebendig erscheinen zu lassen.

● **Krajewétscheski muséi,** ul. Dubrowinskowo 84, täglich außer Mo im Sommer 11–19 Uhr, im Winter 10–18 Uhr, Eintritt 100 Rubel. Eine englischsprachige Führung für bis zu zehn Personen kann man reservieren unter Tel. 27 89 16, 65 34 81.

Surikow-Kunstmuseum

Das Surikow-Kunstmuseum besteht aus drei Teilen: In den Sälen des Pros-

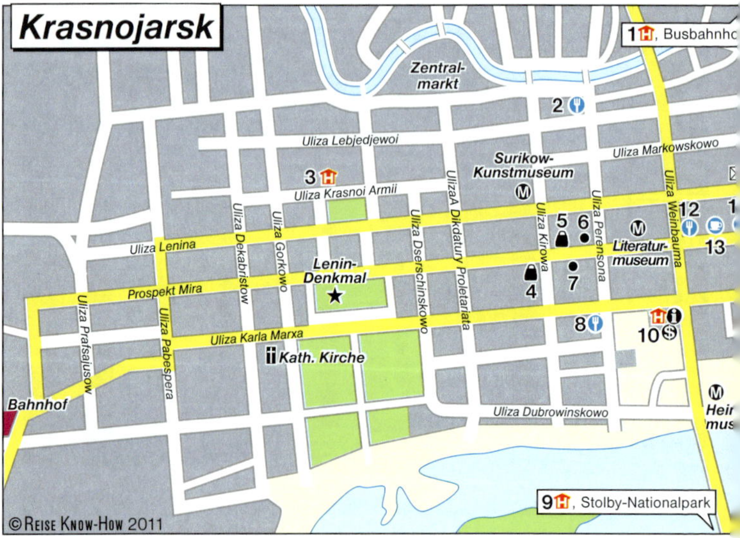

pekt Mira 12 ist moderne Kunst ausgestellt, die Ausstellung in der ul. Parischskoi Komuny 20 (Ecke ul. Karla Marxa) kann man eine sehenswerte Sammlung von Ikonen und Gemälden russischer Maler aus dem 18. und 19. Jahrhundert bewundern. In der ul. Lenina 98 zeigt eine Ausstellung das Leben des Malers *Vasily Surikow* (1848–1916). Nach diesem wohl berühmtesten Sohn der Stadt wurde die bekannte Kunstakademie in Moskau, das Surikow-Institut, benannt.

● **Chudóschestwenny muséi ímeni Súrikowa,** tägl. außer Mo 10–18 Uhr.

Literaturmuseum

Das Literaturmuseum zeigt auf sehr liebevolle Art und Weise die Arbeiten sibirischer Schriftsteller und Journalisten. In dem wunderschönen Holzhaus, das bis 1997 noch eine Kommunalka (↗ Exkurs) war, befindet sich neben dem Museum ein Café-Restaurant, welches täglich bis Mitternacht geöffnet ist.

● **Literatúrny muséi,** ul. Lenina 66, Tel. 27 62 02, tägl. außer So 11–18 Uhr.

Apotheke Nr. 1

Die Apotheke Nr. 1 wurde 1896 erbaut und gehört mit ihrem schönen Holzinterieur zu den Sehenswürdigkeiten der Stadt.

● **Aptéka nómer adín,** Prospekt Mira 75, Mo bis Fr 8–20 Uhr, Sa 10–18 Uhr, So 10–17 Uhr.

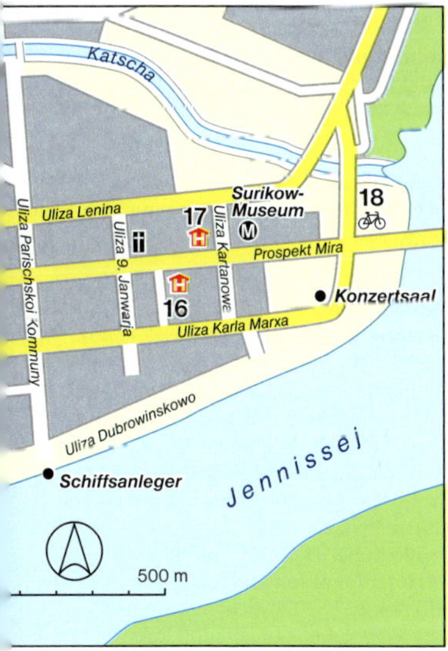

- 1 Hotel Paljot
- 2 Rest. Stalowaja
- 3 Hotel Dom Otel
- 4 Kindergeschäft Detski Mir
- 5 Buchgeschäft
- 6 Kino Pikra
- 7 Apotheke Nr. 1
- 8 Rest. Balkan Grill
- 9 Hotel Turist
- 10 Hotel Krasnojarsk und Touristenbüro und Geldautomat
- 11 Hotel Ogni Jenisseja
- 12 Wilka Loschka
- 13 Traveller's Coffee
- 14 Rest. Mama Roma
- 16 Hotel Oktjabrskaja
- 17 Hotel Meteliza
- 18 Fahrradverleih

100tr Foto: dk

Praktische Tipps

Info und Touren

- **Krasnojarsker Touristenbüro,** 3. Stock des Hotels Krasnojarsk, gegenüber dem Fahrstuhl, Tel. 227 16 26, mobil: 8-905 970 82 93, Mo bis Fr 10–18 Uhr, Sa 10–15 Uhr.

Fahrradverleih

- **Ul. Sstassovoj 65,** Tel. 47 28 38, 45 00 00, 120 Rubel pro Stunde, günstiger für einen ganzen Tag.

Post und Internet

- Das **Hauptpostamt** liegt in der ul. Lenina 49. Post Mo bis Fr 8–13 und 14–19 Uhr, Sa und So geschl. Telegrafenamt tägl. 7–22 Uhr.
- Ein weiteres **Postamt** befindet sich am Prospekt Mira 102, Mo bis Fr 9–14 u. 15–19 Uhr, Sa 9–14 u. 15–17 Uhr, auch Internet.
- **Internetzugang** im Postamt Pr. Mira 102 und im Business Center des Hotels Krasnojarsk Mo bis Fr 8–21 und Sa/So 10–19 Uhr.

Geld

- **Geldautomat** u.a. am Eingang zum Hotel Krasnojarsk.

Unterkunft

- **Hotel Krasnojarsk,** ul. Urizkowo 94, Tel. 274 94 03, www.hotelkrs.ru. Das Hotel liegt wunderbar zentral und ist empfehlenswert. Der Souvenirladen neben der Rezeption hat eine gute Auswahl interessanter Andenken, Postkarten, Zeitungen und Bücher. Anfahrt vom Bahnhof mit Oberleitungsbus Nr. 14, Bussen Nr. 4, 5, 7, 11, 13, 15 und 16. EZ/F ab 3500 Rubel, DZ/F ab 5000 Rubel.
- **Hotel Ogni Jenisseja,** ul. Dubrowinskowo 80, Tel. 227 52 62, nicht renovierte EZ kosten ab 1600 Rubel, DZ ab 2300 Rubel, renovier-

te EZ ab 2300 Rubel, DZ ab 3700 Rubel, Dreibettzimmer ab 3600 Rubel. Anfahrt vom Hauptbahnhof mit Bussen Nr. 77 und 81.

- **Dom Otel,** ul. Krasnoi Armii 16a, Tel. 290 66 66, www.dom-hotel24.ru. Dieses relativ neue, 45 Zimmer zählende Hotel gehört zu den besten der Stadt und hat ein beliebtes Restaurant. EZ 5000 Rubel, DZ 5300 Rubel.
- **Hotel Turist,** ul. Matrosowa 2, Tel. 276 19 00, www.krastour.ru. Das Hotel liegt auf der „falschen" Jenissej-Seite, recht weit vom historischen Zentrum entfernt. Einfache und saubere EZ/F 2300 Rubel, DZ/F 2200 Rubel. Gegenüber befindet sich ein Supermarkt mit überraschend großem Angebot, tägl. 10–24 Uhr. Frühstück bis 12 Uhr. Anfahrt mit Bussen 6, 17, 36 und 56 vom Bahnhof möglich.
- **Hotel Oktjabrskaja,** Prospekt Mira 15, Tel. 227 37 80, www.hoteloctober.ru. Das Oktjabrskaja gilt als eines der besten Hotels der Stadt. EZ/F ab 3900 Rubel, DZ/F ab 6000 Rubel.
- **Hotel Meteliza,** Prospekt Mira 14/1 (ca. 20 m vom Prospekt entfernt), Tel. 27 60 60. Das kleine Hotel mit 36 Zimmern ist gemütlich und einladend; mit Zimmerservice. EZ ab 3960 Rubel, DZ 4600 Rubel.
- **Hotel Paljot,** ul. Aerowaksalnaja 16, Tel. 220 10 47. Neben dem Busbahnhof, 94 Zimmer, freundliches Peronal. Leider liegt das Hotel nicht zentral. EZ/F 2800 Rubel, DZ/F ab 3900 Rubel.

Essen und Trinken

Ständig eröffnen neue und schließen alte Cafés, Bistros und Restaurants auf der Flaniermeile der Stadt, dem Prospekt Mira.

- **Wilka Loschka** („Gabel Löffel"), Prospekt Mira 80, Ecke ul. Weinbauma. Das Schnellrestaurant ist sauber, sehr günstig und absolut empfehlenswert. Mo–Sa 9–22 Uhr, So 10–22 Uhr.
- **Travellers' Coffee,** Prospekt Mira 54, ungemütlich und sehr freundlich. Tägl. 8–21 Uhr.
- **Balkan Grill,** ul. Perensona 9, Tel. 23 45 49, schräg gegenüber dem Hotel Krasnojarsk, große Portionen schmackhafter Grillgerichte.
- **Mama Roma,** ul. Mira 50 a, Tel. 66 10 72, empfehlenswerte italienische Küche.
- **Stalowaja,** eigentlich für mittellose Studenten – hier kann man sehr einfach und sehr günstig essen.

Einkaufen

- Der **Souvenirladen** neben der Rezeption des Hotels Krasnojarsk hat eine große Auswahl schöner Andenken, tägl. 9–20.30 Uhr.
- Auf dem **Zentralmarkt** *(zentrálny rynok)*, ul. Respublika 20, findet man alles, was das Herz begehrt, von Früchten über Gemüse und frischen Fisch bis hin zu Kaviar. Tägl. außer Mo 10–17 Uhr.

Zugverbindungen

Alle Zeiten sind Ortszeiten. Alle Angaben zur Fahrtdauer sind Mindestangaben. Aktuelle Zugfahrpläne unter **www.rzd.ru.**

Nach Moskau (4104 km, 77 Std.):

- **Nr. 3:** Sa 8.10 Uhr
- **Nr. 5:** Do und So 8.10 Uhr
- **Nr. 1:** an geraden Tagen 11.37 Uhr
- **Nr. 19:** Mi 11.48 Uhr
- **Nr. 349:** an ungeraden Tagen 12.27 Uhr
- **Nr. 339:** an geraden Tagen 12.27 Uhr
- **Nr. 91:** an ungeraden Tagen 15.45 Uhr
- **Nr. 75:** an geraden Tagen 17.03 Uhr
- **Nr. 81:** nur 27.5.–28.8.
  an ungeraden Tagen 17.03 Uhr
- **Nr. 239:** 6.6.–20.9.
  an geraden Tagen 19.18 Uhr
- **Nr. 43:** an ungeraden Tagen 19.18 Uhr
- **Nr. 55:** an geraden Tagen 22.15 Uhr

Nach Nowosibirsk (761 km, 10 Std.):

- **Nr. 3:** Sa 8.10 Uhr
- **Nr. 5:** Do und So 8.10 Uhr
- **Nr. 1:** an geraden Tagen 11.37 Uhr
- **Nr. 19:** Mi 11.48 Uhr
- **Nr. 349:** an ungeraden Tagen 12.27 Uhr
- **Nr. 339:** an geraden Tagen 12.27 Uhr
- **Nr. 91:** an ungeraden Tagen 15.45 Uhr
- **Nr. 75:** an geraden Tagen 17.03 Uhr
- **Nr. 81:** nur 27.5.–28.8.
  an ungeraden Tagen 17.03 Uhr
- **Nr. 239:** 6.6.–20.9.
  an geraden Tagen 19.18 Uhr
- **Nr. 43:** an ungeraden Tagen 19.18 Uhr
- **Nr. 55:** an geraden Tagen 22.15 Uhr

086tr Foto: dk

Nach Jekaterinburg (2287 km, 32 Std.):
- **Nr. 3:** Sa 8.10 Uhr
- **Nr. 5:** Do und So 8.10 Uhr
- **Nr. 1:** an geraden Tagen 11.37 Uhr
- **Nr. 19:** Mi 11.48 Uhr
- **Nr. 349:** an ungeraden Tagen 12.27 Uhr
- **Nr. 339:** an geraden Tagen 12.27 Uhr
- **Nr. 91:** an ungeraden Tagen 15.45 Uhr
- **Nr. 75:** an geraden Tagen 17.03 Uhr
- **Nr. 81:** nur 27.5.–28.8. an ungeraden Tagen 17.03 Uhr
- **Nr. 239:** 6.6.–20.9. an geraden Tagen 19.18 Uhr
- **Nr. 43:** an ungeraden Tagen 19.18 Uhr
- **Nr. 55:** an geraden Tagen 22.15 Uhr

Nach Irkutsk (1087 km, 19 Std.):
- **Nr. 44:** an geraden Tagen 0.40 Uhr
- **Nr. 240:** nur 13.6.–20.9. an ungeraden Tagen 0.40 Uhr
- **Nr. 82:** nur 30.5.–3.8. an ungeraden Tagen 8.04 Uhr
- **Nr. 4:** Fr 11.09 Uhr
- **Nr. 6:** Sa und So 11.09 Uhr
- **Nr. 8:** an ungeraden Tagen 11.42 Uhr
- **Nr. 2:** an geraden Tagen 13.36 Uhr
- **Nr. 20:** Di 14.18 Uhr
- **Nr. 350:** an ungeraden Tagen 14.37 Uhr
- **Nr. 340:** an geraden Tagen 14.37 Uhr

Nach Ulan-Ude (1543 km, 26 Std.):
- **Nr. 44:** an geraden Tagen 0.40 Uhr
- **Nr. 240:** nur 13.6.–20.9. an ungeraden Tagen 0.40 Uhr
- **Nr. 82:** nur 30.5.–3.8. an ungeraden Tagen 8.04 Uhr
- **Nr. 4:** Fr 11.09 Uhr
- **Nr. 6:** Sa und So 11.09 Uhr
- **Nr. 8:** an ungeraden Tagen 11.42 Uhr
- **Nr. 2:** an geraden Tagen 13.36 Uhr
- **Nr. 20:** Di 14.18 Uhr
- **Nr. 350:** an ungeraden Tagen 14.37 Uhr
- **Nr. 340:** an geraden Tagen 14.37 Uhr

Nach Chabarowsk (4427 km, 80 Std.):
- **Nr. 44:** an geraden Tagen 1.03 Uhr

- **Nr. 240:** nur 29.5.–28.8.
an ungeraden Tagen 1.03 Uhr
- **Nr. 8:** an ungeraden Tagen 11.42 Uhr
- **Nr. 2:** an geraden Tagen 13.36 Uhr

Nach Wladiwostok (5193 km, 93 Std.):
- **Nr. 240:** nur 13.6.–20.9.
an ungeraden Tagen 1.03 Uhr
- **Nr. 8:** an ungeraden Tagen 11.42 Uhr
- **Nr. 2:** an geraden Tagen 13.36 Uhr

Nach Ulan Bator (2200 km, 42 Std.):
- **Nr. 4:** Fr 11.09 Uhr
- **Nr. 6:** Sa, im Sommer auch So 11.09 Uhr

Nach Peking (3556 km, 73 Std.):
- **Nr. 4:** Fr 11.09 Uhr
- **Nr. 20:** Di 14.18 Uhr

Flüge

- **KrasAir** (krasair@scn.ru, Tel. am Flughafen 23 63 66) und andere Fluggesellschaften (Fluginfos Tel. 55 59 99) fliegen vom 40 km entfernten Flughafen Krasnojarsk u.a. tägl. nach **Moskau,** tägl. außer Fr und Sa nach Nowosibirsk, Di, Do und So nach **Irkutsk,** Mo, Mi und Fr nach Peking und mehrmals wöchentlich nach Deutschland (Krasair).

Umgebung von Krasnojarsk

Nationalpark Stolby

Nur 3 km südwestlich des Stadtbezirks von Krasnojarsk liegt am rechten Ufer des Jenissej das 1925 gegründete Naturschutzgebiet Stolby, was „Pfähle" bedeutet und sich auf die zahllosen **Granitfelsen** bezieht, die wie Pfähle aus der Erde wachsen. Es ist ein beliebtes **Wandergebiet** der Städter.

Anfahrt entweder per Taxi (500 Rubel) oder vom Kreisverkehr vor dem Hotel Turist mit Bus Nr. 7 oder 50, die alle 15–20 Min. fahren, bis zur Endhaltestelle *Turbasa Jeniseij.* Von dort muss man noch ungefähr 7 km zu Fuß laufen. Eine weitere Möglichkeit ist, mit Bus oder Taxi zum Sessellift *(kanátno kréselnaja daróga)* zu fahren, mit dem man einen Aussichtsplatz erreicht. Außer Mo und Di tägl. 10–19 Uhr, 30 Min. pro Strecke. Wer wandern möchte, sollte ausreichend Getränke und Proviant mitnehmen.

Hänge mit Datschas säumen die Bahnstrecke vor und hinter Krasnojarsk

Abstecher von Krasnojarsk: Jenissejsk Енисейск

- **Zeit:** Moskauer Zeit + 4 Std.
- **Vorwahl:** 39195

350 km nördlich von Krasnojarsk, am Jenissej, liegt das kleine Städtchen Jenissejsk, „Vater der sibirischen Städte", mit einigen alten Häusern sowie mehreren aktiven Klöstern und Kirchen. Jenissejsk hat sich 2001 – ohne Erfolg – um die Aufnahme in die Weltkulturerbe-Liste der UNESCO bemüht. Auch wenn der Besuch des Städtchens nicht ein unbedingtes Muss ist, so hat die **Schiffsfahrt auf dem Jenissej** von Krasnojarsk umso mehr zu bieten. Die Fahrt durch die schönen Kasatschinsky-Stromschnellen, vorbei an malerischen Hängen zu beiden Flussseiten und durch weitgehend unberührte Natur macht die Minikreuzfahrt zu einem Erlebnis.

Unterkunft

- **Hotel Jenisséj,** Tel. 231 49. Dieses kleine Hotel in der Nähe der Schiffsanlegestelle ist sehr einfach und sein Personal sehr freundlich. Einige Zimmer haben Dusche/WC, die meisten Gemeinschaftsbad/WC auf dem Gang. EZ und DZ p.P. ab 900 Rubel, Dreibettzimmer p.P. 450 Rubel.

Hin- und Rückfahrt

In der warmen Jahreszeit von ungefähr Mitte Juni bis Anfang/Mitte Oktober verkehren in Intervallen von fünf bis sieben Tagen **Postschiffe.** Abfahrt in Krasnojarsk ist gegen 7 Uhr morgens, Ankunft nachts gegen Mitternacht. In der umgekehrten Richtung braucht das Schiff länger: Abfahrt in Jenissejsk um 16.30 bzw. um 1 Uhr nachts, Ankunft in Krasnojarsk nach knapp 32 Stunden Fahrt um Mitternacht bzw. um 14 Uhr. Schiffsfahrkarten kosten in einer Doppelkajüte mit Waschbecken pro Person 2600 Rubel, in einer Doppelkabine mit Waschbecken pro Person 1000 Rubel. Eine Gemeinschaftsdusche und WC gibt es auf dem Gang.

Es empfiehlt sich unbedingt, die Tour inklusive Schiffsticket, Busfahrkarte und Hotelzimmer rechtzeitig zu reservieren (z.B. bei Knop-Reisen).

Die Postschiffe versorgen die Orte am Jenissej nicht nur mit Post, sondern auch mit Lebensmitteln und anderen Gütern. Daher wird es an Deck ab Juli manchmal so eng, dass der beste Deckplatz auf einem Kartoffelsack oder einem Haufen Kohlköpfe ist.

- **Passagierhafen in Krasnojarsk:** Am Flussbahnhof *(retschnói waksál)* in der ul. Dubrowinskowo 1 (gegenüber Haus Nr. 58), führt auf der Höhe des Anlegers Nr. 8 eine kleine Treppe runter zu den Kassen. Tel. 268 03 97 und 227 99 62. Nur in der warmen Jahreszeit: Kasse tägl. 6.30–12 und 13–20.30 Uhr. Während der kalten Jahreszeit von etwa Ende September bis Ende Mai ist der Jenissej nicht befahrbar und die Kassen sind geschlossen.
- **Busfahrt zurück nach Krasnojarsk:** Die rund 350 km Strecke auf gut ausgebauter Straße kann man mit dem öffentlichen Bus (7 Std.) oder mit den teureren, dafür aber schnelleren Minibussen vom Typ *Casélla* (5–

Die Kosaken – Krieger, Söldner und Eroberer Sibiriens

Bei der Eroberung Sibiriens spielten die Kosaken eine bedeutende Rolle. Wer waren sie? Als im 15. Jahrhundert das Mongolenreich zerfiel, blieb ein großer Teil des Südens des heutigen europäischen Russlands herrenlos. Die zurückgebliebenen Reste von Turkvölkern und Mongolen, **Tataren** genannt, siedelten hier, brandschatzten und plünderten und taten sich mit russischen Bauern, Sträflingen, Wegelagerern, Piraten sowie Flüchtlingen aus dem Sklavendienst auf türkischen Galeeren zusammen. Die hieraus entstandenen **militärischen Männerbünde** nannten die Russen „Kosaken", im Tatarischen „Freie Krieger".

Diese immer unter Waffen stehenden Reiterheere überfielen Grenzbefestigungen, raubten Kaufleute aus und enterten Wolgaschiffe. Im 16. Jahrhundert gründeten die Kosaken an Dnjepr, Don und Wolga ihre eigenen Siedlungen und lebten von der Viehzucht.

Iwan IV., bekannt als der Schreckliche, machte die Kosaken Mitte des 16. Jahrhunderts zu russischen Söldnern, die sich in Horden zusammentaten und gen Osten zogen, wo sie Dorf für Dorf überfielen. Sie forderten Tribut in Form von Zobelfellen. Mit der Zeit kamen Truppenführer mit regulären Soldaten und ergriffen im Namen des Zaren Besitz vom Land. Auf diese Weise wurden 1587 das Fort Tobolsk, 1604 die Forts Tomsk und Jenissejsk am Jenissej gegründet.

6 Std.) zurücklegen. Die Busse fahren täglich zwischen 6 und 15 Uhr ab.

- **Busfahrt Krasnojarsk – Jenissejsk:** tägl. 7.40, 8.05, 8.20, 9.10, 10.30, 10.50, 12, 14, 14.20, 16 und 17 Uhr.

Weitere Jenisseij-Fahrten

1989 km nördlich von Krasnojarsk liegt am Jenissej die kleine Stadt **Dudinka,** Hauptstadt des Taimyr-Kreises, die per Schiff von Krasnojarsk aus in 91 Stunden erreichbar ist (in umgekehrter Richtung sind es 145 Stunden). Ausländer benötigen dazu ein separates Visum.

Von Krasnojarsk nach Irkutsk

Ilanskaja Иланская

- **Transsib-Kilometer:** 4383
- **Zeit:** Moskauer Zeit + 4 Std.

Die Gründung der kleinen Stadt Ilanskaja zu Beginn des 18. Jahrhunderts steht in Zusammenhang mit dem Handelsweg Moskauer Trakt (⇗ Exkurs im Kap. „Im Zug unterwegs"), da hier eine Poststation eingerichtet wurde. Im Jahre 1894 baute man eine Station zur Wartung der Eisenbahn, 1939 bekam Ilanskaja die Stadtrechte.

Taischet Тайшет

- **Transsib-Kilometer:** 4522
- **Zeit:** Moskauer Zeit + 5 Std.

Die rund 42.000 Einwohner zählende Stadt Taischet (Betonung: *Taischét*) verdankt ihre Gründung im Jahre 1897 dem Bau der Transsibirischen Eisenbahn. Der Name bedeutet in der Sprache der Ketten, eines Nomadenvolks der Region, „Kaltes Wasser" bzw. „Kalter Fluss". 1938 erhielt der Ort den Stadtstatus. Der Taischeter Bahnhof wurde aufwendig restauriert und erstrahlt seit 2002 wieder in vollem Glanz. Abends sieht er mit seiner ausgetüftelten Beleuchtung, die die architektonischen Feinheiten hervorhebt, besonders schön aus.

Taischet ist die „Eisenbahnhauptstadt Sibiriens", da hier drei Strecken aufeinandertreffen: die Transsib, die Bahnlinie Nowosibirsk – Irkutsk via Abakan und die Baikal-Amur-Magistrale **„BAM"**, die hier von der Transsib abzweigt. Die Bauarbeiten an der BAM ab dem Jahr 1965 (⇗ Exkurs im Kap. „Im Zug unterwegs") wurden von Taischet aus organisiert.

Nischnjeudinsk Нижнеудинск

- **Transsib-Kilometer:** 4685
- **Zeit:** Moskauer Zeit + 5 Std.

Die Gründung der kleinen Stadt Nischnjeudinsk (Betonung: *Nischnjeúdinsk*) fällt in das Jahr 1643 und steht in Verbindung mit dem Handelsweg Moskauer Trakt. Zu Beginn des 19.

Jahrhunderts siedelten sich hier Goldsucher an, die im Fluss Birjusa Gold wuschen. Heute ist Nischnjeudinsk eine kleine Industriestadt mit Holz verarbeitenden Betrieben.

Sima Зима

- **Transsib-Kilometer:** 4941
- **Zeit:** Moskauer Zeit + 5 Std.

Die kleine Industriestadt Simá, was übersetzt „Winter" bedeutet, ist Standort mehrerer Holz verarbeitender Betriebe.

Angarsk Ангарск

- **Transsib-Kilometer:** 5152
- **Zeit:** Moskauer Zeit + 5 Std.

Mitten im dichten Wald der sibirischen Taiga am Ufer der Angara liegt die Stadt Angarsk, die erst Anfang der 50er Jahre des 20. Jahrhunderts gegründet wurde und heute über 200.000 Einwohner zählt.

103tr Foto: dk

Irkutsk Иркутск

- **Transsib-Kilometer:** 5191
- **Zeit:** Moskauer Zeit + 5 Std.
- **Vorwahl:** 3952
- **Internet:** www.irkutsk.com

Nahe dem Baikalsee an der Angara liegt die rund 580.000 Einwohner zählende Stadt Irkutsk, auch „Paris des Ostens" und „Perle Sibiriens" genannt – beides trifft irgendwie zu. Irkutsk ist die **schönste Stadt Sibiriens** und eine der schönsten Russlands.

Stadtgeschichte

- **6. Juli 1661:** Bau der Holzfestung Ostrog
- **1686:** Irkutsk erhält die Stadtrechte
- **1713:** Bau des ersten Steingebäudes, der Erlöserkirche
- **19.10.1764:** Gründung des Gouvernements Irkutsk
- **1805:** Eröffnung des ersten Jugendgymnasiums
- **1826:** Ankunft der ersten Dekabristen
- **1857:** Die erste Zeitung erscheint
- **11.–24. Juni 1879:** Zwei Drittel der Stadt fallen einem Großfeuer zum Opfer
- **1883:** Einweihung der katholischen, polnischen Kirche
- **1891:** Eröffnung einer Pontonbrücke über die Angara
- **1894–97:** Bau des Theaters
- **16.8.1898:** Der erste Zug erreicht Irkutsk
- **1901:** Elektrische Straßenlaternen werden aufgestellt

- **November 1918:** Eröffnung der Universität
- **1920:** Erschießung des Admirals *A.W. Koltschak,* im März erreicht die Rote Armee Irkutsk
- **1926:** Einführung öffentlicher Busse
- **1947:** Die erste Straßenbahnlinie wird eröffnet
- **1948:** Einweihung des Fremdsprachen-instituts
- **1950:** Baubeginn des Irkutsker Wasser-kraftwerks (eingeweiht 1958)
- **1956:** Das erste Flugzeug landet in Irkutsk
- **1959:** Ein Erdbeben erschüttert die Stadt
- **1974:** Irkutsk zählt 500.000 Einwohner

Sehenswertes

Wer nur einen Tag Zeit hat für diese schöne Stadt, sollte unbedingt vom Theater auf der Marxstraße bis zum Zentralmarkt laufen sowie die Dekabristenhäuser besuchen. Außerdem sind mindestens fünf Stunden für einen Kurzausflug zum Baikalsee einzuplanen. Auf der Hinfahrt wird das Museumsdorf besucht und zwei Stunden sind für Listwjanka einzurechnen.

Erlöserkirche

Die Erlöserkirche wurde ursprünglich 1704 aus Holz erbaut und 1710 aus Stein erneuert. Heute ist dieses zu den ältesten Steingebäuden Sibiriens zahlende Bauwerk Teil des **Heimat- und Geschichtsmuseums** von Irkutsk. Hier finden wechselnde Ausstellungen statt, z.B. „Alte russische Kleidung".

- **Spásskaja zérkow,** ul. Suche Batora 2, Tel. 20 15 52, tägl. außer Di 10–18 Uhr.

Christi-Erscheinungs-Kirche

Gegenüber der Erlöserkirche steht die 1725 erbaute Christi-Erscheinungs-Kirche *(zérkow bogojawlénija),* in der täglich um 8.30 und 16 Uhr Gottesdienste abgehalten werden.

Kirche der Kreuzerhöhung

Die Kirche der Kreuzerhöhung *(krestowasdwíschenskaja zérkow)* stammt aus dem Jahre 1758. Hier finden täglich 8.30–10 und 17 Uhr Gottesdienste statt (ab 19 Uhr geschlossen).

Kirche der Erscheinung Mariä

Die Kirche der Erscheinung Mariä *(snámenski ssabór)* wurde 1693 aus Holz als Teil eines Nonnenklosters erbaut und in den Jahren 1757–60 durch ein Steingebäude ersetzt. Heute befindet sich hier der Sitz des Erzbischofs von Ostsibirien. In der Kirche kann man die wertvollsten Ikonen der Stadt sehen. Daneben sind die Dekabristen *Muchanow, Panow* und *Betschasnow* sowie die Fürstin *Trubetskaja* und ihre beiden Kinder begraben. Gottesdienste tägl. 8.30 und 17 Uhr.

Heimatkundemuseum

Das Heimatkundemuseum wurde ursprünglich 1732 aus Holz erbaut und stammt in seiner heutigen Form aus dem späten 19. Jahrhundert. Es zählt zu den ältesten Museen Russlands. Mehrere Abteilungen gewähren einen umfassenden Einblick in die Geschichte und Eroberung Sibiriens und informieren über ihre Urbevölkerung: Ewenken, Burjaten, Jakuten etc. Ein Teil der Ausstellung befasst sich mit dem Leben der nach Sibirien Verbannten.

- **Krajewétscheski muséi,** ul. Karla Marxa 2, Tel. 33 34 49, tägl. außer Mo 10–18 Uhr.

Naturkundemuseum

Das Naturkundemuseum widmet sich der Flora und Fauna Sibiriens. Sehr interessant sind die Felle der in Sibirien vorkommenden Pelztiere und ein anschauliches Modell vom Baikalsee.

● **Muséi priródy sibírii,** ul. Karla Marxa 11, Tel. 34 28 32, tägl. außer Mo und dem ersten Mittwoch jeden Monats 10–18 Uhr.

Kunstmuseum

Das Kunstmuseum verfügt über eine sehenswerte Sammlung alter Ikonen sowie Bilder und Skulpturen russischer Maler, wobei auch die zeitgenössische Kunst nicht zu kurz kommt.

● **Chudóschestwenny muséi,** ul. Lenina 5, Tel. 34 01 46, tägl. außer Di und an Feiertagen 10–18 Uhr.

Dekabristenmuseum

Das Trubjetskoi-Haus wurde im Jahre 1854 für den Dekabristen *Sergei Trubjetskoi* erbaut. Die Ausstellung umfasst interessante Möbel und Gegenstände der Familie *Trubjetskaja*.

● **Dom dekabrístow/Dom Trubezkói,** ul. Dserschínskowo 64, Tel. 27 57 73, tägl. außer Di und Mi 10–17 Uhr.

Wolkonski-Haus

Im Wolkonski-Haus werden Möbel und Gegenstände des Dekabristen Fürst *Wolkonski* und seiner Familie ausgestellt.

● **Dom Walkónskowo,** Pereulok Walkónskowo 10, Tel. 27 75 32, tägl. außer Mo 10–18 Uhr.

Theater

Das Irkutsker Dramatheater ist sowohl von außen als auch von innen wunderschön. Egal, ob man Russisch versteht oder nicht – der Besuch lohnt sich. Die neue Bestuhlung ist eine originalgetreue Kopie der Bestuhlung der Scala in Mailand. Das Theater selbst mit seinen Logen und Winkeln und dem Theaterbüfett ist unbedingt sehenswert. Durch eine optische Täuschung wirkt es viel größer, als es in Wirklichkeit ist, in den Logen z.B. muss man seinen Kopf einziehen.

Die Dekabristen – im Namen der Freiheit gegen die Zaren

Die Bezeichnung „Dekabristen" stammt von dem russischen Wort *dekabr* für Dezember. Mit Dekabristen werden die **Teilnehmer des Aufstands** bezeichnet, der am 26. Dezember 1825 in St. Petersburg ausbrach. Geheimbünde der jungen Gardeoffiziere des Zaren verlangten eine neue Verfassung nach westlichem Vorbild. Der planlose Aufstand wurde von *Nikolaus I.* rasch niedergeschlagen. Fünf der Verschworenen wurden gehenkt und die anderen nach Sibirien verbannt, u.a. nach Irkutsk.

Die Dekabristen sind als **Freiheitskämpfer** zum Symbol aller freiheitlichen Bewegungen unter dem Zarismus geworden. Für Sibirien sind sie die Kulturbringer und Kulturverbreiter, da sie in der Verbannung großen Einfluss auf das gesellschaftliche und kulturelle Leben ausübten.

102tr Foto: dk

Wenn man Glück hat, steht das berühmte Stück **„From America with Love"** von *Nelly Matchanowa,* 1996 in diesem Theater uraufgeführt, auf dem Spielplan. Verrückterweise handelt es von der Liebe einer Irkutskerin (die heutige Besitzerin des Hotels Amerikanski Dom) zu einem Amerikaner. Matchanowa ist eine der bekanntesten Persönlichkeiten der Irkutsker Literatur- und Kulturszene. Sie ist Burjatin und lebt mit ihrem russischen Mann in Irkutsk. Sie ist Schriftstellerin, Dramaturgin und Journalistin, ihr Mann ebenfalls Schriftsteller und Journalist. Ihr vom Schamanismus handelndes Ballettstück „Schamanenträumereien", uraufgeführt 1998 im Dramatheater von Ulan-Ude (ebenfalls eines der schönsten Theater des Landes), wurde mehrfach als Gastspiel in den USA aufgeführt.

Weißes Haus

Das sogenannte Weiße Haus *(Bjély dom)* ist **seit 2006 gelb.** Der reiche Kaufmann und Pelzhändler *Sibirjakow* ließ es im Jahre 1804 von einem St. Petersburger Architekten bauen. Als Sibirjakows Geschäfte nachließen, verkaufte er das Haus an die Stadt, die es dem Generalgouverneur von Ostsibirien als Amtssitz gab. Später diente das Weiße Haus als Universität. Heute

Die ul. Urizkowo, eine Fußgänger-Einkaufsstraße in Irkutsk

Ⓑ	1	Busbahnhof
Ⓜ	2	Dekabristenmuseum
Ⓜ	3	Wolkonski-Haus
★	4	Ewiges Feuer
	5	Hotel Angara
	7	Wiener Café
	8	Hotel Rus und Restaurant
	9	Hotel Irkutsk
Ⓜ	10	Heimatkundemuseum
	11	Theater
	12	Markt
	13	Kaufhaus
	14	Chinesenmarkt

ist hier die über drei Millionen Bände zählende **Stadtbibliothek** untergebracht.

Zentralmarkt

Die moderne Markthalle des Zentralmarktes gehört zum unbedingt Sehenswerten in Irkutsk. Stände mit tiefroten Rosen aus dem Kaukasus, buntes Obst, der Duft, die Menschenmengen ... wunderbar! An blitzsauberen Theken verkaufen die mit gestärkten weißen Schürzen und Häubchen bekleideten, meist sehr hübschen und kräftig geschminkten, blond gefärbten Marktfrauen Räucherfisch, der einem das Wasser im Mund zusammenlaufen lässt. Auch die in durchsichtige Plastikschläuche verpackten Salate sind zu empfehlen - man probiere unbedingt die scharfen koreanischen Karottensalate. Die Theken befinden sich in der südöstlichen Ecke der Markthalle.

Im Winter wird vor der Halle Milch im Stück verkauft - gefroren! Es sieht schon komisch aus, wenn jemand drei Stück Milch kauft.

- **Zentrálny rínok,** im Sommer Mo bis Sa 8-20 Uhr, im Winter 8-19 Uhr, ganzjährig jeden 1. und 3. Sonntag im Monat 8-17 Uhr.

Ewiges Feuer

Am Ewigen Feuer finden noch heute alle 15 Minuten **Wachablösungen** statt, Ausnahme: wenn es zu kalt (ab -20°C!) oder zu windig ist. Führten ursprünglich junge Pioniere und Komsomolzen diesen Ehrendienst aus, so sind es heutzutage Schüler und Schülerinnen.

- **Memorijál wjétschnowo agnjá,** Wachablösungen Mitte September bis Mitte Juni Mo bis Fr 11-13.30 und 15-16 Uhr, Sa, So und an Feiertagen 11-13 Uhr, besonders aufwendig sind die Zeremonien um 11, 15 und 16 Uhr.

Synagoge

Eine Synagoge *(sinagóg)* befindet sich in der ul. Karla Liebknechta 23 (tägl. außer So und Mo 10-17 Uhr).

Tataren-Moschee

In der Tataren-Moschee in der ul. Karla Liebknechta 86 finden täglich um 5, 14.30, 18.30 Uhr und nach Sonnenuntergang sowie um Mitternacht Gebete statt.

Eisbrecher

Mit dem Marschroutentaxi fährt man in ca. 20 Minuten in den neuen Stadtteil Solnetschny an der Angara, wo das **Museumsschiff „Ledokol Angara"** liegt. Der Eintritt ist frei, Spenden für die Erhaltung sind jedoch gern gesehen; sehr freundliche ehrenamtliche Mitarbeiterinnen.

Praktische Tipps

Am Bahnhof

Wenn man vor dem Bahnhof steht mit Blick auf das lange Gebäude, so findet man von rechts nach links: Ganz rechts geht es außen am Haupteingangsgebäude vorbei zu Gleis 1. Betritt man den Haupteingang, so geht es geradeaus zu den übrigen Gleisen (treppauf, treppab) und links zu Wartesälen, Apotheke, Blumen- und Proviantläden (u.a. mit gekühlten Getränken). In der Mitte des Bahnhofsgebäudes befindet sich das Bahnhofsrestaurant in historischen Räumlichkeiten. Zwischen zwei Türmen führt Eingang Nr. 2 zu den Fahrkartenschaltern für Ausländer (Tel. 28 28 20), zu denen rechts eine Tür führt. **„International Train Tickets"** werden täglich 8-13 und 14-20 Uhr verkauft. Innerrussische Fahrkarten werden rund um die Uhr mit kurzen Pausen im 1. Stock verkauft. Wenn man in den Haupteingang geht, führt links vor dem Wartesaal eine Treppe nach oben zum Service Center, der Ausländerkasse (Tel. 29 65 01 und 29 65 00). Hier gibt es einen sehr gemütlichen Wartesaal.

- **Gepäckaufbewahrung** im Bahnhof: 3. Eingang, rechts bis zum Bankomat bei einer Treppe; die dort etwas versteckt liegende Treppe nach unten.
- **Fahrkarten im Service Center:** 2. Etage, links, 2. Zimmer ganz hinten.

• **Ruhezimmer** kurz vor dem Service Center rechts *(kómnata ótdycha)*, EZ pro Std. 65 Rubel, DZ 90 Rubel, Vierbett-Zimmer p.P. 35 Rubel. Bettwäsche 40 Rubel, Duschen 70 Rubel. Man kann sich auch in einem Aufenthaltsraum ausruhen.
• **Fahrt zum Busbahnhof:** Vor dem Haupteingang fahren Marschroutentaxis mit der Nr. 64 zum *áftowaksál.*

Post und Internet

• Telefonate führen und Briefe abschicken kann man vom **Postamt** rechts vom Bahnhofsgebäude, Mo–Fr 8–12 und 12.30–19 Uhr, Sa 9–12 und 12.30–19 Uhr.
• **Internetzugang** hat man in allen Hotels (Hotel Angara 24 Std.) und Hostels, ein **Internetcafé** (24 Std.) befindet sich an der Ecke Leninstraße/Marxstraße, wo eine kleine Treppe in den Keller führt.

Geld

• **Bankomaten** u.a. in den Hotels Irkutsk und Angara.
• **Wneschtorgbank,** ul. Swerdlowo 40, Tel. 24 39 16, akzeptiert MasterCard und VISA-Karten für Bargeldauszahlungen und wechselt Reiseschecks in Rubel.

Unterkunft

Irkutsk hat mehrere **günstige Hostels** im historischen Stadtzentrum, einige nur mit Mehrbettzimmern, einige auch mit Einzel- und Doppelzimmern. Da sich die Hostels in ehemaligen Wohnungen befinden, sind sie nicht immer leicht zu finden. Daher ist es ratsam, einen Abholservice zu bestellen. Übernachtungspreise ab p.P. 500 Rubel. Infos unter www.irkutsk-hostel.com.

• **Hostel Aljona,** ul. Scheljabova 3, sozusagen im Hinterhof des Angara-Hotels mitten im Stadtzentrum, Tel. 34 41 56, mobil: 8-914 877 85 25, li-hellen45a@mail.ru. Ohne Frühstück zahlt man in dieser sehr sympathischen, mit Parkett ausgelegten Wohnung 600 Rubel p.P.
• **Baikaler Hostel,** ul. Lenina 9, App. 11, Tel. 33 62 40, mobil: 8-92 96 86, 500–800 Rubel p.P. Diese Backpackerunterkunft befindet sich in bester Lage mitten im Stadtzentrum.
• **Irkutsk Hostel Admiral,** ul. Tscheremhowsky 6, mobil: 8-902 560 24 40, www.irkutsk.hostel.irk.ru. Mitten in der Altstadt, ab 500 Rubel p.P.
• **Hostel Irkutsk,** ul. Scheljabova 23a/1, Tel. 24 00 65, www.irkutskhostel.ru.
• **Trans-Sib Hostel,** www.irkutsk-hostel.com, mobil: 8-904 153 75 90, knapp 10 Gehmin. vom Bahnhof entfernt (nicht auf der Altstadtseite).
• **Hotel Irkutsk** (ehem. Hotel Intourist, dann Hotel Baikal), Bulwár Imeni Juri Gagárina 44, Tel. 25 01 60, Fax 25 01 62. Dieses neunstöckige Gebäude mit 550 Betten ist das größte Hotel der Stadt. Die nicht renovierten Zimmer sind jugendherbergsmäßig klein und einfach, aber sauber. Nicht renovierte EZ/F kosten 2200 Rubel, renovierte 3300 Rubel, DZ/F nicht renoviert 2800 Rubel, renoviert 4800 Rubel.
• **Hotel Victory,** ul. Bogdana Chmelnitzkowo 1, Tel. 34 34 05 und 79 28 79, Fax 34 34 05, www.victoryhotel.ru. EZ/F ab 3000 Rubel, DZ/F ab 3500 Rubel. Hotel in bester Lage mitten in der Altstadt.
• **Hotel Angara,** ul. Suche Batora 7, Tel. 25 51 06, Fax 25 51 03, www.hotel-angara.ru. Das Hotel hat eine sehr gute Lage. EZ/F 3800 Rubel, DZ/F 5000 Rubel.
• **Hotel Rus,** ul. Swerdlowa 19, Tel. 24 27 15, Fax 24 07 33, www.rusbaikal.ru. Das angenehme Hotel ist einfach, liegt zentral und hat insgesamt 80 Betten. EZ/F 3700 Rubel, DZ/F 4000 Rubel.
• **Hotel Gloria,** ul. Sowjetskaja 58, Tel. 54 07 18 und 54 06 64. Das sechsstöckige, turmartige Hotel hat zwölf sehr gute Zimmer. Trolleybus Nr. 4 fährt vor der Tür ab und ist nach drei Haltestellen in 10 Min. im Zentrum. Die Straßenbahn ist nach drei Haltestellen in 10 Min. am Zentralmarkt. EZ 3500 Rubel, DZ 4000 Rubel.
• **Hotel Arena,** gehört zum Zirkus und war früher immer von vorbeiziehenden Zirkusleuten belegt. Seit auch in Russland die Besucherzahlen schrumpfen und das Überleben für einen Zirkus nicht mehr leicht ist, verdient sich der Irkutsker Zirkus mit dem Hotelbetrieb ein Zubrot. Das Arena besteht aus zwei

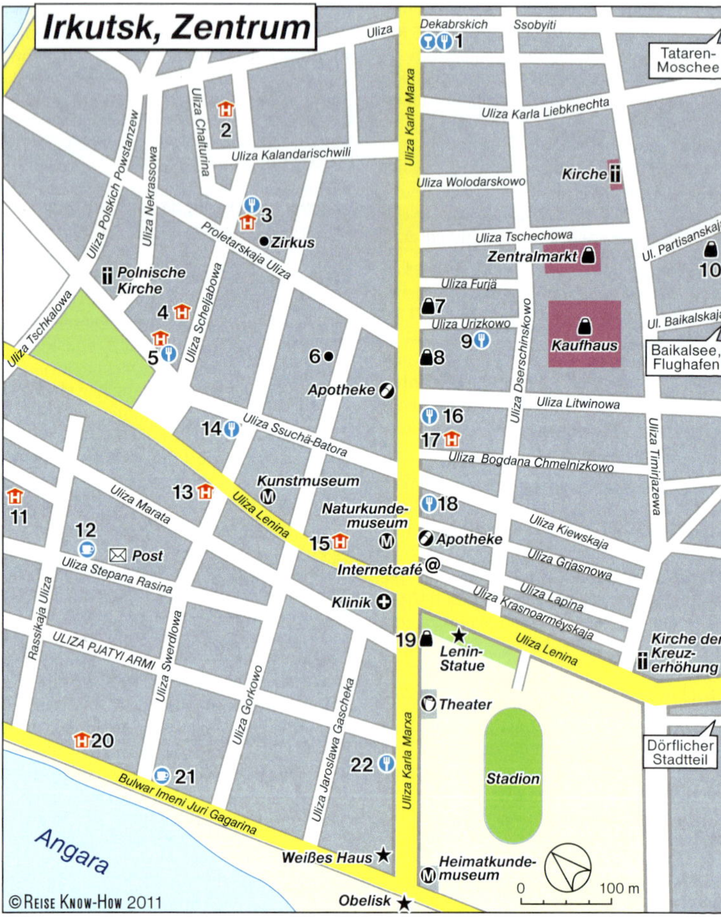

- 1 Bar U Schweika
- 2 Irkutsk Hostel
- 3 Hotel Arena
- 4 Hostel Aljona
- 5 Hotel Angara, The London Pub
- 6 Aeroflot
- 7 Spielwaren
- 8 Sportgeschäft
- 9 Vernissage
- 10 Chinesenmarkt
- 11 Admiral Hostel
- 12 Wiener Café
- 13 Hotel Rus
- 14 Blínnaja
- 15 Baikaler Hostel
- 16 Sneschinka
- 17 Hotel Victory
- 18 Bierhaus
- 19 Buchladen, Souvenirs
- 20 Hotel Irkutsk
- 21 Café Monet
- 22 Efímowitsch

Teilen, der bessere hat seinen Eingang an der ul. Scheljabova 8A, der andere Eingang erfolgt von der ul. Swerdlowa 39. Tel. 34 46 42. Insgesamt 18 Zimmer, EZ 2300 Rubel, DZ 3000 Rubel.

Essen und Trinken

- **Sneschinka,** Marxstr. Ecke ul. Litwinowa, Tel. 24 32 05. Kleines, urgemütliches Nonsmoking-Restaurant ohne Fernsehbildschirme. Tägl. 9–24 Uhr.
- Im **Hotel Rus** gibt es ein sehr gemütliches russisches Restaurant mit günstigem „Business Lunch".
- **The London Pub,** im Hotel Angara, Tel. 25 51 18, tägl. 12–24 Uhr. Gute Atmosphäre und Fenster mit Blick auf den Stadtplatz, internationale Speisekarte
- **Wiener Café,** ul. Stepana Razina 19, Tel. 20 21 16, tägl. 10–23 Uhr. Hier gibt es in gemütlicher Atmosphäre den vielleicht besten Kaffee der Stadt! Sollte einem die Musik zu laut und/oder zu poppig sein, frage man nach klassischer Musik. Die große Auswahl an Brot und Kuchen, Torten, heiße Schokolade und Eis machen das Café zu einem Renner.
- **Café Monet,** an der Einfahrt zum Hotel Irkutsk, Tel. 20 17 71, tägl. 9–23 Uhr. Kleines, sehr gemütliches Bistro ohne Bildschirme. Im Sommer sitzt man auf einer kleinen Außenterrasse.
- **Blínnaja,** ul. Swerdlowa Ecke ul. Suche Batora, Mo bis Fr 10–18 Uhr, Sa 10–16 Uhr, So geschl. Einfaches kleines Pfannkuchenlokal mit sehr günstigen Pfannkuchen, *pelmeni,* Grießbrei, Salaten, Kaffee mit Zucker und Tee.
- **Restaurant und Bierbar U Schweika** („Bei Schweik"), ul. Karla Marxa 34, Tel. 24 26 87, tägl. 12–24 Uhr. Urige Kneipe mit lauter Musik.
- **Bierhaus,** ul. Grjasnowa 1, Tel. 55 05 55. Beliebtes Restaurant mit tschechischer, deutscher und internationaler Küche. Mo bis Do 12–2 Uhr, Fr/Sa 12–4 Uhr, So 12–24 Uhr.
- **Efímowitsch,** gegenüber dem Theater, Tel. 20 01 70, tägl. 12–2 Uhr. Das empfehlenswerte Restaurant hat ein Kellergewölbe und im Sommer einen gemütlichen Biergarten mit Grill.
- **Kaffeinaja Restaurant Vernissage,** ul. Urizkowo 16, Tel. 20 06 33. Großes Selbstbedienungslokal für jeden Geldbeutel.

Einkaufen

- **Souvenirs** in großer Auswahl findet man im Souvenirshop des Hotels Irktusk, tägl. 8–13 Uhr.
- **Bücher, Geschenke, Postkarten, Briefmarken und Spiele** kann man in der ul. Karla Marxa 28 kaufen.
- **Proviant** gibt es auf dem **Markt,** im Sommer Mo bis Sa 8–20 Uhr, im Winter 8–19 Uhr, ganzjährig jeden 1. und 3. Sonntag im Monat 8–17 Uhr.

Tourenanbieter

- Einer der ersten privaten Organisatoren für Individualreisende in Irkutsk ist *Juri Nemirovsky* mit seiner 1991 gegründeten, empfehlenswerten Firma **Baikalcomplex,** Tel. und Fax 46 22 44, www.baikalcomplex.irk.ru. Im Gegensatz zu vielen anderen Anbietern sind die Preise erschwinglich geblieben.

Schiffstouren

- Eine Schifffahrt auf dem **Baikalsee** und auf der **Angara** ist für Reisende mit viel Zeit möglich. So kann man von Irkutsk aus mit einem Schnellboot *(rakjéta)* vom Typ „Komet" oder „Meteor" zunächst auf der Angara nach Süden und dann über den ganzen Baikalsee via Sewerobaikálsk nach Níschnjeangársk am Nordufer des Sees fahren: Mitte Juni bis Mitte September Di und Fr 8.50 Uhr, Stopp in Port Baikal um 10 Uhr, Ankunft in Sewerobaikalsk um 20.30 Uhr. Umgekehrt ab Sewerobaikalsk Mi und Sa um 8.15 Uhr, in Port Baikal um 18 Uhr und um 19.30 Uhr in Irkutsk. Die Schiffe halten nicht an der Insel Olchon. Preis ca. 2700 Rubel.
- Von Mitte Mai bis Mitte September verkehren *raketas* zwischen **Irkutsk, Listwjanka** und **Bolschye Koty.**
- **Schiffsverbindungen:** Schiffsanlegestelle Tel. 35 67 26. Bei hohem Wellengang oder Nebel fahren die Schiffe nicht! Anfahrt zum Anleger *Pritschál Rakjéta* im Irkutsker Stadtteil Sólnjetschny per Marschroutentaxi Nr. 16

007tr11 Foto: dk

ab Kirow-Platz (neben dem Hotel Angara) oder man fährt mit irgendeinem Bus bis zum Kreisverkehr und läuft die verbleibenden 500 m zu Fuß. Schiffe verkehren vom 20. Mai bis 31. September. Schiffe nach Listwjanka am Baikalsee, siehe dort.

Das schöne Bahnhofsgebäude in Irkutsk

- Von **Sewerobaikalsk** am Nordufer des Sees kann man mit dem Zug auf der **BAM** (Baikal-Amur-Magistrale) bis nach **Bratsk** an der Angara fahren und von dort zurück nach Irkutsk mit einem Schnellboot vom Typ „Meteor". 3x wöchentlich, Fahrtdauer ein Tag. Anleger und Kasse in Irkutsk unter der zum Bahnhof führenden Angara-Brücke, Tel. 35 67 26.

Wer nicht so viel Zeit hat, kann auch nur nach Bratsk fahren, übernachten und am nächsten Morgen das Schiff zurück nach Ir-

kutsk nehmen. Schiffe vom Typ „Meteor" fahren von Bratsk nach Irkutsk Mi, Fr und So um 8.30 Uhr ab und sind um 20.40 Uhr in Irkutsk. Von Irkutsk nach Bratsk fahren die Schiffe Di, Do und Sa um 8.30 Uhr ab und erreichen Bratsk um 20.50 Uhr.

Man kann auch von Bratsk aus auf der **BAM** in Richtung Westen via Taischet nach Moskau fahren oder in Richtung Osten via Sewerobaikalsk und Komsomolsk (hier kann man umsteigen in Richtung Chabarowsk und Wladiwostok) bis ans Ende der Bahnstrecke in **Sojwetskaja-Gawan.**

Busverbindungen

- **Busbahnhof** *(aftowaksál),* ul. Oktjábrskaja Revolúzija 11, Tel. 20 94 11, tägl. 7–19 Uhr. Große Busse und Marschroutentaxis (11–14 Plätze) fahren u.a. nach **Listwjanka** (tägl. 9, 11, 14.30, 15.30, 16.30, 17.30 und 19 Uhr, Fahrtzeit 2 Std., 100 Rubel), nach **Chuschir** auf der Baikalseeinsel Olchon (tägl. im Sommer um 8 Uhr ein großer Bus und ganzjährig tägl. ein Marschroutentaxi um 10 Uhr, Fahrtzeit 8 Std., 375 Rubel) und nach **Bolschóje Goloústnoje** (tägl. 16 Uhr, Dauer 2 Std., 175 Rubel). Gegenüber vom Busbahnhof fahrt tägl. ein großer Bus mit 46 Plätzen ab. Man bezahlt 175 Rubel beim Fahrer. Frühzeitig da sein! Fahrtzeit: 2½ Stunden. Hinweis: Freitags ist der Bus besonders im Sommer meistens komplett ausgebucht, sodass man einen Tag eher beim Fahrer ein Ticket gegen 25 Rubel Aufpreis kaufen sollte.
- **Fahrt vom Bus- zum Hauptbahnhof:** Straßenbahn Nr. 4 bis zum Markt *(rynok,* zwei Haltestellen) und von dort weiter mit Straßenbahnlinie 1 oder 2 zum Hauptbahnhof.

Zugverbindungen

Alle Zeiten sind Ortszeiten. Alle Angaben zur Fahrtdauer sind Mindestangaben. Aktuelle Zugfahrpläne unter **www.rzd.ru.**

Nach Moskau (5191 km, 74 Std.):

- **Nr. 43:** an ungeraden Tagen 1.27 Uhr
- **Nr. 239:** nur 6.6.–20.9.
an geraden Tagen 1.27 Uhr
- **Nr. 3:** Fr 15.56 Uhr
- **Nr. 5:** Mi und Sa 15.56 Uhr
- **Nr. 1:** an ungeraden Tagen 17.57 Uhr
- **Nr. 349:** an geraden Tagen 18.25 Uhr
- **Nr. 339:** an ungeraden Tagen 18.25 Uhr
- **Nr. 19:** Di 19.05 Uhr
- **Nr. 81:** nur 29.5.–30.8.
an geraden Tagen 22.21 Uhr

Nach Krasnojarsk (1087 km, 18 Std.):

- **Nr. 43:** an ungeraden Tagen 1.27 Uhr
- **Nr. 239:** nur 6.6.–20.9.
an geraden Tagen 1.27 Uhr

Sibirien

- **Nr. 3:** Fr 15.56 Uhr
- **Nr. 5:** Mi und Sa 15.56 Uhr
- **Nr. 1:** an ungeraden Tagen 17.57 Uhr
- **Nr. 7:** an geraden Tagen 17.57 Uhr
- **Nr. 349:** an geraden Tagen 18.25 Uhr
- **Nr. 339:** an ungeraden Tagen 18.25 Uhr
- **Nr. 19:** Di 19.05 Uhr
- **Nr. 81:** nur 29.5.–30.8.
an geraden Tagen 22.21 Uhr

Nach Nowosibirsk (1848 km, 30 Std.):
- **Nr. 43:** an ungeraden Tagen 1.27 Uhr
- **Nr. 239:** nur 6.6.–20.9.
an geraden Tagen 1.27 Uhr
- **Nr. 3:** Fr 15.56 Uhr
- **Nr. 5:** Mi und Sa 15.56 Uhr
- **Nr. 1:** an ungeraden Tagen 17.57 Uhr
- **Nr. 7:** an geraden Tagen 17.57 Uhr
- **Nr. 349:** an geraden Tagen 18.25 Uhr
- **Nr. 339:** an ungeraden Tagen 18.25 Uhr
- **Nr. 19:** Di 19.05 Uhr
- **Nr. 81:** nur 29.5.–30.8.
an geraden Tagen 22.21 Uhr

Nach Jekaterinburg (3376 km, 48 Std.):
- **Nr. 43:** an ungeraden Tagen 1.27 Uhr
- **Nr. 239:** nur 6.6.–20.9.
an geraden Tagen 1.27 Uhr
- **Nr. 3:** Fr 15.56 Uhr
- **Nr. 5:** Mi und Sa 15.56 Uhr
- **Nr. 1:** an ungeraden Tagen 17.57 Uhr
- **Nr. 349:** an geraden Tagen 18.25 Uhr
- **Nr. 339:** an ungeraden Tagen 18.25 Uhr
- **Nr. 19:** Di 19.05 Uhr
- **Nr. 81:** nur 29.5.–30.8.
an geraden Tagen 22.21 Uhr

Nach Ulan-Ude (456 km, 8 Std.):
- **Nr. 82:** nur 29.5.–30.8.
an geraden Tagen 3.29 Uhr
- **Nr. 6:** So und Mo 5.28 Uhr
- **Nr. 4:** Sa 5.28 Uhr
- **Nr. 2:** an ungeraden Tagen 6.42 Uhr
- **Nr. 20:** Mi 8.39 Uhr
- **Nr. 350:** an geraden Tagen 10.21 Uhr
- **Nr. 340:** an ungeraden Tagen 10.21 Uhr
- **Nr. 44:** an geraden Tagen 20.22 Uhr
- **Nr. 240:** nur 14.6.–28.9.
an ungeraden Tagen 20.22 Uhr

Nach Chabarowsk (3340 km, 60 Std.):
- **Nr. 2:** an ungeraden Tagen 6.42 Uhr
- **Nr. 44:** an geraden Tagen 20.22 Uhr
- **Nr. 240:** nur 14.6.–28.9.
an ungeraden Tagen 20.22 Uhr

Nach Wladiwostok (4106 km, 87 Std.):
- **Nr. 2:** an ungeraden Tagen 6.42 Uhr
- **Nr. 240:** nur 14.6.–28.9.
an ungeraden Tagen 20.22 Uhr

Nach Ulan Bator (1113 km, 24 Std.):
- **Nr. 6:** So und Mo 5.28 Uhr
- **Nr. 4:** Sa 5.28 Uhr
- **Nr. 362:** tägl. 21.50 Uhr

Nach Peking (Zug Nr. 4: 2674 km, 55 Std.; Zug Nr. 20: 3808 km, 67 Std.):
- **Nr. 4:** Sa 5.28 Uhr
- **Nr. 20:** Mi 8.39 Uhr

Umgebung von Irkutsk

Museumsdorf Talzy

Auf dem Weg nach Listwjanka am Baikalsee kommt man bei Km 47 am rechter Hand liegenden Museumsdorf Talzy vorbei. Das sehr sehenswerte Museum besteht aus einer Reihe von Gebäuden aus der Region, die man hier zusammengetragen hat. Es sind ein Kosakenhaus, ein Küsterhaus, eine Kirche, eine Schule, eine Festung und ein kleines Dorf sowie burjatische Jurten ausgestellt. In einem kleinen Lokal kann man sich stärken.

- **Architektúrno-etnografítscheski muséi tálzy,** Tel. 24 31 46, 69 56 59, www.talci.ru, tägl. im Sommer 10–17 Uhr, im Winter 10–16 Uhr.

Der Baikalsee Байкал

- **Zeit:** Moskauer Zeit + 5 Std.
- **Vorwahl:** 3952
- **Internet:** www.baikalinfo.com

Der Baikalsee wurde 1996 offiziell von der Unesco zum **Welterbe** ernannt. Er ist das beliebteste Reiseziel in Sibirien, die meisten Transsib-Reisenden planen hier einen längeren Aufenthalt. Die Region rund um den See ist eine **Zone des Ökotourismus** und eine wahre Fundgrube für Naturliebhaber, die hier alles finden, wovon das Herz träumt. Wer sich einige Tage Zeit gönnt, um **Touren** zu unternehmen, wird auf seine Kosten kommen. Angebote reichen von ein- oder mehrtägigen Wanderungen und Fahrradtouren über Eisangeln und Vogelbeobachtungstouren bis zu mehrtägigen Segeltörns – alle jeweils in Begleitung von Spezialisten ihres Faches.

Viele Reisende ahnen nicht, was der Baikalsee zu bieten hat, und planen nur einen mehr oder weniger kurzen Stopp in **Listwjanka,** rund 70 km südöstlich von Irkutsk, ein. Allerdings kommen viele von ihnen später wieder, um Versäumtes nachzuholen.

Sibirien

008tr11 Foto: dk

Baikalsee – Ulan Bator
Ust-Kut
BAM
Bratsk
Angara
Lena
Nischneangarsk
Sewerobaikálsk
Komsomólsk, Endpunkt Sowjétskaja Gáwan
Taischet
1464
Kirenga
Bargusin
Moskau
Oka
RUSSLAND
Baikalsee
Sima
Katschug
2069
1877
Ust-Bargusin
Transsib
1728
OLCHON
Turka
1936
Tscheremchowo
Ust-Ordynski
Ussolje Sibirskoje
Angara
Ojok
2116
Angarsk
1707
Selenga
1728
Uda
Irkutsk
Balschóje Goloústnoje
Listwjanka
3266
Irkut
Kultuk
Port Baikal
Selenginsk
Ulan-Ude
Wladiwostok
Sludjánka
Myssowaja
2682
Baikálsk
Tanchoi
Petrowski Sawod
Transsib
2623
2316
Selenga
REPUBLIK BURJATIA
Nauschki
Suche Bator
2071
2154
2016
2519
2500
2343
Darchan
2067
2093
2311
MONGOLEI
0
100 km
Ulan Bator
Peking
1843
©Reise Know-How 2011

Wer es sich leisten kann, sollte mindestens fünf Tage, besser eine Woche für den Baikalsee vorsehen.

Zur Auswahl stehen einige Tage Listwjanka, von wo man Wanderungen unternehmen und abends den Tag in Kneipen ausklingen lassen kann, oder die **Insel Olchon,** auf der man gut eine Woche mit Spaziergängen, Schwimmen und Fahrradtouren verbringen kann. Auch die kleine Ortschaft **Bolschója Goloústnoje** eignet sich wunderbar als Ausgangspunkt für Wanderungen. Etwas weiter von Irkutsk entfernt, aber immer noch an der Transsib-Strecke, liegt das kleine Städtchen **Baikálsk,** von dem aus sich landschaftlich einmalige, von Botanikern geführte Wanderungen durch eine Welt einzigartigen Pflanzenreichtums anbieten. Von **Selenginsk** aus sollte man unbedingt das sehr schöne, im Sommer von seltenen Blumen übersäte Selenga-Delta besuchen und durchwandern. Man kann auch mehrere der Touren-Varianten miteinander kombinieren.

Gewaltige Ausmaße und einmalige Natur

Der Baikalsee entstand vor etwa 20 bis 25 Millionen Jahren und ist einer der ältesten Seen der Welt. Die Ausmaße dieses **größten Süßwasserbeckens der Erde** sind gewaltig. Seine 31.500 km² große Oberfläche liegt rund 455 m ü. N.N. Die Länge beträgt 636 km, die Breite bis 80 km, wobei die schmalste Stelle nur 20 km misst. Die maximale Tiefe beträgt 1637 m. Damit ist der Baikalsee der **tiefste See** der Erde (der zweittiefste ist der Tanganjika-See im zentralen Afrika mit 1445 m). Die Uferlänge misst rund 2000 km. 336 Flüsse speisen den See, der größte von ihnen ist die **Selenga.** Ein Fluss, die Angara, fließt aus dem Baikalsee ab. Der See fasst 23.000 Kubikkilometer Wasser, zweimal so viel wie die Ostsee (!), was 20 % des gesamten Süßwasserbestandes der Erde entspricht. Alle Flüsse der Erde bräuchten ein Jahr, um den See zu füllen!

Bei klarem Wetter kann man den Grund des Sees in bis zu 40 m Tiefe genau erkennen. Der maximale Salzgehalt des Wassers liegt bei weniger als 0,1 g Salz pro Liter (in der Ostsee hat der Liter Wasser 7 g Salz). Die **Wassertemperatur** beträgt durchschnittlich 14°C, im Sommer maximal 16°C, minimal 4°C. Das wärmste Wasser findet man im Sommer an den Stränden des Maloje Morje, der Enge zwischen dem Festland und der Insel Olchon. Der Baikalsee hat insgesamt 22 größere und kleinere Inseln. Im Winter bedeckt eine bis zu 1,50 m dicke **Eisschicht** den See.

Flora und Fauna sind seit vielen Jahren von großem Interesse für die Wissenschaft. In einem Forschungsinstitut für Limnologie (Seenkunde), das zur Akademie der Wissenschaften Russlands gehört, sind viele Wissenschaftler ständig mit der Erforschung des Baikalsees befasst. Auf dem Seegrund lebt eine besondere Fischart, der *Golomjanka,* **Ölfisch** (Comephorus), der etwa 30 cm lang ist und zu einem Drittel aus einem von Fett umgebenen Rückgrat besteht. Der Fisch lebt in bis zu 1410 m Tiefe, wo der Wasserdruck sehr hoch ist (125 bar).

Außer dieser Fischart gibt es noch ca. 1500 weitere bisher identifizierte Lebewesen (davon über 200 Krebsarten) und 1085 Pflanzenarten. Ca. zwei Drittel der Tiere und Pflanzen kommen ausschließlich im und am Baikalsee vor. Erwähnenswert ist ferner die **Baikalrobbe,** von der man annimmt, dass sie vor Tausenden von Jahren, als die Angara und der Jenissej noch sehr viel breiter waren als heute, durch diese Flüsse vom Polarmeer in den See gekommen sind.

Listwjanka

Das etwa 1700 Einwohner zählende Listwjanka, was übersetzt „Lärchenbaum" heißt, liegt rund 70 km südlich von Irkutsk, dort, wo die Angara aus dem See hinausfließt. Das Dorf ist der von Einheimischen und Ausländern **meistbesuchte Ort am Baikalsee.** Der Großteil der örtlichen Bevölkerung lebt heutzutage vom Tourismus. Viele Bewohner vermieten Zimmer mit Frühstück, und zahlreiche Cafés, Restaurants und Kneipen ziehen sich an der fünf Kilometer langen Uferstraße entlang.

Als Erstes bietet sich ein Spaziergang zum Dorfende an, wo man der Straße folgend einen **Hang** erklimmt. Von hier oben hat man einen herrlichen Ausblick auf den See. Leider hinterlassen die (einheimischen) Besucher in dem schönen, lichten Wäldchen oft so viel Abfall, dass einem die Lust auf ein Picknick und Ausruhen vergeht.

Baikalmuseum

Das Baikalmuseum ist das erste Gebäude hinter dem Ortsschild, direkt an der Straße zum Dorf. Ein Besuch mit Führung bringt erst die Wunder des Sees – im wahrsten Sinne des Wortes – ans Tageslicht. Das Museum wurde 1993 als Forschungs- und Überwachungsinstitution des Baikalsees gegründet. Hier kann man in einem Aquarium die lustig anmutenden, im Vergleich z.B. zu Nordseerobben leicht gedrungenen Baikalrobben beobachten! Ein besonderes Erlebnis ist eine 15-minütige simulierte U-Boot-Fahrt.

- **Baikálski muséi,** Tel. 49 01 55, tägl. im Sommer (15.5.–30.9.) 9–18 Uhr, im Winter 10–17 Uhr. Es ist empfehlenswert, für 350 Rubel eine Eintrittskarte zu kaufen, die das Museum, die U-Boot-Fahrt und den botanischen Dendropark neben dem Museum einschließt (wer bis 11 Uhr kommt, bezahlt nur 300 Rubel). Die Hauptausstellung allein kostet 240 Rubel.

Nerpinarium

Im Nerpinarium kann man dressierte **Seehunde** aus dem Baikalsee bewundern. Man achte auf den Hinweis „Seal Show" neben dem Hotel Priboi.

Wanderung

Eine schöne Wanderung beginnt kurz vor Erreichen des Hotel Baikal, linker Hand an dem Tor zum Hotel. Gut ausgeschildert, führt ein asphaltierter Weg auf den **Berg Gará Tschérskowo,** mit vielen schönen Ausblicken auf den Baikalsee. Markierungen auf dem Pfad zeigen, wie viele Meter man zurückgelegt hat – bei 2200 hat man den Endpunkt erreicht. Für den Hin-

105tr Foto: hl

und Rückweg sollte man anderthalb bis zwei Stunden rechnen.

Trekking

Sasha, den man im **Sasha Guest House** (s.u.) antrifft, bietet seit vielen Jahren Trekkingtouren an. Auch für weniger Trainierte eignet sich die sechsstündige Wanderung von Listwjanka zur Obutejecha-Bucht (für eine Einzelperson 50 Euro, bei zwei Pers. 30 Euro p.P., ab drei Pers. 25 Euro p.P.). Auch eine sieben- bis achtstündige Wanderung auf dem alten Handelspfad „Bolschaja Baikalskaja Trapa" bis Bolschyje Koty ist empfehlenswert.

Die **Baikal Adventure Travel Company,** www.baikal-adventure.com, hat ihren Sitz in Irkutsk und bietet diverse mehrtägige Touren in der Region an.

Eine große Auswahl an Freizeitangeboten rund um den Baikalsee findet man auch unter www.baikaltrekking.com, mobil: 8-908 666 37 44.

Eisfischer

Im Winter von Ende Januar bis Mitte April kann man den Eisfischern bei ihrer Arbeit bzw. ihrem Hobby zusehen. Mit einem speziellen Bohrer, den übrigens jeder russische „Muschik" („sch" wie

Am Schiffsanleger in Listwjanka werden kulinarische Spitzenprodukte angeboten: heiß geräucherte Omul-Fische und die noch besseren, aber teureren Charius-Fische

Sibirien

„g" in Garage - gemeint ist ein „richtiger Mann") zu haben scheint, wird ein Loch ins Eis gebohrt, durch das man angelt. Wie die Menschen die Kälte aushalten? Sie sind eben *muschiks!*

Touristeninformation

- **Touristeninformation an der Hauptstraße** ul. Gorkowo, neben dem Café Podlemorje, Tel. 76 76 75, andreysizykh@mail.com. Der sehr bemühte und äußerst freundliche Betreiber dieses Servicebüros, *Andrei,* bietet u.a. Ausflüge an, vermittelt Unterkünfte ab 500 Rubel p.P. und organisiert Bootsausflüge, Transfers und Leihfahrräder.
- **Touristeninformation am Schiffsanleger,** Tel. 49 69 87, tägl. 10–19 Uhr. Zimmervermittlung ab 500 Rubel und zahlreiche Aktivitäten. Ansprechpartner sind z.B. *Tamara* und *Andrei* (sprechen deutsch), Tel. +7-908 666 37 44, www.baikaltrekking.com.
- Im **Hotel Majak** findet sich ein **Geldautomat.**

Unterkunft

- **Privatunterkünfte** vermitteln die Touristeninformationen. Wer in den Sommermonaten kommt, sollte unbedingt im Voraus reservieren! Ohne Frühstück ab 500 Rubel p.P.
- **Sasha Guest House,** ul. Sudlsilowskowo 2, Tel. 49 67 92, alexof@gmx.com. Die Inhaberin *Rita* war die erste, die B&B in Listwjanka anbot. Heute ist ihre neun Zimmer und drei Gemeinschaftsbäder zählende Privatpension eine der besten, saubersten und freundlichsten im ganzen Ort. 800 Rubel p.P. inkl. reichhaltigem Frühstück.
- **Simirowa,** neben ul. Gorkowo 29A. Das Holzhaus hat neun kleine Zimmer, von denen die zur Straße mit Seeblick kleine Balkons haben.
- **Listwjanka Chalet,** ein schönes Holzhaus mit Ausblick, buchbar über www.baikalcomplex.com.
- **Dewjáty Wal,** ul. Tschapájewa 24, Tel. 49 68 14, www.9val.irk.ru. Angenehme Unterkunft, je nach Saison DZ/F ab 2200 Rubel.
- **Hotel Baikal,** am Hang mit herrlicher Aussicht auf den Baikalsee, leider gut 4 km vom

010tr11 Foto: dk

Dorf Listwjanka entfernt. Reservierung über das Hotel Baikal in Irkutsk, Tel. 25 03 91. Das Hotel ist ein sowjetischer Betonklotz ohne jede Romantik. EZ/F ab 2800 Rubel, DZ/F ab 3400 Rubel.

- **Hotel Baikalskije Terema,** ul. Gornaja 16, Tel. in Irkutsk 78 01 20, 25 01 40. Man frage in der aus mehreren Holzhäusern bestehenden, am Hang gelegenen Hotelanlage nach einem Zimmer mit Seeblick (Nr. 11, 12, 15 und 17). EZ/F ab 2550 Rubel, DZ/F ab 2750 Rubel.
- **Derewjenka,** ul. Gornaja 1, Tel. +7-914 877 55 99, www.baikal-derevenka.ru. Die kleine Hotelanlage, deren Name übersetzt „Dörfchen" bedeutet, besteht aus sieben Holzhäuschen am Hang mit herrlichem Ausblick auf den Baikalsee. Drei Häuschen sind für je zwei Personen gedacht, zwei haben unten und oben ein Zimmer und somit für vier Personen Platz, ein Häuschen hat zwei separate Zimmer für je zwei Gäste und eines bietet in zwei Zimmern einmal vier und einmal drei Personen Platz. In einem gemütlichen Minirestaurant werden die Gäste verpflegt. Ein Grillplatz steht zur Verfügung, Fleisch muss man beim Hausherrn bestellen. Anfahrt: Von der Uferstraße biegt man, gleich nachdem man die kleine Friedhofskapelle passiert hat, in den erstmöglichen Weg links ab. Man passiert das Hotelschild „Terema" und geht den Hang hinauf. Inkl. Frühstück 1700 Rubel p.P.
- **Priboi,** Uferstraße ul. Gorkowo 101, Tel. 49 67 25. Insgesamt verfügt das Hotel über sieben Zimmer: fünf DZ mit Bad und WC, drei davon mit Seeblick. Ein Mehrbettzimmer hat fünf Betten, eines neun. Der zweistöckige Betonbau ist von außen nicht besonders schön, aber die gerade renovierten Zimmer sind in Ordnung. Unten befinden sich ein Restaurant und ein Lebensmittelladen. Zimmer ab 700 Rubel p.P.
- **Nationalparkhaus,** Uferstraße ul. Gorkowo 39, Tel. 11 27 52. Hier gibt es drei sehr einfache Zimmer: ein DZ, ein Dreibettzimmer und ein Fünfbettzimmer. Küche vorhanden. Zimmer ab 500 Rubel p.P.

Fähre über den Baikalsee

- **U Osera** („Am See"), ul. Suworowa 2, Tel. 20 92 20. Das zweistöckige Holzhaus mit Café und Sauna hat 16 Doppelzimmer mit Seeblick. Im Sommer DZ/F 2700 Rubel, im Winter 2200 Rubel.

Essen und Trinken

- Auf Restaurants ist nicht immer Verlass – einen Tag sind sie gut, den anderen nicht. Worauf man sich allerdings sehr wohl verlassen und freuen darf, sind die **Fischstände** mit warmem, geräuchertem Omul und Charius auf dem Souvenir- und Fischmarkt. Dabei ist der Charius etwas saftiger als der Omul und etwas teurer. Beide sind eine wahre Delikatesse! Man habe Wasser, Seife und Handtuch griffbereit, denn wer im Freien isst, möchte sich von dem intensiven Räuchergeruch und dem Fett anschließend sicher befreien.
- **Podlemorje** und **Swal,** ul. Gorkowo 31, Tel. 49 69 71. Das Swal ist etwas gemütlicher, doch haben beide Restaurants dieselben Köche, die exzellente Speisen zu leicht gehobenen Preisen zubereiten. Die Rechnung immer genau prüfen!
- **Próschly Wjek,** Tel. 49 69 81, war einmal ein sehr gutes Restaurant, hat aber leider etwas nachgelassen, es hapert mit der Freundlichkeit. Tägl. 11–23 Uhr, mittags ist während der Saison oft wegen Reisegruppen kein Platz bzw. geschlossen.
- An der Uferstraße eröffnen jedes Jahr neue **Cafés und Bistros,** z.T. mit Terrassen und Seeblick, z.B. das Café Podkowa.

Einkaufen

- Auf dem Souvenirmarkt befinden sich neben Fischständen auch viele kleine **Andenkenstände** mit z.T. schönen Souvenirs. Hübsch sind z.B. kleine Bilder aus Birkenrinde, aus der Baikalszenen und Dorfansichten zusammensetzt werden. Die Rinde stammt von den Birken des Dorfes und seiner Umgebung. Auch *ongons* (sprich: angón) aus Metall sind eine Besonderheit. Diese Metallmasken sind schamanischen Ursprungs und halten angeblich vom Besitzer das Böse ab – man kann ja nie wissen! Tägl. 10–20/21 Uhr, im Winter bis 18 Uhr.

Taxi

- **Tel. 68 07 05,** kommt innerhalb von 10 Min. und kostet 200 Rubel von Listwjanka bis zum Fähranleger (Überfahrt nach Port Baikal).

Bootsfahrten

- Am Schiffsanleger liegen Privatboote für 10 bis 15 Personen, die ab 3000 Rubel pro Stunde **Rundfahrten** anbieten; am besten man tut sich mit anderen zusammen. Man kann z.B. am Südufer entlang der alten Zirkumbaikalbahn fahren. Man sollte eine Bootsfahrt ausschließlich bei gutem Wetter und ruhiger See machen – der Baikalsee ist ein tückisches Gewässer!

Weitere Aktivitäten

Zu den beliebtesten Aktivitäten rund um den Baikalsee gehören je nach der Jahreszeit (und Budget!) Hundeschlittentouren, Eisangeln, Schiffsausflüge, Wanderungen, Trekking (s.o.), Tauchexpeditionen, Segeltörns etc. Infos unter **www.baikalinfo.com** oder man wende sich an die **Touristeninformation** am Anleger (s.o.). Ein Ausflug nach Port Baikal (s.u.) und eine Wanderung bzw. Zugfahrt auf der alten Bahntrasse direkt am Seeufer entlang sollten unbedingt auf dem Plan stehen! Bei schönem Wetter und klarer Sicht lohnt sich der Aufstieg zum 728 hohen Aussichtspunkt *Tschérski Kámen.*

Busverbindungen

- **Irkutsk – Listwjanka** ⇗ Kapitel „Irkutsk"
- **Listwjanka – Irkutsk:** Der Eingang zum Ticketoffice befindet sich am Schiffsanleger, Tel. 20 94 11. Große Busse und Marschroutentaxis (mit 11–14 Plätzen) fahren tägl. 7, 11, 16.45 und 19 Uhr (zeitweilig schon um 18 Uhr!), Fahrtzeit 2 Std., 100 Rubel.

Schnellbootverbindungen

Eine wenig romantische Alternative zum Bus für die Anreise von Irkutsk nach Listwjanka ist das **Tragflügelboot** (vgl. www.vsrp.ru). Der Vorverkauf beginnt zehn Tage vorher und die Tickets sind immer rar! Die Fahrt dauert 80 Min. Leider kann man die landschaftlich reizvolle Fahrt nicht an der frischen Luft miterleben – es sei denn, man ergattert einen der wenigen Stehplätze am Ausgang. Bei schlechtem Wetter fahren die Boote nicht.

- **Irkutsk – Listwjanka – Bolschyje Koty – Irkutsk:** Tragflügelboote vom Typ „Waßchód" fahren zwischen Mitte/Ende Mai und Mitte/Ende September tägl. außer Mo (s.u.) und Do um 9 Uhr ab Irkutsk, erreichen Listwjanka um 10 Uhr (280 Rubel), fahren weiter nach Bolschyje Koty (170 Rubel one way, 250 Rubel hin und zurück) um 10.10 Uhr, Ankunft um 10.30 Uhr. Rückfahrt von Bolschyje Koty um 12.30 Uhr, Ankunft in Listwjanka 12.50 Uhr. Von dort zurück nach Irkutsk, Ankunft 14 Uhr. Ein Schnellschiff verkehrt nur Mo um 12.30 Uhr ab Irkutsk, 13.30 Uhr an Listwjanka, 13.40 Uhr weiter nach Bolschyje Koty, Ankunft 14 Uhr. Rückfahrt um 18 Uhr ab Bolschyje Koty bzw. um 18.40 Uhr ab Listwjanka, Ankunft in Irkutsk um 19.30 Uhr.
- **Überfahrt nach Port Baikal,** siehe dort.

Port Baikal

Auf der anderen Angara-Seite, Listwjanka gegenüber, liegt das im Sommer etwa 800 Bewohner zählende Dorf Port Baikal (Betonung: *Port Baikál*). Der Ort ist Endstation der unter dem Schutz der UNESCO stehenden sog. **Zirkumbaikalbahn,** die am Südende des Sees von der Transsib abzweigt. Auf der rund 80 km langen Strecke gibt es 39 Tunnel mit einer Gesamtlänge von knapp 9 km. Der Zug fährt nicht schneller als 40 km/h und macht mehrere Zwischenstopps in kleinen Dörfern. Nachdem der Zug gegen 19 Uhr Sludjanka erreicht hat, den einzigen Marmorbahnhof der Welt, sind es noch ca. 100 km auf der neuen Transsibstrecke bis nach Irkutsk.

Wer nicht mit dem Zug fährt, kann ab Port Baikal den Schienen folgend am Ufer entlangwandern. Man kann sich auch mit einem Boot an die Strecke fahren lassen und nach Port Baikal zurückwandern (s.u. „Zugverbindung zwischen Irkutsk und Port Baikal").

Unterkunft

- **Privatzimmer** werden von mehreren Familien angeboten, manchmal stehen Personen am Fähranleger. Es gibt keine Schilder an den Häusern, sodass man unbedingt im Voraus buchen sollte, z.B. in der Touristeninformation in Listwjanka.

Schiffsverbindungen

Etwa 15–20 Min. dauert die Überfahrt nach Port Baikal mit der Fähre von der Anlegestelle *Ragátka* vor dem Baikalmuseum (2 km von Listwjanka entfernt bzw. ca. 20 Min. zu Fuß). Tägl. nach Port Baikal um 8.15, 16.16 und 18.15 Uhr und ab Port Baikal um 7.10, 15.50 und 17.15 Uhr. Wenn die Fähre am Anleger ankommt, wartet dort der Bus nach Irkutsk auf die Passagiere! Hinweis: Wenn wegen dichten Nebels an manchen Tagen keine Fähre und kein Privatschiff zum Festland fährt, kann man seinen Zug verpassen!

Die Sage vom Schamanenstein

Es war einmal vor vielen, vielen Jahren, da lebte der alte Vater **Baikal** mit seinen über 300 Söhnen und einer einzigen Tochter in Sibirien. Die Söhne arbeiteten unaufhörlich Tag und Nacht und brachten alle Reichtümer der sibirischen Taiga emsig nach Hause. So sehr sie sich auch abrackerten und um die Zuneigung ihres Vaters bemühten, dieser liebte nur seine schöne Tochter **Angara.** Sie war sein ganzer Lebensinhalt, seine einzige Freude. Der alte Baikal unternahm alles, um sie in seiner Nähe zu haben und nicht zu verlieren. Doch die schöne Angara fühlte sich eingeengt wie in einem Gefängnis und war sehr unglücklich.

Eines Tages hörte sie, wie vorüberfliegende Möwen sich über den schicken, jungen **Jenissej** unterhielten. Bei dieser Neuigkeit schlug das Herz der einsamen Angara sogleich höher. Und obwohl sie den Jenissej noch nie gesehen hatte, verliebte sie sich unsterblich in ihn.

Eines Nachts, als alle schliefen und keiner es bemerkte, riss sie heimlich aus und lief zu ihrem neuen Geliebten. Als der Vater erwachte und von der Flucht seiner Tochter erfuhr, war er so erbost, dass er im Zorn seiner Tochter einen Felsen hinterherwarf, um sie aufzuhalten. Aber in seiner blinden Wut traf er nur den Saum von Angaras Kleid und sie merkte gar nichts. Als Nächstes versammelte er alle Söhne um sich und befahl ihnen, die ungehorsame Tochter zu suchen und zurückzubringen. Die Söhne brachen sofort auf in alle Himmelsrichtungen.

Nach langen Tagen der Suche fand der jüngste Sohn **Irkut** endlich seine widerspenstige Schwester. Als er sie jedoch aufforderte, ihn zum Vater zurückzubegleiten, entgegnete ihm die schlaue Angara: „Du hast viel zu lange gebraucht, um mich zu finden. Daher werden dich alle auslachen und sich über dich lustig machen. Es ist das Beste, wenn wir gemeinsam zum Jenissej laufen". Ihr Bruder Irkut stimmte ihr zu, und so blieben sie zusammen – Jenissej wurde ihr Mann und Irkut wurde von Jenisseij aufgenommen wie ein Bruder.

Bis heute läuft die schöne Angara mit dem flinken Irkut zum Jenissej und dann laufen sie zu dritt weiter bis zum Nördlichen Eismeer. Der Felsen, den der Vater nach ihr geworfen hatte, ist noch heute zu sehen an der Stelle, an der die Angara aus dem Baikalsee austritt. Man nennt ihn auch Schamanenstein.

Zugverbindung zwischen Irkutsk und Port Baikal

Der sog. **„Touristenzug"** verkehrt das ganze Jahr über zwischen Irkutsk und Port Baikal auf der alten Baikaltrasse. Ab Irkutsk 8.10–20 Uhr, im Sommer Mi und Sa, im Winter nur Sa, ab Port Baikal 11.50–21.30 Uhr, im Sommer Do und So, im Winter nur So. Der Zug hat ausschließlich Sitzplätze: In der 1. Klasse sitzt man zu viert an einem Tisch und bekommt ein im Preis eingeschlossenes Mittagessen (1300 Rubel p.P.), in der 2. Klasse sitzt man hintereinander wie im Flugzeug und das Mittagessen ist nicht im Preis enthalten (900 Rubel p.P.). Die 3. Klasse (*platskártny*, Waggon mit Vierbettabteilen ohne Türen zum Gang sowie im Gang zwei Bettreihen übereinander) ist ebenfalls ohne Mittagessen (500 Rubel p.P.). Die Fährüberfahrt zwischen Port Baikal und Listwjanka ist im Zugfahrpreis enthalten.

Balschoje Goloustnoje

Nach rund 120 km Fahrt auf einer noch nicht durchgehend asphaltierter Straße geht es durch endlosen Wald zu dem südöstlich von Irkutsk gelegenen, 1673 gegründeten Fischerdorf Balschoje Goloustnoje (Betonung *Balschóje Goloústnoje*). Die Landschaft gab dem Dorf seinen Namen, der im Russischen „baumlose Mündung" bedeutet. Im 18. Jahrhundert verlief der Seiden- und Teehandel zwischen China und Europa im Winter durch den Ort. Heute hat er insgesamt 600 Einwohner, von denen die meisten Burjaten sind, gefolgt von Russen, Ukrai-

106tr Foto: tb

nern, Polen, Weißrussen, Ewenken, Tataren und Litauern.

Das verschlafene, knapp 700 Einwohner zählende Holzdorf liegt in einer landschaftlich reizvollen Ebene, die zu ausgedehnten Spaziergängen und leichten Wanderungen einlädt – immer mit Baikalblick. Vogelfans können hier 27 verschiedene Wasservogelarten beobachten.

Östlich des Dorfes breitet sich eine Mündungsebene aus und westlich davon kann man am Steilufer direkt am See entlanglaufen. Der Weg ist nicht ungefährlich, daher besser nicht allein wandern. Zunächst passiert man auf einer Anhöhe eine von überall sichtbare, 1867 erbaute und vor einigen Jahren gründlich restaurierte Kirche und erreicht eine Art Rastplatz. Am Wochenende ist er ein beliebtes Ausflugsziel der Stadtbevölkerung und bisweilen laut: Lagerfeuer mit Gesang, Akkordeons, Gitarren und Wodka. Von dort geht es über Felsen weiter.

Einheimische können Besuchern z.B. für Schamanen heilige Stellen zeigen, an denen regelmäßig Zeremonien abgehalten werden. Außerdem können sie ihnen in den warmen Monaten zeigen, wie man Charius (Fische, die sich zwischen den Ufersteinen aufhalten) fängt, ihnen Wanderwege empfehlen und vieles mehr.

Eisangeln – ein frostiges Vergnügen

Unterkunft

- **Privatzimmer und Ausflüge** vermittelt die sehr freundliche Burjatin **Marina,** Tel. +7-3952-93 38 12 und +7-75 77 03 und 8-914 951 18 02 sowie 8-964 218 38 12, baikalgol @mail.ru. Pro Person und Nacht ab 500 Rubel, Frühstück 150 Rubel. *Marinas* Mutter ist die Leiterin eines burjatischen Folkloreensembles, welches auch gern Vorführungen anbietet.
- **Russkoje Podworje Resort,** kleine Anlage aus Holzhäuschen, ab 500 Rubel p.P.

Essen und Trinken

Die alte **Dorfbäckerei,** die noch heute in der Tradition des späten 18. Jahrhunderts ihr Brot backt, verkauft nicht nur ihr berühmtes Brot, sondern auch einige Konserven und andere Lebensmittel. **Fisch** in allen Formen kauft man am besten direkt beim Fischer – dazu muss man sich durchfragen.

Busverbindungen

Die Busse sind von Anfang Juni bis Ende August oft komplett ausgebucht, sodass man Tickets am Vortag kaufen sollte bzw. über *Marina* (s.o.) vorbestellen.

- **Irkutsk – Bolschoje Goloustnoje,** ab Busbahnhof *(áftowaksál)* Mo bis Fr 16 Uhr Marschroutentaxi, 2 Std., 175 Rubel. Tägl. um 15 Uhr fährt ein großer Bus, 2½ Std., ebenfalls 175 Rubel.
- **Bolschoje Goloustnoje – Irkutsk,** Marschroutentaxi Mo bis Fr 7 Uhr und ein großer Bus Mo bis Sa 8 Uhr, So 13 Uhr.

Wanderung zur Buchta Pestschannaja

Von Balschoje Goloustnoje kann man eine 40 km lange und vier Tage dauernde Wanderung zur Buchta Pestschannaja (Betonung: Búchta Pestschánnaja) machen. Der Wanderweg ist zwar ausgeschildert, aber an einigen Stellen ist es trotzdem nicht einfach, den richtigen Pfad zu erwi-

Fernwanderweg Großer Baikalpfad

Ein ausgeschilderter Wanderweg, der sogenannte „Große Baikalpfad", verbindet **Kultuk** mit **Port Baikal** und **Listwjanka** mit **Balschoje Goloustnoje, Buchta Pestschannaja, Buguldeika** und **Olchon.** Er verläuft auf den Spuren jahrundertealter Jagdwege, die wiederum noch älteren Pfaden der ewenkischen Ureinwohner folgten, die hier fischten, Beeren und Pilze sammelten und im Winter auf Eichhörnchen- und Zobeljagd gingen. Zu Beginn des 17. Jahrhunderts dienten die Pfade den Ewenken als Handelsweg, der sie mit den ersten russischen Siedlern der Region und den Burjaten verband.

schen. Außerdem gibt es mehrere schwierige Stellen. Daher sei unbedingt empfohlen, die Wanderung in Begleitung eines Ortskundigen zu unternehmen. Die Buchta Pestschannaja ist die **wärmste Stelle am Baikalsee** und gehört zu den schönsten Abschnitten. Sie hat den Status eines Naturdenkmals. Durch die Baikalwinde entstand hier eine 750 m lange und 30 m breite Sanddüne, die der Bucht ihren Namen gab: **„Sandbucht".**

Besucher werden gebeten, keine Steine aus der Bucht mitzunehmen, nicht ihre Namen auf Felsen zu ritzen, nicht auf Bäume zu klettern, nur an ganz sicheren Stellen ein Lagerfeuer zu entfachen und natürlich keinerlei Abfall zurückzulassen.

In der näheren Umgebung befinden sich mehrere interessante Wanderziele wie der Málaja-Kalakólnja-Felsen, übersetzt „Kleine-Glocke-Felsen", der Große-Glocke-Felsen, die Bábuschka-Bucht, die Insel Baklány Kámen, Kap Arka, die alte Zeder „Múschestwo Schízni" und ein herrlicher Aussichtsfelsen.

• **Übernachtungsmöglichkeiten** (von Mai bis Anfang Oktober), leider nur zu relativ hohen Preisen, bieten die **Turbása** und die **Turbása Búchta.** In der benachbarten Búchta Akademítscheskaja wurde das Gebäude der biologischen Forschungsstelle zum Touristencamp **Baikálskije Djúny** („Baikaldünen") umgebaut, inkl. Vollpension und Transfers von/nach Irktusk, Tel. 20 18 52, www.baikal-dunes.ru.

Insel Olchon

Die Insel Olchon (Aussprache: *Alchón*) liegt rund 300 km nordöstlich von Irkutsk im mittleren Teil des langgestreckten Baikalsees, nah am westlichen Ufer. Ihr Name bedeutet im Burjatischen „Wäldchen" (*oi* heißt Wald und *chen* bzw. *chon* ist eine Verkleinerung wie das „chen" im Deutschen). Es heißt, das blaue Herz Sibiriens sei der Baikalsee und dessen Herz die Insel Olchon. Sie zählt etwa 1500 Einwohner, von denen 1200 im **Hauptort Chuschir** leben. Die Mehrzahl sind Burjaten. Olchon hat eine Fläche von 730 km², ist 90 km lang, 15 km breit und die größte der 22 Inseln des Sees. Sie liegt nur einen bis sieben Kilometer vom Festland entfernt.

Landschaftlich hat die Insel viel zu bieten. Da gibt es herrliche Badestrände, Schamanenfelsen, Steppenlandschaften, Wälder, warme Quellen, Seen und Sanddünen. Die Ostküste besteht fast auf der gesamten Länge aus bis zu 80 m tief ins Wasser abfal-

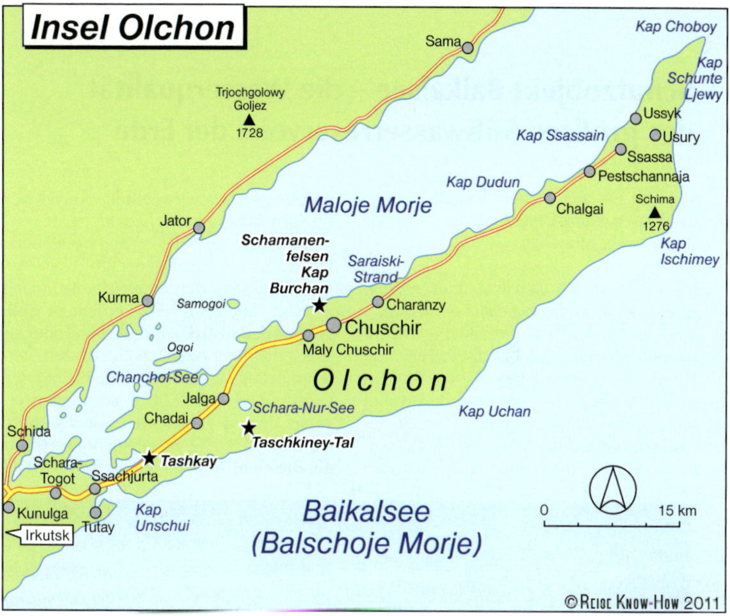

lenden **Felsen,** während die Westküste zum Kleinen Meer *(Maloje Morje)* hin **weiße Sandstrände** aufweist. Im bewaldeten Zentrum befinden sich die höchsten Erhebungen der Insel: 1274 und 1149 m.

Strom gibt es hier erst seit Sommer 2007, fließendes Wasser kennt man gar nicht, daher gibt es nur einfache Plumpsklos. Telefone können niemanden stören, weil es sie ebenfalls nicht gibt. Einheimische und Urlauber nehmen den langen, beschwerlichen Weg zur Insel auf sich, um in sauberer, mückenloser Luft, umgeben von **völliger Ruhe und Abgeschiedenheit,** zu angeln, einen oder mehrere Tage zu wandern, zu zelten, zu schwimmen, Fahrradtouren oder Bootsausflüge zu machen und abends am prasselnden Lagerfeuer vor sich hin zu träumen.

Auch im **Winter** ist ein Aufenthalt auf Olchon etwas ganz Besonderes. Voraussetzung ist allerdings, dass die Fähre verkehrt bzw. das Eis schon so dick ist, dass man über die nur etwa einen Kilometer breite Wasserstraße auf die Insel gelangen kann, was normalerweise ab Ende Januar und bis Ende April der Fall ist. Zwischen Mitte Februar und Ende März sind ausgedehnte Wanderungen zwischen den fantastischen Eisformationen am Seeufer ein unvergessliches Erlebnis.

Schutzobjekt Baikalsee – die Wasserqualität des größten Süßwasserreservoirs der Erde

von Prof. Dr. *Lothar Huber,* Institut für Wasserwesen, Universität der Bundeswehr München

Es gibt kaum ein Gewässer dieser Welt, über das so widersprüchliche Aussagen hinsichtlich der Wasserqualität gemacht werden wie über den Baikalsee. Fehlende Kenntnisse, aber auch bewusst verfälschende Darstellungen prägen dieses Bild, wobei die negative Berichterstattung über die angeblich schlechte Wasserqualität vorherrscht. Sehr oft wird hierbei der Baikalsee mit dem Aralsee verwechselt, obwohl beide Seen nichts gemein haben.

Die bereits zu Sowjetzeiten bestehende Diskussion um das sogenannte „Blaue Auge Sibiriens“ wird in erheblichem Umfang geprägt durch das 1962 errichtete **Zellstoffwerk Baikalsk** am südlichen Ende des Sees, das hauptsächlich für dessen Verschmutzung verantwortlich gemacht wird. Dieses Werk mit 3500 Beschäftigten erzeugt derzeit gebleichten Sulfatzellstoff, bei dem nach wie vor elementares **Chlor als Bleichmittel** zum Einsatz kommt. Seit

108tr Foto: tb

seiner Inbetriebnahme verfügt das Kombinat über eine sehr leistungsstarke **Abwasserreinigungsanlage** mit einer mechanischen, einer chemischen und zwei biologischen Stufen, die nach dem heute üblichen Stand der Technik arbeiten. Eine weitgehende Abwasserreinigung ist damit möglich.

Die Anlage reinigt zugleich die Abwässer der Stadt Baikalsk mit 16.500 Einwohnern. Die **ökonomische Abhängigkeit** der Stadt vom Kombinat ist enorm in einer Region, wo weitere größere Industrieansiedlungen fehlen und die Arbeitslosigkeit einen sehr hohen Stand hat. Eine neue Abwasserreinigungsanlage hat auch die Stadt Sludjanka für 20.000 Einwohner gebaut. Kleinere Ansiedlungen am See haben keine Kanalisationssysteme, sondern nur Sickergruben.

Neue Planungen sehen vor, das Zellstoffkombinat auf eine fast vollständige Kreislaufschließung der Produktionswasserströme umzustellen und damit Abwasser weitgehend zu vermeiden. Allerdings kann dann nur noch ein ungebleichter Sulfatzellstoff mit niedrigem Qualitätsniveau hergestellt werden, dessen Verkaufschancen schwer zu beurteilen sind.

Die umfangreichen Untersuchungen zur Wasserqualität des Baikalsees zeigen ziemlich einheitlich, dass der See durchgehend als **überdurchschnittlich sauber** (Trinkwasserqualität) angesehen werden kann, wenngleich die touristische Entwicklung der letzten Jahre z.B. im Bereich der Insel Olchon Störungen in den typischen Lebensgemeinschaften des Sees mit vielen endemischen Arten erkennen lassen. Sorge bereitet zunehmend die Verschmutzung stärker frequentierter Uferbereiche, wo vor allem die einheimischen Touristen **Müll und Unrat am Strand** hinterlassen. Ursache dafür sind ein schwach entwickeltes Umweltbewusstsein, fehlende gesetzliche Handhaben und eine völlige Überforderung der Aufsichtsbehörden (durch Personalmangel bei der Miliz). Neue Pläne zur Umwandlung der Region im Bereich der burjatischen Volksrepublik in einen **Naturschutzpark** könnten hier notwendige Verbesserungen schaffen.

Noch größere Aufmerksamkeit wird man bei der zukünftigen Reinhaltung des Sees auf die **Selenga** als einem seiner größten Zuflüsse richten müssen, die mit Abwässern aus der Mongolei und der Stadt Ulan-Ude belastet ist. Diese werden zurzeit noch auf Grund des hohen Selbstreinigungsvermögens des Flusses weitgehend abgebaut und beeinflussen die Wasserqualität des Sees bisher nicht nachteilig.

Insgesamt gesehen stellt der Baikalsee in seinem derzeitigen Zustand im internationalen Vergleich ein Gewässer von überdurchschnittlicher Reinheit dar mit einer ungewöhnlich hohen Zahl von endemischen Arten, wie einer Reihe von lachsartigen Fischen, Koppen und Krebsen sowie einer reichhaltigen alpin beherrschten Flora in der näheren und weiteren Umgebung. Es steht gleichzeitig außer Zweifel, dass die gesamte Region eines erhöhten Schutzes bedarf, vor allem dann, wenn der Tourismus sich in stärkerem Maß weiterentwickelt bzw. gefördert wird.

Besser als sein Ruf: das Baikalwasser

Sibirien

Anfahrt

Von Irkutsk nach Chuschir fährt täglich im Sommer um 8 Uhr ein großer öffentlicher Bus, ganzjährig verkehren Marschroutentaxis um 10 Uhr, Fahrtzeit 8 Std., 350 Rubel; Rückfahrt zu den gleichen Zeiten.

Wer mit einem **Pkw mit Fahrer** anreist, erlebt und sieht am meisten, muss aber auch tief in die Tasche greifen. Die Strecke kostet ab 160 US$ pro Pkw mit maximal drei bis vier Personen, je nachdem, wie viel Gepäck die Reisenden haben. Dafür kann man aber auch anhalten, sich die Füße vertreten, Fotos machen und z.B. in dem sauberen und sehr freundlichen **Lokal Ujútnoje** bei Km-Stein 105 einkehren. Sehr empfehlenswert sind hier die frischen Berliner *Berlínskije púntschiki;* Vorbestellungen unter Tel. 8-924 290 58 66 bei der Chefin *Ludmilla,* damit sie möglichst noch warm sind, wenn man ankommt!

Wenn man ohne Pausen fährt, braucht man von Irkutsk bis zum Fähranleger etwa vier Stunden. Doch sollte man unbedingt Pausen in der schönen Landschaft einlegen. Die Fahrt geht nur am Anfang durch Wald und danach meistens durch eine sehr reizvolle **Steppenlandschaft,** die ein wenig an die Mongolei erinnert. Hin und wieder passiert man kleine, z.T. verlassene Dörfer. Bei km 63 kommt man an ein kleines, linker Hand liegendes Tempelchen, eine gute Stunde später (etwa 2½ Stunden, nachdem man Ir-

009tr1 Foto: dk

kutsk verlassen hat) erreicht man auf einer Anhöhe einen **Ovo,** eine heilige Stätte. Hier sollte man eine Pause einlegen und vielleicht picknicken und ein symbolisches Geschenk, z.B. eine Münze, hinterlassen. Hin und wieder hört die asphaltierte Straße auf und es geht auf einem festen Sandweg weiter.

Etwa eine Stunde nach dem Ovo erreicht man den Ort **Jelanzy.** Rechter Hand kommt man im Ort an ein kleines Restaurant und ein kleines Lebensmittelgeschäft. Etwa zehn Minuten später erreicht man den **Baikal-Nationalpark** *(Baikálski nationálny park).* Weitere 50 Minuten später ist man am Fähranleger.

Von Ende Mai bis Mitte Dezember, allerdings nicht immer laut Plan und auch nicht bei starkem Wind und hohen Wellen, verkehrt eine **Fähre** zwischen dem Festland und der Insel. Oft gibt es Ärger, wenn die Pkw der Inselbewohner vorgezogen werden und andere stundenlang warten müssen bzw. gar nicht übersetzen können. Es passen neun bis zehn Pkw auf die Fähre. Die unten genannten Fährzeiten gelten täglich und sind Anhaltspunkte. Mal heißt es, die Fähre sei kaputt (dann übernehmen mitunter Fischkutter den Transfer und bringen Fahrgäste, allerdings keine Autos, auf die Insel), dann wieder fährt stündlich eine Fähre. Manchmal muss man auch zwei und mehr Stunden auf die Fähre warten. Kurz: Man stelle sich auf Wartezeiten ein! Der Linienbus hat immer Vorrang! Wer mit dem Pkw aus Irkutsk kommt, tut gut daran, einen Wagen von Chuschir zur Fähre kommen zu lassen, denn Fußgänger finden immer Platz! Im Winter setzt man auf einem Luftkissenboot über.

- **Ab dem Festland:** 8.30, 10.30, 12.30, 15.30, 18.30 und 20.30 Uhr.
- **Von der Insel:** 8, 10, 12, 15, 18 und 20 Uhr.

Wenn man auf der Insel angekommen ist, braucht man noch etwa eine Stunde und zehn Minuten bis zum Ort Chuschir. Die Fahrt geht auf einer festen Piste über baumloses Gelände, z.T. mit wunderschönen Ausblicken auf die Meerenge, das Máloje Mórje.

Chuschir

Der **Hauptort von Olchon,** Chuschir (Betonung: *Chuschír*), zählt rund 1200 Einwohner und liegt 47 km vom Fähranleger entfernt ziemlich genau in der Mitte der Insel. Hier finden sich die meisten Quartiere und von hier werden Unternehmungen und Ausflüge organisiert.

Chuschir ist stolz auf sein, wenn auch sehr kleines, **Heimatmuseum** *(Krajewétscheski muséi),* das neben der Schule steht und eine interessante Sammlung von Exponaten aller Art zeigt, die man auf der Insel gefunden und zusammengetragen hat. Sollte das Museum geschlossen sein, kann man bei *Kapitolin Nikolajewna,* der Tochter des Museumsgründers, klingeln. Sie wohnt nebenan in der ul. Pjerwomáiskaja 21.

Der Schamanenfelsen Mys Burchan in unmittelbarer Nähe von Chuschir, dem Hauptort der Insel Olchon

Sibirien

Der berühmteste Platz auf der ganzen Insel, der **Schamanenfelsen Mys Burchan,** befindet sich in unmittelbarer Nähe des Dorfes an einer wunderschönen weißen Sandbucht. Es handelt sich hierbei um eines der größten burjatischen Heiligtümer, um das sich zahlreiche Mythen ranken. Der Schamanenfelsen gilt für die Burjaten ebenso wie für die restlichen Inselbewohner als heiliger Ort. Es gibt keine Postkartenserie und keinen Bildband vom Baikalsee ohne diesen Felsen.

An vielen Stellen auf der Fahrt von Irkutsk zum Baikalsee und auf der Insel trifft man auf bunte Stofffetzen. Sie markieren **heilige Plätze,** an denen Geister und Ahnen verehrt werden. Gemäß burjatischem Brauch muss der Vorüberkommende hier irgendetwas niederlegen bzw. anbinden, z.B. einen Stein, einen Stofffetzen oder eine leere Flasche, die man den Geistern zu Ehren an dieser Stelle geleert hat.

Nikita Bentscharow (s.u.) organisiert Treffen mit dem Schamanen von Olchon, *Walentin Tschagdaew,* der über die Bedeutung der Insel, den Schamanenfelsen und die religiösen Traditionen zu erzählen weiß. Da er nicht ständig auf der Insel lebt, müssen Treffen rechtzeitig vereinbart werden.

Unterkunft

- **Privatunterkünfte** werden von vielen Dorfbewohnern angeboten, die durch Hinweisschilder „B&B“ bzw. „Bed&Breakfast“ gekennzeichnet sind (ab 400 Rubel p.P.). Eine neue Hotelanlage aus Holz ist direkt am Seeufer gebaut worden, zur Zeit der Drucklegung dieses Buches allerdings noch ohne Name und noch nicht eröffnet.
- **Nikita** und **Natalia Bentscharow,** mobil: 8-914 937 48 20 und 8-914 935 02 48, www.olkhon.info (hier findet man alle Serviceangebote von *Nikita,* u.a. Wäschewaschen für 100 Rubel pro kg) und www.nikita@olkhon.info sowie natalia.becharova@gmail.com, sind die Begründer des Tourismus auf Olchon und waren die Ersten, die Mitte der 1990er Jahre ausländische Gäste empfingen und den Ökotourismus einführten. Wie ein Künstlerdorf wirkt die aus liebevoll gezimmerten Holzhäuschen verschiedenster Designs bestehende Anlage. Ein russisches Dampfbad (kostet extra) und ein Speisesaal gehören dazu. Auf Wunsch wird vegetarisch gekocht. Überhaupt kümmert sich Nikita sehr gut um seine Gäste. Wenn bei ihm kein Platz mehr ist oder wenn es einem Gast zu wuselig und zu laut in dem Holzdörfchen ist, bemüht er sich um eine Alternative bei seinen Nachbarn. Übrigens war Nikita 1986 russischer Meister im Tischtennis! DZ inkl. Vollpension ab 1800 Rubel, EZ ab 1400 Rubel.
- **Ferienhaus Leonid und Simone,** mobil: 8-9501 37 54 80, vermietet von der Deutschen *Simone Halemeyer* (Tel. in Deutschland 05206-27 50) und dem Russen *Leonid.* Das Häuschen liegt einige Kilometer nördlich von Chuschir und damit angenehm ruhig. Vermietung nicht für wenige Tage, sondern eher wochenweise. Ab 800 Rubel p.P. und Nacht.

Essen und Trinken

- Wer eine Privatunterkunft hat, kann nach Vollpension fragen, wer sich selbst versorgen möchte, kauft im **Lebensmittelgeschäft Gastronóm** oder in anderen kleineren Läden die Grundzutaten. Frischen Fisch aus dem Baikalsee gibt es immer.

Tourenanbieter

Chuschir ist der Ausgangspunkt aller Unternehmungen, die zu Fuß, auf dem Rücken von Pferden, mit Jeeps oder per Fahrrad durchgeführt werden können. Da nur etwa 50 km befestigter Straße auf der Insel existieren (vom Anleger via Chuschir bis zum Dorf Charanzy), muss man bei Regenwetter mit Problemen rechnen.

- **Nikita Bentscharow** und seine Frau **Natascha** (s.o.) bieten Mountainbike-, Minibus-, Wasser- und auch Pferdetouren an.
- **Grigori** spricht perfekt deutsch und bietet Exkursionen mit dem Auto (p.P. 400–800 Rubel), Bootstouren (p.P. 1500 Rubel), Unterkünfte (p.P. 400–900 Rubel), Internetzugang 3 Rubel pro Min.), Telefon weltweit (25 Rubel pro Min. nach Europa, 15 Rubel pro Min. in ganz Russland), Leihfahrräder (pro Std. 80 Rubel, 290 Rubel für 8 Std.), Bustickets nach Irkutsk, Souvenirs und Privattransfers zwischen Olchon und Irkutsk (4500–5500 Rubel). Mobil: 8-914 877 39 09, Grig-70@ mail.ru.

Strände

Zwischen dem Festland und der Insel liegt das **Maloje Morje** (Betonung: *Máloje Mórje*), an dessen weißen Badestränden man im Sommer herrlich baden kann, weil sich das relativ flache Wasser hier ein wenig aufwärmt. Ein besonders schöner Strand erstreckt sich über drei Kilometer vom Schamanenfelsen bis zur Siedlung Charanzy. Anfahrt: Von Chuschir aus folgt man zunächst etwa drei Kilometer der befestigten Straße, die kurz hinter **Charanzy** endet. Um an den Strand zu kommen, biegt man hinter dem Dorf links ab.

Ein weiterer beliebter, eineinhalb Kilometer langer Badestrand befindet sich in der Bucht **Ulun-Chuschunski,** etwa 15 km nordwestlich von Chuschir. Bei dem Dorf Chalgei abbiegen.

Inseltouren per Minibus

42 km von Chuschir entfernt liegt das **Kap Mys Choboy,** burjatisch „Eck- bzw. Stoßzahn", der nördlichste Punkt der Insel und zugleich eine heilige Stätte. Hier fällt die felsige Küste steil ins Meer ab. An der gleichnamigen Bucht steht ein alter „Serge" zum Anbinden von Pferden. Die Route führt über das Dorf Tscharansy zu den Sanddünen des Dorfes Pestschanka, wo sich in den Nachkriegsjahren ein Gulag befand. Besucht wird auch die Bucht „Drei Brüder". Im Dörfchen Usuri wird eine Mittagspause eingelegt oder es gibt ein Picknick am Kap Choboy. Etwa 500 m vor Erreichen des Felsens hört der Fahrweg auf und es geht zu Fuß weiter. Vom Mys Choboy aus kann man bei ganz klarem Wetter das Ostufer des Baikalsees erkennen, der hier mit 79,5 km seine breiteste Stelle hat. (100 km, 6–8 Std., Minibus oder Geländewagen)

Der **Chanchoi-See** ist der zweitgrößte See der Insel, umgeben von einer malerischen Landschaft. Vom Máloje Mórje trennt den See eine sandige Landzunge. 500 m nördlich, an den felsigen Ufern des Kleinen Meeres, befindet sich ein archäologisches Denkmal. (12 km, 3–4 Std.)

Der **See Schara-Nur,** burjatisch für „Gelber See", ist der einzige Salzsee der Insel, er ist umgeben von herrlicher, abwechslungsreicher Natur. Badet man in seinem Wasser, erscheint es rot. (18 km, 3–4 Std.)

Das **Taschkiney-Tal** ist von wunderschönen Gebirgskämmen umgeben. An den felsigen Ufern des Großen Meeres, südwestlich des Tals, befindet sich eine Ausgrabungsstätte der Eisenzeit. Auf Wunsch werden Klettertouren organisiert. (24 km, 4–6 Std.)

Eine Tour führt zum felsigen Steilufer des **Maloje Morje,** wo man ungewöhnliche Felsformationen antrifft. Taschkai ist bekannt für wichtige archäologische Funde aus dem 8. und 9. Jahrhundert. (60 km, 4–5 Std.)

Das Dörfchen **Usury** liegt im südöstlichen Teil der Insel. Hier befinden sich eine Wetterstation und ein Observatorium. Auf dem Berg Tolgoi gibt es eine kleine Höhle, in der der Heimatkundler *N. M. Revjakin* alte Keramikscherben und Messer aus Nephrit fand. (60 km, 6–7 Std.)

Mit Pferd oder Fahrrad

5 km reitet man an sandigen Stränden und felsigem Ufer nach **Charanzy** oder 8 km zu einem kleinen Bach, den sogenannten **Drei Quellen.**

Etwa 20 km nordöstlich von Chuschir kommt man an pittoreske **Sanddünen,** die eine Fläche von drei Quadratkilometern einnehmen und zu ausgedehnten Spaziergängen einladen.

Mit dem Fahrrad kann man gut die 24 km zum **Schara-Nur-See** und weiter nach **Taschkiney** und wieder zurück nach Chuschir fahren.

Bootstouren

Man kann das **Kap Choboy** auch auf dem Wasserweg erreichen. Mit dem Boot geht es am nordwestlichen Ufer Olchons entlang, vorbei an pittoresken kleinen Inseln. Aus der Entfernung sieht der Mys Choboy aus wie eine Frau. (40 km, 7–8 Std., Fischerboot)

Eine Wassertour führt zur schönen **Insel Ijil Chey,** auf der Zugvögel im Sommer ihre Nester bauen. Die Heilige Quelle befindet sich in den Bergen des Primorski-Gebirges. Das heilige Wasser fließt in zwei Rinnsalen, dem männlichen und dem weiblichen. Es empfiehlt sich, Flaschen und Gläser mitzunehmen, um ein wenig von dem heilenden Wasser zu kosten und mitnehmen zu können. (20 km, 6 Std., Boot)

Die **Uschkani-Inseln** sind ein Naturdenkmal des Baikalsees und der liebste Aufenthaltsort der **Baikalrobben.** Sie können nur bei gutem Wetter besucht werden. (2 Tage per Boot)

Ulan-Ude

Улан-Удэ

- **Transsib-Kilometer:** 5647
- **Zeit:** Moskauer Zeit + 5 Std.
- **Vorwahl:** 3012

Ulan-Ude ist die **Hauptstadt der Republik Burjatien,** deren eine Million Einwohner sich auf rund 100 Nationalitäten und Völker verteilen, mit Burjaten, Ewenken und Russen als größten Gruppen. Ferner leben hier zahlreiche Tataren, Ukrainer und Weißrussen. Auffallend sind die vielen mongolischen Gesichter, die einem überall begegnen. 25 bis 30% der Einwohner von Ulan-Ude sind **Burjaten,** eine Volksgruppe, die sich aus mehreren seit dem 11. Jahrhundert hier lebenden, vorwiegend mongolischen Völkern zusammensetzt.

Drei Viertel der gut 350.000 km² umfassenden Gesamtfläche der Republik sind bergig. Der höchste Punkt, der Munko Sardyk, erreicht eine Höhe von 3491 m.

Ulan-Ude, **eine der schönsten Städte Sibiriens,** wurde im Jahre 1666 am Zusammenfluss von **Selenga** und **Ude** von Kosaken als Winterlager Udinsk *(Werchne Udinsk)* gegründet. Keine zehn Jahre später wurde um die Siedlung eine hölzerne Festung errichtet, die 1680 verstärkt wurde. Schon 1690 erhielt der Ort den Stadtstatus. Im 18. Jahrhundert war Werchne Udinsk ein wichtiger Stütz- und Handelspunkt am Moskauer Trakt, über den der Tee-, Porzellan-, Seiden- und Fellhandel zwischen Russland, der Mongolei und China verlief und der Stadt eine wirtschaftliche Blüte brachte.

Im Jahre 1729 befanden sich auf dem Territorium der Stadt drei hölzerne Kirchen, zwei Salzspeicher, ein Weinkeller und ein Markt. 1741 begann der Bau des ersten Steingebäudes der Stadt, der Hodigitreja-Kathedrale, und 1768 fand zum ersten Mal ein alljährlich wiederkehrender Jahrmarkt statt, der ab 1780 sogar zweimal im Jahr abgehalten wurde. Der Bau des ersten steinernen Kaufmannshauses fällt in das Jahr 1795. Das Jahr 1822 sah den Bau der ersten Brücke über die Ude, 1862 suchte ein starkes

Sibirien

110tr Foto: tl

Die Altgläubigen – Absage an die moderne Welt

Die Altgläubigen (russ. *starovéry* oder *staroobradzy*), die in der **Baikalregion,** u.a. in der Nähe von Ulan-Ude, beheimatet sind, leben gemäß **Traditionen der Mitte des 19. Jahrhunderts,** entsprechend kleiden sie sich, bauen sie ihre Häuser, legen sie ihre Dörfer an, benutzen sie Haushaltsutensilien, musizieren sie – und sie sprechen wie damals. Die Altgläubigen entsagen der modernen Welt **aus religiösen Gründen** und leben bewusst weitab der Zivilisation nach eigenen Gesetzen.

Als sich die **russisch-orthodoxe Kirche** im 17. Jahrhundert reformierte und einige Rituale änderte, wandten sich viele von dem neuen Glauben ab. 1652 beschloss das damalige Kirchenoberhaupt, Patriarch *Nikon,* sich anstatt mit drei nur noch mit zwei Fingern zu bekreuzigen. Er bewirkte Änderungen in der Liturgie und legte fest, dass religiöse Prozessionen dem Sonnenaufgang entgegen und nicht mehr mit dem Lauf der Sonne abgehalten werden. Die meisten Änderungen waren eine Annäherung der russisch-orthodoxen Rituale an die **griechisch-orthodoxe Mutterkirche.** Nikon und seine Anhänger behaupteten, dass die Unterschiede zwischen den russischen und den griechischen Texten und Praktiken zurückzuführen seien auf Übersetzungsfehler und Missverständnisse. Nikon ließ neue Kirchenbücher drucken, führte die griechische Priesterkleidung ein und befahl die Bekreuzigung mit zwei Fingern.

Viele Gläubige **widersetzten sich den Neuerungen** und blieben bei den alten Traditionen, was ihnen die Bezeichnung „Altgläubige" einbrachte. Es gab Auseinandersetzungen und Versuche, die beiden Seiten wieder zu vereinen, doch ohne Erfolg. Am Ende wurden die Praktiken der Altgläubigen für illegal erklärt. Viele von ihnen flüchteten daraufhin nach **Sibirien.** Eine Geschichtsquelle aus dem Jahre 1897 spricht von rund 250.000 Altgläubigen, von denen sich rund 40.000 in der Baikalregion ansiedelten. Mit ihren den ansässigen Völkerschaften bis dahin unbekannten landwirtschaftlichen Anbaumethoden waren die als Bauern lebenden Gläubigen für sie ein wichtiges Vorbild.

Zu den größten Siedlungen zählen Tarbagatai, Kuitun, Bolschoi Kunalei und Nowaja Brjan. Hier leben die Altgläubigen **ohne Strom und Kraftfahrzeuge,** sie lehnen Alkohol, Tabak, Kaffee und Tee ab. Einige Altgläubige leben mitten in der unzugänglichen Taiga ohne Kontakt zur Außenwelt. Berühmt wurde in den 1970er Jahren eine kleine, aus Vater, Tochter und drei Söhnen bestehende Familie, die rund 200 km von der nächsten Siedlung entfernt lebte und nur durch Zufall von einem Hubschrauber entdeckt wurde, der ihren Kartoffelacker mitten in der ansonsten unberührten Natur bemerkt hatte. Ein Journalist schrieb ein Buch über die Einsiedler, das unter dem Titel „Die Vergessenen der Taiga" erschien.

Erdbeben und 1878 ein Großfeuer die Stadt heim. 1881 wurde die erste öffentliche Bibliothek eröffnet, ein Jahr später die erste öffentliche Bank. 1899 erreichte der erste Zug die Stadt.

Dieses Jahrhundert der wirtschaftlichen Blüte bleibt bis heute an der Hodigitreja-Kathedrale, der Pfingstkirche, den alten, aus Stein errichteten Markthallen und den reich verzierten Kaufmannshäusern sichtbar. Mit dem Bau der Transsibirischen Eisenbahn entwickelte sich die Stadt zur drittgrößten Ostsibiriens. 1934 wurde Werchne

Udinsk umbenannt in Ulan-Ude, „Rote Ude“ in der Sprache der Burjaten.

Heute ist die etwa 400.000 Einwohner zählende Stadt das wirtschaftliche, wissenschaftliche und kulturelle **Zentrum Ostsibiriens,** wenn auch, wie so häufig im heutigen Russland und in vielen Staaten der GUS, mit einer stagnierenden Industrie. Viele Betriebe mussten schließen, weil sie wegen veralteter Technik, fehlenden Geldes für Investitionen und eines schwachen Absatzmarktes nicht konkurrenzfähig sind. Ulan-Ude ist Universitätsstadt, hat fünf Theater und mehrere Museen.

Sehenswertes

Wer nur einen Tag Zeit hat, sollte unbedingt zum **Lamakloster Iwolgínski Dazan** (Buddhist Center Rinpoche Bagscha, genannt „Dazan auf dem kahlen Berg“, *Dazán na lysoi garjé*) fahren. Für einen Spaziergang durch die Altstadt sollte man mindestens zwei bis drei Stunden reservieren. Geht man vom Platz mit dem Leninkopf durch die Leninstraße zum Busbahnhof, entdeckt man viele schöne alte Holzhäuser.

In der Nähe des Busbahnhofs

Alte Kaufmannshäuser aus Holz findet man u.a. in den Straßen rund um die **Odigitreja-Kathedrale,** erbaut 1741–85, und rund um den Busbahnhof bzw. zwischen den Straßen Smolina und Baltachinowa, Swerdlowa und Bansarowa. Sie sind ein Relikt der guten alten Zeit, als Ulan-Ude noch eine blühende Handelsstadt war.

Geschichtsmuseum

Im Geschichtsmuseum ist viel **buddhistische Kunst** ausgestellt. Besonders stolz ist das Museum auf den Indo-tibetischen Medizinatlas. In einem Saal sind Kleidung, Schmuck und interessante Kopfbedeckungen zu sehen.

• **ul. Profsojúsnaja 29,** Tel. 21 59 61, tägl. außer Mo 10–17.30 Uhr.

Theater

Das **Opern- und Balletttheater** von Ulan-Ude (ul. Lenina 51, Tel. 21 27 95) ist eine Sensation und ideal als Abendprogramm. Auch wenn man nichts versteht, sollte man unbedingt eine Eintrittskarte kaufen und das Theater mit seiner Atmosphäre erleben.

Nationalfest Surcharbaan

Wer zufällig am ersten Juli-Wochenende in Ulan-Ude ist, sollte auf keinen Fall das am ersten Sonntag im Juli stattfindende Nationalfest Surcharbaan verpassen. In wunderschöner, bunter, traditioneller Kleidung werden Wettbewerbe in Sportarten wie **Bogenschießen und Ringkampf** ausgetragen. Veranstaltungsort ist das Sportstadion, erreichbar in ca. 15 Minuten mit Bus Nr. 37.

Ethnografisches Freilichtmuseum

Das Freilichtmuseum liegt **10 km nördlich** von Ulan-Ude. 1973 eröffnet, wurden hier aus der ganzen Baikalregion **Behausungen** der in der Republik Burjatien lebenden Völker und nationalen Minderheiten zusammengetragen. Der sog. **archäologische Komplex** zeigt die ältesten Funde der

Region, z.B. Grabsteine. In einem **Tiergehege** kann man die typischen Tiere Burjatiens wie z.B. Hirsche, Kamele, Yaks, Bären und Wölfe sehen.

Der **ewenkische Komplex** zeigt u.a. ein Schamanenzelt und Behausungen aus Birkenrinde, Zweigen und Hirschfellen. Es gibt heute noch etwa 25.000 Ewenken, die in einem riesigen Gebiet zwischen dem Jenissej und dem Pazifik leben.

Der **altrussische Komplex** beherbergt Holzhäuser, die sich, je nach dem, aus welcher Region sie stammen, voneinander unterscheiden. Man kann das Haus eines Kosakenführers, eines gut situierten und eines armen Bauern besuchen.

Der **altburjatische Komplex** umfasst eine typische Dorfstraße mit Häusern von Großgrundbesitzern, reichen Bürgern und Kaufleuten und Hütten armer Bauern.

Der **Stadtkomplex** zeigt Häuser aus dem alten Ulan-Ude mit historischen Patrizierhäusern und einer wunderschönen Kirche.

• **Etnografítscheski muséi naródow zabaiálja,** Tel. 44 32 10, tägl. außer Mo 10–17 Uhr. Anmerkung: Montags kann man das Museum zwar besuchen, aber die Häuser sind geschlossen. Anfahrt: Vom Zentrum mit jedem Bus, der bis zur Station „Strélki" fährt, und von dort weiter per Taxi für wenige Rubel bis zum Eingang des Museums. Oder mit Bus Nr. 37 vom Busbahnhof bis zur Station *Dom ótdycha* (fährt auch am Platz Plóschtschad Bansárowa und beim Hotel Baikal Plaza vorbei); wer zum Fahrer „muséi" sagt, kann hier aussteigen. Über die Straße gehen und links in die Waldstraße einbiegen. Von der Haltestelle sind es noch ca. 1½ Kilometer zu Fuß bis zum Eingang. Eintritt 200 Rubel.

1 Eingang
2 Archäologischer Themenkomplex (Plattengräber, Hunnen)
3 Ewenken (Winter- und Sommerzelte, Zelt eines Schamanen)

Burjaten, westliches Baikalgebiet
4 Winteranwesen eines reichen Burjaten
5 gewöhnliches Winteranwesen
6 Sommersiedlung

Burjaten, östliches Baikalgebiet
7 Buddhistisches Gebetshaus (aus dem Tamtschinski-Kloster)
8,9 Jurten
10 Sommerspeicher
11 Winterhaus

Altrussische Siedler und Kosaken
12 Anwesen eines altrussischen Ackerbauern
13 Anwesen eines Kosakenhauptmanns
14 Gebäude aus einem Durchgangslager für Verbannte

Altgläubige
15-17 Wohnhäuser
18 reich verziertes Hoftor
19 Schmiede
20 Sägeeinrichtung
21 Kapelle

Städtische Holzarchitektur
22 Holzkirche aus einem Altgläubigendorf
23,24 Wohnhäuser aus Ulan-Ude
25 Speicher
26 Wohnhaus aus Ulan-Ude
27 Kapelle aus Alt-Selenginsk

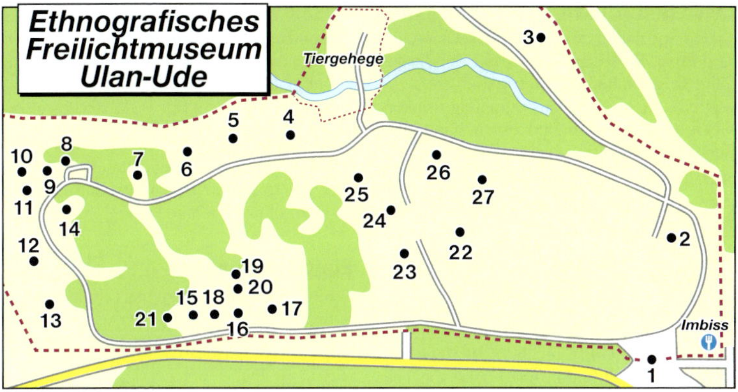

Praktische Tipps

Post und Internet

- Im **Postamt** schräg gegenüber der **Hauptpost** am Platz mit dem großen Leninkopf gibt es ein **Internetcafé:** Mo bis Do 9–12.30 und 13–18 sowie 18.15–21 Uhr, Fr/Sa 9–20 Uhr und So 9–19 Uhr, 38 Rubel pro Stunde. Das Internetzimmer befindet sich, wenn man reinkommt und nach rechts geht, am Ende des Korridors.
- Internetzugang im Business Center im **Hotel Burjatia,** Mo bis Fr 8.30–12 und 13–17.30 Uhr, und im **Hotel Geser,** Mo bis Fr 8–17 Uhr.

Geld

- **Baikal Bank,** ul. Babuschkina 14a (Tel. 37 18 11) und ul. Lenina 27 (Tel. 21 28 44), Bargeld mit Kreditkarten und Geldwechsel.
- In Ulan-Ude findet man **Wechselstuben und Geldautomaten** z.B. in den Hotels Burjatia, Geser und Sibir.

Konsulat

- **Konsulat der Mongolei,** ul. Profsojusnaja 6, Ulan-Ude, Tel. 22 04 99, Bürozeiten: Mo, Mi und Fr 10–13 Uhr, Passabholung Mo, Mi und Fr 15–17 Uhr, mnc@burnet.ru.

Unterkunft

- **GBT Hostel,** Pereulok Nahimowa 9, gut 15 Min. vom Stadtplatz mit dem großen Leninkopf entfernt, Tel. 55 34 70, mobil. 8-924 653 40 34, gbt-hostel@yandex.ru. Ab 500 Rubel p.P., Frühstück 100 Rubel.
- **Hotel Baikal Plaza,** ul. Jerbanowa 12, das schönste Hotel der Stadt liegt direkt am Hauptplatz mit dem großen Leninkopf, Tel. 21 00 70. EZ/F ab 3000 Rubel, DZ/F ab 4200 Rubel.
- **Hotel Bargusin,** ul. Sowjetskaja 28, Tel. 21 57 46. EZ/F ab 1450 Rubel, DZ/F ab 1650 Rubel.
- **Hotel Burjatia,** ul. Kommunistitscheskaja 47, Tel. 21 18 35, hotel@burnet.ru. Die Zimmer dieses Hotels sind sehr einfach und renovierungsbedürfig, dafür aber liegt es im Zentrum und ist relativ günstig: EZ/F ab 1700 Rubel, DZ/F ab 2200 Rubel.
- **Hotel Geser,** ul. Ranschurowa 11, Tel. 21 61 51, Fax 21 61 51, hotel_geser@mail.ru. Das 63 Zimmer zählende Hotel wirkt ein wenig düster, hat aber sehr hilfsbereites Personal. EZ/F 2500 Rubel, DZ/F 3100 Rubel.
- **Hotel Sibir,** ul. Potschtámtskaja 1, Tel. 29 72 57, Fax 21 86 04. Das 2006 eröffnete Hotel hat 22 Zimmer: EZ/F und DZ/F ab 5000 Rubel.

Essen und Trinken

Eine Spezialität der Gegend um Ulan-Ude sind **Pose,** kinderfaustgroße, mit Fleisch gefüllte **Teigtaschen.** Kenner beißen stets zuerst eine kleine Ecke aus dem Teig, trinken die fetthaltige Soße und essen dann den Rest. Wer die Brühe nicht trinken möchte, kann sie auch einfach auslaufen lassen.

- **Modern Nomads,** ul. Ranschírowa 1, Tel. 21 45 09, tägl. 11–23 Uhr.
- **Baatarai Urgoo,** ul. Dakutschájewa 11 (dem Taxifahrer nenne man das Stichwort „Wérchnaja Berjósowka“ oder man nehme den Bus Nr. 37, der in der Nähe des Hotels Baikal Plaza abfährt), Tel. 26 05 92, tägl. 12–23 Uhr. Das auf burjatische Küche spezialisierte Jurtenrestaurant ist empfehlenswert und liegt etwa 12–15 Fahrminuten vom Zentrum entfernt.
- **Stary Gorod,** ul. Oktjabrskaja 2a, Tel. 44 06 53, tägl. 10–23 Uhr. Das Café „Altstadt“ ist besonders gemütlich. Es ist ganz aus Holz und an den Wänden hängen Fotos vom alten Ulan-Ude.

Feste

- **Januar/Februar:** Am 1. Tag des 1. Monats des Mondkalenders wird das **Neujahrsfest Sagaalan** gefeiert. Besondere Festlichkeiten mit zum Teil aufwendigen buddhistischen Zeremonien finden im Lamakloster Iwolgínski Dazán (s.u.) statt, z.B. auch das Dugschba-Fest.
- Am ersten Wochenende im **Juli** findet das **Burjatische Nationalfest Surcharbaan** im Sportstadion statt (s.o.).

034tr Foto: dk

„Eiscafé“

Einkaufen

- **Supermarkt Sputnik,** mit einer Auswahl wie in einer europäischen Großstadt, 24 Std. geöffnet, Geldautomat vorhanden.

Tourenanbieter

- **Baikal Naran Tour,** Hotel Burjatia, Büro Nr. 105, Tel./Fax 21 50 97, baikalnarantour@mail.ru. Eine sehr hilfsbereite Firma.

Zugverbindungen

Alle Zeiten sind Ortszeiten. Fahrkarten gibt es im Bahnhof im OG an der Ausländerkasse 1. Alle Angaben zur Fahrtdauer sind Mindestangaben. Zugfahrpläne unter **www.rzd.ru.**

Im Bahnof von Ulan-Ude können Ruheräume *(kómnata ótdycha)* angemietet werden: DZ 55 Rubel pro Stunde, 4-Bett-Zi. 50 Rubel pro Stunde. Duschen kostet 120 Rubel.

Nach Moskau (5647 km, 83 Std.):

- **Nr. 3:** Fr 8.40 Uhr
- **Nr. 5:** Mi und Sa 8.40 Uhr
- **Nr. 349:** an geraden Tagen 10.43 Uhr
- **Nr. 339:** an ungeraden Tagen 10.43 Uhr
- **Nr. 1:** an ungeraden Tagen 11.19 Uhr
- **Nr. 19:** Di 11.45 Uhr
- **Nr. 82:** nur 29.5.–30.8. an geraden Tagen 14 Uhr
- **Nr. 43:** an geraden Tagen 18.06 Uhr
- **Nr. 239:** nur 2.6.–20.9. an ungeraden Tagen 18.06 Uhr

Nach Irkutsk (456 km, 8 Std.):

- **Nr. 3:** Fr 8.40 Uhr
- **Nr. 5:** Mi und Sa 8.40 Uhr
- **Nr. 349:** an geraden Tagen 10.43 Uhr
- **Nr. 339:** an ungeraden Tagen 10.43 Uhr
- **Nr. 1:** an ungeraden Tagen 11.19 Uhr
- **Nr. 19:** Di 11.45 Uhr
- **Nr. 82:** nur 29.5.–30.8. an geraden Tagen 14 Uhr
- **Nr. 43:** an geraden Tagen 18.06 Uhr
- **Nr. 239:** nur 2.6.–20.9. an ungeraden Tagen 18.06 Uhr

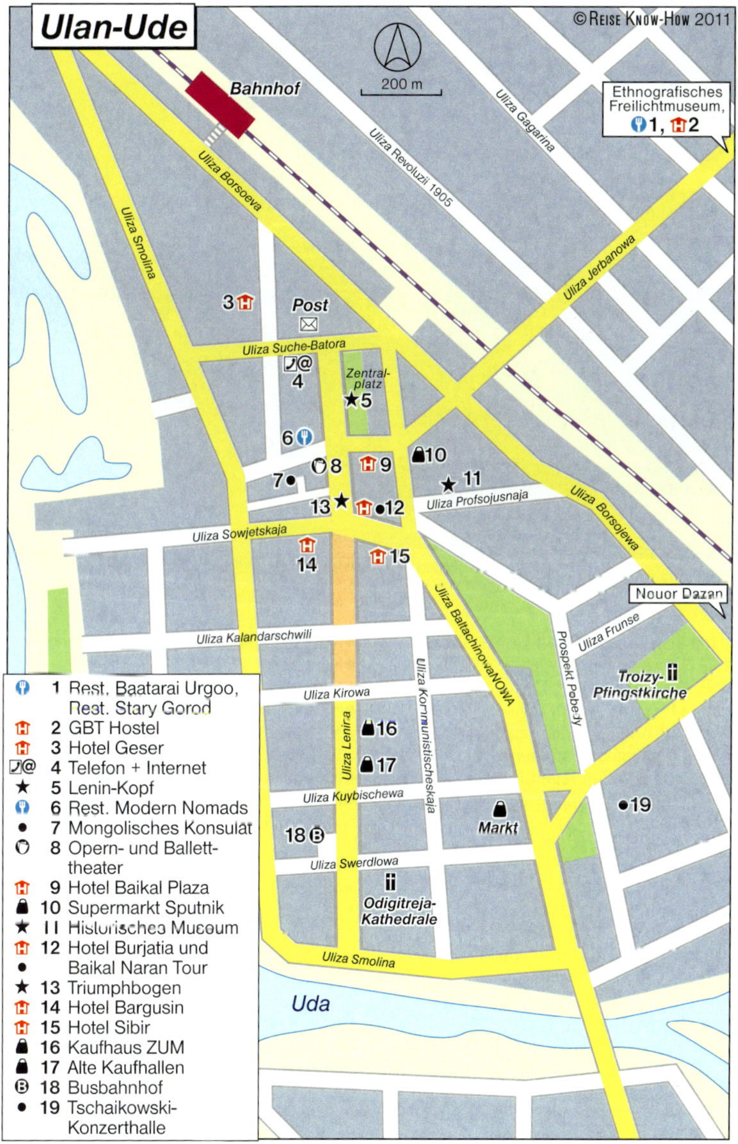
Ulan-Ude
©REISE KNOW-HOW 2011
200 m
Bahnhof
Ethnografisches Freilichtmuseum, 1, 2
Uliza Gagarina
Uliza Revoluzii 1905
Uliza Borsoeva
Uliza Smolina
Uliza Jerbanowa
Post
Uliza Suche-Batora
Zentral-platz
Uliza Profsojusnaja
Uliza Borsojewa
Uliza Sowjetskaja
Uliza Kalandarschwili
Uliza Baltachinova
Uliza Frunse
Prospekt Pobedy
Troizy-Pfingstkirche
Uliza Kirowa
Uliza Lenina
Uliza Kommunistischeskaja
Uliza Kuybischewa
Markt
Uliza Swerdlowa
Odigitreja-Kathedrale
Uliza Smolina
Uda
1 Rest. Baatarai Urgoo, Rest. Stary Gorod
2 GBT Hostel
3 Hotel Geser
4 Telefon + Internet
5 Lenin-Kopf
6 Rest. Modern Nomads
7 Mongolisches Konsulat
8 Opern- und Ballett-theater
9 Hotel Baikal Plaza
10 Supermarkt Sputnik
11 Historisches Museum
12 Hotel Burjatia und Baikal Naran Tour
13 Triumphbogen
14 Hotel Bargusin
15 Hotel Sibir
16 Kaufhaus ZUM
17 Alte Kaufhallen
18 Busbahnhof
19 Tschaikowski-Konzerthalle

Nach Krasnojarsk (1543 km, 15 Std.):
- **Nr. 3:** Fr 8.40 Uhr
- **Nr. 5:** Mi und Sa 8.40 Uhr
- **Nr. 349:** an geraden Tagen 10.43 Uhr
- **Nr. 339:** an ungeraden Tagen 10.43 Uhr
- **Nr. 1:** an ungeraden Tagen 11.19 Uhr
- **Nr. 7:** an geraden Tagen 11.19 Uhr
- **Nr. 19:** Di 11.45 Uhr
- **Nr. 82:** nur 29.5.-30.8. an geraden Tagen 14 Uhr
- **Nr. 43:** an geraden Tagen 18.06 Uhr
- **Nr. 239:** nur 2.6.-20.9. an ungeraden Tagen 18.06 Uhr

Nach Nowosibirsk (2305 km, 37 Std.):
- **Nr. 3:** Fr 8.40 Uhr
- **Nr. 5:** Mi und Sa 8.40 Uhr
- **Nr. 349:** an geraden Tagen 10.43 Uhr
- **Nr. 339:** an ungeraden Tagen 10.43 Uhr
- **Nr. 1:** an ungeraden Tagen 11.19 Uhr
- **Nr. 7:** an geraden Tagen 11.19 Uhr
- **Nr. 19:** Di 11.45 Uhr
- **Nr. 82:** nur 29.5.-30.8. an geraden Tagen 14 Uhr
- **Nr. 43:** an geraden Tagen 18.06 Uhr
- **Nr. 239:** nur 2.6.-20.9. an ungeraden Tagen 18.06 Uhr

Nach Jekaterinburg (3830 km, 57 Std.):
- **Nr. 3:** Fr 8.40 Uhr
- **Nr. 5:** Mi und Sa 8.40 Uhr
- **Nr. 349:** an geraden Tagen 10.43 Uhr
- **Nr. 339:** an ungeraden Tagen 10.43 Uhr
- **Nr. 1:** an ungeraden Tagen 11.19 Uhr
- **Nr. 7:** an geraden Tagen 11.19 Uhr
- **Nr. 19:** Di 11.45 Uhr
- **Nr. 82:** nur 29.5.-30.8. an geraden Tagen 14 Uhr
- **Nr. 43:** an geraden Tagen 18.06 Uhr
- **Nr. 239:** nur 2.6.-20.9. an ungeraden Tagen 18.06 Uhr

Kohlenachschub für die Heizungen und Samowars eines Transsibzuges

Nach Chabarowsk (2884 km, 60 Std.):
- **Nr. 44:** an ungeraden Tagen 4.03 Uhr
- **Nr. 240:** nur 10.6.–28.9. an geraden Tagen 4.03 Uhr
- **Nr. 8:** an geraden Tagen 14.02 Uhr
- **Nr. 2:** an ungeraden Tagen 14.50 Uhr

Nach Wladiwostok (3650 km, 68 Std.):
- **Nr. 240:** nur 10.6.–28.9. an geraden Tagen 4.03 Uhr
- **Nr. 8:** an geraden Tagen 14.02 Uhr
- **Nr. 2:** an ungeraden Tagen 14.50 Uhr

Nach Ulan Bator (657 km, 24 Std.):
- **Nr. 6:** So und Mo 13.30 Uhr
- **Nr. 4:** Di 13.30 Uhr
- **Nr. 362:** tägl. 7.02 Uhr

Nach Peking (Zug Nr. 4: 2218 km, 47 Std., Zug Nr. 20: 3354 km, 63 Std.):
- **Nr. 4:** Sa 13.30 Uhr
- **Nr. 20:** Mi 16.10 Uhr

Flüge

Der Flughafenbus fährt zwischen 6 Uhr morgens und 19.30 Uhr abends alle 15 Min. ab dem Hauptplatz und braucht für die 15 km zum Flughafen (Tel. 22 76 11) südwestlich der Stadt etwa 25 Min. Flüge u.a.

Der Lamaismus

Der Lamaismus ist eine **Form buddhistischer Philosophie,** die mit prunkvollem Kult sowie Dämonen- und Zauberglauben einhergeht. Es ist die in Tibet und der Mongolei vorherrschende Form des Buddhismus, die sich auf der Grundlage stark mit Zaubersprüchen durchsetzter Spätformen des Mahajana-Buddhismus entwickelte.

Der **Mahajana-Buddhismus** versprach allen Menschen, ob arm oder reich, weiblich oder männlich, gut oder böse, Erleuchtung und Erlösung. Im Gegensatz dazu steht der Hinoyanq-Buddhismus, der auf das Mönchswesen ausgerichtet ist. Der Mahajana-Buddhismus kennt nicht nur die eigene Erlösung und das Erreichen des Nirwana, sondern auch das Sichaufopfern für andere.

Die Verehrung von barmherzigen Bodhisattvas rückt dabei in den Mittelpunkt. Bodhisattvas sind Mönche, die auf der höchsten Stufe und damit unmittelbar vor der Buddhawerdung stehen und zugunsten der leidenden Menschen nicht ins Nirwana eingehen, sondern auf der Erde unter den Bedürftigen bleiben. Sie wollen diesen auf dem leidvollen Weg durchs Leben und beim Ziel, im nächsten Leben eine gute Wiedergeburt zu haben, helfen.

Der Lamaismus soll 632 n. Chr. in Tibet eingeführt worden sein. Der indische Buddhismus verschmolz mit Elementen der in Tibet verbreiteten Geister verehrenden Bon-Lehre. Im 8. Jahrhundert gelang es den Priestern, die nach ihrer Kopfbedeckung **„Rotmützen"** genannt wurden, den ehemaligen Königen Tibets die Macht zu entreißen.

Unter dem Reformator *Zongkobo* (1357–1419) wurde der zunehmenden Verweltlichung der Religion ein Ende bereitet. Er setzte bei seinen Anhängern, den **„Gelbmützen"** (Gelugpa), die Ehelosigkeit durch und begründete die Gelbe Kirche, die die Rotmützen aus allen einflussreichen Ämtern entfernte.

Maßgebend für die Erbfolge im Priesterstaat war der Glaube, dass die obersten Priester (Dalai Lama) irdische Erscheinungsformen von Buddhas und Bodhisattvas seien, und dass das Überirdische in ihnen beim Tod in ein neugeborenes Kind übergehe.

Im 13. und später im 16. Jahrhundert gelang es den Gelbmützen, die Mongolen zu bekehren, die seitdem Lamaisten sind.

Der letzte Dalai Lama war bis zum Jahre 1959 das Staatsoberhaupt Tibets mit Sitz in Lhasa (Potala-Gong-Palast). Ende 1959 floh der Dalai Lama mit einigen seiner Anhänger und lebt seitdem im Exil in der nordindischen Stadt Dharamsala.

nach **Moskau** täglich, nach **Irkutsk** Mo, Mi und Fr und nach Ulan Bator mindestens dreimal wöchentlich Mo, So und Do mit Siberian Airlines.

Umgebung von Ulan-Ude

Lamakloster

Die bekannteste Sehenswürdigkeit der Region ist das Lamakloster **Iwolgínski Dazán** (www.datsan.buryatia.ru), das knapp 40 km südlich von Ulan-Ude mitten in der weiten Landschaft liegt. Wer lamaistische Klöster oder Tempel in China, Tibet, Ladakh oder auch in Ulan Bator gesehen hat, wird eventuell enttäuscht sein, u.a. weil diese Anlage vergleichsweise neu ist. Die Gründung des Dazán geht zurück auf das Jahr 1945, als hier das erste und bis heute **einzige buddhistische Zentrum** der damaligen Sowjetunion und heutigen GUS entstand. Der älteste Tempel aus dem Jahre 1946 steht hinter dem größten Tempelgebäude, welches 1971 errichtet wurde. Heute leben hier wieder etwa 50 Mönche auf traditionelle Weise in kleinen Häuschen rund um die Tempel sowie etwa 150 Studenten in größeren Gebäuden. An einigen der kleinen Häuser flattern Tücher, ein Zeichen dafür, dass dort ein Lama wohnt, der Arzt ist. Auf den Stoffstückchen stehen Dankessprüche und die Namen der Dankenden.

Im Datsan gilt **Fotografierverbot,** zudem sollte man nicht mit Fingern auf etwas zeigen und keine bösen Reden schwingen bzw. schimpfen. Männer und Frauen tragen in den Tempeln keine Kopfbedeckung.

In einem kleinen **Café** vor dem Eingang gibt es weithin gerühmte *Pose* (Teigtaschen) und heißen Tee.

- **Iwolgínski Dazán,** geöffnet tägl. außer Mo 10–18 Uhr, Einlass bis 17 Uhr. Meistens werden Ausländer von Mönchen durch die Anlage geführt; diese erwarten anschließend eine Spende für das Kloster.

Anfahrt: Vom Busbahnhof aus verkehren täglich ab 7 Uhr Marschroutentaxis, die direkt bis ans Kloster fahren. Die großen Busse fahren nur bis auf etwa 7 km an die Anlage heran, sodass man einen langen Fußweg zurücklegen muss.

Von Ulan-Ude nach Chabarowsk

Petrowski Sawod

Петровский Завод

- **Transsib-Kilometer:** 5790
- **Zeit:** Moskauer Zeit + 6 Std.

Die Gründung von Petrowski Sawod (Betonung: *Petrówski Sawód*) erfolgte 1798 mit dem Bau einer großen Eisenhütte. Von 1830–39 wurden Dekabris-

Pelze sind in Sibirien keine Luxusartikel, sondern „überlebenswichtige" Kleidung

112tr Foto: tb

Sibirien

ten hierher zur Zwangsarbeit geschickt. Heute begrüßt den Vorbeifahrenden eine silberfarbene Lenin-Statue.

Tschita Чита

- **Transsib-Kilometer:** 6204
- **Zeit:** Moskauer Zeit + 6 Std.

Die am Ufer der Ingoda liegende, rund 300.000 Einwohner zählende Stadt Tschita (Betonung: *Tschitá*) ist das administrative, wirtschaftliche und kulturelle Zentrum der Region. Die Gründung der Stadt fällt in das Jahr 1653. Als Poststation auf dem Handelsweg Moskauer Trakt konnte sich Tschita rasch entwickeln und wurde bald ein wichtiges Zentrum für die Holzindustrie. Diese Entwicklung bekam einen weiteren Impuls mit dem Anschluss an die Transsibirische Eisenbahnlinie im Jahre 1900.

Heute ist Tschita das Zentrum einer Region mit bedeutenden **Goldvorkommen** und großen **Pelztierzuchten;** u.a. werden hier Zobel, Eichhörnchen, Hermeline und Füchse gezüchtet, deren Felle auf den internationalen Pelzauktionen hohe Preise erzielen.

Karimskaja Карымская

- **Transsib-Kilometer:** 6300
- **Zeit:** Moskauer Zeit + 6 Std.

6300 km östlich von Moskau erreicht der Zug Karimskaja (Betonung: *Kárim-*

skaja). Aufgrund der günstigen klimatischen Verhältnisse und einer Vielzahl von Mineralquellen gibt es in der Stadt selbst und in ihrer Umgebung eine Reihe bekannter **Kurorte.**

Schilka Шилка

- **Transsib-Kilometer:** 6451
- **Zeit:** Moskauer Zeit + 6 Std.

Die Gründung der Stadt Schilka (Betonung: *Schílka*) fällt in das Jahr 1897, als hier eine Wartungsstation für die Transsib eingerichtet wurde. Seit 1951 hat Schilka Stadtstatus und ist Standort einiger Industriebetriebe.

Mogotscha Могоча

- **Transsib-Kilometer:** 6914
- **Zeit:** Moskauer Zeit + 6 Std.

Die kleine Stadt Mogotscha liegt im Zentrum eines an Goldvorkommen reichen Gebietes. Zwischen Mogotscha und Skoworodino bei Kilometerstein 7313 ist die **kälteste Stelle** der Transsibirischen Eisenbahnlinie. Wie gut, dass die Waggons immer ordentlich geheizt werden!

Birobidschan Биробиджан

- **Transsib-Kilometer:** 8358
- **Zeit:** Moskauer Zeit + 6 Std.

An den Ufern des Flusses Bira liegt die rund 80.000 Einwohner zählende Hauptstadt des **„Jüdisch-Autonomen Gebietes der Russischen Föderation"** Birobidschan (Betonung: *Birobidschán*). Die Stadt wurde 1931 gegründet und erhielt ihren Namen durch die beiden Flüsse Bira und Bidschan, die in der Nähe zusammenfließen. 1934 wurde die Gegend zum Jüdisch-Autonomen Gebiet erklärt und Birobidschán seine Hauptstadt.

Stalins Idee eines Siedlungsgebietes für Juden zog Tausende Freiwillige in diese entlegene, kalte und unfruchtbare Region. Schon wenige Jahre später verließ knapp die Hälfte der Zugezogenen das Gebiet wieder. In dem Autonomen Gebiet leben heute knapp 200.000 Menschen, davon knapp 6% Juden. Viele von ihnen sind seit den späten 1980er Jahren nach Israel ausgewandert.

Chabarowsk Хабаровск

- **Transsib-Kilometer:** 8531
- **Zeit:** Moskauer Zeit + 6 Std.
- **Vorwahl:** 4212
- **Internet:** www.intour.khabarovsk.com

Am Amur auf einer Höhe von 70 m ü.N.N. liegt die **620.000 Einwohner** zählende Stadt Chabarowsk (Betonung: *Chabárowsk*), Zentrum des rund zwei Millionen Menschen zählenden

Chabarowsker Gebietes. 2008 feierte die Stadt ihr 150-jähriges Bestehen.

Im Jahre 1858 ließ der Generalgouverneur Ostsibiriens, Graf *Murawjow*, eine Festung mit dem Namen Chabarowka erbauen. Russland wollte die Region gegen das rund 45 km entfernte China sichern. 1880 erhielt Chabarowsk die Stadtrechte. Der Ort war ein **Militärposten und Pelzhandelsplatz.** Die wirtschaftliche Bedeutung der Stadt entwickelte sich mit der Eröffnung der 766 km langen Bahnlinie Chabarowsk - Wladiwostok, die nach sechsjähriger Bauzeit 1897 eingeweiht wurde.

Zu den wichtigsten **Wirtschaftszweigen** der Stadt zählen Maschinenbau, Holzwirtschaft, Ölraffinerien, Fischfang und Bergbau. Außerdem entstehen immer neue Joint Ventures mit japanischen und koreanischen Firmen, die sich hier niederlassen.

Etwa jeder zehnte Bewohner der Stadt ist als **Student** an einer der vier Universitäten, acht Akademien, zehn Hochschulen, 20 Fachschulen oder an einem der 30 wissenschaftlichen Forschungsinstitute immatrikuliert. Im ganzen Land bekannt ist die Eisenbahn-Universität, die mit rund 10.000 Studierenden die größte ihrer Art im Fernen Osten Russlands ist.

Chabarowsk **gehört zu den schönsten Städten Sibiriens** und erinnert ein wenig an San Francisco - die Stadt zieht sich über drei Hügel und zwei Täler hin. Auf dem mittleren Hügel verläuft die Hauptstraße, die **Murawjowa-Amurskowo-Straße.** Von ihr gehen rechts und links die Querstraßen ab - bergab und auf dem nächsten Hügelrücken wieder bergauf. Viele alte und schöne Gebäude aus der Gründerzeit säumen diese Prachtstraße zwischen Leninplatz und Amur.

Von 1996–2008 lenkte *Viktor Iwanowitsch Ischajew* als Gouverneur die Geschicke der Stadt, verbesserte das Straßenwesen, ließ Altenheime, Schulen, Kindergärten, Wohnhäuser für junge Familien, Gasleitungen, Eisenbahnbrücken und Fabriken bauen und die architektonisch interessantesten Gebäude restaurieren.

Sehenswertes

Wer nur einen Tag Zeit hat für die Stadt, sollte unbedingt einen Spaziergang auf der Murawjowa-Amurskowo-Straße machen und das Heimatmuseum besuchen.

Im Sommer bietet sich ein erfrischendes **Bad im Amur** an. Direkt im Stadtzentrum sind Strände - aber man muss vorsichtig sein, da im Fluss Strudel sind!

Heimatmuseum

Das Heimatmuseum besteht seit 2008 aus einem Alt- und einem Neubau. Es gehört zu den sehenswertesten Heimatmuseen Russlands und ist nach dem in Krasnojarsk das beste in Sibirien bzw. in Russlands Fernem Osten. Leider werden alle Exponate nur in russischer Sprache erklärt. Vielleicht findet sich ja einmal ein deutsch- oder englischsprachiger Tourist mit viel Zeit und fertigt eine Übersetzung an. Interessant sind die topografische Karte der Region, die **Mineraliensammlung** und die **Sammlung von Spielsachen und Kleidung** nationaler Minderheiten. Besonders schön sind die **ausgestopften Tiere,** unter ihnen riesige Amurtiger, die größten Tiger der Welt. Und ganz besonders liebevoll gemalt von dem Chabarowsker Maler *Wladimir Turgschyn* wurden die Hintergründe der Tierabteilung im Neubau – einmalig!

• **Krajewétscheski muséi,** ul. Schewtschenko 11, Tel. 31 20 54, museumkhv@yahoo.com, tägl. außer Mo und am letzten Fr jeden Monats 10–18 Uhr, Einlass bis 17 Uhr.

Murawjowa-Amurskowo-Straße

Ein Muss ist ein Spaziergang vom Leninplatz über die Murawjowa-Amurskowo-Straße. Dabei sollte man sich das 1895 von den Hamburger Kaufleuten *Kunst* und *Albers* gegründete Gebäude (Hausnummer 9) von innen ansehen. Ein wenig Luxusatmosphäre, wie sie vor der Revolution gewesen sein muss, kann man noch erahnen. Ein abendlicher Spaziergang ist ebenfalls empfehlenswert, da die schönsten Gebäude kunstvoll angestrahlt werden.

Kunstmuseum

In den Sälen mit **russischer Malerei** werden u.a. Ikonen und Bilder der Zarenfamilie ausgestellt. Bemerkenswert sind der Saal mit Bildern **westeuropäischer Maler** und der Saal mit angewandter **Kunst der Amurvölker.**

• **Dalnjevastótschny chudóschestwenny muséi,** ul. Schewtschenko 7, Tel. 32 83 38, tägl. außer Mo 10–18 Uhr, Einlass bis 17 Uhr.

Fischmuseum

Auf dem Amurski Bulwár 13 A gibt es seit neuestem ein Museum über die Fische des Amur *(muséi akwárium ryb Amúra),* Tel. 31 55 96, geöffnet tgl. außer Mo und Di 11–17 Uhr und nach telefonischer Vereinbarung.

Winterliche Attraktionen

Zu den winterlichen Attraktionen in Chabarowsk gehören die auf dem Leninplatz in tagelanger Arbeit aus riesigen Eisblöcken geschnitzten **Eisskulpturen.** Zu sehen sind sie alljährlich vom 31.12. bis zur ersten Februarwoche. Es finden auch internationale Eisbildhauerwettbewerbe statt. Tagsüber glitzern die glasklaren Tiger, Frauengestalten und Fabelwesen in der Sonne, abends werden sie von bunten Lampen angestrahlt. Diese Tradition ist noch ziemlich jung, sie hat ihren Ursprung in den 1980er Jahren, als chinesische Experten aus dem mandschurischen Harbin den Russen das Eisskulpturenschnitzen beibrachten.

Am Sommerbadestrand neben der Amur-Klippe sieht man ab und an extrem abgehärtete Menschen, wie sie Löcher in die dicke Eisschicht auf dem **Amur** schlagen oder zu vorhandenen Löchern gehen, um ein Bad zu nehmen. Manchmal findet ein solches **Eisbad** bei derartig niedrigen Lufttemperaturen statt, dass sich innerhalb weniger Minuten eine dünne Eisschicht auf dem „Badewasser" bildet.

Christi-Geburt-Kirche

Wer noch nie einen **russisch-orthodoxen Gottesdienst** mit seinen herrli-

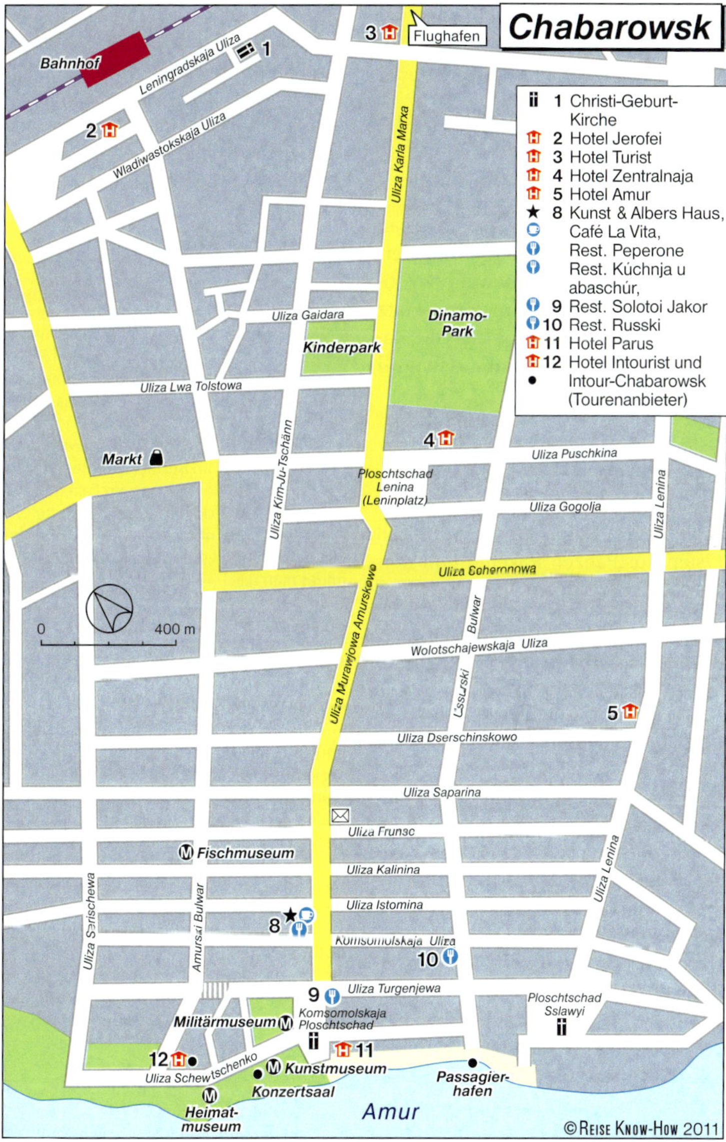
Chabarowsk
1 Christi-Geburt-Kirche
2 Hotel Jerofei
3 Hotel Turist
4 Hotel Zentralnaja
5 Hotel Amur
8 Kunst & Albers Haus,
Café La Vita,
Rest. Peperone
Rest. Kúchnja u abaschúr,
9 Rest. Solotoi Jakor
10 Rest. Russki
11 Hotel Parus
12 Hotel Intourist und
Intour-Chabarowsk (Tourenanbieter)
Bahnhof
Flughafen
Leningradskaja Uliza
Wladiwastokskaja Uliza
Uliza Karla Marxa
Uliza Gaidara
Kinderpark
Dinamo-Park
Uliza Lwa Tolstowa
Markt
Uliza Kim-Ju-Tschänn
Ploschtschad Lenina (Leninplatz)
Uliza Puschkina
Uliza Gogolja
Uliza Lenina
Uliza Scheronowa
Uliza Murawjowa Amurskowo
Bulwar
Ussurski
Wolotschajewskaja Uliza
0
400 m
Uliza Dserschinskowo
Uliza Saparina
Uliza Frunse
Fischmuseum
Uliza Kalinina
Uliza Istomina
Komsomolskaja Uliza
Uliza Turgenjewa
Uliza Serischewa
Amurski Bulwar
Militärmuseum
Komsomolskaja Ploschtschad
Ploschtschad Sslawyi
Uliza Schewtschenko
Kunstmuseum
Konzertsaal
Heimat-museum
Passagier-hafen
Amur
©Reise Know-How 2011

Sibirien

chen Gesängen erlebt hat, sollte die sehenswerte Christi-Geburt-Kirche in der Nähe des Bahnhofs besuchen.

- **Kristoroschdéstwenskaja zérkow,** ul. Leningradskaja 65, tägl. 7–9 und 15–17 Uhr.

Weitere Kirchen

Auf dem Ruhmesplatz *(plóschtschad ssláwy)* kann man die neue Kirche **Zerkow Preobraschénija** bewundern sowie auf dem Komsomolskaja-Platz *(plóschtschad komsomolskaja)* die Kathedrale **Ssabór Uspénija sswjatói bogoródizy.**

Militärmuseum

Das Militärmuseum ist für diejenigen sehenswert, die sich für die **Geschichte der Roten Armee** im Fernen Osten, für Panzer, Raketen und dergleichen interessieren.

- **Muséi istorii krasnosnamjónnowo dalnewostótschnowo ókruga,** ul. Schewtschenko 16, Tel. 32 63 50, tägl. außer Mo 10–17 Uhr.

Bootsfahrten auf dem Amur

Von Mai bis Ende September kann man Bootsfahrten auf dem Amur unternehmen. Fahrkarten kauft man an Bord. Im Sommer legt die „Moskwá" täglich jede Stunde 12–19 Uhr für eine einstündige Rundfahrt ab (200 Rubel). Zweistündige Bootsfahrten, bei denen man sich einfach Leuten, die zu ihren Datschen auf der „Grünen Insel" *(Seljónny óstrow)* gegenüber dem Hotel Intourist fahren, anschließt, sind ein Erlebnis. Allerdings sind besonders an Wochenenden und während der Erntezeit die Schiffe oft ausgebucht und man muss stundenlang warten. Daher in diesen Zeiten besser nicht aussteigen und an Bord sofort die Rückfahrkarte kaufen. Die Datscha-Schiffe fahren rund um die Insel und machen mehrere Halts. Sie verkehren von Anfang Mai bis Mitte Oktober.

Praktische Tipps

Post und Internet

- **Hauptpostamt,** ul. Murawjowa-Amurskowo 28, Mo bis Fr 8–20 Uhr, Sa/So 9–18 Uhr.
- **Telefongespräche** im Business Center des Hotels Intourist, Tel. 31 42 22, Mo bis Do 9–18 Uhr, Fr 9–17 Uhr.
- **Internetcafés** u.a. in der ul. Karla Marxa 43, 55 und 74, ferner im Business Center des Hotels Intourist (in der 1. Etage, im Fahrstuhl auf 1 drücken, tägl. von Mitte April bis Mitte Oktober 9–22 Uhr und von Mitte Oktober bis Mitte April 9–18 Uhr). Auch **Geldautomaten** findet man u.a. im Hotel Intourist.

Unterkunft

- **Hotel Intourist,** Amurski Bulwar 2, Tel. 31 23 13, spr@intour.khv.ru. Sehr angenehmes Hotel mit liebevoll eingerichteten Zimmern in schöner Lage am Ufer des Amur, mit einem gut funktionierenden Exkursions- und Service-Büro. Von den Zimmern mit geraden Nummern im zehn Stockwerke hohen Gebäude hat man einen herrlichen Blick auf den gemächlich dahinfließenden Amur. Hinweis: Im Fahrstuhl drückt man die grüne Taste „0", um in die Hotellobby zu gelangen. Die 2. Etage mit Hotelzimmern ist der 4. Stock des Gebäudes. EZ/F 3100 Rubel, DZ/F 3800 Rubel.
- **Hotel Parus,** ul. Schewtschenka 5, Tel. 32 72 70, Fax 32 57 07. Das 1898 erbaute, recht edle 4*-Hotel hat 82 sehr schöne, große und helle Zimmer. EZ/F 4200 Rubel, DZ/F 5100 Rubel.
- **Hotel Zentralnaja,** am Leninplatz, Tel. 32 47 59, Fax 31 41 88. Es werden ausschließlich Kunden mit vorheriger Buchung akzeptiert. Das Hotel mit gemütlichen hellen Zimmern

mit bunten Teppichen gehört zu den alten Häusern der Stadt. EZ/F ab 1500 Rubel, DZ/F ab 1700 Rubel.

- **Hotel Turist,** ul. Sinelnikowa 9, Tel. 43 96 74. Das Hotel hat 190 kleine saubere Zimmer, von denen die noch nicht renovierten z.T. sehr klein sind. EZ/F ab 2300 Rubel, DZ/F ab 2400 Rubel.
- **Hotel Jerofei,** am Bahnhof, ul. Stanzionnaja 2, Tel. 56 88 55. Das saubere, 60 Zimmer zählende Hotel hat relariv kleine Zimmer: EZ ab 1900 Rubel, DZ 2500 Rubel.
- **Hotel Amur,** ul. Lenina 29, Tel. 22 12 23, Fax 21 71 41, www.amurhotel.ru. Das Hotel, das in einem Bau aus der Stalin-Ära untergebracht ist, verfügt über renovierte, z.T. große Zimmer. EZ/F ab 1800 Rubel, DZ/F ab 2400 Rubel.

Essen und Trinken

Auf dem unteren Abschnitt der ul. Murawjowa Amurskowo sowie im und um das Kunst & Albers Haus herum befinden sich mehrere gute Bistros, Cafés, Pizzerien und Restaurants.

- **Kúchnja u abaschúr,** ul. Murawjowa Amurskowo 5, Tel. 30 50 80. So bis Do 8–2 Uhr, Fr und Sa 24 Std. Empfehlenswert.
- **Peperone,** ul. Murawjowa Amurskowo 9 (links vom Haupteingang des Gebäudes, in welchem sich auch das Kunst & Albers Haus befindet, führt eine Treppen nach unten), Tel. 42 00 42, tägl. 10–1 Uhr, Fr/Sa bis 2 Uhr.
- **Russki Restaurant,** Ussuriski Bulwar 9, Tel. 30 65 07. Ein wirklich empfehlenswertes Restaurant mit hervorragender russischer Küche, die nach Rezepten aus dem 19. Jahrhundert kocht. Urig-gemütliche russische Atmosphäre! Business Lunch Mo bis Fr 12–15 Uhr p.P. ohne Getränke 490 Rubel. Eine Tischreservierung ist empfehlenswert, kann aber nur persönlich mit einer kleinen Anzahlung erfolgen. Tägl. 12–24 Uhr.
- **Café La Vita,** im Kunst & Albers Haus. Gemütliches Café, Eingang von der Ecke Komsomolskaja.
- **Solotoi Jakor,** ul. Murawjowa Amurskowo 2. Kleines familiäres Restaurant mit schmackhafter russischer Küche.
- Auf dem **Markt,** ul. Puschkina, können sich Selbstversorger mit allem, was das Herz begehrt, eindecken. Mo bis Sa 8–10 Uhr, So 10–17 Uhr.

Tourenanbieter

- **Intour-Chabarowsk** ist sehr hilfsbereit und die erfahrenste Firma vor Ort, da sie seit eh und je ausländische Touristen in Chabarowsk betreut. Im Hotel Intourist im Servicebüro, tägl. 9–21 Uhr, Tel. 31 20 44, www.intour-khabarovsk.com.

Zugverbindungen

Alle Zeiten sind Ortszeiten. Fahrkarten gibt es im Hotel Intourist, am Bahnhof und in der ul. Leningradskaja 56B, tägl. 8–20 Uhr. Die hier aufgeführten Fahrtzeiten sind Mindestangaben. Zugfahrpläne unter **www.rzd.ru.**

Nach Moskau (8531 km, 134 Std.):
- **Nr. 1:** an ungeraden Tagen 11.29 Uhr
- **Nr. 43:** an geraden Tagen 15.13 Uhr
- **Nr. 239:** nur 3.6.–21.1.
an ungeraden Tagen 15.13 Uhr

Nach Wladiwostok (766 km, 12 Std.):
- **Nr. 240:** nur 10.6.–28.9.
an geraden Tagen 11.26 Uhr
- **Nr. 8:** an geraden Tagen 18.07 Uhr
- **Nr. 2:** an ungeraden Tagen 18.24 Uhr
- **Nr. 6:** tägl. 21 Uhr

Nach Ulan-Ude (2884 km, 50 Std.):
- **Nr. 1:** an ungeraden Tagen 11.29 Uhr
- **Nr. 7:** an geraden Tagen 11.29 Uhr
- **Nr. 43:** an geraden Tagen 15.13 Uhr
- **Nr. 239:** nur 3.6.–21.1.
an ungeraden Tagen 15.13 Uhr

Nach Irkutsk (3340 km, 57 Std.):
- **Nr. 1:** an ungeraden Tagen 11.29 Uhr
- **Nr. 7:** an geraden Tagen 11.29 Uhr
- **Nr. 43:** an geraden Tagen 15.13 Uhr
- **Nr. 239:** nur 29.5.–15.9.
an ungeraden Tagen 15.13 Uhr

Nach Krasnojarsk (4427 km, 75 Std.):
- **Nr. 1:** an ungeraden Tagen 11.29 Uhr
- **Nr. 7:** an geraden Tagen 11.29 Uhr

- **Nr. 43:** an geraden Tagen 15.13 Uhr
- **Nr. 239:** nur 29.5.–15.9.
an ungeraden Tagen 15.13 Uhr

Nach Nowosibirsk (5955 km, 107 Std.):
- **Nr. 1:** an ungeraden Tagen 11.29 Uhr
- **Nr. 7:** an geraden Tagen 11.29 Uhr
- **Nr. 43:** an geraden Tagen 15.13 Uhr
- **Nr. 239:** nur 29.5.–15.9.
an ungeraden Tagen 15.13 Uhr

Nach Jekaterinburg (6714 km, 112 Std.):
- **Nr. 1:** an ungeraden Tagen 11.29 Uhr
- **Nr. 43:** an geraden Tagen 15.13 Uhr
- **Nr. 239:** nur 29.5.–15.9.
an ungeraden Tagen 15.13 Uhr

Flüge

- **Nach Irkutsk:** tägl. ein Flug
- **Nach Wladiwostok:** tägl. 8.50 Uhr
- **Nach Nowosibirsk:** tägl. außer Mo und Do ein Flug
- **Nach Moskau:** tägl. 2 Flüge

Internationale Flüge:
- **Nach Harbin (China):** Mo, Di, Mi, Fr, Sa
- **Nach Seoul (Südkorea):** tägl. außer Mo und Fr
- **Nach Niigata (Japan):** Mo und Fr

Umgebung von Chabarowsk

Siedlung des Nanai-Volkes

Rund 200 km nordöstlich von Chabarowsk befindet sich mit der Siedlung Troitzkoje das Zentrum der Nanai-Region *(Nanáiski raijón)*. Hier lebt die Mehrheit des etwa 10.000 Menschen zählenden Volkes der Nanai, die bis heute Jäger und Fischer sind.

Das Nanai-Dorf **Sikatschi-Aljan** liegt rund 70 km bzw. eineinhalb Fahrstunden von Chabarowsk entfernt am Amur. In der kleinen Siedlung fristen knapp 300 Angehörige der Minderheit ein sehr bescheidenes Dasein. Einige von ihnen bemühen sich mit allen Mitteln, ihre fast versunkene Kultur am Leben zu erhalten. In der neuen, schönen Schule wird die Sprache der Nanai als zweite Sprache zwei Stunden pro Woche unterrichtet. Wenn ausländische Gäste kommen, bieten sie ihnen kleine Handwerksarbeiten zum Kauf an, und eine Kindergruppe singt und tanzt.

Historiker gehen davon aus, dass sich an der Stelle des heutigen Dorfes ursprünglich ein wichtiges schamanistisches Kulturzentrum befand. Am Ufer des Amur liegen große Steine aus der Zeit um 1200 v. Chr., auf denen man über 20 Bilder, sogenannte Petroglyphen, erkennt, die Menschen und Gesichter, Vögel, drei Elche und andere Tiere darstellen.

Eine Fahrt lohnt sich. Es ist eine seltene Möglichkeit, eine der in den Heimatmuseen jeder sibirischen Stadt gezeigten sibirischen Minderheiten real zu erleben. Der Verkauf von Souvenirs bringt ein wenig Geld in die leeren Taschen der Nanai. Die Kinder freuen sich über Bonbons!

- **Touren** organisiert Intour-Chabarowsk (s.o.). Der sechsstündige Ausflug per Pkw und mit Dolmetscher schließt die Besichtigung der Petroglyphen, des Ethnografischen Museums, ein Folklorekonzert der Kinder und Mittagessen mit Schaschlik ein – je mehr Teilnehmer, desto günstiger wird es.

Wladiwostok Владивосток

- **Transsib-Kilometer:** 9297
- **Zeit:** Moskauer Zeit + 7 Std.
- **Vorwahl:** 4232

Nach 9297 km Strecke ab Moskau erreicht man Wladiwostok (sprich: *Wladiwastók*), **Endstation der Transsibirischen Eisenbahn am Pazifik.**

Funde belegen, dass die Gegend um Wladiwostok schon um etwa 2000 v. Chr. besiedelt war. Mitte des 19. Jahrhunderts kamen unter Leitung des Grafen *Murawjów-Amúrski* die ersten Russen und beschlossen 1859 wegen der strategisch günstigen Lage in der geschützten Bucht den Bau einer Festung und eines **Hafens,** den sie „Beherrscherin des Ostens" (= Wladiwostok) tauften. Am 19. Mai 1891 machte der Sohn des Zaren, *Zarewitsch Nikolaj,* feierlich den ersten Spatenstich, der den Beginn der Bauarbeiten an der Transsib symbolisierte.

Wladiwostok ist der wichtigste **Stützpunkt der russischen Pazifikflotte.** Die strategische Bedeutung der Stadt liegt in der Tatsache, dass ihr Hafen durchschnittlich nur 72 Tage im Jahr zugefroren ist. Bis 1990 war Wladiwostok eine geschlossene Stadt, die selbst russische Bürger nur mit einer Sondergenehmigung besuchen durften. Transsibreisende durften mit dem Zug nur bis nach Chabarowsk fahren und dann nachts – um keine militärischen Anlagen zu sehen – von Chabarowsk per Zug weiter bis Nachodka, von wo Fähren nach Japan verkehrten.

Heute zählt Wladiwostok etwa 600.000 Einwohner und ist das **wichtigste politische, wirtschaftliche und kulturelle Zentrum im Osten Russlands** sowie das Verwaltungszentrum der Region Primorskije („Region am Meer"). Zu den Haupteinnahmequellen zählen Werften, Fischfang und die Marine. Wladiwostok hat 15 Hochschulen und eine Universität, vier Theater sowie Konzertsäle, Museen und Galerien.

In der Stadt reden alle nur noch vom **„Summit",** einem Treffen der asiatischen Staatschefs im Herbst 2012. Bis dahin soll die Stadt grundlegend auf Vordermann gebracht werden. Ein neuer Flughafen ist im Bau, neue Hotels sind geplant, es wird renoviert und eine riesige Brücke entsteht mitten im Stadtzentrum.

Ein längerer Aufenthalt in Wladiwostok lohnt sich zwar nicht, aber eine Übernachtung wegen der schönen Stimmung am Hafen sehr wohl!

Sehenswertes

Wladiwostoks historisches Zentrum ist leicht überschaubar. Von den zentral gelegenen Hotels ist in wenigen Gehminuten alles Sehenswerte erreicht. Ein Spaziergang könnte, wenn man vom Wladiwostok Hotel den Hügel hinunterläuft, mit einem **Blick auf den Hafen** beginnen - den besten hat man von der Aussichtsterrasse des Hafengebäudes, tagsüber wie abends.

Man passiert das rechter Hand stehende Lenin-Denkmal und betritt den **Bahnhof.** Dieses schönste Gebäude der Stadt wurde 1912 eingeweiht und 1999 liebevoll und aufwendig von italienischen Spezialisten restauriert. Man achte auf die Details wie Kacheln und Fußböden, Geländer und Bemalung.

Gegenüber dem Bahnhof steht eine **Lenin-Statue** und zeigt in Richtung des **alten Postamts,** das auch im Inneren architektonisch interessant ist.

Verfolgt man nun die ul. Aleutskaja, kommt man zum rechter Hand liegenden **Kunstmuseum** (*Kartínnaja galeréja,* Di bis Sa 10–13 und 14–18.30 Uhr, So 11–17 Uhr) mit einer wenig aufregenden, aber von den „Bewacherinnen" heiß geliebten Sammlung, die u.a. Bilder des berühmten Meeresszenen-Malers *Iwan Aiwasowski* umfasst.

Eine der schönsten Ecken im Zentrum ist die Kreuzung der Straßen Aleutskaja und Swetlanskaja. An beiden wurden viele Häuser aufwendig restauriert und die Fassaden gestrichen. Biegt man an der Kreuzung rechts ab in die ul. Swetlanskaja, hat man einen schönen Ausblick auf den Hafen und erreicht linker Hand das historische Gebäude des von den Hamburger Kaufleuten **Kunst & Albers** 1862 gegründeten **Warenhauses,** heute **GUM.** Aus dem ehemaligen Gemischtwarenladen entwickelte sich ein großes deutsches Handelsimperium, das von Chabarowsk bis nach Harbin (China) reichte. Das Haupthaus war das erste deutsche Warenhaus - noch vor Hertie in München! Weitere Informationen hierzu findet man in dem Buch von *Lothar Deeg* „Kunst & Albers Wladiwostok", 1996 erschienen im Klartext-Verlag Essen.

Bei schönem Sommerwetter sollte man einen **Strandspaziergang** machen: Vom Hotel Wladiwostok aus nicht bergab in Richtung Bahnhof, sondern in die entgegengesetzte Richtung auf der ul. Nabereschnaja. Die links liegenden Strände (Vorsicht: Das Wasser ist stark verschmutzt, vom Baden ist dringend abzuraten!), den Yachtclub und den Fischmarkt kann man nicht verfehlen. Ruder- und Tretbootverleih (20 Min. kosten 200 Rubel, 30 Min. 250 Rubel).

Festungsmuseum (*Muséi wladiwastókskaja krépost),* Tel. 40 08 96, tägl. 10–18 Uhr, 100 Rubel. Die renovierte Festungsanlage beherbergt u.a. eine Waffensammlung.

Das **C-56 Museum** (*Muséi padwódnaja lódka S 56)* ist ein U-Boot aus dem Zweiten Weltkrieg, Karábelnaja Nábereschnaja, Tel. 21 67 57, tägl. 10–20 Uhr, 100 Rubel.

Die **Pauluskirche** (*Zérkow swjátowo páwla),* ul. Puschkinskaja 14 (Haltestelle Universität, im Zentrum) ist neben dem Bahnhof eines der architektonisch wertvollsten Bauwerke der Stadt. 1905 im neugotischen Stil vom Architekten *Junghändel* erbaut, ist sie die älteste Kirche der Stadt. Die lutherische Paulusgemeinde bekam die Kirche erst 1997 zurück. Diese ist heute

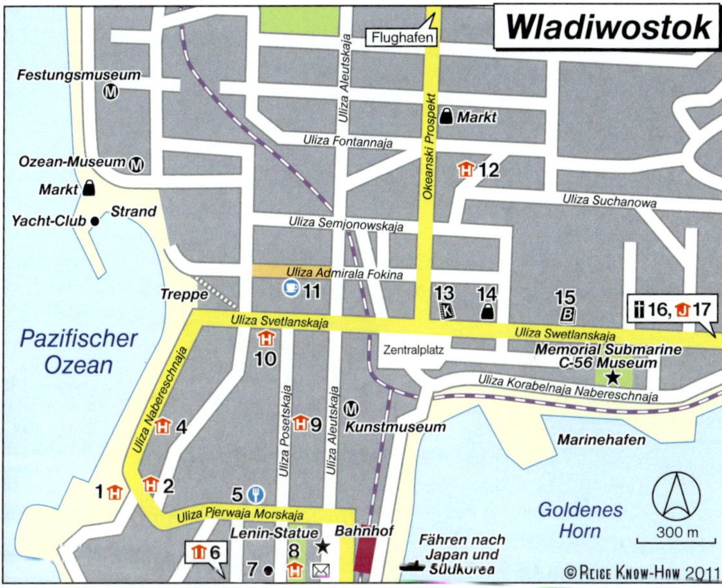

🏨	1	Hotel Amurski Saliw	•	7	Aeroflot	K	13	Kino Ussuri
🏨	2	Hotel Wladiwostok	🏨	8	Hotel Primorje	🛍	14	Warenhaus GUM
🏨	4	Hotel Equator	🏨	9	Hotel Marjak	B	15	Buchladen
🍴	5	Restaurant Nostalgia	🏨	10	Hotel Versailles	⛪	16	Paulus-Kirche
🏨	6	Hotel Schemtschuschina 200 m	☕	11	Five o'clock Café	🏨	17	Hostel SeeYou 20 Min. per Bus
			🏨	12	Hotel Hyundai			

ein stadtbekanntes Zentrum des geistlichen und weltlichen Lebens; so finden dort neben Gottesdiensten auch viele andere Veranstaltungen statt, von denen besonders die **Konzerte** geschätzt werden. Ihr Pastor *Manfred Brockmann* lebt seit 1992 in Wladiwostok und war bis Ende 2005 Deutscher Honorarkonsul. Heute fungiert er als lutherischer Propst des Russischen Fernen Ostens und kümmert sich um Neu- und Wiedergründungen von Gemeinden.

Praktische Tipps

Post, Internet, Geld

- Das **Post- und Telegrafenamt** liegt vor dem Bahnhof, links von Lenin. Dort und in den **Business Centers der Hotels** gibt es Internetzugang.
- **Geldautomaten** findet man u.a. in den **Hotels Wladiwostok, Primorje** und **Versailles.**

Unterkunft

In Wladiwostok müssen die Hotels für die **Registrierung** 30–50 Rubel verlangen – einige tun das, andere nicht …

114tr Foto: dk

Transsib-Endstation:
Wladiwostok am Pazifischen Ozean

● **Hotel Amurski Saliw – Azimut Hotel,** ul. Nabereschnja 9, Tel. 46 20 90, www.azimuthotels.ru. Das renovierte Hotel gehört wie auch das Hotel Wladiwostok zur Azimut-Gruppe und ist eine der besten Adressen der Stadt mit einer einmalig schönen Lage direkt am Meer. Jedes Zimmer hat einen Balkon mit Pazifikblick! Es gibt renovierte Zimmer (Business Class, EZ/F und DZ/F 2700 Rubel) und nicht renovierte Zimmer aus Sowjetzeiten (EZ/F und DZ/F ab 1900 Rubel). Die besten Zimmer mit dem besten Ausblick sind die renovierten in der 5. Etage bzw. von den nicht renovierten die in der 6. Etage.

● **Hotel Wladiwostok – Azimut Hotel,** ul. Nabereschnaja 10, Tel. 41 19 41, www.azimuthotels.ru. Das Hotel gehört wie das

Amurski Saliw zur Azimut-Gruppe. Vom Bahnhof kann man mit einem Taxi zum Hotel fahren oder man läuft einen Kilometer leicht bergan zu Fuß. Wenn man aus dem Bahnhofsgebäude kommt, sieht man vor sich Lenin und rechts davon eine Straße. Folgt man ihr, so kann man das auf einer Anhöhe rechts liegende Hotel nicht verpassen. Gemütlich sind die Café-Restaurants im 4. und 11. Stock, aus denen man einen schönen Ausblick auf das Meer bei schmackhafter Küche genießen kann; tägl. 8–15 und 16.30–2 Uhr. DZ/F 2900 Rubel, die Zimmer mit gerader Nummer haben Meerblick.

● **Hotel Primorje,** ul. Posetskaja 20, Tel. 41 14 22, www.hotelprimorye.ru. Sehr gutes Hotel mit 112 schönen Zimmern in zentraler Lage, freundliches Personal. EZ/F ab 3000 Rubel, DZ/F ab 3200 Rubel.

● **Hotel Schemtschuschina,** ul. Bestruschewa 29, Tel. 41 43 87. Dieses zentral gelegene und relativ günstige, 40 Zimmer zählende Hotel empfängt erst seit 2009 auch Ausländer. Die kleinen, sehr einfachen „sowjetischen" Zimmer sind blitzsauber. EZ/F ab 1700 Rubel, DZ/F ab 2200 Rubel.

● **Hotel Marjak,** ul. Posetskaja 38, Tel. 49 94 99. Die Lobby dieses 100-Zimmer-Hotels ist liebevoll „seemännisch" dekoriert, das Personal sehr freundlich. Die Zimmer sind sehr klein, und es gibt trotz sechs Etagen keinen Lift. EZ ab 1400 Rubel, DZ ab 1600 Rubel.

● **SeeYou Hostel,** ul. Krygina 42a, Tel. 48 77 79, www.seeyouhostel.com. Liegt zwar nicht direkt im historischen Zentrum, ist aber mit seinen vier sauberen Mehrbettzimmern à 4–6 Betten eine sehr gute Budgetvariante; pro Bett 650 Rubel. Vom Bahnhof kommend überquert man zunächst die ul. Aleutskaja und geht dann einige Schritte nach rechts die ul. Aleutskaja hoch zur Bushaltestelle, von der u.a. die Busse Nr. 59, 60 und 81 abfahren; an der 7. Haltestelle *Jármaka na Krygina* aussteigen. Das Hostel ist eine ehemalige Wohnung in der 10. Etage (mit Meerblick).

● **Hotel Versailles,** ul. Swetlanskaja 10, Tel. 26 42 01, Fax 26 51 24, www.versailles.vl.ru. Das Versailles mit seinen 42 relativ großen, wenn auch nicht gerade luxuriösen Zimmern ist das älteste Hotel der Stadt. Schon der Eingang und auch die Lobby sind beeindruckend, sodass es sich lohnt, an der Lobbybar einen Kaffee zu trinken und die besondere Atmosphäre zu genießen. Preise je nach Saison: EZ/F 4800–5700 Rubel, DZ/F 6100–7200 Rubel.

● **Hotel Hyundai,** ul. Semenowskaja 29, Tel. 40 22 33, Fax 40 70 07, www.hotelhyundai.ru. Ein bei Geschäftsreisenden beliebtes 4*-Businesshotel. EZ/F 6000 Rubel, DZ/F 7000 Rubel. In den Zimmern der 7. bis 11. Etage geht der Blick auf den Hafen. Diesen sieht man auch von der Sky Bar und dem Restaurant in der 12. Etage.

• **Hotel Equator,** ul. Nabereschnaja 20, Tel. 41 12 54, www.hotelequator.ru. Dieses 66 Zimmer zählende Hotel aus Sowjetzeiten ist so heruntergekommen, dass es nur als Notlösung angesehen werden kann oder als Budgetvariante. Vom Bahnhof aus in Richtung Hotel Wladiwostok (s.o.), das man rechter Hand passiert. EZ ab 2100 Rubel, DZ ab 2200 Rubel, 4-Bett-Zimmer kosten 550 Rubel p.P. unabhängig von der Belegung. Die Zimmer mit gerader Nummer haben Meerblick.

Essen und Trinken

Wenn man ab dem Bahnhof geradeaus die zum Hotel Wladiwostok hinaufführende Straße nimmt, kommt man an einer Reihe neuer Bistros und Restaurants vorbei. Außerdem findet man in der leider von vielen parkenden Autos „entweihten" Fußgängerzone ul. Fokina diverse Lokale.

113tr Foto: dk

- **Nostalgia,** Pjerwaja Morskaja 6/25. Unten gemütliches Restaurant – man sitzt wie in einem Wohnzimmer (tägl. 8–23 Uhr) –, oben Kunstgalerie und Souvenirgeschäft (tägl. 10–20 Uhr).
- **BiBaBo,** direkt neben dem Nostalgia befindet sich dieses interessante Restaurant mit Bar und Sommerterrasse. Mo bis Do und So 11–2 Uhr, Fr/Sa 24 Std. Serviert werden japanische, russische und europäische Gerichte.
- Das **Totschka Suschi** und das **Kofeinaja** sind nur einige Schritte entfernt vom BiBaBo.

Im Zentrum von Wladiwostok

Im Kofeinaja sitzt man in riesigen roten Sesseln – sehr gemütlich, da es keine Fernseher gibt, allerdings ist die Musik ziemlich laut.
- Im **Hotel Versailles** kann man in der 3. Etage in „zaristischer" Atmosphäre speisen.
- **Five O'Clock,** ul. Fokina 6, Tel. 94 55 31. Englische Bäckerei mit einem kleinen gemütlichen Café.
- **Sky Bar und Restaurant,** im o.g. Hotel Hyundai, tägl. 18–2 Uhr, mit herrlichem Hafenblick.

Tourenanbieter

- **Shamora,** Tel. 49 97 99, Fax 49 94 00, www.visitfareast.com. Drei Stationen per Bus 31, 49, 54, 55, 62, 90, 99 etc. ab dem Zentralplatz, Haltestelle *Avangard.* Eine verlässliche Agentur für Privatunterkünfte, Transfers, Hotelreservierung, Stadtführungen und Touren.

Zugverbindungen

Alle Zeiten sind Ortszeiten. Alle Angaben zur Fahrtzeit sind Mindestangaben. Zugfahrpläne unter **www.rzd.ru.**

Nach Moskau (9297 km, 152 Std.):
- **Nr. 239:** 2.6.–20.9. in der Nacht von einem geraden auf einen ungeraden Tag um 1.50 Uhr
- **Nr. 1:** an geraden Tagen 22.20 Uhr
- **Nr. 7:** an ungeraden Tagen 22.20 Uhr

Nach Chabarowsk (766 km, 14 Std.):
- **Nr. 239:** 2.6.–20.9. an ungeraden Tagen 1.50 Uhr
- **Nr. 5:** tägl. 20.30 Uhr
- **Nr. 1:** an geraden Tagen 22.20 Uhr
- **Nr. 7:** an ungeraden Tagen 22.20 Uhr

Nach Ulan-Ude (3650 km, 68 Std.):
- **Nr. 239:** 2.6.–20.9. an ungeraden Tagen 1.50 Uhr
- **Nr. 1:** an geraden Tagen 22.20 Uhr
- **Nr. 7:** an ungeraden Tagen 22.20 Uhr

Sibirien

Nach Irkutsk (4106 km, 72 Std.):

- **Nr. 239:** 2.6.–20.9. an ungeraden Tagen 1.50 Uhr
- **Nr. 1:** an geraden Tagen 22.20 Uhr
- **Nr. 7:** an ungeraden Tagen 22.20 Uhr

Nach Nowosibirsk (5954 km, 102 Std.):

- **Nr. 239:** 2.6.–20.9. an ungeraden Tagen 1.50 Uhr
- **Nr. 1:** an geraden Tagen 22.20 Uhr
- **Nr. 7:** an ungeraden Tagen 22.20 Uhr

Nach Jekaterinburg (7482 km, 67 Std.):

- **Nr. 239:** 2.6.–20.9. an ungeraden Tagen 1.50 Uhr
- **Nr. 1:** an geraden Tagen 22.20 Uhr
- **Nr. 7:** an ungeraden Tagen 22.20 Uhr

Nach Harbin und Peking:

Zweimal wöchentlich (Mo und Do 16.22 Uhr) fährt Zug Nr. 351 von Wladiwostok nach Harbin, wo er Mi bzw. Sa um 7.20 Uhr ankommt; Preis 120 Euro. Die 4-Bett-Abteile sind voller Händler. Der Zug macht lange Pausen, die 34 Stunden dauernde Fahrt ist daher mühsam und einen Speisewagen gibt es nicht. Wegen der unterschiedlichen Spurbreite werden die Fahrgestelle in der chinesischen **Grenzstadt Suifenhe** ausgewechselt und man hat Zeit, diesen Ort zu Fuß zu durchstreifen. Allerdings gibt es hier außer einigen Läden und Restaurants nichts zu sehen. Die russische Grenzstation Grodekowo ist auch nichts Besonderes, nur dass hier Passagiere aus China kommend umgehend den Zug verlassen und mit dem bestellten Bus in wenigen Stunden nach Wladiwostok fahren. Der Zug hingegen macht lange Pausen unterwegs, sodass er am frühen Morgen ankommt – man spart eine Hotelnacht!

Weiterreise von Harbin nach Peking: Wer direkt weiterfahren möchte, nimmt Zug Nr. D28 um 9.02 Uhr, Ankunft in Peking um 17.10 Uhr. Der Zug hat nur Sitzplätze, p.P. 90 US$. Wer einen Tag in Harbin bleiben möchte, fährt mit dem Nachtzug Nr. Z16 um 21.36 Uhr, Ankunft in Peking am Hauptbahnhof um 7.20 Uhr, ebenfalls 90 US$ p.P.

Flüge

- **www.vladavia.ru**

Hinweis: Es sei dringend abgeraten, einen Flug von Wladiwostok nach Moskau und sofort weiter nach Westeuropa zu buchen, da man den Anschlussflug bei Verspätung leicht verpassen kann und weil man unter Umständen mit zwei verschiedenen Fluggesellschaften fliegt, die unterschiedliche Flughäfen nutzen, die wiederum so weit voneinander entfernt liegen, dass man wegen der Moskauer Staus allein für den Transfer mehrere Stunden einrechnen muss.

Flüge gibt es u.a. tägl. nach Moskau (ab 190 Euro), Irkutsk (Mo und Fr 21.30–1.35 Uhr, 300 Euro), Japan (Niigata: Do und So 14.30–15 Uhr, 560 Euro, Toyama: Di 13–14.30 Uhr, 550 Euro), Seoul (tägl., mit Verbindungen nach Japan) und China (tägl. nach Harbin, Peking und Shanghai).

Der **Flughafenbus Nr. 540** fährt vom Flughafen zum Hauptbahnhof: 8.25, 9.40, 10.45, 12.07, 13.14, 15.50, 16.50, 17.45 und 20 Uhr; **Bus Nr. 101** fährt zum Busbahnhof (liegt relativ weit ab vom Stadtzentrum!): tägl. 9.05, 10.35, 11.25, 12.55, 15.10, 16.35, 17.20 und 19.30 Uhr; Fahrtdauer 1 Stunde. Fahrkarten kosten 120 Rubel, man erwirbt sie in einer kleinen Bude an der Haltestelle, die man findet, wenn man aus dem Flughafengebäude kommend nach rechts geht. Ein **Taxi** kostet mindestens 50 US$. Es sei an dieser Stelle ausdrücklich vor Privatfahrern gewarnt, da die 50 Kilometer bis zum Flughafen großteils durch fast menschenleere Gegend verlaufen. Man sollte seinen Transfer offiziell im Hotel oder bei einer Touristenagentur bestellen.

Fährverbindungen

- **Via Südkorea nach Japan:** Regelmäßig und verlässlich sind die Überfahrten der koreanischen Reederei DBS Cruise Ferry, in Wladiwostok vertreten durch die Agentur Storm-Marine, mit dem Schiff „Eastern Dream" von Wladiwostok via Donghe in Südkorea nach Sakaiminato in Japan, einer Hafenstadt etwa 250 km westlich von Kyoto.

Abfahrt von Wladkwostok nach Donghe: Mi 15 Uhr, Ankunft in Donghe Do 12 Uhr;

Abfahrt in Donghe nach Sakaiminato: Do 18 Uhr, Ankunft in Sakaiminato Fr 9 Uhr.

Hinweis: Während des Aufenthalts in Donghe kann man von Bord gehen. Nach einer schnellen Passkontrolle kann man Geld wechseln. Deutsche benötigen für Südkorea kein Visum.

Storm-Marine Wladiwostok, Tel. 30 27 04, Mo bis Fr 9–18 Uhr, Sa 9–14 Uhr, www.dbsferry.com und www.parom.su

Weg zum Büro: Wenn man ins Hafengebäude (*Marskói waksál,* das große graue Gebäude mit Glasfassade befindet sich links hinter dem Bahnhof und ist durch eine Brücke mit diesem verbunden) kommt, links halten, das Büro Nr. 124 befindet sich in der Mitte des Gangs auf der linken Seite.

Ticketverkauf bis spätestens 10 Uhr am Abfahrtstag. Es gibt auch im letzten Moment immer noch Tickets. 560 Rubel Hafengebühr müssen beim Einchecken bar in Rubel bezahlt werden.

Bei Bezahlung der Fährkarten per Geldkarte werden 2% zusätzlich berechnet (VISA, MasterCard, Maestro/EC).

Die **Fahrpreise** richten sich nach der Kategorie an Bord; hier die Fahrpreise bis Donghe (Preise in Klammern) und der Preis bis Sakaiminato: Schlafmatte der Kategorie C in einer Großraumkajüte für 100 Personen p.P. 180 US$ (diese Kategorie gibt es nur bis Donghe); Schlafmatte in der Kategorie B in einer Großraumkajüte für 18 Personen p.P. (195 US$) 220 US$; Schlafmatte in der Kategorie A in einer Kajüte mit Platz für 8 Personen p.P. (210 US$) 250 US$; 2-Bett-Kajüte Family Class p.P. (270 US$) 320 US$; 2-Bett-Kajüte Royal Class p.P. (415–480 US$) 550–670 US$.

Einchecken: Ab 9 Uhr bis spätestens 1½ Stunden vor Abfahrt der Fähre kann man im Büro der Agentur Storm-Marine einchecken. Pass mit Migration Card bereithalten, die Hafengebühr in Höhe von 560 Rubel bezahlen und das Gepäck abgeben. Man erfährt dann, wann man an Bord gehen muss (engl.: *boarding time*), was i.d.R. 1 Stunde vor Abfahrt der Fall ist.

Bezahlung an Bord: An Bord kann man in US-Dollars bezahlen. Hinweis: Die Verpflegung ist nicht im Fährpreis enthalten.

●**Nach Südkorea:** Die Fähren der Firma Dong Chun Ferry Co. verkehren zwischen Wladiwostok bzw. Sarubino (knapp 250 km südlich von Wladiwostok) nach Sokcho in Südkorea.

Abfahrt von Wladiwostok nach Sokcho: Mi und Sa zwischen 16 und 18 Uhr, Ankunft in Sokcho: Do und So gegen 12 Uhr.

Dong Chun Ferry Co., Tel. 30 26 60, Mo bis Fr 9–19 Uhr, www.dongchunferry.co.kr

Weg zum Büro: Wenn man ins Hafengebäude (*Marskói waksál,* das große graue Gebäude mit Glasfassade befindet sich links hinter dem Bahnhof und ist durch eine Brücke mit diesem verbunden) kommt, links die Treppe hoch und zweimal rechts gehen bis zum Büro Nr. 241.

Ticketverkauf bis spätestens am Abfahrtstag: entweder ab 9 Uhr im Fährbüro oder am Anleger in Sarubino. 560 Rubel Hafengebühr müssen beim Einchecken bar in Rubel bezahlt werden.

Die Bezahlung der Fährkarten ist Geldkarte ohne Aufpreis möglich (VISA, MasterCard, Maestro/EC).

Die **Fahrpreise** richten sich nach der Kategorie an Bord und danach, ob die Abfahrt ab Wladiwostok (Preise in Klammern) oder ab Sarubino erfolgt: Bett in der Kategorie B auf Schlafmatten in einer Großraumkajüte p.P. (174 US$) 138 US$; Bett in der Kategorie A in einer Großraumkajüte mit Hochbetten p.P. (180 US$) 144 US$; 4-Bett-Kajüte First Class p.P. (210 US$) 174 US$; 2-Bett-Kajüte Royal Class p.P. ($ 279) 234 US$.

Bezahlung an Bord: An Bord kann man in US-Dollars bezahlen. Hinweis: Die Verpflegung ist nicht im Fährpreis enthalten.

Fahrt von Wladiwostok nach Sarubino: Beim Ticketkauf bzw. im Fährbüro erfährt man, ob ein Shuttlebus von Wladiwostok nach Sarubino fährt. Ab Wladiwostok fährt (nicht immer) um 10 Uhr ein Shuttlebus ca. 4 Stunden vom Hafengebäude bis zur Fähre, p.P. 500 Rubel. Wenn kein Shuttlebus eingesetzt wird, kann man vom Busbahnhof in der Ftarája-Rétschka-Straße (2. Rechka) um 7.30 Uhr mit dem öffentlichen Bus fahren.

011tr11 Foto: ba

Transsib-Route durch die Mongolei und China

116tr Foto: dk

117tr Foto: dk

Jurte in der Wüste Gobi

Ringkämpfer beim mongolischen Naadam-Fest

Detail eines Tempelvorbaus der Yungang-Grotten bei Datong

Transmongolische Route

Russisch-mongolische Grenze

Die **transmongolische Route** der Transsibirischen Eisenbahn zweigt 13 km südöstlich von Ulan-Ude in Zaudinsky ab und überquert weiter südlich die Grenze zur Mongolei. Man kann die **Grenzstation Nauschki – Suche Bator** nur per Zug überqueren. Wer keine Fahrkarte nach Ulan Bator hat, kann mit dem Zugpersonal sprechen und gegen ein Bakschisch über die Grenze fahren. Auf der anderen Seite muss dann eine Fahrkarte gekauft werden, so noch Platz ist. Sonst muss man sich notfalls mit einer Übernachtung abfinden und am nächsten Tag mit einem Nahverkehrszug weiterreisen.

Nauschki (russische Seite)

20 Minuten vor Erreichen der Grenze wird die **Toilette** für mehrere Stunden **geschlossen,** und an der Grenze kann es passieren, dass die Passagiere des **Zuges Nr. 4 bzw. 6** den Zug über lange Zeit nicht verlassen dürfen. Zug Nr. 4 bzw. 6 steht etwa zwei Stunden in Nauschki auf der russischen Seite und anschließend 1½ Stunden in Suche Bator auf der mongolischen Seite.

Zug Nr. 362 erreicht Nauschki gegen 13 Uhr. Die Reisenden dürfen sofort nach Ankunft auf dem kleinen Grenzbahnhof aussteigen. Steigt man aus und geht nach links, kommt man

Mongolische Steppenlandschaft

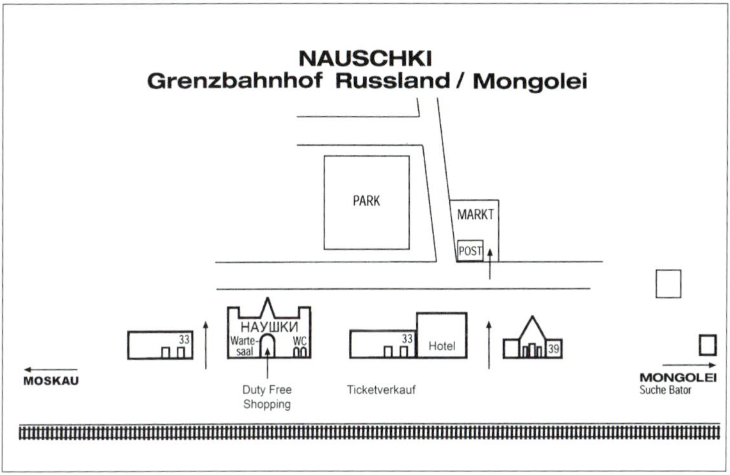

047tr Foto: dk

zu einem grauen Gebäude, wo es saubere WCs gegen Bezahlung von 10 Rubel gibt. Außerdem kann man hier duschen (90 Rubel). Um 16.30 Uhr müssen alle wieder in den Zug – eine kurze Zoll- und Passkontrolle steht an. Danach dürfen alle wieder aussteigen, bis der Zug um 18 Uhr den Bahnhof in Richtung der mongolischen Grenze verlässt und die Zugtoiletten für kurze Zeit wieder geöffnet werden.

Proviant/Speisewagen

Zug Nr. 4 und 6 haben einen **Speisewagen,** Zug Nr. 362, der täglich zwischen Irkutsk und Ulan Bator verkehrt, jedoch nicht. Essbares gibt es auf einem kleinen **Markt** rechts gegenüber dem Bahnhofsgebäude zu kaufen.

Fahrkarten

- Im Bahnhof von Nauschki werden Fahrkarten u.a. **nach Irkutsk, Suche Bator und Ulan Bator** verkauft.

Unterkunft

- Eine Unterkunft gibt es in Nauschki nicht, notfalls muss man mit dem Taxi oder Marschroutentaxi in das rund 30 km entfernte **Kjachta** fahren (Fahrzeit ca. 30 Min.), wo man im einfachen **Hotel Turist** (ul. Lenina 21, Tel. 30142-92431, p.P. 15 Euro) oder im **Freundschaftshotel Gastíniza Druschba,** (ul. Krupskaja 8, Tel. 30142-91321, p.P. ab 15 Euro) unterkommt. In Kjachta befindet sich der Grenzübergang für Pkw und Lkw.

Suche Bator (mongolische Seite)

Mitten auf der Strecke zwischen den beiden Grenzbahnhöfen hält der Zug und die mongolischen Zoll- und Passkontrolleure steigen zu. Sie verteilen Zoll- und Einreisepapiere zum Ausfüllen. Nach ca. 40 Minuten Fahrt erreicht der Zug den mongolischen Grenzbahnhof Suche Bator und die Zugtoiletten werden für etwa eine Stunde geschlossen. Nach der Pass- und Zollkontrolle dürfen alle aussteigen. Der Zug hält in Suche Bator nur für kurze Zeit. **Fahrkarten** kann man im großen Bahnhofsgebäude kaufen. Auf dem Bahnsteig kann man bei Schwarzwechslern schnell einige Tugrik eintauschen. Ein Toilettenbesuch kostet 150 Tugrik. Wer eine Fahrkarte nur bis nach Suche Bator gelöst hat, kann im Hauptgebäude des Bahnhofs (Treppe hoch) für umgerechnet rund 25 US$ (in Tugrik zu bezahlen) eine Fahrkarte weiter bis nach Ulan Bator kaufen. Eile ist geboten, daher ggf. mit anderen Reisenden zusammentun, sodass einer für alle kauft.

Ulan Bator

- **Zeit:** Moskauer Zeit + 4 Std., MESZ + 6 Std., MEZ + 7 Std.
- **Landesvorwahl:** 00976
- **Vorwahl Ulan Bator:** 11
- Beginnt eine Telefonnummer mit 9, ist es eine **Handynummer,** die Vorwahl lautet dann 00976 (ohne Stadtvorwahl 11 von Ulan Bator)
- **Internet:** www.mongoliatoday.com, www.mongoliatourism.gov.mn

Ulan Bator ist mit seinen knapp über 1 Mio. Einwohnern die **Hauptstadt der** 3 Mio. Einwohner zählenden **Republik Mongolei.** Die 1639 als Jurtenansammlung gegründete Stadt liegt auf einer Höhe von 1300 m ü.N.N. Den Namen Ulan Bator, „Roter Held",

bekam die Stadt im Jahr 1924, als die Volksrepublik Mongolei ausgerufen wurde. Ulan Bator kann mit zwei Superlativen aufwarten: Es ist die kälteste Hauptstadt der Welt und keine ist weiter vom Meer entfernt.

Der Hauptgrund einer Reise in die Mongolei ist für die meisten Reisenden mehr die fantastische Landschaft als ein Besuch der eigentlich weniger spannenden Hauptstadt. Dennoch macht das Gemisch aus Tradition und Moderne, das man hier noch immer vorfindet, einen ganz besonderen Reiz aus. Noch heute leben viele Hauptstadteinwohner in **Jurtensiedlungen,** die sich in einem Halbkreis von Westen über Norden nach Osten um das Zentrum ziehen. Seit 2001 entwickelt sich die Stadt in einem extremen Tempo: Straßen werden asphaltiert und ausgebaut, Hochhäuser sprießen in den Himmel, Geschäfte und Restaurants aller Kategorien beleben das Straßenbild und die Menschen geben sich von Tag zu Tag westlicher. Ein Mercedes der neuesten Serie, der neben einem traditionell gekleideten Reiter steht, darauf wartend, dass ihnen eine frei herumlaufende Kuh aus dem Weg geht: Auf dieses noch Ende der 1990er Jahre typische Bild für Ulan Bator trifft man heute immer seltener.

Der Grenzbahnhof in Nauschki – hier hat man je nach Zug zwischen zwei und fünf Stunden Aufenthalt

Die Mongolei – ein bisschen Landeskunde

Die knapp über 3 Mio. Einwohner zählende Republik Mongolei gehört mit durchschnittlich nur 1,9 Einwohnern pro km² zu den am **dünnsten besiedelten Ländern der Erde.** 1.566.500 km² groß, entspricht die Landesfläche knapp viereinhalb Mal der Größe Deutschlands. Die Durchschnittshöhe des Landes ist 1580 m ü.N.N., wobei über 85% des Landes höher als 1000 m liegen.

Die Mongolei hat ein extremes **Kontinentalklima** mit außerordentlich kalten und trockenen Wintern und kurzen Sommern, in denen die meisten der geringen Niederschläge fallen. Die Vegetationsperiode dauert nur etwa vier Monate. Von den 80% des landwirtschaftlich nutzbaren Staatsgebietes entfallen aus klimatischen Gründen rund 80% auf Naturweiden, nur 1% kann für Ackerbau genutzt werden.

Zwar ist die Mongolei reich an **Bodenschätzen** wie z.B. Kohle, Erdöl, Zinn, Kupfer, Gold und Silber, jedoch wird die Ausbeutung dieser Ressourcen durch ihre Lage in entlegenen und schwer zugänglichen Regionen erschwert. Amerikanischen Schätzungen zufolge könnte allein die Erdölförderung dem Land mindestens eine Verdoppelung, wenn nicht sogar Vervierfachung des Bruttoinlandsproduktes bescheren. Ausbaufähig sind vor allem auch der Tourismussektor, die Textilindustrie und der Bergbau.

Von dem 42.000 km umfassenden **Straßennetz** sind nur knapp 2000 km asphaltiert, wovon der Löwenanteil auf die Strecke von Ulan Bator zur russischen Grenze (diese Straße ist seit langem asphaltiert) und von Ulan Bator zur chinesischen Grenze (eine Straße neueren Datums) entfällt.

Rund 85% der Bevölkerung sind **Mongolen,** 7% Angehörige von **Turkvölkern** wie Kasachen und Urianchaj und weitere 4,5% sind **russischer oder chinesischer Herkunft.** Die Hälfte der Menschen lebt in Städten wie Darchan (74.000 Einwohner), Erdenet (70.000) und Ulan Bator (über 1 Mio. bzw. etwa ein Drittel der Bevölkerung insgesamt). Weitere 22% leben in ländlichen Siedlungen. Um die Jahrtausendwende gab es im Land eine Million **Nomaden** und 25 Millionen Nutztiere. Die Zahl der Nomaden nimmt jedoch von Jahr zu Jahr rapide ab, weil die trockenen Sommer und extrem harten Winter ihre Herden dezimieren und ihnen zunehmend die Existenzgrundlage verloren geht.

Der abrupte Übergang von der Planwirtschaft zur **Markwirtschaft** wird dafür verantwortlich gemacht, dass viele Betriebe schließen mussten und andere mit ihren Produkten nicht konkurrenzfähig sind, vor allem nicht gegen die billigen Importe vornehmlich aus China.

Etwa 40% der Mongolen leben unterhalb der **Armutsgrenze** und das durchschnittliche Pro-Kopf-Einkommen beträgt noch nicht einmal 400 US$ pro Jahr. In Ulan Bator gibt es seit den frühen 1990er Jahren daher eine wachsende Zahl von Straßenkindern.

Die Mongolei gehört (pro Kopf der Bevölkerung) zu den am meisten von Deutschland geförderten Ländern weltweit. Dabei stehen im Mittelpunkt die Förderung der Energie- und Wärmeversorgung, die Unterstützung von Klein- und Mittelbetrieben, der Ausbau der Telekommunikation und Beiträge zur ländlichen Entwicklung und zum Umweltschutz. Zu den Hauptexportgütern der Mongolei zählen Kaschmirwolle, Fleisch, Häute, Kupfer, Gold und Kohle.

Geschichte der Mongolei

- **3. Jh. v. Chr.:** Errichtung eines Hunnenreiches.
- **1115:** Eroberung durch Peking.
- **ca. 1167:** Geburt *Dschingis Khans.*

- **1206:** Einigung der Mongolen unter Dschingis Khan.
- **1241:** Sieg der Mongolen bei Liegnitz über ein deutsches Ritterheer. Die Unterwerfung Russlands durch die Goldene Horde ist abgeschlossen.
- **1264:** *Kublai Khan* beherrscht China und gründet die Yuan-Dynastie.
- **1368:** Ende der Herrschaft über China.
- **1557:** Ende der Goldenen Horde.
- **1911:** Unabhängigkeitserklärung der Äußeren Mongolei (die heutige Republik Mongolei) von der Inneren Mongolei (die heutige autonome Region Chinas „Innere Mongolei") mit russischer Unterstützung.
- **1924:** Proklamation der VR Mongolei.
- **1974:** Aufnahme diplomatischer Beziehungen mit der BR Deutschland.
- **1989:** Beginn eines sowjetischen Truppen-Teilabzugs aus der Mongolei.
- **1990–91:** Jahr des friedlichen Übergangs mit den ersten freien Wahlen im Juli 1990, Aufhebung des Einparteiensystems, Demokratisierung, Einführung d. Marktwirtschaft.
- **1993:** Die Mongolei erklärt sich zur atomwaffenfreien Zone.
- **1996:** Wahlen im Juni verdrängen die Exkommunisten, die „Mongolische Demokratische Koalition" gewinnt die Mehrheit im Parlament. Erstmals seit 75 Jahren regieren damit nicht mehr die Kommunisten.
- **1996–2000:** Die Mongolei hat in diesen Jahren fünf Premierminister, von denen drei zurücktreten.
- **2001–2003:** Dürre und extrem harte Winter dezimieren die Herden und zwingen immer mehr Nomaden zur Aufgabe ihres traditionellen Lebensstils und lassen die Wohnsiedlungen Ulan Bators anwachsen.
- **2004:** Parlamentswahlen im Juni, Bildung einer Koalitionsregierung.
- **2008:** Parlamentswahlen.
- **2009:** *Ts. Elbegdordsch* wird Staatspräsident. Der russische Staatspräsident *Medwedjew* und der russische Regierungschef *Putin* besuchen das Land.
- **2010:** 85% der mongolischen Exporte gehen in die VR China.

Sehenswertes

Wer lediglich Zeit für einen kurzen Zwischenstopp in Ulan Bator hat, sollte auf jeden Fall das **Gandan-Kloster** besuchen, wo man zwischen 9 und 11 Uhr interessante Zeremonien beobachten kann, und einen Ausflug in das landschaftlich wunderschöne **Naturschutzgebiet von Tereldsch** einplanen. Hier sieht man viele verschiedene, typisch mongolische Landschaften mit ungewöhnlichen Felsformationen, Flüssen und Bächen sowie Jurten und Tierherden.

Alle Sehenswürdigkeiten liegen im Stadtzentrum und sind gut zu Fuß erreichbar.

Suche-Bator-Platz

Das Herz der Stadt ist der Suche-Bator-Platz, der vom Parlamentsgebäude, der Börse, dem Operntheater und Geschäftsgebäuden eingerahmt wird. In der Platzmitte steht eine Statue des Volkshelden *Suche Bator.* Der General leitete 1921 den Befreiungskampf gegen die Chinesen ein. Seit 2007 ziert ein eleganter, an ein Schloss erinnernder Vorbau das Parlamentsgebäude, was dem ganzen Platz etwas geradezu Festliches verleiht.

Gandan-Kloster

Die wichtigste Sehenswürdigkeit ist dieses größte **aktive lamaistische Kloster** des Landes, dessen Gründung ins frühe 19. Jahrhundert fällt. Heute leben und lernen hier wieder mehrere Hundert Lamas. Rund 150 von ihnen wohnen im Kloster und über 100 No-

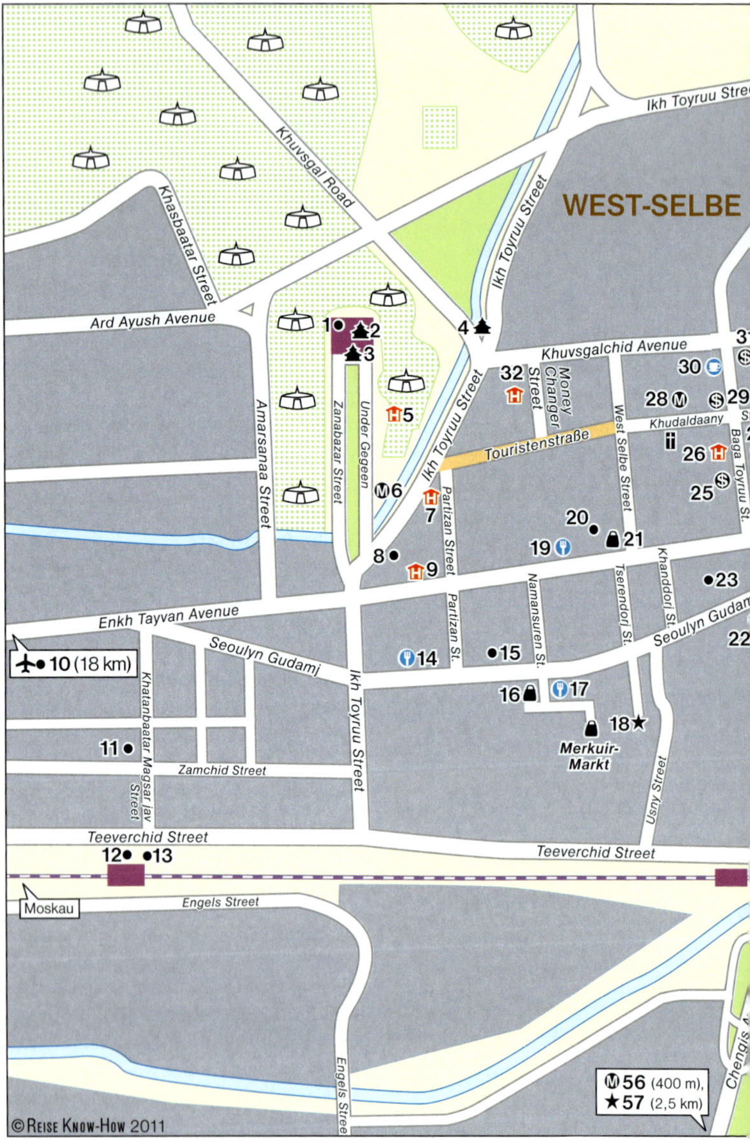
WEST-SELBE
Ikh Toyruu Street
Khuvsgal Road
Khasbaatar Street
Ard Ayush Avenue
Ikh Toyruu Street
Khuvsgalchid Avenue
Amarsanaa Street
Zanabazar Street
Under Gegeen
Ikh Toyruu Street
Street
Money Changer
West Selbe Street
Khudaldaany
Baga Toyruu St.
Touristenstraße
Partizan Street
Enkh Tayvan Avenue
Seoulyn Gudamj
10 (18 km)
Khatanbaatar Magsar jav Street
Ikh Toyruu Street
Partizan St.
Namansuren St.
Tserendorj St.
Khanddorj St.
Seoulyn Gudam
Merkuir-Markt
Zamchid Street
Usny Street
Teeverchid Street
Teeverchid Street
Moskau
Engels Street
Engels Street
Chengis
56 (400 m),
57 (2,5 km)
1 2 3 4 5 6 7 8 9 11 12 13 14 15 16 17 18 19 20 21 22 23 25 26 28 29 30 31 32

Ulan Bator, Zentrum

- ● 1 Buddhistische Universtität
- 2 Gandan-Kloster
- 3 Janraisig-Tempel
- 4 Tempel Geser
- 5 Ganas Guest House
- 6 Jagd-Museum
- 7 Genex Hotel
- ● 8 Landkarten und Stadtpläne
- 9 Narantuul Hotel
- 10 Flughafen
- ● Bujant Uchaa, Kinderheim Lotus Child
- ● 11 Internationale Fahrkarten
- ● 12 Hauptbahnhof
- ● 13 Inlandsbahnfahrkarten
- 14 BD's Mongolian BBQ
- ● 15 Aeroflot-Stadtbüro
- 16 Supermarkt
- 17 Brauhaus
- ★ 18 Staatszirkus, Folkloresaal
- 19 Pizza de la Casa
- ● 20 Wäscherei Mama Wash
- 21 Großes Kaufhaus
- 22 UB Assist Notfallhilfe
- ● 23 Botschaft der Russischen Föderation
- 24 Nassan Guest House
- 25 Ard Kino: Wechselstube
- 26 Ulan Bator Guesthouse
- ● 27 MIAT-Stadtbüro
- 28 Kunstmuseum
- 29 Trade and Development Bank
- 30 Café Sachers
- 31 Ulan Bator Bank
- 32 Kharkorum Hotel
- ● 33 Ausländermeldestelle
- 34 Modern Nomads
- ● 35 Deutsche Botschaft
- 36 Zentralmuseum
- 37 Zaluuchuud Hotel
- ● 38 Chinesische Botschaft
- 39 Chinggis Khan Hotel
- 40 Narantuul Market
- ★ 41 Parlamentsgebäude
- 42 Tuushin Hotel
- 43 Ulan Bator Hotel
- ★ 44 Oper
- ★ 45 Suche-Bator-Denkmal
- 46 Nationalmuseum
- 47 Urgoo Hotel
- 48 Hauptpost
- 49 Irish Pub
- 50 Theater
- 41 Bayangol Hotel
- ● 52 Firma Nature Tours
- 53 Chojin-Lama-Klostermuseum
- 54 Stadtmuseum Ulan Bator
- 55 Kempinski
- 56 Bogd-Khan-Museum
- ★ 57 Aussichtsplatz

Vorsicht vor Taschendieben

In Ulan Bator (besonders auf dem „Schwarzmarkt“, im großen Kaufhaus und an dessen Eingangstüren sowie während des Naadam-Festes im Stadion) treiben Taschendiebe ihr Unwesen. Im Falle eines Falles unbedingt die Polizei benachrichtigen und eine Schadensmeldung für die Reisegepäckversicherung mitnehmen, da diese ohne offizielle Polizeipapiere für den Schaden nicht aufkommt.

vizen werden zu Lamas ausgebildet. Besonders interessant ist ein Besuch vormittags von 9 bis 11 Uhr, wenn man viele Lamas in ihren orangefarbenen und roten Gewändern und Gläubige in traditioneller Tracht antrifft.

Im **Janraisig-Tempel** kann man die über 20 Tonnen schwere, mit Gold und Edelsteinen verzierte, 26 m hohe Statue des Bodhisattvas Acalokiteshvara, *Migjid Janraisig*, bewundern.

Das Gandan-Kloster liegt im Stadtzentrum, nordwestlich des Suche-Bator-Platzes, und ist zu Fuß erreichbar.

Das Haupttor ist täglich von 9 bis 18 Uhr offen, die Tempel schließen etwas eher. Eintritt 3500 Tugrik.

Zentral- bzw. Naturkundemuseum

Das Museum liegt nordwestlich des Parlamentsgebäudes, das wiederum am Nordende des Suche-Bator-Platzes steht. Zu den interessantesten Exponaten gehören riesige, ungemein beeindruckende **Dinosaurierskelette,** außerdem gibt es Ausstellungen über die Flora und Fauna des Landes (Tel. 70 11 01 83, tägl. außer Mo und Di 10–16.30 Uhr, Eintritt 2500 Tugrik).

Kunstmuseum

Das Kunstmuseum liegt zwei Straßen westlich des Parlamentsgebäudes. Die auch auf Englisch erklärte Sammlung dieses sehenswerten Museums schließt u.a. **religiöse Kunst** ein. Besonders sehenswert sind die Bilder „Life in Old Mongolia“ und „One Day of Mongolia“ des Malers *Sharow* (1869–1939), die das traditionelle mongolische Leben darstellen. Man gehe die Treppe hoch und in den Saal, der dem mit den Tanzmasken gegenüberliegt: nach hinten durch, wo sie links in der Ecke hängen. Man beachte die Details: Reiter, Karawanen, Kampfsportszenen, Kindergeburtstag, Liebespaare, Airag-Fest etc. (Tel. 32 60 61, tägl. außer Sa und So 10–17 Uhr, Eintritt 2500 Tugrik).

Nationalmuseum

Das Nationalmuseum der Mongolei westlich vom Parlamentsgebäude, ursprünglich 1924 als Revolutionsmuseum gegründet, zeigt heute Exponate, die die **Geschichte der Mongolei** erklären (Tel. 70 11 09 11, tägl. außer So und Mo 9–16.30, Eintritt 2500 Tugrik, www.nationalmuseum.mn).

Bogd-Khan-Museum

Das Bogd-Khan-Museum liegt etwa eineinviertel Kilometer südlich des Suche-Bator-Platzes auf der anderen Seite des Flusses. Die zwischen 1893 und 1903 erbaute Anlage diente von 1911 bis 1924 dem staatlichen und religiösen Führer des Landes, *Bogd Khan,* als **Winterpalast** und bietet einen Einblick in das religiöse Leben der Mon-

golen (Tel. 34 21 95, tägl. außer Mi und Do 9.30–16.30 Uhr, Eintritt 2500 Tugrik).

Chojin-Lama-Klostermuseum

Das Anfang des 20. Jahrhunderts erbaute Kloster beherbergt heute eine umfassende Sammlung interessanter buddhistischer Tanzmasken, Statuen und Tankas aus dem 19. Jahrhundert. Es liegt südlich des Suche-Bator-Platzes (Tel. 32 85 47, tägl. 9–17.30 Uhr, Eintritt 2500 Tugrik).

Jagd-Museum

In der Nähe des Gandan-Klosters befindet sich eine durchaus sehenswerte **Jagdtrophäen-Sammlung** (im ersten Obergeschoss, tägl. 9–17 Uhr).

Praktische Tipps

Information

Zwei **Zeitungen** in englischer Sprache, „A Visitor's Guide to Mongolia" und „Mongolian Travel News", werden u.a. in Souvenirshops und im Hauptpostamt verkauft und geben touristische Informationen, Hotel- und Restauranttipps etc. Die einmal wöchentlich in englischer Sprache erscheinende „UB Post" und die Tageszeitung „The Mongol Messenger" berichten über Politik, Wirtschaft, Kultur etc. Der ebenfalls in englischer Sprache erscheinende „Ulan Bator Guide" ist eine Art Stadt-Guide mit aktuellen Tipps.

Eingangstor zum Gandan-Tempel

Post und Internet

●**Postamt,** gegenüber der Südwestecke des Suche-Bator-Platzes. In der Haupthalle gibt es eine große Auswahl an Briefmarken, Postkarten, Landkarten, Stadtplänen und englischen Zeitungen, Mo bis Fr 7.30–21 Uhr, Sa und So 9–20 Uhr.

●In Ulan Bator trifft man an jeder Straßenecke auf ein **Internetcafé.**

Geld

●In der sog. **„Money Changer Street"** (eine Nebenstraße der Touristenstraße, zwei Straßen östlich vom Gandan-Kloster) und beim **Ard-Kino** (zwei Straßenzüge westlich des Suche-Bator-Platzes, etwa auf der Höhe des Suche-Bator-Denkmals) kann man rund um die Uhr schnell und viel günstiger als auf der Bank alle Währungen wechseln. Man nehme übrigens keine Tugriks aus der Mongolei mit nach Hause, da diese ausschließlich in der Mongolei umgetauscht werden können!

●**Geldautomaten** findet man u.a. in der **Trade & Development Bank of Mongolia,** Mo bis Fr 9–15.45 Uhr. Man benutze nicht den Haupteingang von der Straße Baga Toyruu, sondern den Eingang von der Khudaldaany! Geldautomaten befinden sich außerdem im Eingangsbereich der **Hauptpost** sowie in den **Hotels Bayangol, Ulan Bator** und **Chinggis Khan.**

●Geldsendungen über Western Union Money Transfer nimmt die **Golomt Bank** vor (Tel. 31 23 56) und ein Büro unmittelbar neben dem Ard-Kino.

Medizinische Hilfe

●**UB Assist,** Tel. 31 18 01 und 32 69 39, Handy 99 11 48 48, 99 19 00 38 und 99 19 18 81. Der Notfallservice, der rund um die Uhr hilft, ist über die Firma Nature Tours erreichbar, die ihr Büro in der Seoul Street hat, Choo Burt Haus, App. 106 (ein rotes Eckhaus südlich der russischen Botschaft). Man versteht Englisch, auf Wunsch wird ein deutschsprachiger Dolmetscher eingeschaltet.

●Im Notfall kann man auch die **Deutsche Botschaft** anrufen.

Wäsche

●Immer wieder fragen sich Individualreisende, wo sie zwischendurch ihre Wäsche waschen können. Empfehlenswert ist **Mama Wash,** Treppe runter gegenüber der Nordwestecke des Kaufhauses. Wer seine Wäsche morgens abgibt, bekommt sie abends gebügelt und zusammengelegt zurück bzw. kann sie gegen Aufpreis zu seiner Unterkunft bringen lassen. Tägl. Ab 9 Uhr.

Botschaften

●**Deutsche Botschaft,** Negdsen Undestenii Gudamj, Tel. (011) 32 33 25, 32 39 15, 32 09 08 und in Notfällen (außerhalb der Dienstzeiten) mobil 9911 4665

●**Botschaft der Russischen Föderation**
Enkh Tayvan Av. A-6
Ulan Bator, Tel. (00976-11) 32 78 51
Konsularabteilung Tel. 326 44 25
Bürozeiten: Mo–Fr 14–15 Uhr

●**Botschaft der VR China,** Zaluuchuud Av. 5, Tel. (00976-11) 31 19 85, 32 09 55, Fax 31 19 43, Bürozeiten: Mo, Mi, Fr 9.30–12 Uhr

Unterkunft

Die Hauptstadt erlebt fast jeden Monat die Eröffnung einer neuen Herberge (s.a. www.hostelworld.com oder www.hostelasia.com), doch Engpässe im Angebot gibt es nach wie vor im Juli/August, vor allem kurz vor, während und nach dem Naadam-Fest Mitte Juli. Sowohl Hostels als auch Hotels haben Internet und WiFi, manchmal in jedem Zimmer, manchmal nur auf bestimmten Etagen oder in der Lobby, mal kostenlos, mal nicht.

Bis auf die großen Hotels, die gut erkennbar und beleuchtet sind, muss man damit rechnen, dass die **Unterkünfte schwer zu finden** sind. Privatunterkünfte, selbst im Zentrum, wo die privilegierten Familien wohnen, befinden sich oft in Hinterhöfen und haben nur schlecht beleuchtete Treppenhäuser. Da es in Ulan Bator schwierig ist, eine Adresse zu finden, weil es nur wenige Straßennamen gibt und diese nicht immer durch Straßenschilder angegeben sind, sollte man einen Transfer vom Bahnhof reservieren. Einige Unterkünfte schicken zu jedem ankommenden

120tr Foto: tb

Im Gandan-Kloster

Zug einen Vertreter, der potenzielle Kunden anspricht und diese kostenlos zur Unterkunft bringt.

Selbst in den größeren und teuren Hotels muss man mit Warmwasserausfällen rechnen. In den größeren Hotels sind von Juni bis September die Übernachtungspreise höher.

Viele Unterkünfte bieten gleichzeitig Touren an.

Privatunterkünfte: Familienunterkünfte (B&B) gehören zu der interessantesten Variante, da man ein wenig vom mongolischen Familienleben mitbekommt. Je nach Anbieter übernachtet man dabei in einer Familie oder in einem leeren Apartment, wobei Letzteres weniger spannend ist.

- **Ganas Guest House,** Tel. 36 73 43, www.ganasger.mn. Das Guest House, bestehend aus einem Steingebäude mit sehr einfachen Zimmern und einigen Jurten, ist zwar eine einfache Traveller-Unterkunft, aber die Lage direkt unterhalb des Eingangs zum Gandan-Kloster ist unschlagbar. Alle Preise verstehen sich inkl. Frühstück. 5-Bett Jurte p.P. 5 US$, 2-Bett-Jurte p.P. 10 US$, 1-Bett-Jurte 20 US$. Im Steingebäude sollte man die dunklen Kellerräume nur im Notfall nehmen, heller und mit Ausblick sind die anderen Zimmer, die alle ein Duschbad/WC haben: EZ/F 15 US$, DZ/F 25 US$. Kostenlos ist der Abholservice vom Bahnhof. Gepäckaufbewahrung, Internet und WiFi. Waschmaschinenbenutzung gegen Bezahlung.
- **Nassan Guest House,** Baga Toiruu, Building A-4, 3. Eingang, Tür 13, Tel. 32 10 78, 991 97 466, www.nassantour.com. Saubere Zimmer ab 5 US$ p.P. Kostenlose Gepäckaufbewahrung.
- **Ulan Bator Guesthouse,** Tel. 31 10 37, 911 99 859, 911 99 859, www.ubguest.com. Zentrale Lage westlich vom Suche-Bator-Platz,

wenige Schritte südlich der Bank of Trade & Development, gegenüber von MIAT. Gebäude Nr. 41, Eingang Nr. 19. Das Ulan Bator GH gehört zusammen mit Ganas GH zu den ältesten der Stadt. Kostenloser Internetzugang und Gemeinschaftsküche. Ab 6 US$ p.P. inkl. Frühstück.

• **Urgoo Hotel,** das erste Boutique-Hotel der Mongolei, brandneu seit Juni 2010, ist sowohl bzgl. Design als auch von der Lage her perfekt! Tel. 70 11 60 44, 91 99 70 50, www.urgoohotel.com. 10 Zimmer bzw. Suiten und Apartments inkl. europäischem Frühstück: 150–230 US$.

• **Zaluuchuud Hotel,** Tel. 32 87 55, www.zh.mn. Einfaches gutes Hotel in zentraler Lage mit vier Etagen ohne Fahrstuhl. EZ/F 35 US$, DZ/F 65 US$.

• **Genex Hotel,** Tel. 32 67 63, www.genexhotel.mn. Beste Lage direkt unterhalb des Gandan-Klosters. Ein sehr angenehmes und sauberes Hotel mit Restaurant und Business Center. 16 Zimmer: EZ/F 26–35 US$, DZ 40–60 US$.

• **Kharkorum Hotel,** Tel. 32 98 81, 33 16 40, liegt wunderbar im Zentrum in unmittelbarer Nähe zu einem Tempel. 33 kleine Zimmer: EZ/F 30–45 US$, DZ/F 40–55 US$.

• **Narantuul Hotel,** Tel. 33 05 65, www.narantuulhotel.com. Das 24 Zimmer zählende Hotel befindet sich in einem Hochhaus auf der 4. bis 11. Etage. Vom Preis-Leistungsverhältnis her und bzgl. der Lage sowie Freundlichkeit ist es eines der besten Hotels der Stadt. Jedes Zimmer mit kleiner Kochecke. EZ/F 88 US$, DZ/F 98 US$, im Sommer jeweils 10 US$ mehr.

• **Tuushin Hotel,** Tel. 32 31 62, www.tuushotel.mn. Das relativ kleine 24-Zimmer-Hotel liegt wunderbar zentral und wirkt freundlich. Je nach Saison EZ/F 35–65 US$ und DZ/F 65–80 US$.

• **Bayangol Hotel,** Tel. 32 88 69, 31 22 55, www.bayangolhotel.mn. Dieses gute und verlässliche Mittelklassehotel mit über 200 Zimmern liegt zentral, gehört zu den besten der Stadt und beherbergt in erster Linie Reisegruppen. Mehrere Restaurants, Business Centers und Souvenirshops. Je nach Saison EZ/F 120.000–145.000 Tugrik und DZ/F 155.000–180.000 Tugrik.

• **Ulan Bator Hotel,** Tel. 70 11 66 88, www.ubhotel.mn. Ein großer altehrwürdiger Hotelbau in Bestlage, aber leider mit ziemlich heruntergekommenen Zimmern, fleckigen Teppichen, düsteren Gängen und eher unfreundlichem Personal. 103 Zimmer: EZ/F 150.000 Tugrik, DZ/F 180.000 Tugrik.

• **Chinggis Khan Hotel,** Tel. 31 33 80, www.chinggis-hotel.com. Das Hotel liegt etwas außerhalb des Stadtzentrums und hat rund 200 Zimmer: Je nach Saison EZ/F 105–125 US$, DZ/F 130–150 US$.

• **Kempinski Hotel Khan Palace,** das erste 5*-Hotel in Ulan Bator liegt etwas außerhalb der City und verlangt pro Zimmer 205 US$.

Essen und Trinken

In Ulan Bator gibt es Restaurants aller Herren Länder: Indien, Türkei, Thailand, China, Frankreich, Italien, Deutschland, Korea, Russland, außerdem Steak-Restaurants nach amerikanischem Vorbild. Viele der beliebtesten Restaurants und Bars findet man in der Seoul Street, seit Jahren Ulan Bators „In-Straße“.

• **BD's Mongolian BBQ,** Seoulyn Gudamj, Tel. 31 11 91, Mo bis Sa 11–23.30 Uhr, So 11–22.30 Uhr. Eines der beliebtesten, besten und absolut empfehlenswerten Restaurants der Stadt! Man sucht sich an einem reichhaltigen Büfett alle Rohzutaten zusammen, die ein Koch auf einer heißen Platte brät. Säfte sind im Preis von 10 US$ p.P. auch noch enthalten. Wenn man nach 13 Uhr kommt, findet man am ehesten einen freien Tisch.

• **Modern Nomads,** Baga Toyruu Street, Tel. 31 97 44. Das empfehlenswerte Restaurant bietet neben mongolischen Gerichten und Mongolian BBQ auch internationale Speisen.

• **Café Sachers,** Tel. 70 11 47 34, 32 15 85. Das Café wird seit 13 Jahren von der engagierten Deutschen *Brigitte Cummings* betrieben und ist einen Besuch wert – wunderbares Frühstück, leckerer Kuchen sowie Brot! Tägl. 8.30–22.30 Uhr.

• **Brauhaus,** Tel. 31 41 95, Seoul Street, tägl. 12–1 Uhr. Im EG Mittags- und Abendbüfett, p.P. 6 US$, im 1. Stock à la carte. Eine Niederlassung der deutsch-mongolischen Khan

Reiten, Ringkampf, Bogenschießen – das mongolische Naadam-Fest

Der Ursprung des Naadam-Festes liegt lange vor der Zeit *Dschingis Khans* (geb. ca. 1167) und wurde seit Mitte des 12. Jahrhunderts mehr und mehr zu einem festen Bestandteil der Tradition des Landes. Waren die Ringkämpfe, Wettbewerbe im Bogenschießen und die Kamel- und Pferderennen anfangs reine Wehrübungen, so entstand daraus mit der Zeit ein **Sport- und Kulturfest** mit sportlichen Wettkämpfen und musikalischen Darbietungen. Viele bezeichnen das Fest als **„Mongolische Olympische Spiele"**, weil hier alljährlich zwischen Ende Juni und Ende August die besten Ringkämpfer, die schnellsten Reiter und die treffsichersten Bogenschützen des Landes ermittelt werden.

In Erinnerung an die Revolution von 1921 findet das Hauptfest vom 11. bis 13. Juli in **Ulan Bator** statt. Auf dem Lande werden kleinere Feierlichkeiten abgehalten, die keine festen Daten haben und damit meistens während einer Rundreise nur per Zufall entdeckt werden. Dabei sind die örtlichen Naadam-Feste zwar nicht so aufwendig, aber allein die Tatsache, dass sich alle Einheimischen in ihren besten traditionellen Kleidern zeigen, mit den besten Pferden angeritten kommen und im Umkreis ihre weißen Jurten aufschlagen, machen diese regionalen Feste zu einem besonderen Erlebnis.

Die Festlichkeiten werden mit einer bunten Zeremonie, bei der die Teilnehmer ihre wunderschöne traditionelle Kleidung tragen, ab 9 Uhr auf dem **Suche-Bator-Platz** eingeleitet. Um 11 Uhr findet im **Sportstadion** die Eröffnungszeremonie mit Hunderten Mönchen und Sportlern statt. Begleitet von Musik ziehen sie festlich in das Stadion ein. Die offizielle Schlusszeremonie findet im Anschluss an die Ringkämpfe gegen 19 Uhr am zweiten Festtag ebenfalls im Stadion statt.

Die wichtigsten Wettbewerbe wie Pferderennen, Ringkampf und Bogenschießen liegen in den ersten zwei Tagen, sie beginnen um 9 Uhr morgens. Dabei kann man beim berühmten **Pferderennen mit bis zu 1000 Reitern** zusehen. Das Rennen beginnt im Dorf Jarmag in der Nähe des Flughafens und verläuft über eine Strecke von etwa 15 km parallel zur Flughafentrasse bis zum Naadam-Stadion. Wer einen Platz am Ziel ergattern kann, erlebt ein Highlight des Festes. Es ist ein Erlebnis, die kleinen, zwischen 5 und 13 Jahre alten Mongolenjungen in leuchtender Rennkleidung auf ihren mitunter mageren Kleppern voller Eifer galoppieren zu sehen! Auf den Gewinner warten eine große Belohnung in Form von Hunderttausenden Tugrik und hohes Ansehen. Gleiches gilt für den besten Bogenschützen (auch Frauen nehmen teil) und den besten Ringkämpfer.

Die Wettbewerbe sind kostenlos. Nur für die Zeremonien im Stadion muss man Eintrittskarten zum Preis von umgerechnet zwischen 12 und 15 US$ am Eingang zum Stadion lösen. Da die Karten ohne festen Platz sind, sollte man sich für einen guten Platz frühzeitig im Stadion einfinden.

Bräu, der beliebten Biergarten- und Restaurantkette.

- **Irish Pub,** schräg gegenüber der Hauptpost, ein In-Lokal, in dem man sich fühlt wie im Westen, tägl. 11–24 Uhr.
- **Pizza de la Casa,** Tel. 32 41 14. Schmackhafte Pizzas an der Peace Avenue plus Lieferservice!

Einkaufen

- **Souvenirs** findet man in großer Auswahl z.B. im Zentralmuseum, im Hotel Ulan Bator, im Kaufhaus und in vielen kleinen Läden im Stadtzentrum.
- **Merkuri-Markt** mit einer großen Auswahl in- und ausländischer Lebensmittel – hier kann man sich mit Reiseproviant eindecken. Tägl. 10–19 Uhr.
- **Narantuul Market** („Schwarzmarkt) nennt sich ein Markt im Südosten des Stadtzentrums, wo man alles kaufen kann, u.a. auch Souvenirs. Vorsicht vor Taschendieben!
- **Kaufhaus,** Peace Avenue, das größte Geschäft der Stadt bietet im 5. Stock eine große Auswahl interessanter Souvenirs, im 2. Stock gibt es eine Kaschmirabteilung und auch sonst ist alles vorhanden, was man in einem Kaufhaus erwartet. Mo bis Fr 8.30–22.30 Uhr, Sa 9–22.30 Uhr, So 9–22 Uhr.

Feste und Veranstaltungen

- **11.–13.7.: Naadam-Fest** (siehe Exkurs). Viele Reisende planen das drei Tage dauernde Volksfest Naadam („Fest") in ihre Mongoleireise ein, was zu großen Engpässen bei den Unterkünften führt. Vorsicht: Während dieser Tage sind besonders viele Taschendiebe unterwegs und treiben ihr Unwesen. Pässe und Geld sicher deponieren und die Fotoausrüstung stets im Auge haben!
- Zwischen Mitte Januar und Mitte Februar, abhängig vom buddhistischen Mondkalender, findet das **Weißmondfest** statt. Dieses buddhistische Neujahrsfest ist ein Familienfest, vergleichbar mit Weihnachten, und damit nur für Reisende von Bedeutung, die Freunde in der Mongolei haben, bei denen sie mitfeiern können.

121tr Foto: hl

● **Folkloreshows:** Während der warmen Jahreszeit finden jeden Abend um 19.30 Uhr hervorragende Folkloredarbietungen im Tsuki House direkt neben dem Zirkusgebäude statt – kein Touristennepp, sondern wirklich sehenswert!

Kinderheim

● **Lotus Child,** Tel. 37 94 71 und 32 59 90, mobil: 961 549 41, www.members.xoom.com/lotuscentre/home.htm. In Ulan Bator gibt es viele Kinderheime. Dieses wurde 1995 von einer jungen Australierin gegründet, heute leben hier 85 Kinder. Das in einer traditionellen Jurtensiedlung auf halbem Weg zum Flughafen untergebrachte Heim freut sich immer über Unterstützung – in Form von z.B. Kinderschuhen oder auch Bargeld. Oder im Sommer eine Runde Eis für alle (150 Tugrik für ein großes – für die Hälfte gibt's aber auch schon eins)!

Tourenanbieter

Es gibt in Ulan Bator Hunderte von kleinen und klitzekleinen, mehr oder weniger erfahrenen Anbietern, von denen viele oft nur kurz existieren. Es ist daher unbedingt empfehlenswert, seine Reise bei einem erfahrenen Unternehmen in Europa zu buchen. Viele Unterkünfte wie Guest Houses bieten auch Ausflüge und andere Unternehmungen an.

● **Nature Tours,** Tel. 31 23 92, 31 18 01, Fax 31 19 79, www.naturetours.mn, sehr zuverlässiger Anbieter. Die Inhaberin, die in Deutschland studiert hat, spricht fließend deutsch und kennt sich mit Ansprüchen und Erwartungen der Deutschen bestens aus. Nature Tours hat ein eigenes Touristencamp im wunderschönen Gebirge Hogno Han und bietet u.a. Rundreisen, Wanderungen, Pferde- und Kameltrekking sowie BMW-Motorradreisen an.

● **Batscha,** Tel. 99 25 48 39, batscha@yahoo.com. Der exzellent Deutsch sprechende Mongole kennt sich mit Ausflügen in die nähere Umgebung genau so gut aus wie mit längeren Gobi-Exkursionen. Er beantwortet alle Fragen, organisiert Unterkünfte und Transfers, kurz: eine echte Hilfe!

● **Ulan Bator Tour** (von Ausländern meist *UB Tour,* sprich *Jubi Tour,* genannt), im Ulan Bator Guest House, Tel. 911 998 59 und 991 744 57, Fax 32 55 55, www.ubguest.com, ist einer der bei Travellern beliebten Billiganbieter u.a. von Geländewagen mit Fahrer (ohne Dolmetscher). Bezahlt wird pro Tag, unter 50 US$ für max. sechs Personen, Zelte und Kochutensilien eingeschlossen. Benzin, Verpflegung und Eintrittsgebühren müssen extra bezahlt werden.

Zugverbindungen

Warnung: Vorsicht vor **Taschen- und Gepäckdieben am Bahnhof!**

Fahrkarten für die Züge von Ulan Bator zu den Grenzbahnhöfen werden direkt neben dem Hauptbahnhof rechts in einem modernen Gebäude verkauft. Nach **Suche Bator** tägl. mit Zug Nr. 263 (379 km, 11 Std., 4500 Tugrik Sitzplatz und 9000 Tugrik Vierbettabteil), nach **Zamen Ude** täglich Zug Nr. 276 (709 km, 12½ Std.).

Internationale Zugfahrkarten nach China und Russland gibt es im **International Ticketing Office,** Mo–Fr 9–13 und 14–17 Uhr, Sa 9–14 Uhr, So geschlossen. Tickets nach China werden links und Tickets nach Russland rechts verkauft. Wegbeschreibung zum Internationalen Ticketoffice: Vom Bahnhof geradeaus über die große Teeverchid-Straße in die Straße Khatanbaatar Magsar jav und bei Haus Nr. 9 links abbiegen. Der Eingang befindet sich auf der Rückseite des Gebäudes.

Direktzüge nach Peking: Jedes Jahr wechseln sich Chinesen und Mongolen mit ihren Zügen von Mitte Mai des einen bis Mitte Mai des nachsten Jahres ab. Die Zugnummer ist immer die 24. Der chinesische Moskau-Peking-Express Nr. 4 fährt jeden So um 8.50 Uhr (1561 km, 31 Std.), ist aber für die Teilstrecke nach Peking nur in den seltensten Fällen buchbar, da meist ausverkauft.

Nach **Peking mit Umsteigen in Jining** (Ulan Bator – Peking inkl. Umsteigen 36 Std.) fährt der Ulan-Bator-Hohhot-Zug Nr. 34 Mo

Der Bahnhof von Ulan Bator

und Fr – Tickets können bis Peking gelöst werden im internationalen Ticketoffice bei Mongolian Railways Tour, Tel. 94 48 88 und 94 44 56, Fax 94 44 53, mrt@magicnet.mn.

Nach **Ulan-Ude** tägl. mit Zug Nr. 361 (657 km, 26 Std.), Zug Nr. 3 Do (18 Std.), Zug Nr. 5 Di und Fr (18 Std.). Nach **Irkutsk** (1113 km, 35–40 US$) mit Zug Nr. 361 (36 Std.) und Zug Nr. 5 (25 Std.). Nach **Moskau** mit Zug Nr. 5 (6304 km, 96 Std. bzw. 4 Tage und vier Nächte). Nach **Erlian,** Grenzstation in China (719 km, 9 Std.), mit Zug Nr. 22 Mo und So. Weiterfahrt nach Peking per Bus (ca. 850 km).

Da es vorkommt, dass die Wechselstuben an den chinesischen Grenzbahnhöfen geschlossen sind, sollte man bereits in Ulan Bator **chinesische Yuan eintauschen.**

Flüge

Der Flughafen liegt 17 km westlich von Ulan Bator und wird von den folgenden Fluggesellschaften angeflogen:

- Nach **Moskau** (7 Std.) fliegen MIAT (Tel. 31 24 23, 32 22 73, 37 99 35, Mo bis Fr 9–18 Uhr, Sa, So 10–15 Uhr, 380 US$) und Aeroflot (Tel. 32 07 20, Mo bis Fr 9–18 Uhr, Sa 9–15 Uhr) zweimal wöchentlich je nach Jahreszeit Mo, Do oder Sa und So mit Weiterflugmöglichkeiten in verschiedene Städte Deutschlands, nach Wien und nach Zürich.
- Nach **Peking** (3 Std.) fliegen MIAT und Air China (Tel. 32 88 38) so, dass jeden Tag eine Flugverbindung zustande kommt.
- Nach **Ulan-Ude** mit Siberian Airlines je nach Saison mind. dreimal wöchentlich.
- Nach **Berlin** fliegt MIAT zweimal wöchentlich Di und So.

Die Mongolei, ein Land mit grandiosen Landschaften

Touren in der Mongolei

Immer mehr Transsibreisende nutzen die einmalige Gelegenheit, dieses abgelegene Land mit seinen **atemberaubenden Landschaften** kennenzulernen. Es ist eine Frage von Zeit und Geld, ob man nur einen Tagesausflug in das landschaftlich wunderschöne Naturschutzgebiet von Tereldsch oder eine mehrtägige Tour machen will. Die Schönheit der Natur, die Weite und Vielfalt der Landschaft sowie das Zusammentreffen mit Nomadenfamilien sind ein unvergessliches Erlebnis. Oft sind es die Zufallsmomente, die man ausnutzen sollte: lieber auf eine Sehenswürdigkeit verzichten und stattdessen eine besondere Gelegenheit nutzen. Mal kennt der Fahrer jemanden in einer Siedlung, mal trifft man eine Nomadenfamilie, mit der man Zeit verbringen möchte, oder man kommt unvermittelt an einen Brunnen mitten im Nichts, an dem durstige Tiere darauf warten, getränkt zu werden. Es ist ein Gesetz der Wüste, anzuhalten und so lange Wasser zu schöpfen, bis alle genug haben. Und immer, wenn man fertig zu sein meint, taucht am Horizont eine neue Herde auf ... Eine sensationelle Einstimmung auf eine Mongolei-Rundreise ist der einzigartige „Film vom weinenden Kamel“.

Organisation von Rundfahrten

In **Ulan Bator** bieten diverse Unternehmen Touren zu sehr unterschiedlichen Preisen an. Die günstigste Variante können sich nur Reisende mit viel Zeit leisten. Sie suchen mit Hilfe von

013tr11 Foto: dk

Zetteln, die sie an den Pinboards in den einschlägigen Traveller-Hotels anbringen, nach Mitreisenden. Ein geländetüchtiges **Fahrzeug mit Fahrer** für maximal sechs Personen kostet 30–50 US$ pro Tag ohne Benzin (man rechne mit einem Verbrauch von 20 l auf 100 km, wobei der Liter um 400 Tugrik kostet) und ohne Dolmetscher und Verpflegung. Je nach Anbieter sind Zelte und Campingkochgeschirr im Preis eingeschlossen, einen Schlafsack muss aus hygienischen Gründen jeder selbst mitbringen.

Bei frühzeitiger Buchung bei einem **Reiseveranstalter** (⇗ Kap. „Vor der Reise: Buchung") beginnt die Rundreise ohne Zeitverlust und schließt alles ein: Fahrzeug, Fahrer, Dolmetscher, Übernachtungen, Koch, Vollverpflegung und Eintrittsgelder. Je nach Anbieter muss man pro Tag und Person mit durchschnittlich 100 Euro rechnen.

Naturschutzgebiet Tereldsch

Das 70 km nordöstlich der Hauptstadt gelegene, landschaftlich wunderschöne Naturschutzgebiet Tereldsch ist ein Muss bei jeder Mongolei-Durchquerung. Wer nur einen Tag Zeit hat, macht einen **Tagesausflug,** wer es sich zeitlich leisten kann, übernachtet in einer **Jurte.**

Die Fahrt führt zunächst parallel zu den Bahnschienen in Richtung China durch wenig aufregende, flache Landschaft. Nach etwa einer halben Stunde geht es links ab und man gelangt zum Eingangshäuschen des Naturschutzgebiets (hier muss jeder Eintritt zahlen). Dann beginnt der schöne Teil der Fahrt durch saftige Täler und über Flüsse, vorbei an Pferde- und Schafherden, bizarren Felsen und zu Jurten, denen man unbedingt einen Besuch abstatten sollte. Pferde werden gegen Bezahlung für einen kleinen **Ausritt** angeboten. Man sollte immer nur in Begleitung ausreiten und sich vor den Hunden in Acht nehmen!

Klosterruine von Manzhir

Rund 50 km südlich von Ulan Bator liegt die Klosterruine von Manzhir, doch ist die Fahrt lange nicht so interessant wie die nach Tereldsch und die Ruine auch nicht gerade imposant.

Es gibt nur in der näheren Umgebung von Ulan Bator asphaltierte Straßen, der Rest ist Piste – mal besser, mal schlechter, je nach Jahreszeit und ob es gerade geregnet hat oder nicht. Die Reisenden, das Gepäck, die Zelte und die Fotoapparate – alles hüllt sich in dicken Staub.

Geschlafen wird je nach Anbieter und Vereinbarung in mitgebrachten Zelten, in Touristencamps (die teuerste Übernachtungsvariante, gibt es nur an wichtigen Touristenspots, sie sind die einzige mit Duschen) oder in einer Jurte bei Nomaden, wobei diese entweder ihre Jurte verlassen oder sich diese mit den Gästen teilen.

Felsformationen in der Wüste Gobi

Wüste Gobi

Die Wüste Gobi bedeckt **ein Drittel der Landfläche der Mongolei** und reicht weit nach China hinein. Geologen zufolge befand sich an der Stelle der Wüste ursprünglich ein Teil eines Binnenmeeres. Die **steinige, trockene Landschaft** ist sehr dünn besiedelt. Nur ab und zu trifft man auf die **Jurten von Kamelzüchtern.** Die Wüste Gobi ist in erster Linie Heimat von Gazellen, Antilopen, Wildpferden und domestizierten Kamelen sowie von vielen Vogelarten.

Reisenden sei unbedingt empfohlen, nicht allein, sondern ausschließlich **in Begleitung von Ortskundigen** eine Reise in die Wüste Gobi zu unternehmen. Man sollte für die kalten Nächte einen warmen Schlafsack mitnehmen und stets ausreichend Trinkwasser haben. Empfindliche Gegenstände sollte man gut verpacken, damit sie vor Staub und Sandstürmen geschützt sind.

Gobi-Rundreise

1. Tag: Baga Gazriin Chuluu – Felsformationen mit Tempelruine (Zelt oder Nomadenjurte, 290 km)
2. Tag: Dalanzadgad (Touristencamp, Zelt oder Jurte, 310 km)
3. Tag: Yoliin Am – eine Gletscherschlucht, Reiten auf Pferden möglich, Fahrt zu den Sanddünen von Hongoriin Els (Touristencamp, Zelt oder Jurte, 180 km)
4. Tag: Bayanzag – die Flammenden Felsen, Reiten auf Kamelen möglich, Fahrt zu den Klosterruinen von Ongiin hiid (Touristencamp, Zelt oder Jurte)
5. Tag: Zorgolhairhan – Berge (Zelt oder Jurte)
6. Tag: Rückfahrt nach Ulan Bator

012tr11 Foto: ba

Rundreise Gobi und Zentralmongolei

1. Tag: Baga Gazriin Chuluu – Felsformationen mit Tempelruine (Zelt oder Nomadenjurte, 290 km)
2. Tag: Tsogt-Ovoo (administratives Zentrum, Fahrtunterbrechung)
3. Tag: Dalanzadgad und Fahrt zum Gletschertal von Yoliin Am, Reiten auf Pferden möglich (Touristencamp, Zelt oder Jurte, 310 km)
4. Tag: Sanddünen von Hongoriin Els (Touristencamp, Zelt oder Jurte, 180 km)
5. Tag: Bayanzag – die Flammenden Felsen, Reiten auf Kamelen möglich
6. Tag: Klosterruinen von Ongiin hiid (Touristencamp, Zelt oder Jurte)
7. Tag: Fahrt zum Orkhon-Wasserfall und Besuch einer heißen Quelle
8. Tag: Fahrt nach Kharkorin (Karakorum), Kloster Erdene-Zuu (Touristencamp, Zelt oder Jurte)
9. Tag: Hogno-Han-Gebirge
10. Tag: Rückfahrt nach Ulan Bator

Mongolisch-chinesische Grenze

Insgesamt dauert das Prozedere des Grenzübertritts etwa sechs Stunden, dann wird die eigentliche Fahrt wieder aufgenommen. Man sollte darauf achten, dass man im mongolisch-chinesischen Grenzbereich immer seine wichtigsten Papiere und ausreichend Kleidung dabeihat, wenn man den Zug verlässt!

Zwischen der Mongolei und China gibt es seit 2007 auch im Sommer **keinen Zeitunterschied** mehr, da die Mongolei die Sommerzeit wieder abgeschafft hat. Beide Länder haben sechs Stunden Unterschied zu Westeuropa.

Zamen Ude (mongolische Seite)

Viele Reisende werden ein wenig unruhig an diesem Grenzbahnhof. Die Grenzformalitäten sind auf beiden Seiten jedoch locker. Das einzig Unangenehme und bisweilen sehr Verwirrende sind die ständigen **Zugbewegungen,** doch keine Bange: Man darf immer davon ausgehen, dass der Zug den Bahnhof von Zamen Ude nach rund drei Stunden Aufenthalt endgültig in Richtung chinesischer Grenzstation Erlian verlässt.

Man fährt ein auf Gleis 1. Wer aussteigt, um z.B. die kostenpflichtigen **Toiletten** zu benutzen (100 Tugrik, Warteschlangen, kein fließendes Wasser, daher möglichst eine Flasche zum Spülen mitbringen), findet seinen Zug minutenlang gar nicht oder auf einem anderen Gleis wieder.

Erlian (chinesische Seite)

Nach der Ankunft werden die Fahrgestelle gewechselt, was ca. 1½ Stunden in Anspruch nimmt. Im Falle von Zug Nr. 4 und 24 wird ein chinesischer Speisewagen angekoppelt. Zug Nr. 34 Ulan Bator – Hohhot hat keinen Speisewagen.

Der Zug hat aus der Mongolei kommend rund zwei Stunden Aufenthalt. Wer in Erlian den Zug verlässt und den Weg vom Bahnsteig auf den Bahnhofsvorplatz findet, muss damit rechnen, dass der Rückweg zum Zug bis 15 Min. vor Abfahrt versperrt ist. Dann nämlich werden die chinesischen Fahrgäste, die im Hauptgebäude warten, auf den Bahnsteig gelassen.

Grenzübertritt mit Zügen Nr. 24/4:

Zug Nr. 24 ist der Direktzug von Ulan Bator nach Peking, Zug Nr. 4 der Moskau-Peking-Express.

20.30 Uhr: Ankunft in Zamen Ude, sofort beginnt die Passkontrolle, Ausreisekarten *(Departure Card)* ausfüllen.
20.45 Uhr: Der Zug rangiert hin und her, der mongolische Restaurantwaggon wird abgekoppelt.
21 Uhr: Zug fährt ein auf Gleis 1. Man darf den Zug nicht verlassen, die Zugtoiletten bleiben geschlossen.
21.45 Uhr: Abfahrt von Zamen Ude in Richtung China
21.52 Uhr: Stopp auf der Höhe des Landgrenzüberganges
22.02 Uhr: Weiterfahrt nach Erlian.
22.12 Uhr: Ankunft auf dem Bahnhof Erlian, sofort beginnt eine kurze Passkontrolle, der Zoll sammelt die ausgefüllten Zolldeklarationen ein, Quarantänezettel werden verteilt.
22.40 Uhr: Ausführliche Passkontrolle mit Stempel im Pass
22.47 Uhr: Der Zug rollt in die Werkshallen, um die Fahrgestelle auszutauschen.
24 Uhr: Abfahrt von Erlian in Richtung Peking

Grenzübertritt mit Zug Nr. 34: Ulan Bator – Hohhot

7.50 Uhr: Ankunft in Zamen Ude
8.50 Uhr: Zug rangiert ca. 25 Min. hin und her
11 Uhr: Abfahrt von Zamen Ude
11.05 Uhr: Chin. Passkontrolle steigt zu
11.40 Uhr: Weiterfahrt nach Stopp an einem Posten
11.55 Uhr: Ankunft in Erlian auf Gleis 1
12.10 Uhr: Pass- und Zollkontrolle beendet
12.50 Uhr: Abfahrt von Erlian

Datong

- **Zeit:** Chinesische Zeit (Moskauer Zeit + 4 Std., MESZ + 6 Std., MEZ + 7 Std.)
- **Landesvorwahl:** 0086
- **Vorwahl Datong:** 352

Die Bahnstrecke von Irkutsk via Ulan Bator und Datong nach Peking folgt einem historischen Handelsweg, auf dem vor dem Bau der Bahnlinie Tee, Seide, Porzellan und Felle mit Kamelkarawanen transportiert wurden. Aus dieser Zeit stammen mehrere eindrucksvolle, noch als solche erkennbare **Karawansereien.** Heute dienen die imposanten Lehmmauern Dörfern als eine Art Stadtmauer. Ein Beispiel sieht man rund 30 km vor Datong linker Hand, weitere liegen hinter der Stadt. Es lohnt sich, Ausschau zu halten!

Die rund drei Millionen Einwohner zählende **Industriestadt** Datong liegt auf einer Höhe von 1190 m ü.N.N. im Kohlezentrum Chinas, in dem ein Drittel des gesamten Kohlevorkommens des Landes lagern.

Im 4. Jahrhundert eroberte das zentralasiatische Volk der Toba Nordchina und gründete an der Stelle der heutigen Stadt Datong die Hauptstadt der nördlichen Wei-Dynastie (386–534). Der strategisch günstig gelegene Ort entwickelte sich zu einer wichtigen Grenzstadt, in der ein reger Handel mit der benachbarten Mongolei blühte. Nachdem im Jahre 494 der Kaiserhof nach Luoyang verlegt wurde, verlor Datong rasch an Bedeutung und geriet in Vergessenheit. Im 6. Jahrhundert, während der Sui-Dynastie (581–618), gefährdeten die nördlichen Völker das Chinesische Reich und die strategische Position der Stadt verhalf Datong erneut zu Bedeutung. Im 10. Jahrhundert überfiel das im Norden ansässige, nicht chinesische Nomadenvolk der Khitan das Kaiserreich, gründete die Liao-Dynastie (907–1125) und machte Datong zu seiner zweiten Hauptstadt. Im Jahre 1372, während der Ming-Zeit (1368–1644), erhielt Datong eine etwa 6 km lange **Stadtmauer,** die bis heute erhalten ist.

Sehenswertes

Der Besuch der Yungang-Grotten und nach Möglichkeit auch des Hängenden Klosters sollte in einem Kurzprogramm auf keinen Fall fehlen.

Neun-Drachen-Wand

Die Neun-Drachen-Wand (Jiulong Bi) ist mit fast 45 m Länge, 1,80 m Dicke und 5,50 m Höhe die größte und eine der eindrucksvollsten Drachenwände Chinas. Erbaut zu Beginn der Ming-Dynastie (1368–1644), soll sie vor dem Eingang der Residenz des Vizekönigs in Datong (Titel des ersten Sohnes des Ming-Kaisers) gestanden haben. Sie wurde aus städtebaulichen Gründen versetzt und steht heute im Zentrum der Stadt. Das **Wandmosaik** aus in fünf verschiedenen Farben glasierten Fliesen stellt neun sich aus dem Wasser erhebende Drachen dar, die um mehrere Sonnen kämpfen. Die Sonne ist Symbol der Unsterblichkeit.

- **Öffnungszeiten:** im Sommer tägl. 8–18.30 Uhr, im Winter täglich 8–17 Uhr.

Transmongolische Route

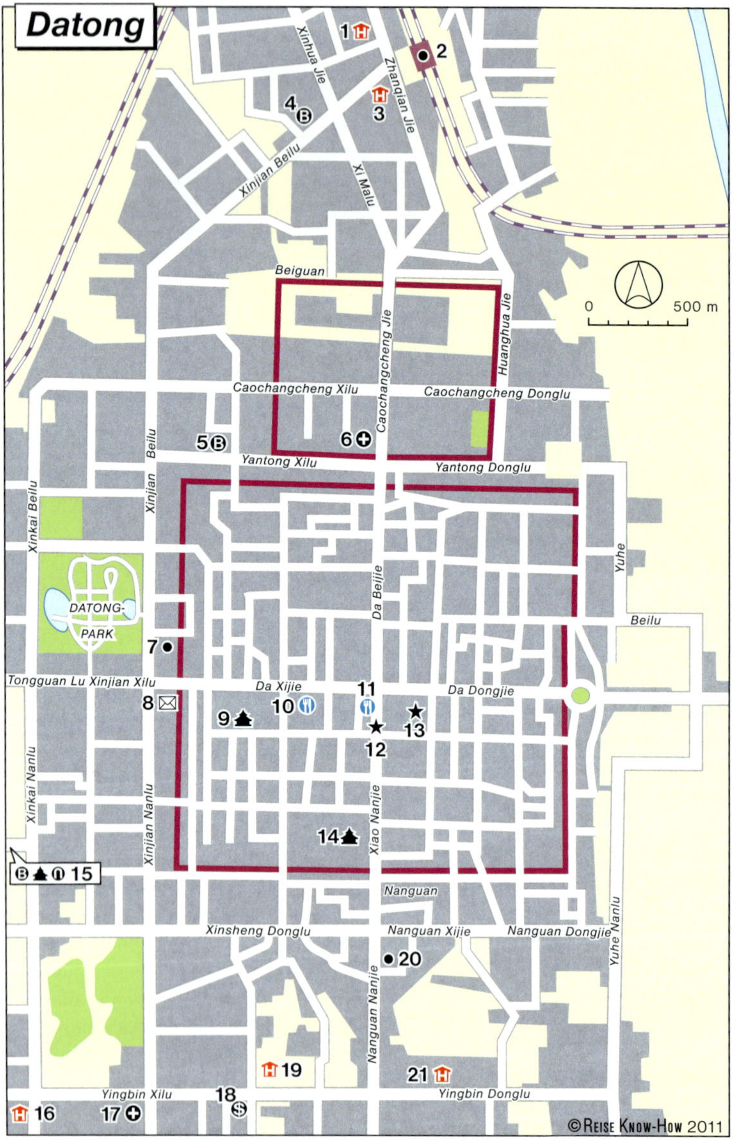
Datong
Xinhua Jie
Zhanqian Jie
Xinjian Beilu
Xi Malu
Beiguan
Caochangcheng Jie
Huanghua Jie
0 500 m
Caochangcheng Xilu
Caochangcheng Donglu
Yantong Xilu
Yantong Donglu
Xinjian Beilu
Xinkai Beilu
DATONG-PARK
Da Beijie
Yuhe Beilu
Tongguan Lu Xinjian Xilu
Da Xijie
Da Dongjie
Xinkai Nanlu
Xinjian Nanlu
Xiao Nanjie
Nanguan
Xinsheng Donglu
Nanguan Xijie
Nanguan Dongjie
Yuhe Nanlu
Nanguan Nanjie
Yingbin Xilu
Yingbin Donglu
©Reise Know-How 2011

1	Hongqi Dafandian		9	Huayan Si		16	Hongan Guoji Jiudian
2	Bahnhof + CITS-Büro		10	Huayan Fandian		17	Krankenhaus Nr. 3
3	Feitian Binguan		11	Fenglinge		18	Bank
4	Alter Busbahnhof		12	Trommelturm		19	Datong Binguan
5	Neuer Busbahnhof		13	Neun-Drachen-Wand		20	CAAC
6	Krankenhaus Nr. 2		14	Shanhua Si		21	Yungang Binguan
7	Ausländerpolizei		15	Busbahnhof Xinkaili, Guanyin Tang, Yungang-Grotten			
8	Hauptpost						

Huayan-Si-Klöster

Die Anlage befindet sich innerhalb der ehemaligen Stadtmauern unweit des Westtores. Die beiden Huayan-Si-Klöster stammen aus der Zeit der Liao-Dynastie (915–1125). Das **Obere Huayan-Kloster** (Shang Huayan Si) wurde am Ende der Liao-Dynastie zerstört und 1140 in der Jin-Dynastie (1115–1234) wieder aufgebaut. Eine Besonderheit ist die Ausrichtung des Tempels nach Osten, anstatt wie sonst üblich nach Süden. Die Große Halle des mächtigen Schatzes entstand 1140. Die übrigen Gebäude wurden in der Qing-Dynastie (1644–1911) nach den ursprünglichen Plänen der Liao- und Jin-Zeit wieder aufgebaut. Der Baustil der Schatzhalle weicht ab von dem anderer unter den Song-, Ming- und Quing-Dynastien erbauten Tempel: Das Dach ist gerade, die Fassade hat drei hölzerne Tore, jedes knapp 2 m breit, und alle Außenwände sind kahl, ohne jegliche Verzierung. Der strenge Eindruck wird nur unterbrochen durch das um 3,50 m überhängende Dach. Im Inneren des Tempels befinden sich eine schöne Kassettendecke, Fresken, Skulpturen und fünf vergoldete Buddhastatuen aus der Ming-Zeit (1368–1644). Die drei mittleren sind aus Holz, die beiden äußeren aus Terrakotta.

Das **Untere Huan-Kloster** (Xia Huayan Si) wurde mehrfach restauriert, zuletzt während der Qing-Dynastie (1644–1911). Die Klosterbibliothek stammt in ihrer heutigen Form aus dem Jahr 1038, der Zeit der Nördlichen Song-Dynastie (960–1127).

• **Öffnungszeiten:** im Sommer täglich 9–18 Uhr, im Winter täglich 9.30–17 Uhr.

Shanhua-Tempel

Das Tempelkloster Shanhua Si, auch Südtempel (Nansi) genannt, wurde ursprünglich während der Tang-Dynastie (618–907) gegründet und in der Ming-Zeit (1368–1644) umfassend restauriert. Die Anlage liegt innerhalb der ehemaligen Stadtmauern in der Nähe des Südtores, rund eineinhalb Kilometer sowohl vom Datong Hotel als auch vom Yungang Hotel entfernt und ist zu Fuß erreichbar.

• **Öffnungszeiten:** täglich 9–18 Uhr.

Yungang-Grotten

16 km nordwestlich von Datong befinden sich die **Höhlentempel** Yun-

124tr Foto: dk

gang Shiku mit **buddhistischen Skulpturen** aus verschiedenen Dynastien. Die meisten der insgesamt 52 Höhlen entstanden zwischen 460 und 494 in der Nördlichen Wei-Dynastie (386–534), einer Blütezeit des Buddhismus in China. Von ursprünglich 100.000 Figuren sind heute noch etwa 51.000 erhalten. Die größte Buddhastatue ist 17 m hoch, die kleinste 2 cm. Zu den interessantesten Höhlen zählen Nr. 5 bis 7 und Nr. 15 bis 20, wobei es sich bei Letzteren um die ältesten Grotten handelt.

Buddhafiguren in den Yungang-Grotten

- **Öffnungszeiten:** im Sommer tägl. 8–18 Uhr, im Winter tägl. 7.30–17 Uhr.
- **Anfahrt:** vom Busbahnhof Xinkaili mit Bus Nr. 3 oder 10.

Praktische Tipps

Unterkunft

- **Feitian Binguan,** schräg gegenüber vom Bahnhof, sehr einfach, Tel. 281 51 17. EZ 260 Yuan, DZ ab 140 Yuan, MBZ mit und ohne Bad mit drei bis vier Betten p.P. 35–65 Yuan.
- **Datong Binguan,** Yingbinxilu 8, Tel. 586 86 66. Das 4*-Hotel ist das älteste Haus der Stadt und wurde ursprünglich für russische Spezialisten gebaut. EZ und DZ 410 Yuan.
- **Hongan Guoji Jiudian,** Binxilu 28, Tel. 586 66 55, Fax 210 66 65. EZ und DZ inkl. Frühstück 450–480 Yuan.

Tourenanbieter

● **CITS,** im Bahnhof, Tel. 712 48 82, tägl. 6.30–18.30 Uhr. Wenn man durch den Haupteingang in die Bahnhofshalle kommt, befindet sich das CITS-Büro linker Hand (dahinter folgt der Eingang zum Wartesaal und weiter hinten in der Ecke links ist eine Gepäckaufbewahrung). Hinten rechts kann man Fahrkarten kaufen. Der sehr nette Mitarbeiter ist hilfsbereit u.a. beim Fahrkartenkauf, Tickets sind in Datong immer Mangelware. Pro Ticket wird eine Bearbeitungsgebühr von 40–50 Yuan berechnet. Wer eine Fahrkarte bestellt, muss 100 Yuan Anzahlung hinterlassen und das Ticket bis 18.30 Uhr abholen.

Zugverbindungen

● Nach **Peking** (382 km, 8 Std.): tägl. gegen 9.30, 11, 22.30 und 23.30 Uhr.

● Nach **Ulan Bator** (1183 km, 12–13 Std.): zwei- bis dreimal wöchentlich mit Zug Nr. 23, mit Zug Nr. 3 mittwochs.

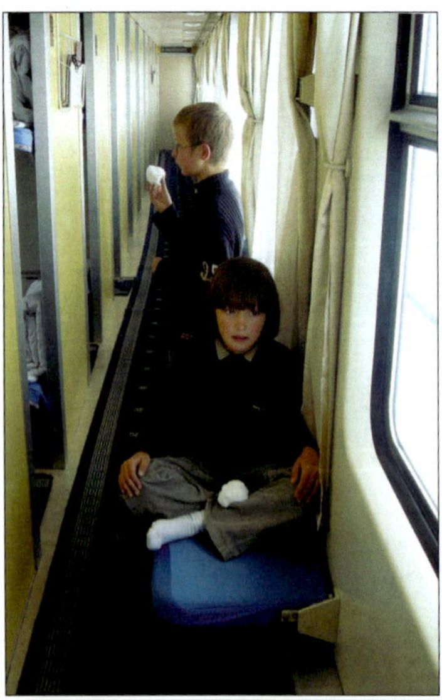

014tr11 Foto: dk

Umgebung von Datong

Hängendes Kloster

70 km südöstlich von Datong befindet sich 5 km außerhalb der Kreisstadt **Hunyuan** an einer steilen Felswand des Hengshan-Gebirges das sogenannte Hängende Kloster (Hengshan Si). Mit den Arbeiten an der 40 Hallen umfassenden Tempelanlage wurde im 6. Jahrhundert zu Zeiten der Nördlichen Wei-Dynastie begonnen.

● **Anfahrt:** Am preisgünstigsten ist es, vom Busbahnhof aus mit dem öffentlichen Bus zu fahren. Der erste fährt gegen 7 Uhr ab und braucht rund zwei Stunden bis nach Hunyuan, einer 5 km vom Kloster entfernten Kreisstadt. Von dort fährt man mit dem Taxi zum Hängenden Kloster und mit demselben Taxi zurück. Der letzte Bus nach Datong fährt gegen 16 Uhr. Allerdings kann man keine Fahrtunterbrechung machen, was in Anbetracht der einzigartig schönen Landschaft mit fotogenen Schafherden und Dörfern am Wegesrand ein Nachteil ist. Wenn es das Budget zulässt, sollte man diesen Ausflug mit dem Taxi machen und sich eventuell mit anderen Reisenden zusammentun.

Pagode Yingxian Muta

Auf dem Rückweg vom Hängenden Kloster kann man über die kleine Kreisstadt **Yingxian** fahren und das älteste Holzbauwerk Chinas, die Pagode Yingxian Muta, im Stadtzentrum besichtigen. Die dreistöckige Pagode ist 67 m hoch und 30 m breit. Sie wurde 1056 während der Song-Dynastie (960–1279) erbaut.

● **Öffnungszeiten:** im Sommer tägl. 8–12 und 14.30–18.30 Uhr, im Winter bis 17.30 Uhr.

Transmandschurische Route

Russisch-chinesische Grenze

Es gibt zwei Möglichkeiten, diese Grenze zu passieren: entweder über die „Eisenbahngrenze", mit dem einmal wöchentlich zwischen Moskau und Peking verkehrenden Direktzug Nr. 19 bzw. 20, oder über die Straßengrenze. Der **Zeitunterschied** an dieser Grenze beträgt eine Stunde. Reist man nach China ein, muss man die Uhren eine Stunde zurückdrehen, reist man von China nach Russland, so stellt man die Uhren eine Stunde vor.

Sabaikalsk (russische Seite)

Wer mit der Transmandschurischen Eisenbahn (Zug Nr. 20) fährt, überquert die Grenze Russland – China (Mandschurei) aus Russland kommend am späten Nachmittag. Im Zug erfolgt nach dem Einsammeln der **Pässe** die **Zollkontrolle.** Der Zug fährt dann vor die Halle, in der die Fahrgestelle ausgewechselt werden – alle Reisenden müssen aussteigen. Das Zuschauen beim Fahrgestellwechsel ist streng verboten! Soldaten pfeifen jeden zurück, einige drohen bei Nichtbeachtung in Zeichensprache sogar mit Festnahme.

Um nicht zu frieren und die **Wartezeit von fast fünf Stunden** zu überbrücken, nehme man ausreichend warme Kleidung mit und ggf. etwas zu Lesen nebst Leselampe oder Spiele. Die Reisenden können und dürfen den Bahnhof nicht in Richtung Sabaikalsk-Stadt verlassen.

Wer noch Rubel hat, eile zur **Wechselstube.** Wer zu spät kommt, muss lange in der Schlange stehen, außerdem gibt es oft schon nach kurzer Zeit keine chinesischen Yuan mehr. (Auf dem chinesischen Grenzbahnhof gibt es keine offizielle Wechselstube, nur Schwarztauscher.) Betritt man das Bahnhofsgebäude und hält sich rechts, kommt man in einen kleineren Saal, von dem aus eine Steintreppe in den 1. Stock führt. Oben an der Treppe angekommen, gehe man geradeaus in die eine von zwei Wechselstuben. Wenn man sagt, dass eine Quittung überflüssig ist („Ich brauche keine Quittung“: *kwitánzija nje náda*), wird man in Windeseile bedient. Falls die

125tr Foto: hl

Wechselstube entweder voller Wartender ist oder keine Yuan mehr hat, verlasse man den Raum und gehe an das Ende des Korridors. Dieser führt, wenn man die Treppe hochgeht, nach links zur zweiten Wechselstube.

Wenn man den Bahnhof betritt, befinden sich ganz hinten links die **Toiletten** und ein kleiner **Laden** mit Süßigkeiten und Proviant. Hinten rechts findet sich ein gemütliches, holzgetäfeltes **Restaurant,** in dem man gut einen Teil der Wartezeit verbringen kann. Mehrere **Wartesäle** stehen ebenfalls zur Verfügung.

Kurz bevor der Zug auf der anderen Bahnhofsseite wieder einfährt, werden im Bahnhof Absperrungen geöffnet und man kann – nun auf der anderen Bahnhofsseite – wieder in den Zug steigen. Man wird vielleicht das Fehlen des russischen Speisewagens bemerken – in China wird ein **chinesischer Speisewagen** angekoppelt.

Manzhouli (chinesische Seite)

Nach einer kurzen Fahrt erreicht der Zug den chinesischen Grenzbahnhof Manzhouli gegen 19.30 Uhr. Der Zug fährt gegen 23.15 Uhr weiter nach Peking. Die Prozedur auf der chinesischen Seite dauert damit gut dreieinhalb Stunden.

Im Zug werden zunächst **Pässe** und **Einreisekarten** eingesammelt, bald darauf kommt die Passkontrolle in jedes Abteil. Zunächst wird eine Art Campingtisch mit einem Computer aufgestellt, in den alle Passdaten eingegeben werden, dann erhält man den abgestempelten Pass wieder zurück. Nachdem die auf die Passbeamten folgenden Zollbeamten die **Zollkontrolle** mit einen kurzen Blick in die Abteile

Auf allen größeren chinesischen Bahnhöfen wird Proviant angeboten

durchgeführt haben, dürfen alle Reisenden den Zug verlassen.

Im Bahnhofsgebäude wird an langen Verkaufstischen **Proviant** verkauft. Da man in den meisten chinesischen Bahnhöfen auf den Bahnsteigen direkt am Zug ein großes Proviant- und Bierangebot vorfindet, braucht man sich nicht unbedingt gleich für die ganze Fahrt einzudecken.

In einer Halle rechts stehen hinter einem Absperrgitter Schwarztauscher, die alle Währungen in Yuan wechseln. Vom Schwarztausch ist abzuraten, da Falschgeld unter den Yuan sein könnte, was man mit bloßem Auge nicht kontrollieren kann. Außerdem werden im chinesischen Speisewagen und auf den Bahnsteigen bis Peking Dollars akzeptiert. Wichtig ist, dass man Dollars in kleinen Scheinen dabei hat.

Über die Straßengrenze von China nach Russland

Diese Variante für die Überquerung der Grenze in umgekehrter Richtung kann nur als Notlösung, wenn man z.B. den Zug verpasst hat, angesehen werden. Man verliert viel Zeit, und im Winter friert man obendrein.

Der täglich verkehrende Zug Nr. 1301 aus Peking kommt gegen 10 Uhr in **Manzhouli** an. (Er kommt nicht an dem Bahnhof an, an dem der internationale Zug Nr. 19 montags gegen 5 Uhr morgens einfährt und nach zwei Stunden Aufenthalt gegen 7 Uhr nach Russland weiterfährt). Mit einem vor dem Bahnhof wartenden **Taxi** geht es zur knapp 10 km entfernten Grenze. Diese ist täglich von 7.30 bis 16.30 Uhr offen. Da alles sehr lange dauert, sollte man Proviant einpacken! Im Winter dürfte es zudem sehr kalt werden und man muss stundenlang die Auspuffgase der wartenden Busse einatmen.

Wenige Meter vor dem Schlagbaum an der chinesischen Grenze warten **Minibusse,** die erst dann zur **Grenzkontrolle** vorfahren, wenn sie voll sind bzw. mindestens fünf bis sechs Fahrgäste haben. Sie kassieren pro Person 70 Yuan. Die Prozedur beginnt mit stundenlangem Warten im Bus in der Autoschlange. Da die Russen die vielen Importe genau kontrollieren müssen, dauert alles sehr lange. Von der chinesischen Seite darf immer erst dann ein Minibus nachrücken, wenn die Russen ein Zeichen geben.

Mit dem gesamten Gepäck geht es dann zur **russischen Zollkontrolle** – das totale Chaos. Alle steigen über- und untereinander durch, jeder versucht, bei seinen Busmitfahrern zu bleiben, weil man sich gegenseitig hilft und sowieso erst dann weiterfahren kann, wenn alle Insassen des Minibusses die Kontrollen passiert haben.

Oft kommt man zu spät auf der russischen Seite in **Sabaikalsk** an, um den **Zug nach Tschita gegen 15 Uhr** zu erwischen. Daher warten auf der russischen Seite, etwa 8 km von der Grenze entfernt, **Privatfahrer** mit bequemen japanischen Pkw, die die „gestrandeten" Reisenden nach Tschita fahren. Für die etwa 480 km lange Strecke werden pro Wagen rund 100 US$ verlangt, die sich die Insassen teilen.

In **Tschita** lässt man sich am besten am Bahnhof absetzen und kauft sofort eine **Zugfahrkarte.** Danach verlässt man die Kassenhalle und geht nach links und gleich am Ende des Bahnhofsgebäudes wieder links. Nach einigen Schritten geradeaus und dann links erreicht man die Bahngleise. Dort steht in etwa 50 m Entfernung, quasi direkt an den Gleisen, das **Bahnhofshotel.** Auf der Seite der Gleise findet man am Ende des Gebäudes den Eingang. Nur unter Vorlage einer gültigen Fahrkarte bekommt man hier zum Preis von umgerechnet 23 US$ ein Einzelzimmer (DZ p.P. 10 US$, Dreibettzimmer p.P. 8 US$, Vierbettzimmer p.P. 4 US$).

Harbin

- **Zeit:** Chinesische Zeit (Moskauer Zeit + 4 Std.)
- **Landesvorwahl:** 0086
- **Vorwahl Harbin:** 451

Die Industriestadt Harbin ist mit gut neun Millionen Einwohnern die Hauptstadt der Provinz Heilongjiang im Nordosten Chinas. Sie liegt auf einer Höhe von 171 m ü.N.N. Vor mehr als 1000 Jahren gründeten Mandschuren an der Stelle der heutigen Stadt ein kleines Fischerdorf. Der Name Harbin bedeutet im Mandschurischen „Platz zum Trocknen der Fischernetze". Seit dem Bau einer Eisenbahnlinie im Jahre 1896, einem Teilstück der Transsib,

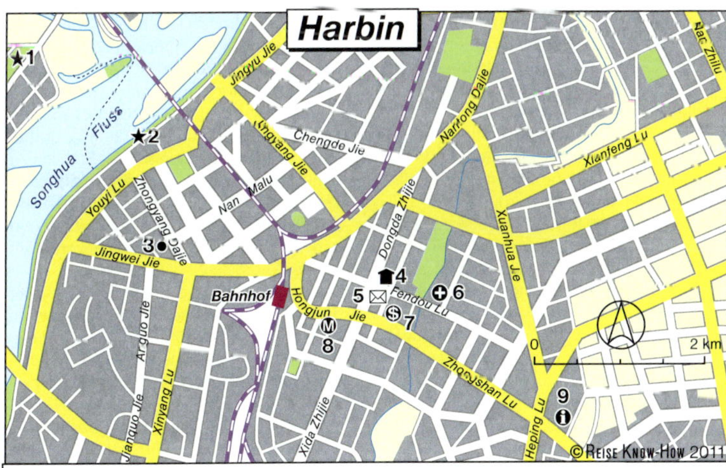

★ 1 Sonneninsel-Park
★ 2 Stalin-Park
● 3 Ausländerpolizei
4 Bahnticketvorverkauf
⊠ 5 Post
6 Krankenhaus
7 Bank
Ⓜ 8 Museum
9 CAAC

Der Buddhismus in China

Der historische **Buddha Sakyamuni** (ca. 560–480 v. Chr.) lehrte, dass das Leben Leiden bedeute und dass sich vom Leiden nur der befreien könne, der alle Bindungen aufgebe und die Erleuchtung (Nirwana) erlange. Nur dies könne ihn von dem endlosen Zyklus der Wiedergeburten befreien.

Um das Jahr 65 v. Chr. gelangte der Buddhismus aus Indien nach China. Ab etwa 150 n. Chr. kamen buddhistische Mönche aus Zentralasien und übersetzten buddhistische Texte ins Chinesische. Als im 3. und 4. Jahrhundert die konfuzianische Ordnung ins Wanken kam und nach dem Jahre 311 Nordchina von Fremdvölkern regiert wurde, schien ein weltabgeschiedenes Leben im Kloster erstrebenswert, und der Buddhismus gewann viele Anhänger. Außerdem förderten die Fremdvölker diese neue Religion.

War der Buddhismus ursprünglich als eine Spielart des Taoismus angesehen worden, so begann sich im 5. Jahrhundert der Buddhismus vom Taoismus zu lösen und die beiden Religionen traten in Wettstreit miteinander. Die erste Verfolgung des Buddhismus war teilweise von Taoisten am Hofe der Nördlichen Wei-Dynastie (386–534) angeregt worden.

Seine größte Macht erlangte der Buddhismus während der Tang-Dynastie (618–907). Die Tang-Kaiser waren großzügige Mäzene von Klöstern, Kunst und Gelehrsamkeit. Die buddhistische Bildhauerei, die sich im 5. Jahrhundert unter starkem graeco-indischen Einfluss entwickelt hatte, bildete sich in der Tang-Zeit zu einem eigenen chinesischen Stil heraus und wurde von Spendern finanziert. Man spendete den Klöstern großen Landbesitz, nicht nur, um Verdienste zu erwerben, sondern auch um Steuern zu umgehen. Die Klöster brauchten keine Steuern zu zahlen und die Spender konnten es so einrichten, dass sie von gespendetem Landbesitz weiterhin Einkommen bezogen.

Die Klöster betrieben Mühlen, Ölpressen und Leihhäuser. Tausende strömten ihnen zu, um ein sicheres Leben ohne Militär- und Arbeitsdienst zu genießen. Die hierdurch entstandenen Verluste von Reichtum und Arbeitskraft waren ein Grund für die dritte und größte Verfolgung des Buddhismus in China (845). An die 4600 Klöster wurden zerstört, 260.000 Mönche und Nonnen in den Laienstand zurückversetzt und große Landgüter eingezogen.

Der Aufstieg des Neo-Konfuzianismus in der Song-Zeit (960–1279) beendete die offizielle staatliche Förderung des Buddhismus. Wie der Taoismus blieb auch der Buddhismus beim Volk beliebt. Menschen aller sozialen Schichten beanspruchten die Dienste der buddhistischen Mönche bei Zeremonien für die Toten und versprachen sich davon viel greifbarere Vorteile als von den konfuzianischen Gedächtnisfeiern.

Zwischen 1898 und 1906 begann die chinesische Regierung, im Verfall begriffene Klöster zu enteignen und als Schulen zu benutzen, in denen jüngeren Mönchen Kenntnisse der buddhistischen Lehre sowie der Naturwissenschaften, Geschichte und anderer moderner Disziplinen vermittelt wurden.

Im Jahre 1930 gab es immer noch über 500.000 Mönche und 200.000 Nonnen in China, von denen 10% in großen öffentlichen Klöstern lebten, während die anderen in kleinen Tempeln wohnten, die ihnen persönlich gehörten.

Zwischen 1950 und 1952 wurde eine Bodenreform durchgeführt, bei der die Klöster ihres Landbesitzes enteignet wurden. Die Mönche bekamen weniger und minderwertiges Land zugeteilt, von dem sie sich durch ihre eigene Arbeit ernähren mussten. Viele Mönche waren aber entweder zu alt oder hatten zu wenig Erfahrung mit der Landwirtschaft, sodass Hunger 90% der Mönche veranlasste, in den Laienstand zurückzutreten und gewöhnliche Arbeiter zu werden. Die Übriggebliebenen wurden in den etwa 100 berühmtesten Klöstern des Landes, die auf Regierungskosten instand gesetzt oder wieder aufgebaut worden waren, untergebracht. Den Klöstern wurde nahe gelegt, keine Wandermönche mehr zu beherbergen. Religiöse Feste wurden als Verschwendung betrachtet und nach 1957 wurden auch Weihen verboten.

Seit den späten 1980er Jahren unterstützt die chinesische Regierung erneut den Wiederaufbau und die Renovierung der wichtigsten Tempel des Landes. Tempel und Klöster dürfen wieder Novizen aufnehmen, jeder darf sich in den wieder eröffneten Tempeln religiös betätigen.

Die chinesischen Kommunisten vermieden lange Zeit militantes antireligiöses Vorgehen. Stattdessen war es Maos Programm, die „objektiven Ursachen" der Religiosität, Ausbeutung und Unwissenheit, zu beseitigen, damit die Religion bedeutungslos würde. Die Verfassung von 1954 garantiert die religiöse Glaubensfreiheit. Dies wurde so ausgelegt, dass das Volk frei war, sich innerhalb der Tempel religiös zu betätigen, aber nicht außerhalb.

- **Buchtipps:** „KulturSchock China" von Hanne Chen und „Buddhismus in China erleben" von Oliver Fülling, beide erschienen im Reise Know-How Verlag.

hat sich Harbin zu einer bedeutenden Industriestadt entwickelt. Zwischen 1890 und 1955 lebten viele Ausländer in Harbin und beeinflussten die Architektur. Vor allem Russen hinterließen hier einige schöne Gebäude. Heute ist Harbin eher eine Stadt wie viele andere mit modernen Hochhäusern und McDonald's an jeder Ecke.

Wer auf seinen Anschlusszug warten muss, sollte das Bahnhofsviertel verlassen und nach links in Richtung Fluss gehen. Dort befindet sich der Rest der z.T. europäisch anmutenden **Altstadt.**

Der **Stalin-Park** *(Sidalin Gongyuan)* ist das beliebteste Ausflugsziel der Einwohner Harbins. Im Sommer eignet er sich zum Baden und Bootfahren, im Winter zum Schlittschuhlaufen.

Im Winter findet alljährlich ein berühmtes **Fisskulpturenfest** in Harbin statt. Riesige Eisblöcke werden zu Tieren, Blumen, Pavillons oder Laternen behauen und von innen beleuchtet. Leider legt sich innerhalb kürzester Zeit der Dreck aus der Luft auf die Figuren und macht sie unansehnlich.

Zugverbindungen

- Die Züge nach **Peking** fahren täglich gegen 17 Uhr ab und erreichen Peking am nächsten Morgen gegen 6 Uhr.

Peking

Überblick

- **Zeit:** Chinesische Zeit (Moskauer Zeit + 4 Std.)
- **Landesvorwahl:** 0086
- **Vorwahl Peking:** 10

In der chinesischen **Hauptstadt** inklusive aller Stadtbezirke leben heute rund 16 Mio. Menschen. Peking (chin. Beijing) ist nach Schanghai die zweitgrößte Stadt des Landes. Die knapp 17.000 km^2 umfassende Stadt ist seit Mitte des 13. Jahrhunderts ununterbrochen die Hauptstadt Chinas. Seit der Öffnung der Volksrepublik Ende der 1970er Jahre entwickelte sie sich zu einer modernen Weltmetropole und einem wichtigen Wirtschaftszentrum.

Die Geschichte Pekings beginnt im Jahre 1180 v. Chr. (Shang-Dynastie, ca. 1600 bis ca. 1100 v. Chr.), als in der Region die kleine Siedlung Ji entstand. 221 v. Chr. nahm der erste Kaiser von China, *Qin Shi Huang Di* (reg. 221–210 v. Chr.), Ji ein. Eine Militärbastion gegen die Nomadenvölker im Norden wurde eingerichtet. Das Volk der Khitan gründete im 10. Jahrhundert die Liao-Dynastie (907–1125) mit der Hauptstadt Kaifeng. Peking entwickelte sich zu jener Zeit zur zweitwichtigsten Stadt des Reiches. Eine 10 m hohe und knapp 20 km lange **Mauer** mit acht Toren zog sich um die Stadt. Im 12. Jahrhundert, während der Jin-Dynastie (1115–1234), wurden prunkvolle **Paläste** erbaut und die Stadtmauer wurde erweitert.

Nach der Jin-Dynastie folgte im 13. Jahrhundert die mongolische Herrschaft, die Yuan-Dynastie (1271–1368)

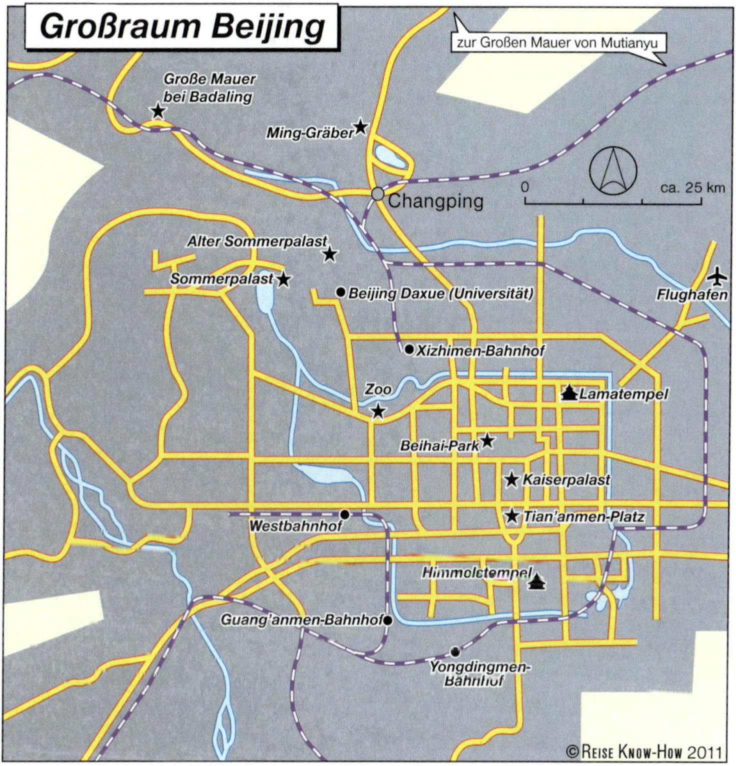

unter *Dschingis Khans* Enkel *Kublai Khan* (reg. 1260–1294), der Peking zu seiner Hauptstadt machte. Peking erlebte eine einmalige Blütezeit. So prunkvoll und überwältigend waren die Paläste, Tempel und Parkanlagen, dass man von ihnen in Europa schwärmte. Der venezianische Kaufmann *Marco Polo* wurde wegen seiner Beschreibungen des höfischen Lebens und seiner Reiseberichte als Lügner beschimpft und eingekerkert.

Im 14. Jahrhundert, als die Ming-Dynastie (1368–1644) den Mongolen die Herrschaft abnahm, blieb Peking Hauptstadt des Reiches. Im Jahre 1407 begann Kaiser *Yongle* (reg. 1403–25) mit dem Ausbau des **Kaiserpalastes.** Zu jener Zeit erhielt Peking auch seinen heutigen Namen, **Beijing,** „Nördliche Hauptstadt".

Im 17. Jahrhundert blieb Peking auch unter der Qing-Dynastie (sprich: *Tsching,* 1644–1911) Hauptstadt Chi-

129tr Foto: hl

nas. Ende des 19. Jahrhunderts wurde Peking mehrmals von militärischen Angriffen durch ausländische Mächte heimgesucht, viele schöne Gebäude wurden zerstört und der Kaiserhof verließ die Stadt zeitweilig.

Der Hauptbahnhof:
Hier kommen die Transsibzüge an

Zu Beginn des 20. Jahrhunderts kam es im Zuge der Revolution zu Unruhen und Aufständen. 1937 besetzten die Japaner Peking und am 31. Januar 1949 marschierte die chinesische Rote Armee in die damals 1,6 Mio. Einwohner zählende Stadt ein. Am 1. Oktober 1949 verkündete *Mao Zedong* die Gründung der Volksrepublik China. Eine rasche kulturelle und wirtschaftliche Entwicklung setzte ein.

Ankunft

Am Flughafen

Wer mit dem Flugzeug in Peking ankommt und mit dem Taxi zum Hotel fährt, sollte am Flughafen **Geld wechseln** (der Kurs ist nicht schlechter als anderswo) und aufpassen: Bis ins Stadtzentrum sollte das Taxameter nicht mehr als etwa 150 Yuan anzeigen. 15 Yuan für die Autobahnbenutzung muss man zusätzlich bezahlen. Aber immer wieder schaffen es die Halsabschneider-Taxifahrer, im letzten Moment irgendwo zu drücken und ein Vielfaches zu verlangen. Im Zweifelsfall sollte man nur etwa 150 Yuan bezahlen und sich an der Hotelrezeption um Hilfe bemühen – bis jemand kommt, ist das Taxi dann meistens schon weg.

Günstiger sind die alle 30 Minuten fahrenden **Flughafenbusse.** Zu dem in der Nähe des Hauptbahnhofs und damit zentral gelegenen Hotel International *(Guoji Fandian)* kostet die Fahrt um die 30 Yuan.

Am Bahnhof

Wer mit dem Zug anreist, kommt entweder am **Westbahnhof** (z.B. Züge aus Datong oder Jining) oder am **Hauptbahnhof** (Moskau-Peking-Express, Ulan-Bator-Peking-Express etc.) an. Vor den Bahnhöfen findet man Busse, vor dem Hauptbahnhof Metrostationen und in beiden Fällen Taxis. Im Falle des Hauptbahnhofs sind die Taxifahrer dort in ihren Preisvorstellungen extrem unverschämt, sodass man aus dem Bahnhof kommend erst einmal ein paar hundert Meter nach rechts laufen sollte, um dann ein Taxi heranzuwinken!

Sehenswertes

Wer nur einen Tag Zeit für Peking hat, sollte unbedingt die Verbotene Stadt und die Große Mauer besuchen. Ein gemietetes Taxi für den ganzen Tag ist in dem Falle sehr hilfreich (⇗ Praktische Tipps). Abends bietet sich der Besuch der Pekingoper und eines typischen Lokals an, wo man einmal original Pekingente kosten sollte.

Wer mehr Zeit hat als nur einen Tag, kann sein Besichtigungsprogramm nach dem Wetter richten. Wenn es besonders schön und klar ist, sollte man zur Chinesischen Mauer und zu den Ming-Gräbern fahren. Dort lohnt sich der Besuch des Ding-Ling- und des Chang-Ling-Grabes am meisten. Letzteres ist in der Mittagszeit zwischen 12.30 und 13.30 Uhr am ruhigsten.

Vorsicht vor Taschendieben

Vorsicht: In der Pekinger **Metro, in Bussen und auf Märkten** sowie überall da, wo viele Menschen aufeinander treffen, treiben Taschendiebe ihr Unwesen. Im Falle eines Falles unbedingt die Polizei benachrichtigen und eine Schadensmeldung für die Reisegepäckversicherung mitnehmen, da diese ohne offizielle Polizeipapiere für den Schaden nicht aufkommt.

1 Yuexiu Hotel
2 Mr. John's Info and Tourist Office
3 Qianmen Hotel, Pekingopern-theater
4 Jugendherberge
5 Far East Hotel
6 Leo Hostel
7 Quan Zhude (Pekingente)
8 Hotel Xinqiao
9 Beijing City Central Youth Hostel
10 Ritan Restaurant
11 Monkey Business Info Center
12 Zhaolong Intern. Youth Hotel
13 Lufthansa Center

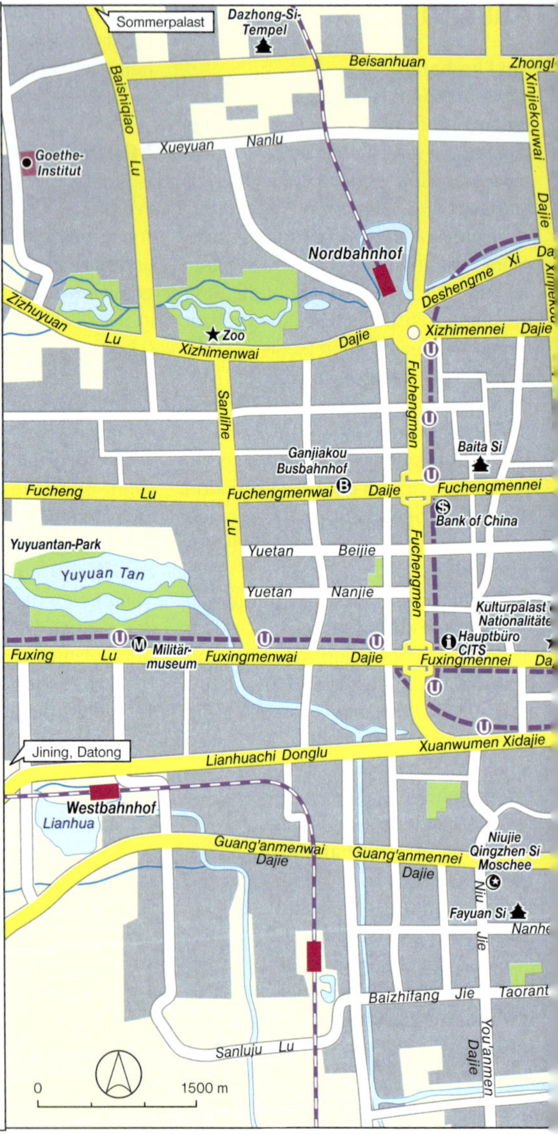

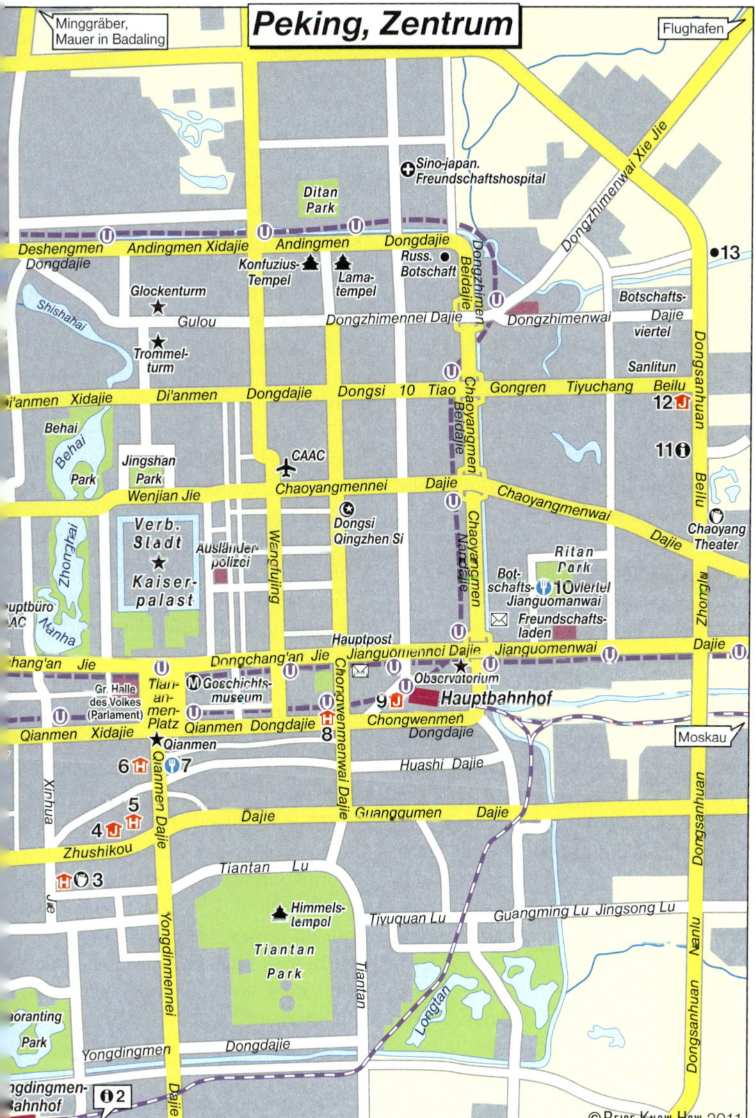
Peking, Zentrum
Minggräber, Mauer in Badaling
Flughafen
Sino-japan. Freundschaftshospital
Ditan Park
Dongzhimenwai Xie Jie
Deshengmen Dongdajie
Andingmen Xidajie
Andingmen Dongdajie
Konfuzius-Tempel
Lama-tempel
Russ. Botschaft
Dongzhimen Beidajie
•13
Glockenturm
Shishahai
Gulou
Dongzhimennei Dajie
Dongzhimenwai Dajie
Botschafts-viertel
Trommel-turm
Sanlitun
Dongsanhuan Beilu
Di'anmen Xidajie
Di'anmen Dongdajie
Dongsi 10 Tiao
Gongren Tiyuchang Beilu
Chaoyangmen Beidajie
12
Behai
Behai Park
Jingshan Park
CAAC
11
Wenjian Jie
Chaoyangmennei Dajie
Chaoyangmenwai Dajie
Dongsi Qingzhen Si
Chaoyang Theater
Verb. Stadt Kaiser-palast
Ausländer-polizei
Wangfujing
Chaoyangmen Nandajie
Ritan Park
Bot-schafts-viertel Jianguomenwai
10
Zhonghai
Freundschafts-laden
Nanha
Hauptpost
Dongchang'an Jie
Jianguomennei Dajie
Jianguomenwai Dajie
Zhonglu
Gr. Halle des Volkes (Parlament)
Tian-an-men-Platz
Geschichts-museum
Observatorium
Hauptbahnhof
9
Chongwenmenwai Dajie
Chongwenmen Dongdajie
Qianmen Xidajie
Qianmen Dongdajie
8
Moskau
Qianmen
6
7
Huashi Dajie
Xinhua Jie
5
4
Qianmen Dajie
Dajie
Guangqumen Dajie
Zhushikou
Tiantan Lu
3
Himmels-tempel
Tiyuquan Lu
Guangming Lu Jingsong Lu
Dongsanhuan Nanlu
Tiantan Park
Yongdinmennei Dajie
Tiantan
Longtan
Yongdingmen Dongdajie
Park
2
ahnhof
© Reise Know-How 2011

Kaiserpalast (Verbotene Stadt)

Der Kaiserpalast *(Gugong)*, auch „Verbotene Stadt" genannt, wurde ursprünglich im 13. Jahrhundert erbaut, als die Yuan-Dynastie (1271–1368) ihre Hauptstadt nach Peking verlegte. Zwischen 1403 und 1424 (Ming-Zeit, 1368–1644) entstanden die heutigen Gebäude mit ihren enormen Ausmaßen. Der Kaiserpalast gehört zu den wichtigsten Sehenswürdigkeiten des Landes. Er ist ein Symbol des traditionellen China und gleichzeitig das größte und besterhaltene **Meisterwerk klassischer chinesischer Architektur.** Der etwa 720.000 m^2 große, über 9000 Räume zählende Palast ist von einem 50 m breiten Wassergraben und einer über 10 m hohen Mauer mit Wachtürmen umgeben. Er diente den Ming- und Qing-Kaisern als Residenz. Innerhalb der Anlage findet sich eine Vielzahl imposanter Gebäude, Tore, Innenhöfe, Thronsäle und Empfangshallen, es gibt ein Museum mit Porzellan, ein Uhrenmuseum, Bildersammlungen, Bronzelöwen und -gefäße und einen schönen Palastgarten.

Alle Gebäude der früher für normale Sterbliche „Verbotenen Stadt" richten sich an einer 7,5 km langen Nord-Süd-Achse aus, die im Norden am Trommel- und Glockenturm und im Süden am Südtor endet.

Der Sohn des Himmels, der dafür verantwortlich war, dass Frieden, Wohlstand und Sitten auf Erden herrschten, residierte im Kaiserpalast, dem Zentrum des Reiches der Mitte. Die Mehrzahl der über 15.000 Palastbewohner waren Bedienstete der 15 Palastämter. Sie durften die Verbotene Stadt in der Regel ihr Leben lang nicht verlassen.

Rundgang

Die **Zahlen in Klammern** beziehen sich auf den Lageplan.

Der Haupteingang, das **Mittagstor (1),** wurde im Jahre 1420 während der Ming-Dynastie (1368–1644) erbaut und zuletzt 1982 restauriert. Das **Tor der Höchsten Harmonie (2)** führt in den Innenhof vor der 27 m hohen und 63 m langen **Halle der Höchsten Harmonie (3).** Das 1420 erbaute und 1697 erneuerte Gebäude diente als Thronhalle. Die 24 Säulen dieser Halle stehen für die Stunden des Tages, die 18 Weihrauchbecken auf der Terrasse für die 18 kaiserlichen Provinzen. Die bronzenen Schildkröten und Reiher symbolisieren langes Leben, während der Drache das Symbol des Kaisertums ist.

In der quadratischen **Halle der Mittleren Harmonie (4)** überprüfte der Kaiser einmal im Jahr das Saatgetreide, das für eine gute Ernte sorgen sollte. In der **Halle der Erhaltung der Harmonie (5)** fand alljährlich aus Anlass des Laternenfestes (am 15. Tag des ersten Mondes) ein großer Empfang der Fürsten, Prinzen und Minister des Landes statt. Im späten 18. Jahrhundert wurden hier die Kaiserlichen Prüfungen abgehalten. Jeder Chinese, egal welcher Herkunft, hatte die Möglichkeit, an diesen Examina teilzunehmen – erst auf regionaler Ebene und zuletzt im Kaiserpalast. Die Besten wurden an den Kaiserhof gerufen und hatten als

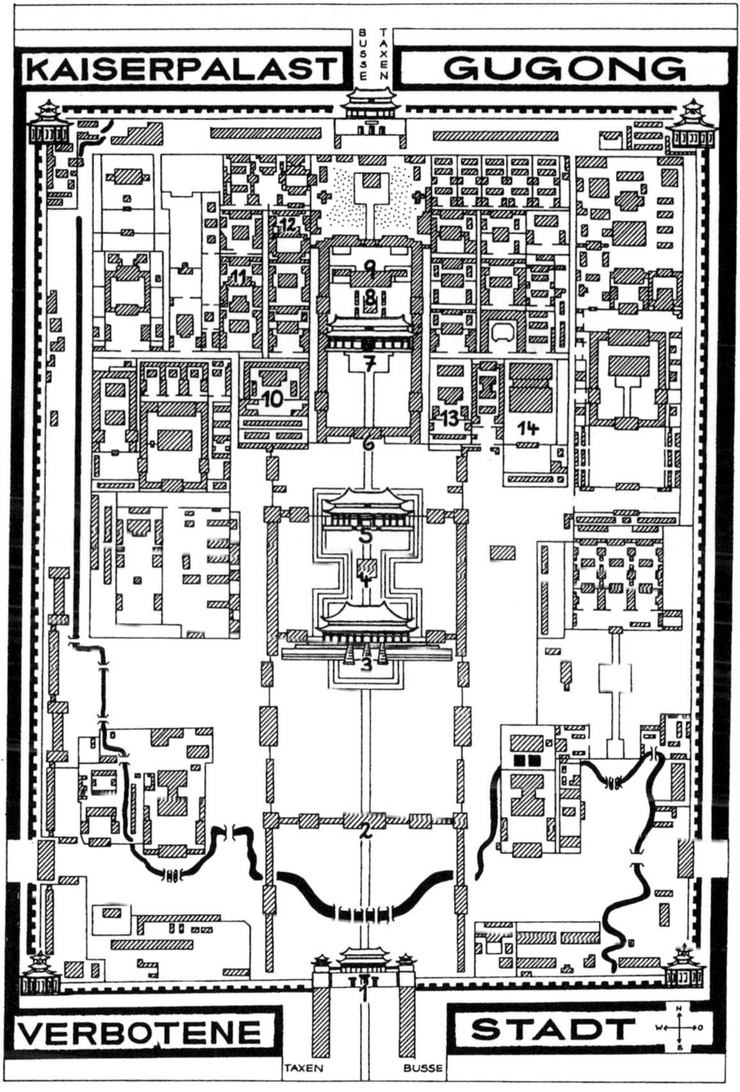
KAISERPALAST
GUGONG
BUSSE
TAXEN
VERBOTENE
STADT
TAXEN
BUSSE
N
W
O
S
1
2
3
4
5
6
7
8
9
10
11
12
13
14

063tr Foto: hl

Hofbeamte ein gesichertes Einkommen und großen Einfluss.

Verlässt man den oben beschriebenen öffentlich-zeremoniellen Bereich, gelangt man über einen Platz zum **Tor der Himmlischen Reinheit (6),** dem Eingang zu jenem Palastbezirk, in dem der Kaiser, die Kaiserin, die zahlreichen Konkubinen und ihre unzähligen Kinder lebten. Außer ihnen hatten nur die adeligen unter den rund 5000 Palastdamen, die dem Kaiser geschenkt worden waren, und einige der 10.000 Eunuchen Zutritt zu den Inneren Gemächern. In Ausnahmefällen, wie dem Geburtstag der Kaiserin oder dem Neujahrsfest, durften Minister oder auch fremde Gesandte diesen Teil der Verbotenen Stadt betreten.

Mit einem gemieteten Taxi kann man sich von einer Sehenswürdigkeit zur anderen fahren lassen – oder im Stau stecken bleiben ...

Ursprünglich diente der **Palast der Himmlischen Reinheit (7)** dem Kaiser als Schlafgemach, seit Mitte des 17. Jahrhunderts wird er für Empfänge einheimischer und ausländischer Würdenträger genutzt.

In der **Halle der Berührung von Himmel und Erde (8)** residierte anfänglich die Kaiserin, später wurden hier die kaiserlichen Siegel aufbewahrt. Heute sind hier eine Uhr aus dem späten 18. Jahrhundert, ein 2500 Jahre altes Instrument zur Zeitmes-

Der Konfuzianismus – Grundlage des chinesischen Kaisertums

Der Konfuzianismus stellt ein vielschichtiges Gebilde dar, in dem religiöse, philosophische, sozialethische und lebensanschauliche Aspekte fast untrennbar vermischt sind. Die Bezeichnung „Konfuzianismus" stammt ab von dem Namen, den Jesuitenmissionare im 17. Jahrhundert dem Begründer der Schule gegeben hatten: „Kong Fuzi" (übersetzt: „Meister der Familie Kong").

Konfuzius wurde 551 v. Chr. in Qufu in der Provinz Shandong als Sohn einer Familie des niederen Adels geboren. 479 v. Chr. starb er im Alter von 72 Jahren in Qufu. Auf weiten Reisen durch China war Konfuzius von Fürstenhof zu Fürstenhof gereist und hatte versucht, einen Herrscher zu finden, der seine auf moralischen Werten basierende Lehre annehmen und anwenden würde, jedoch ohne Erfolg. Kein Herrscher nahm seine Philosophien und Regierungsideen an. Später gründete Konfuzius eine Art Privatschule, in der er seine Lehre an Schüler weitergab, um sie auf Stellungen als Verwaltungsbeamte vorzubereiten.

Im Mittelpunkt der Lehre stehen die **Menschlichkeit** und das **edle Handeln.** Rechtschaffenheit und Wohlwollen sollen das Verhalten eines tugendhaften Menschen gegenüber seinen Mitmenschen bestimmen. Nur ein tugendhafter Herrscher würde sein Land ordnen und seine Untertanen durch sein Vorbild zu Sittlichkeit und Rechtschaffenheit anhalten können.

Konfuzius unterteilte die Menschen in **drei Gruppen:**

1. die **Heiligen** oder **Weisen,** die die höchste Stufe außergewöhnlicher Vollkommenheit erreicht hatten und somit die höchste Stufe der Menschlichkeit verkörperten;

2. die **Edlen,** eine allgemein erreichbare Stufe, die sich durch tugendhaftes Verhalten, Pflichterfüllung und Menschlichkeit erreichen ließ. Hierfür wesentlich war das rechte Verhältnis im menschlichen Umgang. Es wurde in den „fünf menschlichen Beziehungen" kategorisiert. Die Anerkennung der Autorität übergeordneter Personen wurde Pflicht im Verhältnis Herrscher – Untertan, Vater – Sohn, Mann – Frau, älterer Bruder – jüngerer Bruder, Freund – Freund. Kindesliebe und Bruderliebe stellen Werte dar, die von der konfuzianischen Tradition immer wieder betont und als Wurzel der Menschlichkeit angesehen werden. Das bedeutet, dass Konfuzius einen Menschen nicht aufgrund seiner Abstammung beurteilte, sondern aufgrund seiner moralischen Integrität und Vollkommenheit. Nicht Profit, sondern Rechtschaffenheit sollte den Menschen zum Handeln motivieren;

3. die **Gemeinen** oder **Unbedeutenden.**

Erst zwischen 176 und 104 v. Chr. wurde am Hof der Han-Dynastie (206 v. Chr. – 220 n. Chr.) eine **konfuzianische Staatsdoktrin** geschaffen, die die Grundlage des chinesischen Kaisertums werden sollte. Diese Doktrin stützte sich auf **drei Komponenten:**

1. die religiöse, in der der Himmel als höhere Macht anerkannt und der Ahnenkult betont wurde. Die Legitimation der Herrscher war das „Mandat des Himmels".

2. die philosophische, die sich um die Wiederbelebung der Kultur der frühen Zhou-Zeit (ca. 1100–221 v. Chr.) bemühte.

3. die sozialpolitische, wonach nur derjenige die Beamtenlaufbahn einschlagen konnte, der das Studium der konfuzianischen Schriften mit einer anschließenden Prüfung abgeschlossen hatte. Die Kandidaten brauchten nicht notwendigerweise der aristokratischen Oberschicht zu entstammen, sondern konnten sich aus unteren Schichten rekrutieren, wodurch der Einfluss der bis dahin geltenden Erbaristokratie abgebaut wurde und folglich eine größere soziale Mobilität entstand. Die so geschaffene konfuzianische Beamtenelite blieb bis zum Ende der Kaiserzeit entscheidender Machtträger.

sung und eine Wasseruhr aus dem 18. Jahrhundert ausgestellt.

Im östlichen Flügel des **Palastes der Irdischen Ruhe (9)** verbrachten die kaiserlichen Hochzeitspaare ihre Hochzeitsnacht. Westlich der Nord-Süd-Achse befindet sich der **Palast der Herzensbildung (10)** mit den Privatgemächern der letzten drei Qing-Kaiser.

Der **Palast des Immerwährenden Frühlings (11)** und der **Palast der Konzentrierten Eleganz (12)** dienten den Nebenfrauen als Wohnquartiere. In den Palästen östlich der Nord-Süd-Achse, z.B. im **Palast des Fastens (13)** und in der **Halle der Ahnenverehrung (14),** befinden sich heute größtenteils Museumsräume.

Die in den Palastgebäuden ausgestellten **Kunstwerke** wie Kalligrafien, Bronzegefäße, Tuschbilder, Skulpturen, Porzellangegenstände oder Cloisonné-Arbeiten stammen von den berühmtesten Meistern des alten China.

•**Öffnungszeiten:** im Sommer tägl. 8.30–17 Uhr, im Winter tägl. 8.30–16.30 Uhr. Einlass ist bis eine Stunde vor Ende der Besichtigungszeit. Man sollte die teuerste **Eintrittskarte** (100 Yuan) kaufen, damit man nicht überall zeitraubend Einzelkarten lösen muss. **Kassettenrekorder** (Audio-Führer) kann man für 50 Yuan leihen. Den Pass oder 500 Yuan hinterlegt man als Pfand, man bekommt es am Ausgang zurück. Wer den Nordeingang benutzt, wendet sich an die Audio-Stelle des Südeingangs und umgekehrt.

Rund um den Tian'anmen-Platz

Tor des Himmlischen Friedens

Vom Tor des Himmlischen Friedens *(Tian'anmen),* dem **Haupttor des Kaiserpalastes,** hat am 1. Oktober 1949 *Mao Zedong* die Gründung der Volksrepublik China verkündet. Der ursprünglich 1417 während der Ming-Dynastie (1368–1644) errichtete Holzbau brannte 1457 ab und wurde 1651 in der Qing-Zeit (1644–1911) wieder aufgebaut. Das 34 m hohe Tor ist von einem Ringgraben umgeben, der von fünf weißen Marmorbrücken überspannt wird und zum Schutz des Kaiserpalastes angelegt worden war.

Platz des Himmlischen Friedens

Der Tian'anmen-Platz *(Tian'anmen Guangchang)* wurde 1651 angelegt und 1958 um das Vierfache vergrößert. Er misst über 400.000 m², womit er einer der **größten öffentlichen Plätze der Welt** ist. Abends ist der Platz Treffpunkt der einheimischen Bevölkerung, was ein beeindruckendes Schauspiel ergibt.

Große Halle des Volkes

Die Große Halle *(Renmin Dahuitang)* auf der Westseite des Platzes wurde 1958/59 innerhalb eines knappen Jahres von Kadern, Studenten und Arbeitern errichtet. Der Hauptversammlungssaal misst 7000 m² und hat Sitzplätze für 10.000 Menschen. In einer Banketthalle haben 5000 Personen Platz. Hier finden u.a. die Sitzungen des Nationalen Volkskongresses und Diplomaten-Empfänge statt.

•**Öffnungszeiten:** tägl. Jan., Feb., März und Dez. 9–14 Uhr, April bis Juni 8.15–15 Uhr, Juli bis Aug. 7.30–16 Uhr und Sept. bis Nov. 8.30–15 Uhr. Eintrittsgebühr 30 Yuan. Das Ticket Office liegt am Südeingang, Tel. 6309

8934-5. Hinweis: Bei staatlichen Anlässen wird die Halle ohne vorherige Mitteilung geschlossen.

Revolutions- und Geschichtsmuseum

Auf der Ostseite des Platzes befindet sich das **Museum der Chinesischen Geschichte und Revolution** *(Zhanggou Lishi Geming Bowuguan).* Dokumentiert sind u.a. die Geschichte Chinas ab 1919, die revolutionäre Bewegung und die Entwicklungsgeschichte der Kommunistischen Partei.

- **Öffnungszeiten:** tägl. 8.30–17 Uhr.

Denkmal der Volkshelden

Das Denkmal der Volkshelden *(Renmin Yingxiong Jinianbei)* im Zentrum des Platzes ist ein Wahrzeichen der chinesischen Revolution. *Mao Zedong* legte am 30. September 1949 den Grundstein für das Monument, am 1. Mai 1958 wurde es eingeweiht. Das Denkmal besteht aus 17.000 Granit- und Marmorblöcken.

Auf der Nordseite des 38 m hohen **Obelisken** lautet eine Inschrift Maos: „Die Helden des Volkes sind unsterblich". Auf der Rückseite befindet sich eine Inschrift *Zhou Enlais:* „Die Hel-

★ 1 Zhongshan-Park (Sun-Yatsen-Park)
★ 2 Tian'anmen, Tor des Himmlischen Friedens
★ 3 Kulturpark der Werktätigen
Ⓜ 4 Revolutions- u. Geschichtsmuseum
★ 5 Denkmal der Volkshelden
★ 6 Große Halle des Volkes
★ 7 Mao-Mausoleum
★ 8 Vorderes Stadttor (Qianmen), auch Tor der Mittagssonne (Zhengyangmen)
★ 9 Wachturm
• 10 Alter Bahnhof

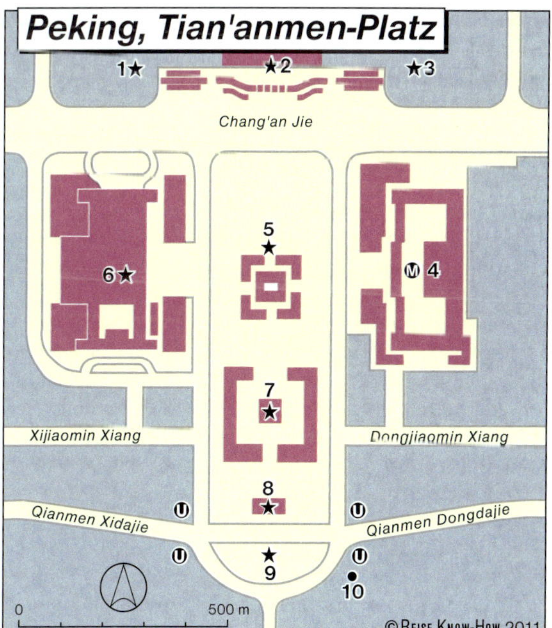

Peking

134tr Foto: hl

den, die in den letzten drei Jahren ihr Leben dem Volksbefreiungskampf und der Volksrevolution opferten, sind unsterblich. Die Helden, die in den letzten 30 Jahren ihr Leben dem Volksbefreiungskampf und der Volksrevolution opferten, sind unsterblich. Die Helden, die seit 1840 ihr Leben in den Kämpfen gegen innere und äußere Feinde für die Nation, die Unabhängigkeit, für Freiheit und das Glück des Volkes opferten, sind unsterblich".

Mao-Mausoleum

Die Halle zum Gedenken *Mao Zedongs (Mao Zhuxi Jiniantang)*, zu der am 24.11.1976 der damalige Parteivorsitzende *Hua Guofeng* den Grundstein legte, wurde am 9.9.1977, dem ersten Todestag von Mao Zedong, fertig gestellt. Sie ist 33 m hoch und misst 20.000 m². Man beachte die fantastische **Kalligrafie** in der Ausgangshalle, wo an einer riesigen Wand aus weißem Marmor in goldenen Schriftzeichen Maos Grass-Schrift zu sehen ist. Mao war unbestritten einer der größten Meister der Kalligrafie speziell für diese Schrift.

- **Öffnungszeiten:** täglich außer Mo 9–11.30 Uhr, zusätzlich Di und Do 14–16 Uhr. Taschen und Fotoapparate müssen an einer Gepäckaufbewahrung abgegeben werden.

Vorderes Stadttor

Das Vordere Stadttor *(Qianmen)* stammt aus den Jahren 1403–24

Garküche in Peking

(Ming-Dynastie, 1368–1644). Es ist eines der wenigen noch erhaltenen Stadttore der Mauer, die einst die Kaiserstadt umgab.

Beihai-Park

Während das Gebiet um den Zhonghai- und den Nanhai-See heute Sitz des Staatsrates und des Zentralkomitees der Kommunistischen Partei Chinas ist und damit ohne Zutritt für die Öffentlichkeit, erfreut sich der 68 ha große Beihai-Park („Nordsee-Park") aus dem frühen 10. Jahrhundert (Liao-Dynastie, 907–1125) als Ausflugsziel und touristische Attraktion größter Beliebtheit.

Während der Jin-Dynastie (1115–1234) ließ man den 39 ha großen **See**

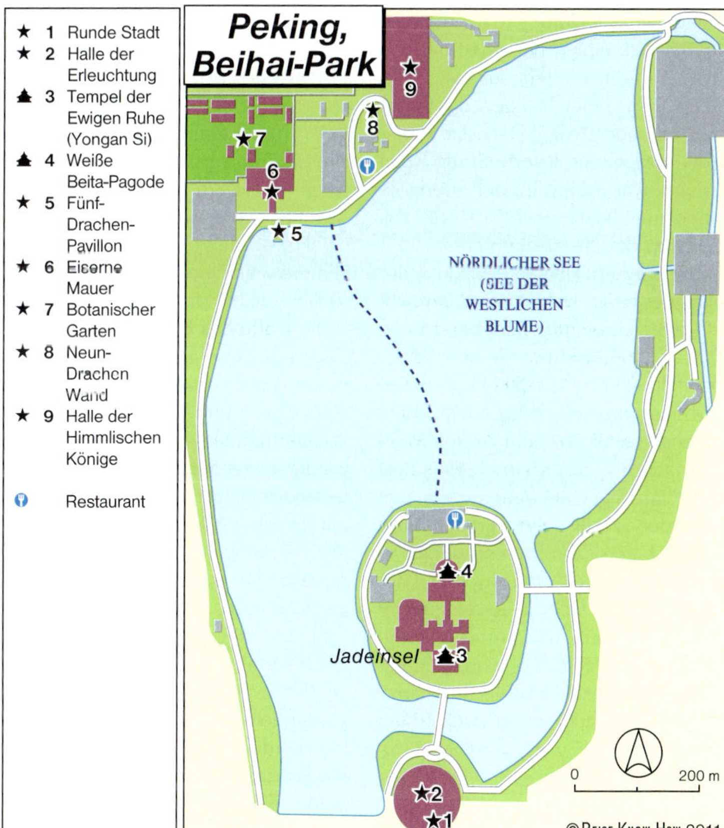

ausheben und die überschüssige Erde zu Hügeln und Inseln aufschütten. In der Mitte der Insel Qionghua Dao steht die knapp 36 m hohe, im tibetischen Stil erbaute **Weiße Beita-Pagode** aus dem Jahre 1651 (Qing-Dynastie, 1644–1911).

Zahlreiche Pavillons, Terrassen, Brücken und Wandelgänge sowie die 27 m lange, 5 m hohe und 1,20 m breite **Neun-Drachen-Wand** von 1417 (Ming-Dynastie, 1368–1644) machen den Park zu einem typischen Beispiel für chinesische Gartenbaukunst.

Die von einer Mauer aus dem 15. Jahrhundert (Ming-Dynastie, 1368–1644) umgebene **Runde Stadt** *(Tuan Cheng)* war während der mongolischen Yuan-Dynastie (1271–1368) das Zentrum der ehemaligen Hauptstadt Dadu. In einem kleinen Pavillon in der Mitte des Hofes steht ein aus dem Jahre 1265 stammendes **Jadebassin** von 1,50 m Durchmesser, dessen Dekor Darstellungen von Drachen, Fischen und Seepferdchen zeigt. Das 3000 l fassende Gefäß soll dem großen Mongolenkaiser *Kublai Khan* (1215–1294) als Weinfass gedient haben.

In der **Halle der Erleuchtung** *(Chengguang Dian)*, einem hervorragenden Beispiel chinesischer Baukunst, befindet sich ein aus einem einzigen Stück weißen Marmors gefertigter sitzender Buddha. Er wurde zur Regierungszeit des Qing-Kaisers *Guanxu* (1875–1908) aus Burma nach China gebracht.

•**Öffnungszeiten:** täglich 6–22 Uhr im Sommer und 6.30–20 Uhr im Winter.

Jingshan-Park

Der 22 ha große Park Jingshan Gongyuan mit dem dreistöckigen **Pavillon des Ewigen Friedens,** von dem aus sich ein herrlicher Ausblick auf die Verbotene Stadt und Pekings Zentrum bietet, war während der Yuan-, Ming- und Qing-Zeit ein kaiserlicher Garten.

•**Öffnungszeiten:** im Sommer tägl. 6–18.30 Uhr, im Winter tägl. 7–17 Uhr.

Himmelstempel

Der Himmelstempel *(Tiantan)* steht in einem 273 ha großen Park, der sich in einen nördlichen und einen südlichen Abschnitt unterteilt. Der nördliche ist halbkreisförmig und symbolisiert das Himmelsgewölbe, der quadratische südliche Teil die Erde.

Die **Halle des Erntegebets** *(Qinian Dian)* aus dem Jahre 1420 (Ming-Dynastie, 1368–1644) fiel einem Feuer zum Opfer und wurde Anfang des 20. Jahrhunderts nach alten Plänen wieder aufgebaut. Das 38 m hohe, ohne einen einzigen Nagel errichtete Gebäude misst 30 m im Durchmesser. Die vier mittleren, 19 m hohen Säulen repräsentieren die vier Jahreszeiten, zwei weitere, jeweils zwölf Säulen zählende Reihen symbolisieren die zwölf Monate des Jahres, bzw. nach altchinesischer Rechnung die zwölf Zeiteinheiten des Tages. Alle 28 Säulen wurden aus Baumstämmen aus der Provinz Yunnan gefertigt. Man bedenke den langen und schwierigen Transportweg über kleine Flüsse bis in

HIMMELSTEMPEL TIANTAN

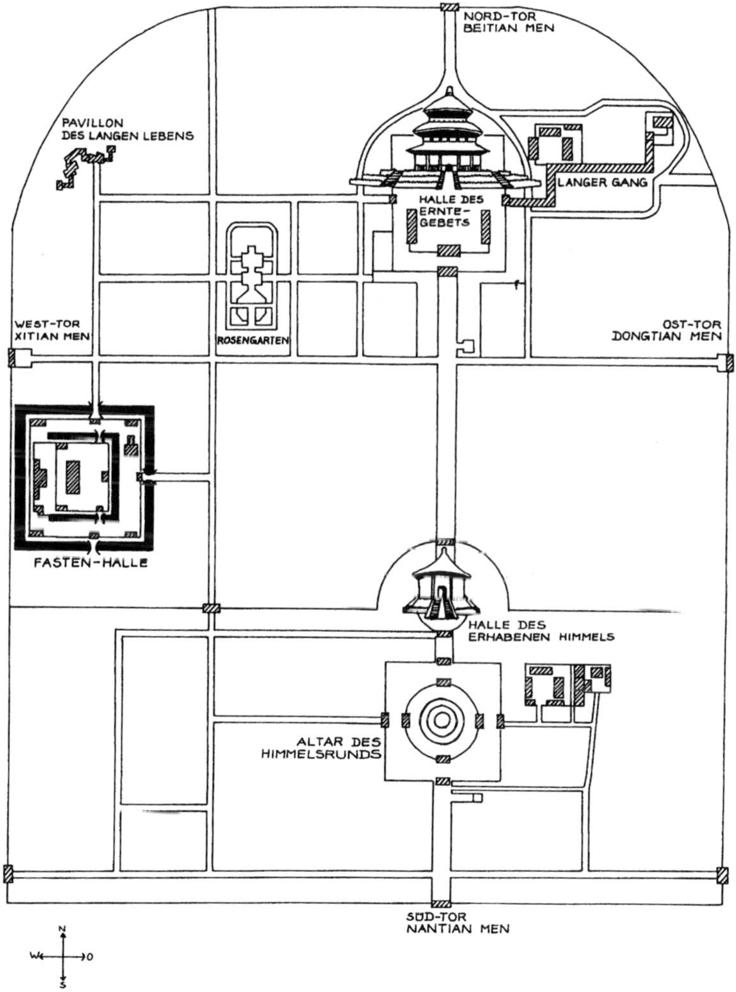

Xiao Sheng

Lao Sheng

den Yangtsekiang und dann weiter über den Kaiserkanal bis nach Peking!

Die **Halle des Erhabenen Himmels** *(Huangqiongyu),* 1530 während der Ming-Dynastie erbaut, diente als Aufbewahrungsort für bei Zeremonien benötigte Gegenstände.

Jedes Jahr zur Wintersonnenwende zog der Kaiser mit seinem Gefolge, etwa 1000 Personen, zum **Altar des Himmelsrunds** *(Huanqiu Tan),* einer dreistufigen, von zwei Mauern umgebenen Steinterrasse aus weißem Marmor. Hier wurden Opferzeremonien abgehalten, die gute Ernten sichern sollten.

• **Öffnungszeiten** der Parkanlage: 6–22 Uhr im Sommer, 6.30–20 Uhr im Winter. Die Gebäude sind tägl. 8–17 Uhr geöffnet.

Den Besuch einer Pekingopernaufführung sollte man sich nicht entgehen lassen. Oben: Figuren der Pekingoper

Lamatempel

Der Lamatempel *(Yonghe Gong)* ist einer der besterhaltenen Tempel Pekings. Er wurde 1694 während der Qing-Dynastie (1644–1911) als Wohnhaus des kaiserlichen Thronfolgers errichtet und 1723 in ein Kloster umgebaut, von dem nur noch der Tempel erhalten ist. Heute leben hier wieder junge Mönche, die u.a. Tibetisch, Mongolisch und die buddhistischen Sutren studieren.

• **Öffnungszeiten:** tägl. außer Mo 8.30–17.30 Uhr im Sommer, 9–16 Uhr im Winter.

Zoo

Hauptattraktion des Pekinger Zoos *(Dongwuyuan)* sind die **Pandabären,** von denen es weltweit noch insgesamt etwa 1000 geben soll. Allerdings ist das Gehege in einem wenig schönen Zustand.

• **Öffnungszeiten:** im Sommer tägl. 7.30–17.30 Uhr, im Winter tägl. 7.30–17 Uhr.

Abendprogramm

Abends empfiehlt sich der Besuch der **Pekingoper** oder einer **Akrobatenshow.** Eine speziell für ausländische Touristen gedachte Pekingopernaufführung, die unbedingt empfehlenswert ist, findet jeden Abend im Qianmen Hotel statt. Dem ungeübten Ohr und Auge wird hier ein interessantes Gemisch sowohl musikalischer als auch optischer (akrobatischer) Highlights aus verschiedenen Opern geboten. Man sollte nach Möglichkeit einen Tisch in der Mitte der ersten Tischreihe oben am Gang nehmen – hier hat man gute Sicht, auch zum Fotografieren.

- **Eintrittskarten** für Abendshows und die Hin- und Rückfahrt kann man in Hotels oder bei speziellen Tourveranstaltern (s.u.) buchen.
- **Chaoyang Theater,** Dongsanhuanlu 36, Tel. 6507 2421 und 6506 0837, tägl. 19.15–21.30 Uhr, Eintrittskarten ab 80 Yuan. Um 200 Yuan kostet ein Platz in den ersten Reihen, wo man auf Stühlen an Tischen sitzt und ein wenig zum Knabbern und Tee serviert bekommt – so haben früher die reichen Chinesen eine Pekingoper erlebt.

Große Mauer

Die Große Mauer (*Wanli Changcheng*, übersetzt: „Zehntausend Li lange Mauer", 1 *li* entspricht 0,576 km), gilt als das längste Bauwerk der Erde.

Im 5.–8. Jahrhundert v. Chr., während der sogenannten Frühlings- und

033tr Foto: hl

Herbstperiode (770–476 v. Chr.), begannen die Herrscher einzelner miteinander rivalisierender und nach Hegemonie strebender Reiche, hohe Mauern um ihre Herrschaftsgebiete zu errichten. Als im Jahre 220 v. Chr. das Chinesische Reich unter dem ersten chinesischen Kaiser *Qin Shi Huang Di* vereinigt wurde, ließ er die einzelnen Mauern zum Teil abreißen und zu einer einzigen, durchgehenden Mauer verbinden.

Während der Han-Dynastie (206 v. Chr.–220 n. Chr.) wurde eine zweite Mauer nördlich der ersten erbaut. Sie ging jedoch über diese hinaus und erfüllte bis in die Tang-Zeit (618–907) eine schützende Funktion gegen die nördlichen Eindringlinge aus der Mongolei. In der Tang-Zeit geriet die Mauer in Vergessenheit und verwahrloste, denn die Macht und Stärke des Tang-Reiches waren so groß, dass es einer Mauer nicht mehr bedurfte.

Erst nachdem die mongolische Yuan-Dynastie (1271–1368) in der Mitte des 14. Jahrhunderts von der chinesischen Ming-Dynastie (1368–1644) entmachtet wurde, ließen die neuen Machthaber die Große Mauer erneuern. Die Mauer der Ming-Zeit beginnt im Westen in Jiayuguan in der Provinz Gansu und verläuft über **6000 km,** meistens der heutigen Grenze der Inneren Mongolei folgend, durch die Provinzen bzw. Autonomen Regionen Ningxia, Shaanxi, Innere Mongolei und Shanxi bis nach Shanhaiguan in der Provinz Hebei, wo die Mauer im Meer endet.

Die erste Mauer bestand aus Felsbrocken und Erde, in Wüstenregionen schichtweise aus Sand, Steinen und einem Gemisch aus Gras und Zweigen. Die im 14. Jahrhundert während der Ming-Dynastie ausgeführten Ausbesserungsarbeiten bestanden im Wesentlichen darin, die ursprüngliche Mauer mit Ziegelsteinen und Steinplatten zu umschließen. Durchschnittlich misst die Mauer an der Basis 7 m und oben 6 m Dicke, die Durchschnittshöhe beträgt 7–9 m, an einigen Stellen bis zu 16 m.

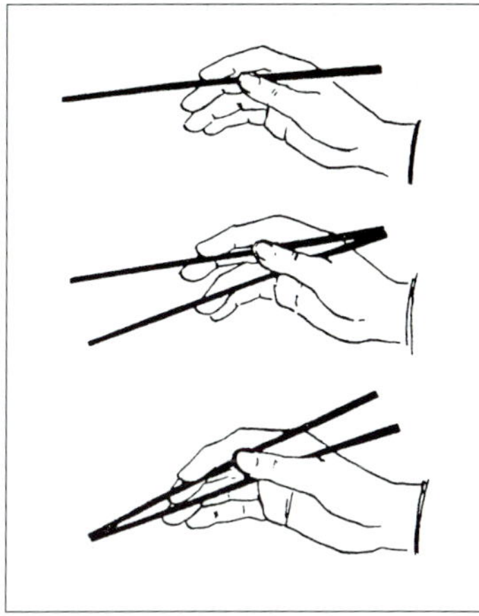

Essstäbchen: So wird's gemacht

Die Mauer – nicht nur Verteidigungswall und Transportweg, sondern mit ihren Aussichtstürmen auch ein schneller Weg der Nachrichtenübermittlung

An strategisch wichtigen Punkten wurden **Befestigungsanlagen** und im Abstand von 200 m **Aussichtstürme** errichtet, von denen aus mittels Spiegel-, Licht-, Feuer- oder Rauchsignalen über Tausende von Kilometern eine rasche Nachrichtenübermittlung möglich war. An einigen besonders gefährdeten Stellen wurden sechs oder mehr parallel zueinander verlaufende Mauern errichtet. Auf der Mauer konnten sich ganze Heere fortbewegen und zu weit entfernten Stützpunkten verlegt werden.

Als im Jahre 1644 die Mandschus die Qing-Dynastie (1644–1911) gründeten, verlor die Mauer ihre Bedeutung und begann erneut zu verfallen. Nach 1949 wurde das Bauwerk mit Regierungsgeldern in Jiayuguan am westlichen Ende, in Badaling, 75 km nördlich von Peking, und in Shanhaiguan am östlichen Ende für den Tourismus aufwendig restauriert. Ein 750 m langes Teilstück in Mutianyu setzte die Firma Henkel instand.

Von Peking aus empfiehlt sich der Besuch der Großen Mauer in **Badaling.** Da bis 17/18 Uhr wahre Menschenmassen unterwegs sind, sollte man erst danach ankommen, wenn es ruhiger und erträglicher wird. Man gehe links hoch, damit einem die Sonne nicht in die Augen scheint und man die von der Sonne angestrahlten Mauerteile in der Ferne sehen kann.

- **Anfahrt:** Ausflüge zu verschiedenen Mauerabschnitten, auch mit Übernachtung, kann man in den Hotels oder bei speziellen Tourveranstaltern (s.u.) buchen.

Praktische Tipps

Info und Touren

Jedes Hotel und die meisten Hostels haben einen Service-Schalter, an dem man Ausflüge, Zug- und Flugtickets sowie Eintrittskarten für Abendshows buchen kann.

- **Mr. John's Info and Tourist Office,** *Mr. John* spricht gut englisch und vermittelt, seit es Traveller in China gibt, alles, was der Reisende benötigt: von Unterkünften über Transfers bis zu Ausflügen, z.B. mit Übernachtung auf der Chinesischen Mauer. Tel. 1390 11 23 938, jian_min@hotmail.com.

Miettaxi

Ein Taxi mit Fahrer für den ganzen Tag kann man sich im Hotel vermitteln lassen und die Rezeption um Hilfe beim Vereinbaren eines Pauschalpreises bitten. Auch *Mr. John*

044tr Foto: hl

Die höchste Zahl ist 10.000

Chinesen können nur bis 10.000 zählen. Alle höheren Zahlen müssen auf der Basis von 10.000 aufbauen. 20.000 heißt auf Chinesisch zweimal 10.000, 100.000 entsprechend zehnmal 10.000. Mit den Millionen wird es dann zumindest für Ausländer problematisch. Peking hat eintausendsechshundertmal 10.000 Einwohner. Wieviel ist das also? Die Anwort: 16 Millionen.

(s.o.) vermittelt Fahrer. Man rechne mit etwa 700 Yuan pro Tag für ein Taxi. Tipp: Hat man mit Hilfe der Hotelrezeption einen Tagespauschalpreis ausgehandelt, so sollte man die Bezahlung am Ende der Tour vor dem Hotel vornehmen, um im Falle von Unstimmigkeiten mit dem Chauffeur dieselbe Person von der Rezeption als Zeuge rufen zu können.

Man muss bei den Sehenswürdigkeiten stets einen sicheren Treffplatz ausmachen, da man sonst seinen Fahrer nicht wiederfindet (unbedingt auch die Auto- und Handynummer notieren). Im Notfall lässt man sich bei der Suche von einem Chinesen helfen.

Post und Internet

- **Internetcafés** findet man auf Schritt und Tritt und in jedem Hotel.
- **Post:** Jianguomenbei Dajie, Ecke Jianguomenwai Dajie, tägl. 8–19 Uhr. Briefe und Postkarten nehmen fast alle Hotelrezeptionen entgegen.

Geld

In China unterscheiden sich die Kurse von Wechselstube zu Wechselstube und von Bank zu Bank kaum, sodass man keine Vergleiche anstellen muss. Sollte man einmal schnell Geld brauchen und nur ein Hotel in der Nähe sein, muss man evtl. lügen bei der Frage nach der Hotelzimmernummer, da die Hotelwechselstellen eigentlich nur für ihre Gäste wechseln dürfen.

- **Bank of China,** 410 Fuchengmennei Dajie, Mo bis Sa 9–12 und 13.30–17 Uhr.

Botschaften

- **Deutsche Botschaft,** 17, Dong Zhi Men Wai Da Jie, Chaoyang District, Tel. 8532 9000 und in dringenden Notfällen außerhalb der Öffnungszeiten Tel. 8532 9200
- **Botschaft von Österreich,** Jian Guo Men Wai, Xiu Shui Nan Jie 5, Tel. 6532 2061/62
- **Botschaft der Schweiz,** Sanlitun Dongwujie 3, Tel. 8532 8888
- **Botschaft der Russischen Föderation,** Dongzhimennei Beizhongjie 4, Tel. 6532 2051, 6532 1381, Fax 6532 4851, Visastelle: Tel. 6532 1267, 6532 1991, Fax 6532 4853, Mo bis Fr 9–12 Uhr.
- **Botschaft der Mongolei,** Jianguomenwai, Xiushuibeijie 2, Tel. 6532 1203, 6532 1810, Fax 6532 5045, Visastelle: Eingang von der Nanjie, Konsulat im Hintergebäude, Tel. 6532 1203 und 6532 5829/Apparat 18, Bürozeiten: Mo bis Fr 9–12 Uhr.

Unterkunft

Pekings Hotellandschaft gleicht der einer x-beliebigen Weltmetropole – es gibt alles **von ganz einfach bis ultraluxuriös.** Doch nach einer anstrengenden Transsibreise wünschen sich viele Reisende ein komfortables Hotel. Die typischen Traveller-Hotels aber haben den einzigartigen Vorteil, dass sich hier viele Rucksackreisende und „Einzelkämpfer" zusammenfinden, sodass eine interessante „Traveller-Infrastruktur" entstanden ist. Das bedeutet z.B., dass die umliegenden Restaurants sich auf den Geschmack und vor allem das Budget dieser Klientel eingestellt haben und dass im Hotel günstige Touren angeboten werden ohne überflüssige Stopps an Souvenirshops oder Touristenrestaurants.

- Günstige Hostels für p.P. ab 60 Yuan findet man unter **www.hostelasia.com** und **www.hostelworld.com,** einen Preisüberblick findet man unter **www.hostelbookers.com/hostels/china/beijing.**

„Ulan Bator – Peking", in mongolischer Schreibweise: „Ulaanbaatar – Beijing"

国 际 旅 客 订 票 单
RESERVATION SHEET

订票日期 *Monat* 月 *Tag* 日
Date

订票单位 Organisation		国籍 Nationality *German*
姓名 Name *Hans Meyer*	电话 Telephone *XX XX XX XX*	住址 Address *Peking Hotel*

乘座 20XX 年 *Monat* 月 *Tag* 日第 次国际列车
Train No. *Zug Nr.* Dateof of Departure *XX.XX.20XX*

起站 From *Peking*	到站 To *Ulan Bator*	席别 Class *2*	整票张数 Adult ticket *X*	童票张数 Children ticket	
起站 From	到站 To	席别 Class	整票张数 Adult ticket	童票张数 Children ticket	
旅客声明事项： Remarks				人民币 RMB	外汇券 FEC

注意：请于开车 7 天之前取票，愈期不取，预订位不予保留，订金不退。
NOTICE: TICKETS MUST BE COLLECTED 7 DAYS BEFORE TRAIN'S DEPARTURE, OTYERWISE IT WILL BE CANCELLED WITHOUT BOOKING CHARGE REFUND.

Formular zur Zugreservierung

- **Beijing City Central Youth Hostel,** ideale Lage für jeden Ankommenden, ohne Stress mit Taxifahrern, ohne lange Sucherei, 100 m links gegeüber dem Hauptbahnhof, Tel. 8511 5050, www.centralhostel.com. DZ p.P. 80–160 Yuan, Mehrbettimmer p.P. 60 Yuan.
- **Far East Hotel,** Tieshuxiejie 90, Stadtteil Xuanwu, Tel. 5195 8811 (sobald die Ansage beginnt, muss man die 0 wählen!), Fax 5195 8233, www.fareastyh.com. Die Lage dieses beliebten Hotels in einem alten Hutong-Gassenviertel ist sehr schön! EZ und DZ 290 Yuan.
- Eine kleine Sensation ist die gegenüber liegende, pieksaubere, 190 Betten zählende **Jugendherberge** (buchbar über das Far East Hotel) mit einem supergemütlichen Innenhof. Eine wirklich einmalige Alternative, die sicher nicht mehr lange exisitieren wird, da die Altstadt zugunsten moderner Hochhäuser täglich schrumpft. Mehrbettzimmer kosten p.P. 45–60 Yuan, DZ p.P. 90–170 Yuan. Übrigens sollte man zumindest das erste Mal mit dem Taxi hinfahren, da das Hotel schwer zu finden ist.
- **Hutong Inn Hotel,** Tel. 1300 111 86 74, ein Hotel in einem alten Stadtviertel – chinesischer und interessanter geht's nicht! 71 Zimmer auf vier Etagen ohne Fahrstuhl: Ganz besonders empfehlenswert ist das Hutong Inn im Beixiawazi Hutong Nr. 17, Bei Luoguxiang, Dongcheng District. Dieser Stadtteil mit 1000 Restaurants, Kneipen, eleganten Boutiquen und quirligem Leben befindet sich östlich vom Trommelturm. Da ein Taxi zu breit ist für dieses Gassenviertel, ruft man im Hotel an (ggf. erledigt das der Taxifahrer mit seinem Handy), damit sie eine Rikscha schicken, um den Kunden abzuholen. DZ inkl. Frühstück p.P. ab 150 Yuan.
- **Leo Hostel,** Dazhalan Xijie 52, Tel. 6303 1595, www.leohostel.com. Eine beliebte Unterkunft südlich des Platzes des Himmlischen Friedens. Freundlicher Service, gutes Essen, nette Bar und interessante Ausflüge, z.B. „Secret Wall", Wanderung auf der Großen Mau-

015tr11 Foto: dk

er an menschenleerer Stelle. DZ p.P. 100–120 Yuan, im 3-Bett-Zimmer p.P. 90–100 Yuan, in einem Zimmer mit 8–12 Betten p.P. 50–80 Yuan.

- **Zhaolong International Youth Hostel,** Gongren Tiyuchang Beilu 2 im Botschaftsviertel, Tel. 6597 2299, Fax 6597 2288. Ab 60 Yuan p.P.
- **Taimushan International Business Hotel,** Jianguomenwait-Straße, Tel. 5169 2288. Modernes Hotel in günstiger Lage, nicht weit von einer Metrostation entfernt. Hier wohnen in erster Linie Chinesen und keine Touristengruppen, sodass man sich tatsächlich wie in China fühlt, entsprechend ist auch das Frühstück nicht sehr westlich. DZ ab 440 Yuan p.P., Frühstück 50 Yuan.

Essen und Trinken

In Peking gibt es so viele gute Restaurants aller Kategorien und Geschmacksrichtungen, dass es eigentlich keiner speziellen Empfehlungen bedarf.

- Ein Muss ist ein Pekingentenessen im **Quan Zhude Restaurant** in der Qianmen Dajie, an der großen Straße südöstlich vom Mao-Mausoleum (am Platz des Himmlischen Friedens) oder in einer der Filialen dieser Restaurant-

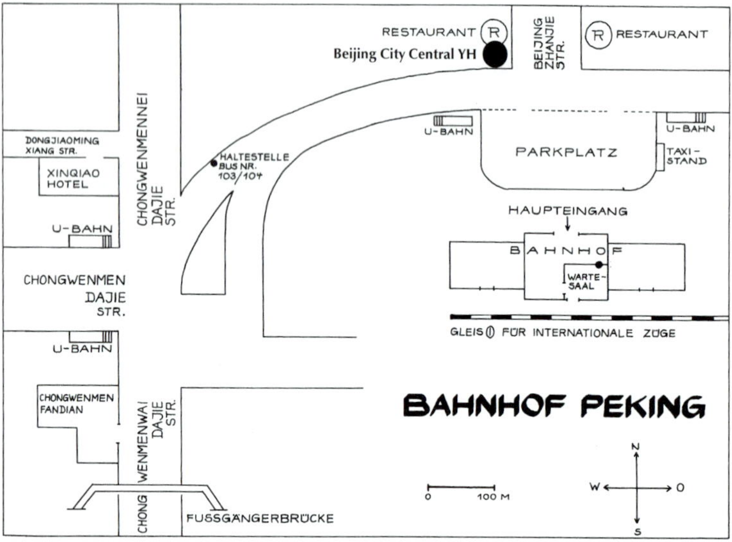

kette. Mittags hat das berühmteste aller Pekingentenlokale nur bis 13.30 Uhr geöffnet und abends ist es meistens ausgebucht! Bis 13 Uhr oder abends bis spätestens 20.15 Uhr da sein – last order. Genau ab 20.31 Uhr kann man nichts mehr bestellen außer Getränken. Sitzen darf man aber bis 22.30 Uhr und länger. Wer ab 19 Uhr kommt, findet normalerweise einen bereits frei gewordenen Tisch. Tipp: nur und ausschließlich Ente bestellen – pro Person eine halbe – wenn schon, denn schon! Man sollte unbedingt die Haut vom Fleisch trennen lassen. Wenn die Ente am Tisch zubereitet wird, müssen die „Pfannkuchen" sofort serviert werden. Sobald die heiße Haut abgetrennt wurde und auf dem Servierteller liegt, mit dem Essen beginnen, weil sonst alles kalt wird.

So wird's gemacht: Pfannkuchen auf die Handfläche legen, mit den Stäbchen ein wenig von der dunklen Pflaumensoße auftragen (nicht zu viel und nicht zu wenig), zwei oder drei Streifchen Frühlingszwiebel dazu und dann ein bis zwei Hautstücke von der Brust dazulegen. Das Ganze einrollen, überflüssigen Pfannkuchen abreißen (nicht essen, lieber Platz für viel Ente lassen) und dann abbeißen – herrlich!

- **Starlight Revolving Restaurant,** im 28. Stock des International Hotel, unweit des Hauptbahnhofs, Tel. 6512 6688/6218. Tägl. 11.30–14 Uhr (160 Yuan p.P.) und 17.30–22 Uhr (300 Yuan p.P.) internationales Büfett und dabei herrliche Ausblicke auf die Stadt.
- **Ritan Restaurant,** Eingang von der südwestlichen Ecke des Ritan-Parks. Bei gutem Wetter kann man hier mitten im Park mit seinen wunderschönen Hügeln, Seen, Pavillons und kleinen Brücken im Freien essen. Hier treffen sich viele Angestellte aus den umliegenden Botschaften. Die Preise sind moderat, Mittagessen nur bis 13.30 Uhr.

Feste

- Seit 1985 findet wieder jedes Jahr zum **Chinesischen Neujahr** ein buntes Tempelfest im Erdtempel-Park *(Ditan Gongyuan)* statt. Bereits eine Woche vor dem Neujahrstag beginnen die Festlichkeiten. An unzähligen Ständen und Buden werden handgemachte Spielsachen und leckerste Spezialitäten zum Naschen angeboten.

Die Daten des Chinesischen Frühlings- bzw. Neujahrsfestes: 23.–29.1.2012, 10.–16.2. 2013, 31.1.–6.2.2014.

Zugverbindungen

Zugfahrkarten können frühestens sechs Monate vor der geplanten Abreise bestellt werden. Bei der Bestellung muss man die Passnummer angeben. Bei Bezahlung mit einer Kreditkarte (Amex, Master oder VISA) werden 4% aufgeschlagen. Bei der Reservierung ist eine Anzahlung in Höhe von 100 Yuan *(deposit)* fällig, die man zurückbekommt, wenn man die Reservierung spätestens sieben Tage vor der Abreise annulliert. Holt man ein reserviertes Ticket nicht sieben Tage vor der Abreise ab, verfällt die Buchung samt der Anzahlung. Kann man nicht sieben Tage vor der geplanten Abreise das Zugticket abholen, bezahlt man bei der Reservierung sofort den Gesamtpreis. Stornieren einer bereits voll bezahlten Fahrkarte kostet 50 Yuan plus Prozente: Gibt man sein Ticket eine Woche vor der Reise zurück, verliert man 20% des Fahrpreises, sind es nur ein bis drei Tage vor der Abreise, verliert man 40% des Kaufpreises. Gibt man eine Fahrkarte für den Samstagabendzug nach Moskau am Samstagvormittag zurück, sind es ebenfalls 40% des Fahrpreises, den man verliert.

- Fahrkartenbuchung durch einen Veranstalter: **Monkey Business Infocenter,** Zimmer 201, Poachers Inn, Beisanlitunnan Str. 43, Botschaftsviertel Sanlitun, Tel. 6591 6519, Fax 6591 6517, www.monkeyshrine.com.
- Fahrkartenbuchung auf eigene Faust: **International Train Booking Office,** Hotel International (Guoji Fandian), Jianguomennei Dajie., nördlich vom Hauptbahnhof (wenn man durch den Haupteingang die Hotellobby betritt, links halten), Tel. 6512 0507 und 6512 0508, Mo bis Fr 9–12 und 13.30–17 Uhr, Sa/So 9–12 Uhr. Reservierungen sind frühestens zwei Monate vorher möglich, Tickets müssen spätestens 7 Tage vor der Abfahrt abgeholt und bezahlt werden (bar und in Yuan).

Peking-Moskau-Transsibexpress via Mandschurei nach Russland:

- **nach Moskau** (8961 km, 144 Std.) Zug Nr. 19: Sa 22.56 Uhr, Ankunft Fr 17.57 Uhr. Im 2-Bett-Abteil 6827 Yuan, im 4-Bett-Abteil 4404 Yuan.
- **nach Irkutsk** (3810 km, 67 Std.) Zug Nr. 19: Sa 22.56 Uhr, Ankunft Di 18.06 Uhr. Im 2-Bett-Abteil 3857 Yuan, im 4-Bett-Abteil 2495 Yuan.

Peking-Moskau-Transsibexpress via Mongolei nach Russland:

- **nach Moskau** (7865 km) Zug Nr. 3: Mi 7.40 Uhr, Ankunft Mo 14.12 Uhr. Im 2-Bett-Abteil De Luxe (zwei Abteile teilen sich eine Nasszelle) 6021 Yuan, im 4-Bett-Abteil 3737 Yuan.
- **nach Ulan Bator** (1561 km, 30 Std.): Zug Nr. 23, der Abfahrtstag ändert sich jedes Jahr, Abfahrt 7.40 Uhr, Ankunft am nächsten Tag 13.20 Uhr. Im 2-Bett-Abteil 1797 Yuan, Soft bed (*reng wuo,* 4-Bett-Abteile mit weicheren Betten) 1619 Yuan, Hard bed (*ying wuo,* 4-Bett-Abteile mit etwas härteren Betten) 1128 Yuan.

Zug Nr. 3: Dieser Zug geht bis nach Moskau und fährt Mi ab Hauptbahnhof um 7.40 Uhr, Ankunft in Ulan Bator um 13.20 Uhr am nächsten Tag. Hinweis: Wer mit Zug Nr. 3 nur bis nach Ulan Bator fahren möchte, muss ein Ticket bis nach Irkutsk oder sogar bis nach Krsanojarsk bezahlen! Man sollte also auf jeden Fall für diese Strecke den Peking-Ulan-Bator-Expresszug Nr. 23 einplanen.

015ke Foto: dk

Anhang

032tr Foto: hl

107tr Foto: dk

Sibirisches Dorf im Winter

Ob Wodka oder Wein – auf der Fahrt wird gern mal angestoßen

Holztransport in der Taiga

Literaturtipps

Russland

Belletristik:

- **Transsib-Lesebuch,** *B. Thöns / H. Engberding,* Trescher. Prominente und weniger prominente Transsib-Reisende schildern ihre Reiseerlebnisse – sehr empfehlenswert.
- **Meine vergnüglichen Reisen mit der Transsibirischen Eisenbahn,** *H. Brunken-Wegner,* Ziese Verlag. Reisebeschreibungen einer alten Dame zu Zeiten der Sowjetunion – zum Totlachen!
- **Die Prinzessin von Sibirien,** *C. Sutherland,* Fischer TB 5672.
- **Die Vergessenen der Taiga,** *Wassili Peskov,* Goldmann 1690.
- **Das vergessene Dorf,** *T. Kröger,* Fleischhauer & Spohn.
- **Doktor Schiwago,** *Boris Pasternak.*
- **Russland im Herzen,** *M. Fürstin Gagarin,* Bastei.
- **Katharina die Große,** *H. Kneifel,* Roman, DEAR 13708.
- **Anastasia,** *W. Megre,* Wega Verlag. Etwas seltsame Geschichten aus der sibirischen Taiga, die schon eine Fangemeinde haben.
- **Fluch der Treue: 44 Jahre Leben in Russland,** *W. Schätzle,* TH Guur Verlag, Fürstenzell. Historischer Roman über ein deutsches Hausmädchen, das die Oktoberrevolution und Stalins Terror durchlebt.
- **Moskau – Metropole im Wandel. Ein architektonischer Stadtführer,** W. Huber, Böhlau Verlag

Sachliteratur:

- **Die große Taiga. Vom Ural zum Baikalsee,** Bucher. Ein empfehlenswerter Bildband.
- **Sibirisches Tagebuch,** *Gerd Ruge,* Droemer Knaur.
- **Die Ballade vom Baikalsee,** *Klaus Bednarz,* Luebbe Verlagsgruppe.
- **Östlich der Sonne. Vom Baikalsee nach Alaska,** *Klaus Bednarz,* Rowohlt Verlag.
- **Von der russischen Seele,** *Gabriele Krone-Schmalz,* Econ.
- **Schlafende Erde – Erwachendes Land,** *C. Thubron,* Klett-Cotta.
- **Im Reich der Zaren,** GEO Epoche Heft 6.
- **Die Stroganoffs, Eine ungekrönte Dynastie,** *T. Metternich,* Bastei.
- **Alexandra – Tragik und Ende der letzten Zarin,** *E. Heresch,* Ullstein TB.
- **Reisen im Rückwärtsgang,** *K. Drawert* und *Cendras,* Arche.
- **Russland,** Baedeker 1912/1914. Der fast hundert Jahre alte Reiseführer ist eine fantastische Lektüre – nur die empfohlenen Gewehre zur Abwehr von Gaunern und Bären bitte nicht einpacken!
- **CityGuide Moskau,** *Heike Maria Johennig,* Reise Know-How Verlag. Alles über die pulsierende europäisch-asiatische Metropole.
- **CityGuide St. Petersburg,** *Heike Maria Johennig,* Reise Know-How Verlag. Alles über die pulsierende europäisch-asiatische Metropole.
- **Die Transsibirische Eisenbahn – Die Frühen Jahre 1900 bis 1916,** *Bodo Thöns,* Sutton Verlag. Historischer Bildband mit vielen alten Postkarten.
- **Kunst&Albers Wladiwostok,** *Lothar Deeg,* Klartext Verlag, Essen. Die Geschichte eines deutschen Handelshauses im russischen Fernen Osten 1864–1924.
- **Russisch – Wort für Wort,** Reise Know-How Verlag, Bielefeld, aus der Kauderwelsch-Reihe. Die handlichen Sprechführer bieten eine auf das Wesentliche reduzierte Grammatik und viele Beispielsätze für den Reisealltag (auch als **Kauderwelsch digital Russisch** auf CD-ROM erhältlich).
- **AusspracheTrainer Russisch,** Reise Know-How Verlag, Bielefeld. Audio-CD, ca. 60 Min. Laufzeit, die wichtigsten Sätze und Redewendungen des Kauderwelsch-Bandes zum Hören und Nachsprechen.
- **KulturSchock Russland,** *Barbara Löwe,* Reise Know-How Verlag, Bielefeld. Das Buch ist ideal für Reisende, die mehr über das russische Alltgsleben erfahren möchten.

Mongolei

- **Dschingis Khan und seine Zeit,** Volkmer Verlag, Wiesbaden.
- **Dschingis Khan,** Bastei 12879.

- **Mongolisch – Wort für Wort,** REISE KNOW-HOW Verlag, Bielefeld, aus der Kauderwelsch-Reihe. Mongolisch zum Einsteigen, ermöglicht die schnelle Verständigung.
- **AusspracheTrainer Mongolisch,** REISE KNOW-HOW Verlag, Bielefeld. Audio-CD, ca. 60 Min. Laufzeit, die wichtigsten Sätze und Redewendungen des Kauderwelsch-Bandes zum Hören und Nachsprechen.

China

- **Das Alte China,** GEO Epoche Heft 8.
- **Daoismus erleben** und **Konfuzianismus erleben,** *Hanne Chen,* und **Buddhismus in China erleben,** *Oliver Fülling,* erschienen in der Praxis-Reihe des REISE KNOW-HOW Verlages, Bielefeld. An vielen Beispielen wird erläutert, wie die Religionen auch heute noch Verhalten und Denken der meisten Chinesen bestimmen.
- **Chinas Osten mit Beijing und Shanghai,** *Oliver Fülling,* REISE KNOW-HOW Verlag, Bielefeld. Ein umfangreiches Reisehandbuch mit einer Fülle von praktischen Tipps.
- **KulturSchock China,** *Hanne Chen,* REISE KNOW-HOW Verlag, Bielefeld.
- **Hochchinesisch – Wort für Wort,** REISE KNOW-HOW Verlag, Bielefeld, aus der Kauderwelsch-Reihe. Chinesisch für den einfachen Einstieg und die schnelle Verständigung im Reisealltag (als **Kauderwelsch digital Chinesisch** auch auf CD-ROM erhältlich).
- **AusspracheTrainer Chinesisch,** REISE KNOW-HOW Verlag, Bielefeld. Audio-CD, ca. 60 Min. Laufzeit, die wichtigsten Sätze und Redewendungen des Kauderwelsch-Bandes zum Hören und Nachsprechen.
- **Chinesisch kulinarisch – Wort für Wort,** REISE KNOW-HOW Verlag. Ein geniales Handbuch, mit dem man, ohne Schriftzeichen lesen zu können, die chinesische Speisekarte entziffern und so das gewünschte bestellen kann.

Kleines Reisewörterbuch Deutsch – Russisch

Allgemeines

ja – da
nein – njet
Danke – spassiba
ich – ja
Guten Tag – dóbryi djen
Hallo – priwjätt
Russland – Rossíja
russich – rússki
Deutschland – Germánija
deutsch – nemjétski
Österreich – Avstrija
österreichisch – awstríski
Schweiz – Schwezárija
schweizerisch – schwezárski
Mongolei – Mongólija
mongolisch – mongólski
China – Kitái
chinesisch – kitáiski
groß – balschói
gut – charaschó
schlecht – „nje charaschó"
schnell – bístro
Pardon! – pardón!
Prost! – na oder za sdaròwje!

Zahlen

1 adín
2 dwa
3 tri
4 tschitíre
5 pjat
6 schäst
7 sjäm
8 wósjem
9 dévjat
10 désjat
100 sto
1000 tísjatscha
1.000.000 miljón

Im Land unterwegs

Abteil – kupé
Arbeit – rabóta
Architektur – architektúra

Anhang

Asphalt – asfált
Auto – maschína
Bad – wánnaja
Bahnhof – waksál
Beruf – praféssija
Bus – aftóbus
Direktor – diréktor
Dusche – dusch
Fahrrad – velossipjéd
Fahrschein – biljét
Film für Fotoapparat – pljónka
Fotoapparat – fotoapparát
Flughafen – aeropórt
Freundschaft – drúschba
Fußball – futból
Gepäck – bagásch
Geschäft – supermárket
Geschichte – istórija
Gleis – platfórm
Gruppe – grúpa
Haltestelle – stánzija
Hotel – gastíniza
Hotelzimmer – nómer
individuell – individuálno
Kasse – kássa
Film (Kino) – film (kinó)
Katastrophe – katastrófa
Kontrolle – kantról
Konzert – kanzért
Kurort – kurórt
Landschaft – landscháft
Lokomotive – lokomotív
Markt – rínok
Metro – metró
Moment! – mamjént!
Musik – músika
Oper – ópera
Orchester – arkjéstr
Plan (Stadtplan) – plan (kárta)
Pass – pássport
Park – park
Pause – pausa
Picknick – pickník
Polizei – milízija
Post – pótschta
Postamt – potschámt
Preisliste – praislíst
Professionell – professjonálno
Radio – rádio
Registrierung – registrázija
Restaurant – restorán
Sport – sport
Strom – elektrítschestwo
Student – studjént
Tanz – tanz
Taxi – taxí
Telefon – telefón
Theater – teátr
Ticket – biljét
Toilette – tualjét
Tour – tur
Tourismus – turísm
Videocamera – videokámera
Visum – vísa
Waggon – wagón
Wasser – wadá
Wohnung – kwartíra, apartemjént

Essen und Trinken

Apfelsine – appelsín
Banane – banán
belegtes Brot – butterbrót
Bier – píwo
Bistro – bistró
Brot – chljeb
Büfett – bufjétt
Butter – slíwotschnoje másslo
Früchte – frúkti
Grill – grill
Kaffee – kóffi
Kartoffel – kartófel
Ketchup – kétschup
Marmelade – marmelád
Mayonnaise – majonés
Mineralwasser – minerálnaja wadá
Nudeln – makaróni
Quittung – kwitánzija
Reis – ris
Salat – salát
Schokolade – schokolád
Soße – sóus
Sportstadion – stadión
Tee – tschai
Toast – tost
Tomate – tomát
vegetarisch – wegetarjánski
Wasser – wadá
Wein – winó
Wodka – Vodka (Wässerchen)

Reise-Gesundheits-Informationen

Stand: Mai 2011

Die nachstehenden Angaben dienen der Orientierung, was für eine geplante Reise in die Länder an Gesundheitsvorsorgemaßnahmen zu berücksichtigen ist. Die Informationen wurden uns freundlicherweise vom *Centrum für Reisemedizin* zur Verfügung gestellt. Auf der Homepage **www.crm.de** werden diese Informationen stetig aktualisiert. Es lohnt sich, dort noch einmal nachzuschauen.

EINREISE-IMPFVORSCHRIFTEN

Russland, Mongolei und China: Keine Impfungen vorgeschrieben (bei direkter Anreise aus Europa oder einem dieser Länder).

EMPFOHLENER IMPFSCHUTZ

Generell: Standardimpfungen nach dem deutschen Impfkalender, spez. Tetanus, Diphtherie und Hepatitis A.

Außerdem zu erwägen bei einer Reise durch das Landesinnere unter einfachen Bedingungen (Rucksack-/Trekking-/Individualreise) mit einfachen Quartieren/Hotels, bei Camping-Reisen, Langzeitaufenthalten, einer praktischen Tätigkeit im Gesundheits- oder Sozialwesen und/oder bei engem Kontakt zur einheimische Bevölkerung ist ein Impfschutz gegen Polio (Russland), Cholera (China), Typhus, Hepatitis B [(a)], Japanische Enzephalitis [(b)] (China, Russland), FSME [(c)] und Tollwut [(d)].

a) bei Langzeitaufenthalten u. engerem Kontakt mit der einheimischen Bevölkerung
(b) bei besonderen Aufenthaltsbedingungen in bestimmten ländlichen Gebieten, Impfstoff in Deutschland nicht zugelassen, Beschaffung über Apotheken mit entsprechenden Erfahrungen
(c) April bis Oktober, nur bei beruflicher Tätigkeit oder Freizeitaktivitäten mit möglicher Zeckenexposition in endemischen Gebieten
(d) bei vorhersehbarem Umgang mit Tieren

Wichtiger Hinweis

Welche Impfungen letztendlich vorzunehmen sind, ist abhängig vom aktuellen Infektionsrisiko vor Ort, von der Art und Dauer der geplanten Reise, vom Gesundheitszustand sowie dem eventuell noch vorhandenen Impfschutz des Reisenden.

Da im Einzelfall unterschiedlichste Aspekte zu berücksichtigen sind, empfiehlt es sich immer, rechtzeitig (etwa 4 bis 6 Wochen) vor der Reise eine persönliche

Reise-Gesundheits-Beratung bei einem reisemedizinisch erfahrenen Arzt oder Apotheker in Anspruch zu nehmen.

Unter www.crm.de finden Sie Adressen von

- Apotheken mit qualifizierter Reise-Gesundheits-Beratung (nach Postleitzahlgebieten)
- Impfstellen und Ärzten mit Spezialsprechstunde Reisemedizin (nach Postleitzahlgebieten).
- Abruf eines persönlichen Gesundheitsvorsorge-Briefes für die geplante Reise.

MALARIA (gilt nur für China, Russland und die Mongolei sind malariafrei)

Malaria-Risiko: nördlich 33° N: Juli – November;
zwischen 33° und 25° N: Mai – Dezember;
südlich 25° N: ganzjährig

Gebiete unterhalb 1500 m:
- hohes Risiko mit Anteilen von P. falciparum, teilw. multiresistent, im Süden in den Provinzen Hainan und tiefer liegenden Gebieten von Yunnan;
- mittleres Risiko fast ausschließlich P. vivax, vorw. südlich des Yangtse herdförmig in den Provinzen: Fujian, Guangdong, Guangxi, Guizhou, Sichuan, Xizang (nur Zangbo-Tal im SO);
- geringes Risiko ausschließlich P. vivax, herdförmig in den östlichen Landesteilen südlich des Huang He mit den Provinzen Anhui, Hubei, Hunan, Jiangsu, Jiangxi, Shandong;
- sehr geringes Risiko im N von Hongkong außerhalb des Stadtgebietes;
- kein Risiko in den übrigen (nördlichen) Landesteilen und in den Großstädten

VORBEUGUNG

Ein konsequenter Mückenschutz in den Abend- und Nachtstunden verringert das Malariarisiko erheblich **(Expositionsprophylaxe);** die wichtigsten Maßnahmen sind: In der Dämmerung und nachts Aufenthalt in mückengeschützten Räumen (Räume mit Air Condition, Mücken fliegen nicht vom Warmen ins Kalte); beim Aufenthalt im Freien in Malariagebieten abends und nachts weitgehend den Körper bedeckende Kleidung (lange Ärmel, lange Hosen); Anwendung von insektenabwehrenden Mitteln an unbedeckten Hautstellen (Wade, Handgelenke, Nacken), Wirkungsdauer 2–4 Std.; im Wohnbereich Anwendung von insektenabtötenden Mitteln in Form von Aerosolen, Verdampfern, Kerzen, Räucherspiralen; Schlafen unter dem Moskitonetz (vor allem in Hochrisikogebieten).

Ergänzend ist die Einnahme von Anti-Malaria-Medikamenten **(Chemoprophylaxe)** zu empfehlen. Zu Art und Dauer der Chemoprophylaxe fragen Sie Ihren Arzt oder Apotheker bzw. informieren Sie sich in einer qualifizierten reisemedizinischen Beratungsstelle. Malariamittel sind verschreibungspflichtig.

AKTUELLE MELDUNGEN

Zu aktuellen Meldungen für alle drei Länder siehe unter der entsprechenden Rubrik auf der genannten Website **www.crm.de.**

Nothilfepass für China

Kopiert und ausgefüllt kann man diese Seite immer bei sich führen und sich in Notsituationen schnell verständlich machen.

Ich heiße ...	我叫...

Ich komme aus:	我从...来
Deutschland	德国
Schweiz	瑞士
Österreich	奥地利
Niederlande	荷兰

Bitte helfen Sie!	请帮忙

Holen Sie schnell ... !	快叫....
Arzt	医生
Krankenwagen	医院
Polizist	警察

Bringen Sie mich bitte zur/zum ... 请带我去...	
Arzt	医生
Krankenhaus	医院
Polizei	警察局
Hotel	饭店

Holen Sie bitte jemanden, der Englisch spricht.	请叫一个会说英语的人

Bitte informieren Sie die Botschaft meines Landes in Beijing.	请通知我国驻京大使馆

Verzeichnis der wichtigsten Bahnhöfe entlang der Strecke Moskau – Wladiwostok

km		
0	**MOSKAU- (MASKWÁ-) JAROSLÁWSKI**	Москва-Ярославский
100	Aréchowo-Sújewo	Орехово-Зуево
191	Wladímir	Владимир
240	Nówki	Новки
260	Kírow	Киров
441	**Níschnij Nówgorod (Gorki)**	Нижний Новгород (Горький)
861	Joschkar-Ola	Иошкар Ола
870	**Katolnitsch**	Котольнич
900	Bystrjagi	Быстряги
915	Oritschi	Оричи
925	Stríschi	Стрнжи
940	Ljangasswo	Лянгасово
957	**Wjatka (Kirow)**	Вятка (Киров)
975	Posdino (Nowowjatsk)	Поздино (Нововятск)
1005	Prossniza	Просница
1030	Ardaschi	Ардаши
1062	Sujewka	Зуевка
1090	Faljenki	Фаленки
1128	Jar	Яр
1165	Glasow	Глазов
1194	**Baljésino**	Балесино
1216	Pibanschur	Пибаньшур
1226	Tschepza	Чепца
1247	Kes	Кез
1295	Baradulino	Бородулино
1317	Wereschtschagino	Верещагино
1341	Mjendjéjewo	Менделеево
1372	Grigórjewskaja	Григорьевская
1387	Tschaikówskaja	Чайковская
1415	Owerjata	Оверята
1434	**PERM**	Пермь
1465	Muljánka	Мулянка
1475	Jug	Юг
1511	Jergatsch	Ергач

km		
1535	Kungúr	Кунгур
1555	Kischert	Кишерть
1572	Schúmkowa	Шумково
1585	Tulumbassy	Тулумбасы
1605	Kordon	Кордон
1630	Schamary	Шамары
1669	Schalja	Шаля
1708	Ssabik	Сабик
1727	Kusino	Кузино
1770	**Pjerwourálsk**	Первоуральск
1777	**Europa-Asien (Obelisk)**	Европа-Азия (Обелиск)
1815	**JEKATERINBURG (SWERDLOWSK)**	Екатеринбург (Свердловск)
1822	Schartasch	Шарташ
1840	Putjówka	Путевка
1855	Kossulino (Wérch. Dubrówka)	Косулино (Верх. Дубровка)
1871	Baschjénowa (Bjelojárski)	Баженово (Белоярский)
1900	Grjasnowskaja	Грязновская
1917	**Bogdanowitsch**	Богданович
1945	Jelánski	Еланский
1961	**Kámyschlow**	Камышлов
1980	Aksaricha	Аксариха
2006	Oschtschepkowo	Ощепково
2033	**Talíza (Tróyzki)**	Талица (Троицкий)
2065	Juschala	Юшала
2080	Tugulym	Тугулым
2105	Karmak	Кармак
2144	**TJUMÉN**	Тюмень
2171	Winsili	Винзили
2186	Bogandinskaja	Богандинская
2218	**Jalutorowsk**	Ялуторовск
2241	Sawodoukowskaja	Заводоуковская
2288	**Wagai**	Вагай
2311	Omutinskaja	Омутинская
2336	Lamjenskaja	Ламенская
2355	Golyschmanowo	Голышманово
2433	**Ischím**	Ишнм
2491	Karassulskaja	Карасульская
2481	Massljanskaja	Маслянская

km		
2501	Nowoandréjewski	Ново-Андреевский
2523	Mangut	Мангут
2567	**Nasywájewskaja**	Называевская
2616	Dragunskaja	Драгунская
2663	Ljubínskaja	Любинская
2716	**OMSK**	Омск
2763	Kormilowka	Кормиловка
2795	Kalatschinskaja	Калачинская
2885	**Tatárskaja**	Татарская
2937	Tschány	Чаны
2949	Ósero Karatschinskoje	Озеро Карачинское
2984	Tjebisskaja	Тебисская
3040	**Barabínsk**	Барабинск
3083	Koschurla	Кожурла
3124	Ubinskaja	Убинская
3165	Kargat	Каргат
3183	Kokoschino	Кокошино
3211	Tschulymskaja	Чулымская
3308	Tschik	Чик
3343	**NOWOSIBIRSK**	Новосибирск
3379	Ssokur	Сокур
3401	Moschkowo	Мошково
3424	Ojasch	Ояш
3346	Tschebula	Чебула
3469	Balótnaja	Болотная
3498	**Jurga**	Юрга
3541	Jaschkino	Яшкино
3571	**Taiga**	Тайга
3602	Anscherskaja	Анжерская
3631	Jaja	Яя
3647	Ischmorskaja	Ижморская
3686	Berikulskaja	Берикульская
3719	**Mariinsk**	Мариинск
3744	Ssusslowa	Суслово
3779	Tjaschin	Тяжин
3816	Itat	Итат
3852	**Bogotol**	Боготол
3886	Kritowo	Критово
3920	**Atschinsk**	Ачинск

km		
3960	**Tschernorétschenskaja**	Черноречeнская
3986	Kosulka	Козулька
4034	Seljedejewo	Зеледеево
4079	Minino	Минино
4104	**KRASNOJARSK**	Красноярск
4160	Ssorokino	Сорокино
4180	Kamartschaga	Камарчага
4206	Balai	Балай
4235	**Ujar**	Уяр
4270	**Saosérnaja**	Заозерная
4283	Kamala	Камала
4299	Ssoljánka	Солянка
4351	**Kansk-Jenisséyski**	Канск-Енисеский
4383	**Ilánskaja**	Иланская
4405	Ingaschskaja	Ингашская
4432	Tinskaia	Тинская
4439	**Reschóty**	Решоты
4465	Kljutschí	Ключн
4488	Júrty	Юрты
4502	Birjussínsk	Бирюсинск
4522	**Taischét**	Тайшет
4560	Rasgón	Разгон
4593	Alsamai	Алзамай
4635	Kamyischet	Камышет
4655	Uk	Ук
4685	**Nischnjeúdinsk**	Нижнеудинск
4733	Chidojelánskaja	Худоеланская
4733	Schjerbjerta	Шеберта
4802	**Tulún**	Тулун
4825	Schuba	Шуба
4881	Kuitún	Куйтун
4895	Charik	Харик
4915	Kimjeltey	Кимельтей
4941	**Simá**	Зима
4955	Tyrjetj	Тыреть
4996	Salari	Залари
5005	Golowinskaja	Головинская
5025	Kutulík	Кутулик
5040	Sabityi	Забитуй

Anhang

km		
5061	**Tschéremschowo**	Черемхово
5076	Palawína	Палобина
5085	Bjélaja (Taiturka)	Белая (Тайтурка)
5087	**Ussolje-Ssibírskoje**	Усолье-Сибирское
5130	Tjelma	Тельма
5140	Kitoi	Китой
5152	**Angársk**	Ангарск
5165	Mjegjet	Мегет
5184	Irkútsk Sort.	Иркутск Сорт.
5191	**IRKUTSK-PASSASCHÍRSKI**	Иркутск-Пассажирский
5226	Balschói Lug	Большой Луг
5317	**Sljudjánka**	Слюдянка
5341	Utulík	Утулик
5351	Baikálsk	Байкальск
5371	Murino	Мурино
5391	Wydrino	Выдрино
5483	**Míssowaja (Bábuschkin)**	Мысовая (Бабушкин)
5531	Passólskaja	Посольская
5568	Sselengá	Селенга
5670	Tataurowa	Татаурова
5647	**ULAN-UDE**	Улан-Удє
5655	**Saudinski** (nach Ulan Bator)	Заудинский
5674	**Talzy**	Тальцы
5683	Onochoi	Онохой
5704	Saigrajewo	Заиграево
5727	Ilka	Илька
5737	Nowoilínski	Новоильинский
5756	Gorchon	Горхон
5771	Kischa	Кижа
5790	**Petrówski Sawód**	Петровский Завод
5805	Baljaga	Баляга
5823	Tarbagatai	Тарбагатай
5831	Nówopáwlowka	Новопавловка
5842	Tolbaga	Толбага
5871	Chochotui	Хохотуй
5893	Bada	Бада
5911	Schipchegen	Жипхеген
5940	**Chilók**	Хилок
5976	Chuschenga	Хушенга

km		
5999	Charagun	Харагун
6060	**Magsón**	Могзон
6102	Ssochondo	Сохондо
6125	Jáblonowaja	Яблоновая
6146	Ljessnaja	Лесная
6164	Ingoda	Ингода
6204	**TSCHITÁ**	Чита
6231	Atamanowka	Атамановка
6251	Nówaja	Новая
6261	Makawejewo	Маккавеево
6271	Darassun	Дарасун
6300	**Kárimskaja**	Карымская
6312	**Társkaja** (nach Peking)	Тарская
6344	Urulga	Урульга
6382	Subárjewo	Зубарево
6400	Rasmachnino	Размахнино
6425	Onon	Онон
6451	**Schílka**	Шилка
6471	Cholbon	Холбон
6496	Priiskowaja	Приисковая
6532	Kuänga	Куэнга
6570	Ukurey	Укурей
6593	**Tschernyschéwsk Sabaikál.**	Чернышевский Забайкал.
6631	Buschuley	Бушулей
6676	Silowo	Зилово
6703	Uljakan	Ульякан
6719	Urjum	Урюм
6765	Sbjega	Сбега
6805	**Ksenjewskaja**	Ксеньевская
6836	Kísly Kljutsch	Кислый Ключ
6861	Arteuschka	Артеушка
6914	**Mogotscha**	Могоча
6926	Taptugary	Таптугары
7011	Amazar	Амазар
7119	**Jérofey Páwlowitsch**	Ерофей Павлович
7217	Uruscha	Уруша
7281	Bámowskaja	Бамовская
7313	**Skoworódino**	Сковородино
7329	Balschoy Njewer	Большой Невер

km		
7408	Taldan	Талдан
7451	Gonscha	Гонжа
7501	**Magdagátschi**	Магдагачи
7545	Ssulus	Сулус
7565	Tygda	Тыгда
7609	Uschumun	Ушумун
7635	Ssiwaki	Сиваки
7680	Muchinskaja	Мухинская
7700	Bjereja	Берея
7731	**Schimanowskaja**	Шимановская
7785	Busuli	Бузули
7815	**Swabódny**	Свободный
7818	Micháilo-Tschesnokówskaja	Михайло-Чесноковская
7850	Sseryschewo	Серышево
7873	**Bjelagórsk**	Белогорск
7895	Wosschajewka	Возжаевка
7922	Posdjejewka	Поздйейешка
7946	Jekaterinosláwka	Екатериноославка
7992	**Sawitaja**	Завитая
8037	Bureja	Бурея
8051	Domikan	Домикан
8088	**Archara**	Архара
8162	Kundur-Chabárowski	Кундур-Хабаровский
8198	**Oblutschje**	Облучье
8231	Kimkan	Кимкан
8242	**Iswjéstkowaja**	Известковая
8256	Birakan	Биракан
8266	Tjóploje Ósero	Теплое Озеро
8276	Londoko	Лондоко
8314	Bira	Бира
8358	**BIROBIDSCHÁN**	Биробиджан
8430	In	Ин
8482	Wolotschájewka	Волочаевка
8493	Djeschnjewka	Дежневка
8500	Nikolájewka	Николаевка
8516	Priamúrskaja	Приамурская
8531	**CHABÁROWSK**	Хабаровск
9297	**WLADIWOSTÓK**	Владивосток

doris knop
Buchen
Sie Ihre
handbuch für
individuelles entdecken
transsib
Reise
REISE
KNOW-HOW
Direkt bei
der Autorin
Doris Knop
www.knop-reisen.de

TSA
Travel Service Asia

Register

Anhang

Kartenverzeichnis

Übersichtskarten

Thematische Karten

Stadt- und Lagepläne

Die Autorin

Doris Knop reist seit ihrer Jugend leidenschaftlich gern. Sie spricht acht Sprachen und verbrachte als Schülerin ein Jahr in den USA, als Studentin ein Jahr in Moskau und nach ihrem Dolmetscherexamen drei Jahre in Asien, davon zwei in der Volksrepublik China, Taiwan und Hongkong. 1985 kam im Knop-Verlag ihr erster Reiseführer über China (der erste Individualreiseführer über dieses Land in deutscher Sprache) und gleich anschließend ein Reiseführer über die Transsib heraus. Mit zehn Auflagen wurde „Reisen mit der Transsib" der meistverkaufte deutschsprachige Transsibreiseführer (der vorliegende Reiseführer ist eine Weiterentwicklung dieses Buches). Heute betätigt sich Doris Knop als Reiseveranstalterin. Die Knop Reisen GmbH in Bremen ist auf die Transsib, die Mongolei, China, Usbekistan, die Seidenstraße, Vietnam und Costa Rica spezialisiert.